区域国别史丛书

区域国别史丛书

俄国史

（第四卷）

［俄］瓦·奥·克柳切夫斯基 著

张咏白 郝建恒 高文风 徐景南 译
郝建恒 徐景南 校

В. О. Ключевский

СОЧИНЕНИЯ

ТОМ IV

КУРС РУССКОЙ ИСТОРИИ

ЧАСТЬ IV

Гос. Изд. Политической Литературы

Москва 1957г.

根据苏联国家政治书籍出版社莫斯科 1957 年版译出

目 录

第五十九讲 1
彼得大帝在北方战争之前的生活——幼年时期——宫廷教师——学习——1682年事件——彼得在普列奥布拉任斯科耶村——少年军团——第二次求学——彼得道德上的成长——纳塔利娅皇后的统治——彼得的伙伴——游戏的意义——出国——回国

第六十讲 26
彼得大帝,他的外表、习惯、性格、生活方式和思想方法

第六十一讲 47
彼得大帝的对外政策和改革——对外政策的任务——欧洲的国际关系——北方战争的开始——战争的进程——战争对改革的影响——改革的过程和联系——研究的顺序——军事改革——正规军的组建——波罗的海舰队——军事预算

第六十二讲 68
军事改革的意义——贵族的地位——首都的贵族——改革前贵族的三重作用——对贵族的审查和挑选——这些措施收效甚微——贵族的义务教育——服役期满退伍办法——公职的分配——贵族家谱成分的变化——上述改革之意义——非世袭领地和世袭领地的接近——关于一子继承制的谕旨——谕旨的执行情况

第六十三讲 90
农民和第一次丁籍调查——根据法典划分的社会结构——

征集和招募——人口登记——各兵团的驻扎——社会结构的简化——人口登记和农奴制——人口登记的国民经济意义

第六十四讲 105

工业和商业——彼得在这方面活动的计划和办法:(一)延聘外国技师和工厂主;(二)派遣俄国人出国;(三)立法宣传;(四)工业公司、优惠、贷款和补贴——嗜好、挫折和成功——贸易和交通线

第六十五讲 125

财政——困难——克服困难的措施——新税;告密者和聚敛官——利润——修道院衙门——专营——人头税——人头税的意义——1724年的预算——财政改革的结果——改革的障碍

第六十六讲 145

行政管理机构的改革——研究的顺序——大贵族杜马和衙门——1699年的改革——军政长官的副手——莫斯科市政局和库尔巴托夫——省份改革的准备——1708年的省份划分——对各省的管理——省份改革的失败——参政院的设置——参政院的产生及其意义——监察官——各院的设立

第六十七讲 171

参政院的改革——参政院和总监——地方机构的新变革——地方委员——市政公署——新机关的基础——中央机构和外省机构的基础的区别——细则——新机构的实际情况——强盗

第六十八讲 198

彼得大帝改革的意义——关于改革的几种常见的论述——论述的摇摆不定——索洛维约夫的论述——这些论述与同时代人印象之间的联系——几个争论问题:(一)关于改革的起源;(二)关于它的准备;(三)关于它的作用的威力——彼得对旧罗斯所持的态度——他对西欧所持的态度——改革的手法——总的结论——结束语

第六十九讲 222

彼得大帝逝世时的俄国社会——俄国的国际地位——人民对彼得逝世的印象——人民对待彼得的态度——关于僭称沙皇者的传说——关于反基督沙皇的传说——两种传说对于改革的意义——上层阶级组成的变化——它们形成的条件——出国留学——报刊——剧院——国民教育——学校与教学——格柳克中等学校——初级学校——书籍;大型舞会;上流社会交际读本——统治阶级及其对改革的态度

第七十讲 257

1725—1762年时期——彼得逝世后的皇位继承问题——叶卡捷琳娜一世即位——彼得二世即位——此后的皇位更迭——近卫军和贵族——上层阶级的政治情绪——最高枢密院——德·米·戈利岑公爵——1730年的最高枢密大臣

第七十一讲 281

由于选举公爵夫人安娜即位而在贵族中引起的动荡——贵族的方案——德·戈利岑公爵的新计划——计划破产——破产的原因——1730年事件与过去的联系——安娜女皇及其宫廷——对外政策——反对德国人的运动

第七十二讲 304

宫廷政变的时代意义——彼得一世之后的政府对其改革的态度——这些政府的软弱无力——农民问题——参政院总监阿尼西姆·马斯洛夫——贵族和农奴制——贵族供职的优惠条件:教育资格和供职期限——贵族土地所有制的巩固:废除一子继承制;贵族借贷银行;关于逃亡者的谕旨;扩大农奴制;贵族地产等级的清理——废除贵族义务兵役——农奴制的第三发展阶段——农奴制的实践

第七十三讲 330

18世纪中叶的俄国——彼得大帝头几位继任者临朝时期彼得大帝改革之命运——伊丽莎白女皇——彼得三世皇帝

第七十四讲 **348**
    1762 年 6 月 28 日的政变

注释 **358**
人名索引 **422**
地名索引 **438**

第五十九讲

彼得大帝在北方战争之前的生活——幼年时期——宫廷教师——学习——1682年事件——彼得在普列奥布拉任斯科耶村——少年军团——第二次求学——彼得道德上的成长——纳塔利娅皇后的统治——彼得的伙伴——游戏的意义——出国——回国

幼年时期 彼得[1*]1672年5月30日诞生于莫斯科克里姆林宫[1a]。他是子女成群的沙皇阿列克谢的第十四子、沙皇第二个皇后纳塔利娅·基里洛夫娜·纳雷什金娜所生的第一个孩子。纳塔利娅皇后[1б]来自西方派阿·谢·马特维耶夫家,其家中陈设均按欧式布置,因此,她就可能把在娘家养成的品味带进宫廷。此外,在她入宫前,国外的新奇珍宝已经快塞满皇后的居室,快塞满克里姆林宫的一些儿童室[1б]。彼得刚开始记事,他居室里的洋玩意儿便纷然杂陈,他玩什么都会联想到外国人。其中一些洋玩具特别引起我们的兴趣:逗哄年仅两岁的彼得玩儿的有德国制造的"八音盒、小扬琴"和"大扬琴",在他的房间里甚至还有一架绿色铜弦的"简易钢琴"。所有这一切都使我们生动地想象到沙皇阿列克谢的宫廷社会是多么喜爱外国的东西。随着年龄的增长,彼得的儿童室里又逐渐聚积起做军事游戏的玩具。儿童室成了玩具武器库,其中有些小玩具,为当时的成年人所深切关注。例如,彼得的儿童室里有相当多的莫斯科炮,我们现在还能见到许多木制火绳枪和马拉的火炮。

彼得3岁多丧父。当沙皇费奥多尔（米洛斯拉夫斯卡娅之子）在位时期，彼得生母及其亲友的处境异常困难，别人则飞黄腾达，当政掌权[1B]。沙皇阿列克谢曾两度娶妻，因此，身后留下两个宗室和外戚集团，他们彼此都想置对方于死地，毫不掩饰残酷的敌意。米洛斯拉夫斯基家族战胜了纳雷什金家族，立即把他们家族中最强有力的成员马特维耶夫放逐到北方的普斯托泽尔斯克[1Γ]。年轻的寡后失势，退居次要地位。

宫廷教师　人们能够不止一次地听到这样的见解，仿佛彼得不是按老规矩，而是按比其父兄更为精心制定的规矩接受教育的。对此，18世纪上半叶的人们，在根据最新传闻讲述彼得如何读书识字时曾透露：彼得至少在10岁前是按比他的兄长们，甚至比他的父亲更为古板的规矩受教育长大的。这些事是一个年龄小于彼得的同时代人克列克申记下的，他曾花费30年的心血，不加取舍地搜集一切有关他万分推崇的改革家彼得的报道、文件、传闻和故事，写成了一部书。这部书即使不是以讲述的事实有凭有据而著称，那也是以其描绘的风俗习惯和生活图景而引人入胜[1Д]。彼得从5岁起就按照古俄罗斯习俗接受教育。彼得的兄长兼教父，沙皇费奥多尔多次对继母兼教母纳塔利娅太后说："母后，教子该开始读书了。"太后请教父物色一位和蔼谦逊，精通宗教经书的教师。好像命运故意作对似的，选择教师一事是由一位过分笃信宗教古风的贵族费奥多尔·普鲁科菲耶维奇·索科夫宁办成的。索科夫宁的家，是旧教徒的庇护所，因为他们都属于分裂教派。索科夫宁的两个同胞姐姐——费奥多西娅·莫罗佐娃和阿夫多季娅·乌鲁索娃公爵夫人早在沙皇阿列克谢在位时即以殉教表示她们对古老宗教的虔诚，沙皇曾因她们冥顽不化依恋旧的信仰和大司祭阿瓦库姆[1E]，而将她们囚禁于博罗沃耶的土牢里。后来她们的另一个兄弟阿列克谢也因参与以笃信古教为名而行反彼得之实的阴谋而被送上了断头台。索科夫宁果然向沙皇引荐了一个和蔼谦逊、乐于行善、精通文墨的人，他叫尼基塔·莫伊谢耶维奇·佐托夫，是度支衙门（数额无法预定的税收机关）的书吏。关于佐托夫被引荐就任宫廷教师职位的故事充满了古俄罗斯单纯朴素的气息，可想而知佐托夫能教得怎样。索科夫宁向沙皇引见佐托夫时，先把他留在前厅，然后自己入内启奏。很快，皇宫里走出一个贵族，问道："谁是尼基塔·佐托夫？"未来的宫廷教师惶恐万状，竟至迈不开脚步。那个贵族要搀他走，佐托夫要求稍待片刻，好让自己平静下来。他缓了缓气，画过十字，才去朝见沙皇。沙皇赐他吻手之恩，并当着西梅翁·波洛茨基的面问了几个问题。沙皇那博学的教师称赞了佐托夫的读写能力，于是索科夫宁又引导已获恩准执教的佐托夫去见寡居的太后。太后赐见，她拉着彼得的手对佐托夫说："我知道你一生清正，精通宗教经书，我把自己唯一的儿子托付给你了。"佐托夫热泪盈眶，吓得发抖，跪拜在太后脚前，说道："太后在上，我实在不配接受如此瑰宝。"太后赐他吻手，命其次日即开始授课。在启蒙仪式上，沙皇和牧首都莅临了。举行完水祓除仪式和祷告后，用圣水喷洒新受业的学生，祝福以后，就让教师开始教字母。佐托夫先向自己的学生深深一鞠躬，然后开始讲授，当场就得到牧首慨赠的100卢布酬金（值现在的1000多卢布）。沙皇授以贵族称号并赐宅第一座。太后则赏赐华丽的内外衣服两套以及"全套服饰"。一俟沙皇和牧首离去，佐托夫立即换装穿戴起来。克列克申在书中连彼得开始识字的日子也标明了——1677年3月12日，当时，彼得还不满5周岁[1*]。听完这一故事，你就不会说佐托夫能教自己的学生什么新学问，讲授什么"希腊和拉丁的自由"了。

学习 按科托希欣的说法，为了皇子们的教育，宫里总是从衙门的书吏中物色"沉静的和不贪杯的学识渊博之人"〔13〕。佐托夫是个学识渊博的、沉静的人，这一点，从我们刚才所引的故事中已得到证实；但是，据说，他并不完全符合第二个要求：他爱喝酒。后来，彼得封他为滑稽酗酒协会的会首，公爵—教皇。研究彼得的历史学家们有时责怪佐托夫没有给予自己的学生以富有教育意义的、向上发展的影响。然而，佐托夫奉召入宫并非进行教育，而仅仅是教他读书识字，所以，很可能，他给予自己学生的古俄罗斯式的读写训练，如果不比他前任的许多宫廷教师（能读会写的人）强，也不会比他们差。自然，他是从"语文课"开始的：就是教彼得认识字母、读日课经、《圣诗选集》，甚至福音书和《信徒福音》。按古俄罗斯的教学法，凡是读过的功课，都必须背熟。所以，彼得后来能应付自如地参加唱诗班，虽然他的男中音不够浑厚，但是他朗诵和唱歌丝毫也不比任何教堂诵经士逊色。人们甚至传说，他可以背诵福音书和《信徒福音》。沙皇阿列克谢曾这样学习过，他的一些较大的皇子也是这样开始学习的。然而，佐托夫的授课内容并不仅仅局限于读、写的技能。新思潮显然也影响到这位来自度支衙门的具有即兴才能的教师。佐托夫和沙皇阿列克谢的教师莫罗佐夫一样，也是采用直观教学法。小皇子好学而又机灵，闲暇时，喜欢听各种各样的故事，爱看有"印刷画"和插图的书。佐托夫将这种情况向太后禀明，太后命其给皇子读"历史书"以及宫廷藏书阁的带有插图的手稿，并向兵器馆的画师们定购若干新画册。这样，彼得就藏有一批"娱乐性画册"，其中有用金色及彩色描绘的城市、建筑物、舰船、士兵、兵器和作战场面，还有许多"带插图的历史书"和带文字的图画故事书。佐托夫把这些以最为高超的技巧绘制的画册都分散放在小皇子的各个房间里。当他发现彼得开始对课本厌倦时，就把彼得手中的书拿开，给他看画册，并进行讲解。克列克申写道,此时,佐托夫就讲起俄罗斯历史,讲他父亲的业绩,讲伊凡雷帝,一直上溯到较久远的年代——讲到季米特里·顿斯科伊、亚历山大·涅夫斯基,甚至讲到弗拉基米尔·斯维亚托斯拉维奇[1м]。后来彼得研究俄国历史的余暇虽然极少,但是他对历史的兴趣未尝稍减,他认为历史对国民教育具有重大的意义,他曾为编写一本通俗的历史教科书而操劳。谁知道怎么会这样呢?也许,这一切说明他还记得当初佐托夫的教诲吧。真该感谢这位书吏呢!

1682 年事件 彼得刚过 10 岁,他的初等教育就停止了,更确切地说,就中断了。沙皇费奥多尔于 1682 年 4 月 27 日逝世。他死后,人所共知的激烈事件接二连三地发生:立彼得为沙皇(越过他的兄长伊凡)、索菲娅公主和米洛斯拉夫斯基家族的阴谋以及同年 5 月由此而引起的可怖的射击军叛乱、屠杀大贵族,接着,两个并存政权的成立和索菲娅被宣布为摄政者,最后还有闹哄哄的教派分裂运动,直至 7 月 5 日克里姆林宫多棱宫旧教徒狂暴行动的爆发。曾经目睹射击军叛乱时流血场面的彼得竟能在下述情况下保持坚强镇定,实在令人惊讶:据说,彼得挨着母亲站在正门台阶上,眼看着射击军用长矛挑起马特维耶夫及其追随者,居然面无惧色。但是,1682 年 5 月的惨剧,毕竟在他的记忆中留下了不可磨灭的印象[1*]。他[2]在这些事件中所理解的东西超出了他的年龄。一年之后,11 岁的彼得在外国使节看来,已长得像个 16 岁的少年。古罗斯国在彼得眼前矗立起来,展示出她世世代代的劳作情景和成果。往日门禁森严,擅入者有杀头、刑讯之虞的克里姆林宫此时变成了一座巨大的杂物仓库,丧尽天良的射击军横冲直撞,到处搜捕纳雷什金家族成员,尔后又发展到在整个莫斯科肆意横行,把从富有的大贵族和商人家中搜括来的财物挥霍一空。其时神职人员却保持缄默,为叛乱分子壮胆,为并存的两个政权祝福。大贵族和贵族们四处躲

藏，只有大贵族家的奴仆出面维持被践踏了的秩序。射击军用给他
们自由的诺言加以引诱、捣毁农奴事务衙门、撕碎农奴的债契以及
其他契约并抛撒在广场上，但农奴们并不领情。他们迫使叛乱者
安静下来，威胁说："会在广场上砍你们头的，你们造反是想找死
啊？俄罗斯地方大着呢，你们根本控制不了。"当时，在这个大贵
族的首都里，奴仆的人数比射击军还多一倍，只等主人发个信号，
他们就会去平定叛乱，但是没有等来这样的信号。对于这支当时可
以算作国家秩序支柱的社会力量，彼得在能够思考如何绕开他们代
之以其他力量之前，就弃置不顾了。从这时开始，莫斯科的克里姆
林宫就使他感到厌恶，所以它的命运就注定要像一座老爷的庄园那
样连同其中的豪华宫殿、古董珍玩一起被遗弃。同时被遗弃的还有
在此度过一生的公主们，彼得的姑母和姐妹，有两个米哈伊洛夫娜
和 7 个阿列克谢耶夫娜，还有她们的数百名歌手、神职人员和"形
形色色的高级官员"[2]。

　　彼得在普列奥布拉任斯科耶村　1682 年[3*]事件把寡后从莫
斯科的克里姆林宫彻底驱逐出去，迫使她幽居在沙皇阿列克谢喜
爱的位于莫斯科近郊的普列奥布拉任斯科耶村。该村注定成为沙
皇的一个临时行宫，一个前往彼得堡的中途驿舍。按彼得同时代
的鲍·伊·库拉金公爵的说法，不准参与任何政务的寡后及其儿子
住在这里，"依靠索菲娅公主的恩赐过活。"他们的日子很清苦，不
得不暗中接受圣三一修道院的牧首和罗斯托夫的都主教的资助[3a]。
失宠的沙皇彼得被姐姐策划的阴谋排挤出宫廷，在普列奥布拉任
斯科耶村的广阔天地里成长起来了。时势使他过早地处于无人照
看的境地：他从 10 岁起就由书房直接迁到郊外。不难想象，对于
他这样的孩子来说，母亲的房间里哪有什么引人入胜的东西！在自
己周围他看到的都是忧郁的脸庞，失势的朝臣，听到的都是关于人

世间的虚伪与险恶、关于异母姐姐及其谋臣们的那些充满痛苦或愤恨的谈话。一个生龙活虎的孩子在这里所感受的寂寞可以想见，难耐的寂寞终于使他从母亲的房间逃到户外，逃入普列奥布拉任斯科耶村的树林中。1683年起，他独出心裁地开始了一种持久不懈的游戏——他为自己组织的，也是他进行自我教育的游戏。他玩的正是全世界所有善于观察的孩子们所玩的，是成年人所思索和谈论的游戏。同时代人认为，早在幼年时代彼得就有喜爱军事的天赋。他的气质助长了这种爱好，并使它变成了狂热。周围的人对于外国体制的军队的谈论，可能还有佐托夫关于父辈进行的战争的故事，随着岁月的推移，赋予他年少时所做的游戏以明确的目标，而骚乱的1682年的深刻印象，则触发了他的自我保全的意识和为自己所受的屈辱复仇的感情。射击军使索菲娅公主非法掌握了政权，因此，他必须组建自己的军队，以防范独断专行的姐姐的算计。据宫廷留存的记载，即使看不到彼得在这些年月里是怎么一步步走过来的，也能看到他所作的努力。从记载中我们发现，他的游戏如何年复一年地发展起来和复杂化，形式不断翻新，涉及的军事领域越来越广泛。有人不断从克里姆林宫的兵器馆给普列奥布拉任斯科耶的彼得弄来形形色色的玩意儿，主要是武器。从他的房间里一会儿拿出一支不响的火绳枪，一会儿拿出一个破鼓去修理。彼得从克里姆林宫拿出救世主画像的同时，还拿了附有阿拉伯人雕像的座钟，德国造的有膛线的小卡宾枪，又经常索取铅弹、火药、军旗、月牙斧、手枪，克里姆林的宫廷武库逐渐迁移到普列奥布拉任斯科耶村的房间中。彼得在家待不住，总是到处活动，时而去沃罗比耶沃村，时而去科洛缅斯科耶村，一会儿到圣三一修道院，一会儿又到萨瓦·斯托罗热夫斯基家。他在一些修道院和莫斯科近郊的皇村之间来回奔走，而在这些活动中，总是携带着武器弹药，有时竟达好几车之多。我们在观察彼得在这些年的活动时，知道了他和谁交往、身边都是哪些人、他玩的什么游戏，不清楚的只是他是否读书，是否继续学习功课。1688年，彼得从兵器馆拿走了一个卡尔梅克马鞍和一个"大地球仪¹"。他为什么需要这个地球仪，不得而知，这可能是一件拿来好好研究的东西，只是摆弄得不太得法，所以很快就被送往钟表匠那里去修理了。随后，人们给他送来一本什么"射击书"，同时，还送来一只逗乐的猴子〔3*〕。

少年军团 彼得〔4*〕一面从克里姆林宫的储藏库里拿来游戏需要的东西，一面在自己身边聚集起一群游戏伙伴。他手头拥有足够的人员供他选用。根据惯例，当莫斯科的皇子年满5岁时，就从宫廷显贵中选派身强力壮的同龄人去给他当奴仆，当侍膳和侍寝，这些人就成了他的"近侍"。先前的沙皇都过着阔绰的生活，有众多人员操持家务。宫廷为嗜好养鹰的沙皇阿列克谢喂养了3 000多只鹰、隼以及其他猎鸟，而为了捕获和喂养它们，需要10万多窝鸽子，为了捕获、驯服、管理这些禽鸟，又需200多名鹰隼驯养人在"鹰猎署"供职。在御马厩中养有4万多匹马，派去照看的人员有官吏、世袭管家、御马倌、内侍、放牧人以及各种手艺匠共6百余人。这些人大多出身"名门望族"，而不是普通百姓，他们每年领受俸禄和文官服饰，并被赐予世袭领地和封邑，"吃沙皇的，喝沙皇的"。沙皇阿列克谢去世后，这些机构的事情就不多了，甚至无事可做了，因为病弱的费奥多尔沙皇和伊凡皇子很少出宫，公主们无处可去，而且随便外出也不体面。彼得根本不能忍受猎鹰活动，而是爱好徒步奔跑或者不拘礼节地碰到什么就骑乘什么出游。对于

---

1 彼得的字母拼写时常有误，他把地球仪глобус拼作глебос；他还常常用外文拼写俄语词，有时语法也有错误，译时一般按正确词义处理，不再一一注明。——译者

这群游手好闲的宫廷人员,彼得也分配一些比较重要的工作。他开始从青年近侍和御马倌中物色人员,以后又从鹰、隼驯养人中挑选人员为其服役,将其编成两个连,用贵族和别的官员中的猎手或大贵族的农奴中的猎手所使用的器具装备起来,渐渐又发展成两个营,每营300人。他们被命名为"少年军团"[4a]。不要误以为这是些闹着玩仅供消遣的士兵。沙皇玩军事游戏,他的游戏伙伴就为他服役。他们和真正的军役人员一样领受俸禄。少年兵的称号成了一种特殊的官衔。在一份呈文中我们读到:"我谨拜受圣明皇上所赐官职——少年马倌。"[4*]少年军团[5]是按官方的办公程序组成的。例如,1686年御马司曾奉谕向普列奥布拉任斯科耶村的彼得派去7名御马倌,编为少年炮手。亚历山大·丹尼洛维奇·缅希科夫也很早就参加了少年军团。他是一名御马倌之子,据鲍·库拉金公爵称,子"其出身极为微贱,甚至低于小贵族"。然而,后来一些显贵的年轻人也开始参加进来了,如1687年,伊·伊·布图尔林和米·米·戈利岑公爵就带领一群御马倌前往参加。据宫廷文献记载,戈利岑由于年龄尚小而参加了"鼓手训练",后来他官至元帅[5]。于是[6*],在普列奥布拉任斯科耶村,彼得就没完没了地忙于这些游戏了。他建立了游乐园以及管理这支队伍的游戏管理所和游戏马厩,从御马司取来挽具供自己的炮队使用。总而言之,"少年军团"已拥有一整套机构,有特别的编制、预算,有"游戏专款"[6a]。在做军事游戏时,彼得本人愿意当个真正的士兵,并要求游戏的参加者也当真正的士兵。他让大家穿上深绿色的军服,他提供了全副士兵装备,从自己的近侍中(全部来自名门望族)任命校官、尉官、士官。于是在普列奥布拉任斯科耶的小树林中,几乎天天进行严格的军事操练。与此同时,彼得本人也从鼓手开始,逐级担任所有的军职[6]。为了训练士兵包围和袭击堡垒,在亚乌河上构筑了一座"正规的游戏要塞"普廖斯堡，然后对它用臼炮和一切围城技术加以攻击。在技术要求甚高的这一切军事操练中，彼得仅靠一点粗浅的知识是难以应付的[6*]。在[7]普列奥布拉任斯科耶附近，早就出现了一个诱人的独特小天地。莫斯科国家的掌权者们正从克里姆林宫对它侧目而视。这个小天地就是外侨区。沙皇阿列克谢在位时，这里专供军人居住，因为当时从国外招聘了两位将军、上百名上校和无数军官来担任按外国建制组成的俄国军队的指挥官，彼得就向他们求教自己想不出的新的游戏方法和高超的军事技能。1684 年，有个外国行家佐梅尔为他表演了榴弹射击，这就成了他后来喜爱的游戏[7]。外籍军官[8]也被吸收到普列奥布拉任斯科耶来组织少年队伍。至少在 17 世纪 90 年代初期，当少年营发展成为两个正规团，分驻于普列奥布拉任斯科耶村和谢苗诺夫斯科耶村，并以村名为两个团命名的时候，所有的上校、少校、上尉几乎都是外国人，只有中士是俄罗斯人。但是两个团的总司令官仍然是俄罗斯人阿夫塔蒙·戈洛温。正如彼得的连襟、谢苗诺夫斯科耶团的成员、上面曾提过的库拉金公爵所说的，此人"极其愚蠢，但却熟悉士兵的操练"[8]。

第二次求学 彼得[9]酷爱异邦的新奇事物，所以进行了从前王子们所未曾有过的第二次求学。据彼得自己讲，1687 年雅·费·多尔戈鲁基公爵奉派出任驻法国大使时，和彼得说起，他曾有过一架仪器"无需到达某地即可用以测出离该地的距离"，可惜已经丢失了。彼得请公爵替他在法国寻购一架这样的仪器，多尔戈鲁基果然在翌年带给他一个星盘。彼得不懂怎样使用，当然首先就求助于一个万事通的外国"博士"。那人说他也不懂，但答应代找一个行家。彼得"满心欢喜地"吩咐他去找这样的人，博士很快就找来一个荷兰人季梅尔曼[9]。彼得在他的指导下[10]，"兴致勃勃地"开始学习算术、几何、炮兵学和筑城学。今天我们还能看到保留下来的彼得的学习笔记本，里面有他的演算题和亲笔的题解。从这些笔记本里，我们首先看到的是他所受的识字教育有多糟：拼写错误很多，不遵守当时的正字法，字写得很费劲，该分开的词不分开，按照发音写单词，在两个辅音之间不时加上硬音符号ъ，如：всегъда，сътърелятъ，възяфъ[1]。他对于他不懂的算术术语根本不细听：如加法（additio）他不是写成адицое，就是写成водицыя。而教师本人呢，也并非高明的数学家；从笔记本里我们看见他所演算的习题以及一些乘法题多次出错[10]。然而[11*]，正是这些笔记本使我们看到彼得学习算术和军事科学达到了何等热切的程度[11a]。他很快就学完了算术、几何、炮兵学和筑城学，掌握了星盘的用法，研究了堡垒的构造，学会了计算炮弹的飞行速度。彼得在伊兹梅洛沃村参观祖父尼基培·伊万诺维奇·罗曼诺夫遗留下的仓库时，就是和这个季梅尔曼一起找到了一条已经破损的英国小船[11b]。据彼得本人说，这条小船就成了日后俄罗斯舰队的鼻祖，激发了他的航海热情，促使他先是在佩列亚斯拉夫湖，后来在阿尔汉格尔斯克附近组建了一支小舰队[11*]。但是，这个光荣的"俄罗斯舰队的先祖"，还有一些不知名的旁系亲戚，彼得认为没有加以记述的必要。早在1687年，[12]即彼得找到那条英国小船的一年或一年多以前，他就从武器库里弄来一些"小型船只"，这是他父亲的老式舰船模型，可能是在奥卡河上建造"鹰号"时遗留下来的。根据宫廷文献记载，甚至在更早的时候，在1686年，普列奥布拉任斯科耶村就建造过游戏船只。我们记得，沙皇阿列克谢的政府曾为筹建一支舰队而忙碌过一阵。可见对于彼得来说，造船乃是继承下来的传统[12]。

---

1 这三个词应为всегда，стрелятъ，взятъ。——译者

彼得道德上的成长 上述[13*]有关彼得幼年和少年时期的一些特征,使我们有可能回顾一下他精神上成长的早年岁月。10岁之前,他所接受的纯属古俄罗斯教会文化。但这种学习,却是在解惑和授业中进行的,根本没有古俄罗斯教会的性质。从10岁起,给他留下深深刺激的流血事件把他推出了克里姆林宫,使他脱离了古俄罗斯生活的常规,使他把旧的生活习惯和最痛苦的回忆及恶感联系在一起,过早地使他独自和军事玩具以及佐托夫的画册做伴[13a]。他过去在克里姆林宫自己的儿童室里玩,现在却转移到了户外,转移到了普列奥布拉任斯耶村的小树林中去玩,而且不再是玩洋娃娃,而是真人真枪地玩起来,没有计划,没人指导,周围只是些近侍和马倌。就这样一直延续到17岁。他摆脱了克里姆林宫的种种观念,或者更确切地说,摆脱了克里姆林宫的宫廷习俗和传统,而这些东西原先构成了旧俄沙皇的政治世界观及其治国本领,可以取而代之的新东西却没有出现,因为新东西无处可取,也无从研究。以佐托夫的教鞭开始的教育由于局势的变化而过早地中断了,后来教育虽然恢复了,但是已经遵循不同的准则,并且改变了方向。彼得的兄长们经历的,先是由书吏教他们教会文化,再由教育者向他们介绍一些超出莫斯科一般人眼界的政治和道德观念,并且还能谈谈平民权利、统治方法、君主以及他对臣民的义务。彼得却没有遇上过这么一位教师。对他来说,西梅翁·波洛茨基或勒季谢夫的角色,是由一位荷兰匠人充当的,他教彼得数学和军事科学,其教学技巧和熟练程度并不亚于佐托夫,只是内容不同而已[13б]。先前,在佐托夫的教导下主要是背诵,现在则还要忙于眼到、手到,培养技能和能力,不过,仍和先前一样无须用心用脑[13в]。彼得的观念和志趣只朝着极端单一的方向发展。他的全部政治思想都贯注于和姐姐以及米洛斯拉夫斯基家族的斗争,他所具有的平民感情都出自他对神职人员、大贵族、射击军、分裂派的仇恨和憎恶。在他的头脑中，兵士、大炮、堡垒、舰船占据了人、政治机构、人民苦难、市民关系的位置[13*]。每一个善于独立思考的人必不可少的关于社会和社会义务的概念范畴以及公民伦理在彼得的精神世界里很长很长时间以来一直是一片空白。他在真正意识到自己能对社会有何作为之前，并没有考虑过社会这个问题。

纳塔利娅皇后的统治　其时[14*]，索菲娅公主及其新宠沙克洛维特再次企图鼓动射击军反对弟弟和继母。1689年8月的一个深夜，突然被惊醒的彼得扔下母亲和怀孕的妻子，骑上快马奔进树林，转往圣三一修道院。这几乎是他一生中唯一的一次受到极度惊吓的经历，这也说明他已习惯于随时防备他姐姐的恐怖行动。这次阴谋未能得逞。使国外感到惊讶可笑而国内（除普列奥布拉任斯科耶村外）却人人满意的三权鼎立的局面结束了。彼得在致其兄伊凡的信中称之为"第三个可耻人物"的索菲娅，被幽禁在修道院中。沙皇伊凡仍然是个形式上的沙皇，一个不说话的配角，彼得则继续玩他的游戏。政权从索菲娅手中转入其继母手中。然而，按库拉金公爵的评价，纳塔利娅皇后"治理无方、智力不足"。统治大权由她的心腹分掌，其中最优秀的人物，曾经机智地和索菲娅公主进行最后一次较量的鲍·阿·戈利岑公爵，是位聪明的、有教养的人，能讲拉丁语，就是"饮酒无度"，因此，在他治理喀山宫廷时挥霍无度，致使伏尔加河流域呈现一片衰败景象。至于纳塔利娅皇后的另外两个宠臣，一个是她的兄弟列夫·纳雷什金，另一个是两位沙皇的祖母的娘家人吉洪·斯特列什涅夫。同时代人库拉金评论说，前者是个浅薄无比的酒鬼，性情乖张，办事"不从理智出发，全凭其情绪而定"；而后者也是浅薄之人，但他圆滑而凶狠，是个"宫廷阴谋家"。就是这样一些人在进行"无法无天的统治"，欺压百姓，审判不公，他们开始"大肆受贿和盗窃国库"。他们把大贵族杜马玩弄于股掌之上。一些最显要的大贵族现在"毫无领导权，无论在议院里或是政权机构中都只不过是些旁观者"。这些显贵望族，尤其是公爵之家地位衰落，他们竟在纳雷什金家族、斯特列什涅夫家族一些"低贱无比、穷酸不堪的小贵族老爷"面前卑躬屈膝，出身名门望族的库拉金公爵对此深感激愤。彼得的婚娶，又使30多个洛普欣家族的男男女女跨进宫廷，他们在这里遭到普遍的憎恨。他们之中为首的人物都是官场老手，是些"心肠恶毒、一毛不拔的讼棍，智力极端低下的人"[14a]。这样的统治集团，倒和莫斯科社会上那些丑闻迭出的官吏、公职人员非常协调。当年莫斯科政务的密切观察者和参与者、御前大臣热利亚布日斯基的"纪事"中写道，许多大贵族、贵族、杜马秘书官和普通官员一个接一个地纷纷获罪，他们由于在宫中吵骂、说话中有对沙皇不敬之词、杀妻、污辱少女贞操、伪造文书、与大臣吉·斯特列什涅夫之妻合谋盗窃国库等而受到审判、拷问以及贬谪、鞭笞、棒刑、充军、没收财产直至处死等形式繁多的惩罚。洛巴诺夫-罗斯托夫斯基公爵依仗着他所统辖的数百户农民，在通往圣三一修道院的大道上抢劫沙皇的库银而被鞭笞，然而，大约6年之后，他却以普列奥布拉任斯科耶团上尉的身份参加了科茹霍夫远征[14b]。要想在这个宫廷社会中分出新党旧党，分清保守派或进步派，那是白费力气，因为进行斗争的是野蛮的本能和习俗，而不是不同的思想和派别。

彼得的伙伴 索菲娅被废黜后彼得所处的环境就是如此。从这种环境中获得的印象，引不起他对政府和社会事务的关心，所以他只能全神贯注于他所习惯的事情，全心全意置身于他的"战争游戏场"，这使他更密切地接近外侨区，从这里物色将军和军官，来为他的少年军团进行队列和炮兵射击训练，指导军事演习。他时常不拘礼节地亲自骑马到那里去，到老练热诚的戈尔东将军以及其他外国朋友的家中进午餐和晚餐。在外侨区结识的人使他原有的"伙友"增加了。来自科奎的流浪汉当上了他的侍膳、侍寝以及少年马倌和炮手。炮手阿列克萨什卡·缅希科夫是一个出身微贱、不学无术、只能勉勉强强签写自己姓名的人，然而他却机灵、敏捷，后来成了拥有无上权力的"宠臣"。与之并驾齐驱的还有法朗茨·雅科夫列维奇·列福尔特。此人是来自日内瓦的冒险家，他千里迢迢到处寻求幸福，终于漂泊到莫斯科。虽然他不学无术的程度只比缅希科夫稍胜一筹，但他阅历丰富，快乐健谈，总是乐天知命，忠实可信，是个舞场上不知疲倦的舞伴，爱好饮酒，善于逗人快乐和自我作乐，擅长组织出色的伴有音乐、女士和舞蹈的宴会——总之一句话，按这个圈子里的沙皇近侍库拉金公爵概括的评价，他是个核心人物，或者说是个"爱打闹的法国佬"。稳重的苏格兰人帕特里克·戈尔东将军有时也来访，他已过中年，为人谨慎，一丝不苟，是受聘来俄国供职的军人。按我们俄罗斯壮士歌的说法，他可以在7个汗国中为7个可汗效忠。虽然有些外籍人像俄罗斯自己人一样被吸收到这个圈子里来，但却有两个俄国人在其中起着外籍人的作用。这两个人，一个是少年军团的大元帅费·尤·罗莫达诺夫斯基，曾用名弗里德里希。他担任新建军队的总指挥官，受封为普廖斯堡王，被授予广泛的警察特权，是普列奥布拉任斯科耶衙门掌管侦查的长官、刑讯大臣。此人"状若怪物，生性凶恶残暴，绝不对任何人施仁政，整天喝得烂醉"，但是对彼得却表现出家犬般的忠诚。另一个是伊·伊·布图尔林，波兰国王，或者在其首都称谢苗诺夫沙皇。他是原先的军队、主要是射击军的指挥官，"为人幸灾乐祸，纵酒无度，贪赃受贿。"两支队伍真正地而不是嬉戏般地互相仇视，这种仇恨足以引起实实在在的而非象征性的格斗。这伙人分属不同的民族，操不同的语言，有不同的社会地位，是个大杂烩[14ᴮ]。要想知道他们内部如何交流思想，只需摘引两行列福尔特致彼得的信就够了。1696 年，即列福尔特到达俄罗斯后的 20 年，他用法文字母写了一封俄文信呈给彼得：Slavou Bogh sto ti prechol sdorova ou gorrod voronets. Dai Boc ifso dobro sauersit i che Moscva sdorovou buit（здорову быть）（你平安到达沃罗涅日，真是谢天谢地。愿上帝再让你平安无事地回到莫斯科）。[14*]其实，就是彼得本人在致缅希科夫的一些信中，也用俄文字母拼写若干德文词语：мейн либсте камарат，мейн бест фринт（我喜爱的伙伴，我最好的朋友），而在给阿尔汉格尔斯克军政长官费·马·阿普拉克辛的信中，则直接用外文字母称之为：Min Her Geuverneur Archangel（我的阿尔汉格尔斯克军政长官先生）。团伙里的人可以不拘礼节。有一次，彼得就狠狠地责备过阿普拉克辛，因为他上书时，"使用了头衔尊称，这我不喜欢，你该懂得，对我们团伙中的人该怎么写才对"[15]。这个团伙[16*]逐步代替了彼得的家庭。彼得和叶夫多基娅·洛普欣娜的婚姻纯属纳雷什金家族和吉洪·斯特列什涅夫阴谋的杰作。叶夫多基娅愚蠢、迷信、好争吵，与丈夫根本不般配。只是在夫妇还互不了解时才暂时相安无事，但婆母对儿媳没有好感加速了无法避免的龃龉。彼得按自己的生活方式经常离家，久出不归，这使得他们的关系日趋冷淡，反过来又促使他更常外出。在这种情况下，彼得过的是一种没有家室似的、漂泊的学生生活。他加强军事操练，亲自制作并施放稀奇古怪而危险的烟火，举行阅兵和队列操练，组织行军以及大规模的示范性的作战演习，造成不少伤亡；他试验新的大炮，独自在亚乌扎河上建造和装饰快艇，既不请造船师傅，也没有木匠相助；他从戈尔东那里借来或通过他订购国外有关枪炮学的书籍；他学习、观察、不停地试验，向外国人询问军事业务以及欧洲事务。他赶到哪里,就在哪里进餐、过夜,有时在外侨区某一家,比较经常的是在普列奥布拉任斯科耶村兵团院子里的布热尼诺夫军士家。他回家的次数越来越少,只是偶尔到母亲那里进一餐。1691年,有一次,彼得突然来到戈尔东家进午餐和晚餐,甚至过夜。客人共有85人。晚餐后,大家都在露天打地铺睡觉。第二天,全体又到列福尔特家吃喝。列福尔特虽有将军和海军元帅的官衔,其实是个筵宴娱乐大臣。在亚乌扎河畔为他修建的官邸里,用库拉金公爵的话说,这伙人有时闭门三天,"以便狂饮一番,结果喝得酩酊大醉,其中许多人因此一命呜呼"。在这场"狂欢作乐"的恶战中幸存下来的也都病了好几天,只有彼得一人早上醒来照常跑出去干活,好像什么事也没有发生过似的[16a]。

游戏的意义 彼得一直到24岁都在忙于军事游戏,和伙伴们不断举行酒宴,经常出游亚历山德罗夫斯基居住区、佩列亚斯拉夫和阿尔汉格尔斯克。随着岁月的推移,这种游戏的儿童娱乐性质不知不觉地消失了,变成了一种严肃的活动。这是因为,即使在彼得小时候这游戏在年长于彼得的同时代人看来就非常像严肃的事情。彼得周围不成熟的一切,包括大炮和人员,都随同沙皇一起成长起来了,游戏队伍变成了真正的常规团队,由外籍军官统领,玩具大炮和炮手成了真正的大炮和名副其实的炮兵。游戏性行军的指挥官,见多识广的戈尔东在自己的日记中将这类行军戏称为军事芭蕾舞。然而,这些行军,以及佩列亚斯拉夫湖上小舰队的操练,虽然看来漫无目的,引人发笑,但却锻炼出了一批正在形成中的陆军和未来舰队的骨干力量。游戏具有非常重要的培训意义。1694年,在莫斯科河畔科茹霍沃村附近三周的演习,据参与其事的库拉金公爵证实,大约有3万人参加,也许他多少有些夸张。在戈尔东协助下,演习按照认真制定的计划进行,而且就其始末写了整整一部书,附有堡垒、辎重、作战草图。库拉金公爵说这些演习很能促进士兵的训练,至于向科茹霍沃的进军,他认为未必有任何一个欧洲的君王能做得更加出色,不过他也补充说明,"大约有24人由于炮塞或其他事故死亡,约有50人受伤"[166]。不错,关于最后这一次游戏,彼得本人也写道,科茹霍沃附近的演习,除了游戏,当时并没有别的想法,但是它却成为1695年和1696年两次远征亚速的实际行动的预演。两次远征证明了这次游戏的作用,说明有实际好处。亚速的占领,得力于通过演习而训练出来的炮兵,以及在彼得直接督率下于一个冬天在沃罗涅日河上建造起来的舰队,靠他在佩列亚斯拉夫造船时积累的必要知识和他在现场教会的工匠们的协助。

彼得在德国 1697年,25岁的彼得终于看到了西欧。关于西欧,他在外侨区中的朋友和熟人早就对他谈过很多,列福尔特更是劝他前往[16B]。然而,西方之行的想法乃是由于整个局势和彼得活动的方向而自然而然地形成的。他周围有的是来自西方的人,他向他们学习技巧,说他们的话。1689年,他甚至在给母亲的一些信中不用俄文而用"Petrus"签名。他把亲自建造的沃罗涅日舰队中最好的一艘大桡战船叫作"Principium¹"。彼得有过陆上和海上工作的经历,他立下一条规矩,为了给别人做出榜样,教会别人,自己必须首先学习一切新事物。既然他派遣几十名年轻人到国外学习,那么,他自己当然也应该出国去。他到国外,并不是作为一个猎奇好问、游手好闲的旅游者前往欣赏异邦文化的奇异景象,而是作为一个期望尽快熟悉他所缺少而又需要的技巧的工人——他所寻求的是西方的技术,而不是西方的文明。在他寄自国外的信中,出现了

---

1 principium,拉丁语,意为"开始"。此处作为船名,可译作"先锋号"。——译者

这样的词句:"朕亦在学员之列,故需教师教朕。"他的出行,就是想达到这一目的。他化名彼得·米哈伊洛夫,以随员身份加入派往欧洲宫廷的高级使团,这个使团就当时进行的对抗土耳其的联合斗争,欲与西欧各国加强原有的关系或建立新的友好关系。不过,这仅仅是使团的公开使命[16г]。伟大的大使列福尔特、戈洛温和杜马秘书官沃兹尼岑还奉有秘密指示:要在国外物色能干的船长来为航海业服务,"这些船长最好是自己当过水手,依靠多年服务逐级晋升的,而不是基于其他原因。"陆军中尉和高明的工匠们也应该这样,"他们在船上应该什么事都会做。"一切派往国外的志愿人员奉命必须学会制图,懂得海图、罗盘以及海洋的特征,无论在战时或平时出航中都能驾驭船只,熟悉船上的一切索具、仪器,寻求一切机会在战斗时待在海上,务必从船上各部门主管人员处搜集航海所需的足够数据,在返回莫斯科时,每人应带来两位精通航海业务的能工巧匠,由国库支付薪俸直到聘期届满。贵族中如有人能在国外教本国宫廷人员以航海业务者,可以从国库领取 100 卢布(约相当于现在 1 000 卢布)[16д]。在派遣 19 名贵族前往威尼斯时,莫斯科于 1697 年致书该国元首称,沙皇意在"详细考察欧洲最新军事技术及军事行动";但从曾经参加该 19 人贵族团的鲍·伊·库拉金公爵日记中,我们发现,他们在那里学习数学、一部分天文学知识、航海术、机械、进攻和防御工事,并且多次出海航行[16e]。这个规模庞大随员众多在外交使命掩护下的使团是当时在莫斯科装备好派往西欧考察的团体之一,目的是细心观察,了解清楚所需的一切,学习欧洲的技艺,诱聘欧洲工匠。使团的志愿人员彼得·米哈伊洛夫一到国外,立即着手补习炮兵学。他在柯尼斯堡时,他的教师(一位普鲁士上校)发给他一份证书,上面除了对该生迅速取得的炮兵学成绩表示惊讶外,还证明彼得·米哈伊洛夫处处都可作为一位谨慎、娴熟、勇敢、无畏的射击专家和艺术家而受到公认和崇敬。当他前往荷兰途经小城科片堡时,汉诺威选帝侯夫人和布兰登堡选帝侯夫人设宴款待这位知名的旅行者,这可说是彼得首次进入欧洲上流社交界。起初彼得不知所措,但很快就恢复常态,他谈锋颇健,使女主人入迷。他以莫斯科方式频频举杯,把女主人及其随从都灌醉。他承认自己既不爱音乐,也没有兴趣围猎,只喜欢出海航行、造船和制作烟火,他出示双手的老茧,他参加舞会(而莫斯科的骑士们把德国贵妇的紧身胸衣当成了她们的肋骨),他还用双手捂着10岁小公主的两耳,稍稍将她提起来吻了一下,把她的头发都弄乱了。(这位小公主后来就是弗里德里希大帝的母亲。)德国妇女界中两颗明星为这位莫斯科怪人所举办的试验性的相亲仪式进行得相当顺利,事后公主们都争相谈论她们所获得的印象。她们发现彼得身上有许多美好的东西,才气横溢,然而过于粗野,不懂得文明整洁地用餐,因此得出优缺点参半的评价:他是本国的完全代表,是个十分卓越的君主,同时又是个十分粗野的君主。其实,即使不从汉诺威前往科片堡或者在科片堡晚宴前两星期,也是可以得到这种印象的[16*]。

彼得在荷兰和英国 按照[17*]自己的爱好,彼得更急于直接了解荷兰和英国,了解海军和工业技术特别发达的那些西欧国家。彼得偕同几个旅伴先于使团来到热气腾腾的荷兰造船业中一个小地方萨尔达姆一家私人造船厂,当了大约一星期的木匠。他向一个偶然相遇的铁匠(曾在莫斯科相识)租了一间小屋,抽空就去参观大小工厂、锯木厂、缩呢作坊,访问已应聘去莫斯科的荷兰木匠的家庭。然而,尽管他穿着荷兰工人的工作服:红色粗呢短上衣和白色亚麻布裤子,仍然未能避免可恼地被人认出。人们聚集起来,好奇地围观这位当木匠的沙皇,这使他很快就无法在萨尔达姆再待下去了。1697年8月16日，列福尔特和他的同伴抵达阿姆斯特丹，17日去观看喜剧，19日出席该市的隆重宴会并观赏烟火，20日彼得趁黑夜到萨尔达姆取走他的工具，然后率领他的旅伴直接前往荷兰东印度公司的造船厂，到过莫斯科的阿姆斯特丹市市长维特泽伊（或名维岑）设法使彼得在船厂工作。彼得寄回莫斯科的信说，被派出国学习的使团志愿人员，"按志向"安排到不同岗位上工作：有11人和沙皇本人以及亚·缅希科夫到东印度公司造船厂当木匠，剩下的18人中，有的学制帆，有的当水手，有的学制桅。人们在造船厂开始为彼得造一艘三桅军舰，这条军舰全由"我们的人"动手制造，只过了9个星期左右就下水了。彼得整天工作，即使有闲暇，也很少待在家里。他到处奔走，什么都看。他前往乌得勒支与英国国王兼荷兰总督（奥伦治的）威廉三世会见时，维特泽伊一直陪伴着他。彼得听了解剖学教授留伊什的讲课，并在现场参观解剖。当他在教授的解剖室里看到一具制作得极其精巧的童尸标本露着微笑，简直就像活人一样时，情不自禁地吻了它一下。在莱顿，他参观了当时医学界泰斗博埃尔加夫博士的解剖现场。当他发现他的俄国随员中有些人对于死尸表示嫌恶时，他就强迫他们用牙齿去咬尸体的肌肉。彼得片刻不停地活动着，他参观可能看到稀奇事物的地方和名胜古迹、大小工厂、珍品陈列馆、天文台、医院、育婴堂、军舰、商船，他在家中接见外国人，或者去拜访他们，去看望造船巧匠。彼得在荷兰工作了大约4个月，学会了"一个出色的木匠所应该知道的东西"，但是他不满意荷兰工匠在造船理论方面的弱点，因此他在1698年初转赴英国研究欣欣向荣的船舶建造学。他受到英王盛情的接待，英王将自己最漂亮的一艘新游艇馈赠给他。他在伦敦访问过皇家科学学会，看到"种种令人叹为观止的东西"，并到附近一座小城杰普福尔德的皇家造船厂工作，以便完满地掌握造船知识，从一个普通木匠变为一个学有专长的巧匠[17a]。他经常从那里去伦敦、牛津，特别是去武利奇市观察实验室制造的炮弹，并"试试炮弹的发射"。在朴次茅斯，他参观军舰，详细地记下大炮的数目、口径、炮弹的重量。人们为他在怀特岛附近组织了一次示范性的海战。国外游历日志天天都记录彼得和他的伙伴的学习、观察和访问情况。他们上戏院，去"礼拜堂"，有一次还接待了一些英国主教，这些主教坐了大约半小时就离去了。他们召来了一个身高将近4俄尺[1]的女巨人，她把手臂平伸出去，彼得没有弯腰就从她手臂下走了过去。他们还去参观天文台，在三教九流的人家中吃饭，然后兴高采烈地回家。他们多次参观托尔堡，那儿有吸引人的铸币厂和政治犯监狱，"关押着正直的英国人"，还有一次参观了国会。关于这次"显然是对上议院的秘密"访问留下了很特别的故事。据说彼得看见英国国王坐在王座上，而所有大臣则坐在长凳上。通过翻译，彼得听完辩论，对他的俄国同伴说："听到臣民对君王开诚布公地说真话是令人愉快的，这就是我们应该向英国学习的东西。"日志偶然还记载着："他们有时就待在家中自行作乐"，也就是说，整天喝酒，喝到后半夜[17b]。有一份描写这种在家消遣的资料。彼得及其随从被安置在杰普福尔德的造船厂附近的一处私宅里居住，按国王的谕旨，在住所中配置了完全符合这些贵宾身份的必要的家具。当沙皇及其随从在这里居住3个月后离开时，房主向有关方面递交了一份客人损坏的清单。读完这份未必夸张的清单可能会吓一大跳。地板和墙壁上痰迹累累，饮酒作乐的污渍斑斑，家具破损，窗帘扯断，墙上的挂图因为用作射击目标而到处都是窟窿，花园里的草坪被踩得乱七八糟，仿佛曾经有整整一个团穿着铁

1　1俄尺＝0.71米。——译者

靴的士兵从上面走过。损失共达350英镑，按当时莫斯科卢布对英镑的比价折算，约值现在的5 000卢布。可见，送往西方学习科学的莫斯科学生并不考虑在当地应如何注意自己的行为举止。尽管他们在那里十分重视各种技艺，却不认为有必要遵循当地的风习和秩序。他们没有发觉他们在俄国的外侨区所结识的人乃是另一个世界的糟粕，而这个世界，现在在阿姆斯特丹和伦敦面对面地遇上了。他们闯入了自己不习惯的、秩序井然的社会，到处留下了莫斯科俄国佬习惯的痕迹，使得一些有思想的人产生怀疑，难道这就是那个国家当权的启蒙人物吗！英国主教伯内特从与彼得的一席谈话中得出的正是这种印象。彼得本人的才能、缺陷甚至他那些毛病，特别是他的粗野，也同样使主教感到惊奇。有学问的英国主教因而无法理解，天意为什么安排这么一个狂放的人，在人间一块如此广袤的土地上，行使无限的权力[17B]。

回国 彼得从荷兰延聘了将近900名各行各业的专家能手，从海军中将到船上厨师都有，在国外旅行花费了约合现在的钱250多万卢布，之后他在1698年5月赶往维也纳，而在7月，他获悉姐姐发动新的阴谋和射击军暴乱的消息，便放弃了去意大利旅行的计划，突然匆匆返回莫斯科。可以想象，彼得在国外逗留达15个月，他带回国的该是多么丰富的印象啊！到了西欧他首先就是急急忙忙地跑到西欧文明的制造厂里，而且看来，别处他哪儿也不想去了，而当别人向他展示欧洲生活的其他方面时，他充其量只不过是一个心不在焉无动于衷的观众。回到莫斯科，他本应回想一下欧洲这个拥有无数机器、船只、造船厂、大小工厂的喧闹不已、烟雾弥漫的大制造厂的情况。但是彼得却没有时间去回味他在西欧所获得的印象。一到莫斯科，他就立即着手无情地侦查射击军的新叛乱，一连许多天都怒气冲冲地忙着跟那些再次被反叛的姐姐发动起来的宿敌周旋。这使他又回想起1682年儿童时期的往事[17*]。姐姐[18]那可恨的形象及其亲友米洛斯拉夫斯基家族和沙克洛维特家族再次出现在他那神经质的想象中，同时出现的还有他已经习惯的随时可能来自这些人的种种恐怖情景。难怪在此次侦查期间，彼得完全忘形了。在刑讯室中，据当时人们的叙述，他常常忍不住亲手去砍射击军的头。此后，彼得就几乎毫不停顿地着手进行另外一项更加繁重的工作——他从国外回来两年后，北方战争开始了。他从刚进入青年时期起就自然而然地开始的急促、多变、忙乱的活动，由于客观需要几乎一直持续到他生命的尽头——到他50岁的时候[18]。北方战争[19]及其许多令人担惊受怕的事件，最初的一系列失败以及后来的胜利，彻底决定了彼得的生活方式，为他指定方向，规定他改革活动的速度。他必须日复一日地跟上从他面前迅速掠过的事件，匆忙迎接天天出现的国家新困难和新危险，他根本没有时间停下来喘口气，反思做过的事，预先考虑以后的行动计划。所以在北方战争期间，彼得就为自己选择了一个角色，这既符合他本人的工作习惯和自幼养成的口味，又和他从国外获得的印象和知识相适应。这既不是临朝君主的角色，也不是指挥作战的统帅角色[19]。彼得不像先前的沙皇那样坐在皇宫里向各地颁发谕旨，派遣臣仆为其效命；可他也很少像他的敌手查理十二那样亲自率领千军万马，出入枪林弹雨之中。然而，波尔塔瓦之役和甘古特之役，将作为彼得亲身参加陆战和海战的光辉纪念碑而永存于俄国军事史中。彼得[20]把前线的行动托付给将军们和海军上将们去办，自己则担负战争中技术性比较不太明显的任务：他一般留在军队的后面，巩固其后方，招募新兵，制订军事行动计划，制造舰船和建设兵工厂、采购军需品、粮食和弹药，他什么都储备，对大家都进行鼓励、鞭策，和人争吵，大打出手，绞死人，到全国各地奔走。他像是个炮兵总监、总粮秣官兼造船总工长。如此孜孜不倦的活动持续了大约 30 年时间，形成并且巩固了彼得的观念、感情、嗜好和习惯[20]。彼得形成了偏颇的个性，但又很鲜明外露；他总是显得很沉重，同时又永远好动、冷静，他随时准备爆发，声震人寰——完完全全像一尊从他的彼得工厂铸造出来的铁炮。

第六十讲

彼得大帝,他的外表、习惯、性格、生活方式和思想方法

彼得大帝[1*]就其精神气质来说,一眼就能看出他是个朴实的人。

彼得身材高大,差不多有3俄尺高。当他站在人群中间时,足足比人们高出一头。在复活节与人互吻三次以示祝贺时,他总得弯腰俯身,直至背疼。他天生力大无比,加上经常和斧头锤子打交道,这就使得他的肌肉更加发达,技艺日益精湛。他能用手把银盘子卷成管状,还能挥刀将飞掷过来的一块呢料在空中破开。我曾说过菲拉列特牧首的子孙身体都很孱弱。沙皇阿列克谢的第一个妻子未能克服宗室的这一缺陷。但纳塔利娅·基里洛夫娜却改变了这种局面。彼得生来像他母亲,特别像他的舅父费奥多尔。纳雷什金家族成员的头脑灵活、思维敏捷,这已经成为这个家族的特征。日后,这个家族就出了许多爱说俏皮话的人,其中之一曾在叶卡捷琳娜二世的沙龙里出色地扮演过滑稽丑角。有一位在1683年觐见过彼得和他哥哥伊凡的外国大使描写道,11岁的彼得是个活泼漂亮的孩子。当时,沙皇伊凡头戴皇冠,帽檐压着眉头,目光低垂,对谁都不看一眼,坐在圣像下面的银质宝座上一动不动,就像雕塑一般。而在他旁边,在同样的银质宝座上坐着彼得。他也戴着一顶皇冠,这两顶皇冠是为两个沙皇同时临朝而特制的。彼得神采奕奕,顾盼自如,不愿安静地坐着。后来,这一印象却被他严重的神经失

调的症状所破坏。造成这种神经失调的原因或是小时候经历1682年克里姆林宫的流血场面而受了惊，或是过分频繁的狂饮损伤了尚未长结实的机体，也很可能两者兼而有之。早在他20岁时，他的头就开始摇晃，在他沉思或内心激动的时候，他那漂亮的圆脸就会痉挛，变得难看。所有这一切，加上他右颊上的一颗痣以及走路时双手大幅摆动的习惯，使他无论走到哪里都引人注目。1697年在萨尔达姆一家理发馆里，就凭着早就听到莫斯科人说过的这些特征，这位当木匠的俄国沙皇立即就被人从一批来理发的莫斯科人中认了出来。不习惯于照料自己和自我克制的性格，赋予他那双游移不定的大眼睛一种严厉的甚至是野性的表情，神经脆弱的人见到会不由自主地颤抖。经常可以看到的彼得肖像有两幅。一幅是按威廉三世国王的旨意，由克涅列尔于1698年在英国画的。画面上的彼得长着一头卷曲的长发，他那又大又圆的眼睛显得非常快活。尽管画笔下显得有点过分热情，看来艺术家还是成功地捕捉到了他那难以觉察的愉快的，甚至近乎讥讽的表情，令人联想起他祖母斯特列什涅娃那幅保存完好的肖像。另一幅是荷兰人卡尔·莫尔于1717年画的。当时彼得到巴黎去商议加快结束北方战争的办法，并筹划他8岁的女儿伊丽莎白和7岁的法国国王路易十五的婚事[1a]。这一年，巴黎的观察家们把彼得描绘成忘记了自己君主身份的君主，说他的目光能洞察一切，有时略显粗野；观察家们还把他描绘成善于与他需要会见之人愉快周旋的政治家。彼得这时已经充分意识到自己的重要性，所以他敢于蔑视一切礼仪。他从巴黎的宅邸出来，就心安理得地坐上别人的马车，感到自己处处可为人主，在塞纳河畔跟在涅瓦河畔一个样。但是，卡尔里·莫尔笔下的彼得并非如此。他画的胡须仿佛黏上去似的，要比克列尔涅画的明显。他画的嘴唇和眼神似乎是病态的，有点忧郁，给人一种疲倦的感觉。你看了会想：

瞧，这人马上就会请求让他歇一会儿了。彼得个人仪表的威严掩盖了这一点；但他青年时代的那种自信，成年时期对自己事业的踌躇满志在画像上却不见踪影。应该提一下的是，这幅肖像所画的彼得当时已从巴黎前往荷兰的斯帕治病，8 年之后他就去世了。

彼得在自己家中宛若过客，他是在旅途上和户外干活的环境中长大和生活的。在将近 50 岁的时候，他如果有空回顾一下逝去的岁月，就会发现他永远在忙着到某个地方去。他在位期间，曾走遍辽阔的罗斯大地：从阿尔汉格尔斯克和涅瓦到普鲁特、亚速、阿斯特拉罕和杰尔宾特。长年累月不知疲倦的奔波，练就了好动、要求不断变换地方以及迅速获得新鲜印象的性格。说干就干成了他的习惯，他办什么事总是迫不及待。他平时的步态由于步幅很大，总使同行的人要吃力地连蹦带跳小跑着才能跟得上他。要他勉强在一处久坐是很难的。在长时间的宴会上，他常常从座位上跳起，跑进另一个房间去活动活动腿脚。这种好动的性格，使他在年轻时很爱跳舞。在一些达官显贵、富商巨贾、名家巨匠的家庭喜庆宴会上，他是个普普通通、兴高采烈的来宾；他经常跳舞，虽然没有经过系统的训练，只是在列福尔特家的晚会上靠"实践"学会的，但却跳得不错。彼得如果不是在睡觉、外出、赴宴或者参观什么，他就一定在制作什么。他的双手总不闲着，手上永远有老茧。只要有适当机会，他就做手工活儿。在他年纪还轻、懂事不多的时候，每逢参观工厂，他经常抓起他所观察的活儿去干。对于别人的工作，特别是他所不熟悉的工作，他很难只做个普通的旁观者：他的手往往本能地去拿工具，什么都想亲自做出来。对手艺的酷爱、使他更加心灵手巧，他只要专注地看看他所不熟悉的活儿，很快就能学会。早年对手工操作、技术工作的嗜好，后来变成了一种单纯的习惯，一种出于本能的需要。任何一种新事物，他还没考虑好是否对他有用，就想熟悉它、掌握它。随着年龄的增长，他获得了大量的技术知识。还在他第一次出国旅行的时候，德国公主们在跟他交谈中就得出结论，说他精通的手艺达 14 种之多。后来他在任何一个作坊、任何一家工厂里工作，就像在家里一样自如。他一生到过的地方，几乎没有一处看不到他亲自制作的东西：小艇、椅子、餐具、烟丝盒等。你会觉得奇怪，他从哪儿挤出时间来制作这些数不胜数的玩意儿！精湛的手艺，使他对自己灵巧的双手产生了极大的信心。他甚至认为自己是个经验丰富的外科医生，出色的牙医。有时，他的一些亲友生了病，需要进行外科手术，都会感到恐怖：要是沙皇知道他们生病，就会带着手术器械来访，表示愿意为之效劳。据说，他去世后留下一口袋被他拔下来的牙齿——这是他牙科实践的纪念品。但他把造船工艺看得高于一切，只要有机会在船厂抡斧头，不管什么国家大事也挡不住他。晚年在彼得堡的时候，他没有一天不到舰船修造厂去消磨一两个小时。他干这些活的确有很深的造诣。他同时代的人认为他是俄罗斯最杰出的造船师。造船时，他不仅是有洞察力的观察者和老练的领导者，而且能亲自造船，从安放龙骨到内部装饰的一切技术细节都在行。他为自己在这方面所掌握的技能而自豪，因而他既不吝惜金钱，也不怕花费精力，一心想在俄国推广和加强这门工艺。这个在内陆莫斯科出生的人，终于成为一个真正的海员，像鱼需要水那样需要海洋的空气。他认为这种空气和经常的体力活动有益于自己的健康。其实各种过度的活动，已影响了他的健康[16]。也许，正是这样才使他食欲非常旺盛，有名副其实的水手胃口。他的同时代人说，他随时随地都能吃。不管什么时候去做客，不管吃过没有，他都可以立即坐到餐桌旁边。他起床很早，大约在 4 点多钟，到 11-12 点才吃午饭。吃完最后一道菜，他就午睡去了。就是赴宴做客，他也不放弃午睡。午睡过后，他又精神饱满地回到客人中间,重新准备吃喝了。

幼年和青年时代的悲惨境遇使彼得摆脱了克里姆林宫刻板的老规矩,后来他置身于五光十色、不拘礼节的社会,他喜欢动手干各种活儿:一会儿抢斧头,一会儿使锯或开车床,一会儿又挥起移风易俗的大棒,加上非常好动的生活方式,这一切,使他对任何繁文缛节都深恶痛绝。彼得一点儿都容忍不了礼仪和形式的束缚。这位八面威风的人,虽然习惯于时时处处都感到自己是主人,但在庄严的场合却显得局促不安,不知所措。当他不得不穿着华丽的皇帝礼服,站在宝座旁边,在朝臣面前倾听来使辞藻过分华丽的废话时,他呼吸也困难了,脸也红了,而且还会出汗。对于日常生活,他尽可能安排得简朴些。这位帝王被欧洲列为世上最有权势、最富有的人之一,但人们却常常见到他穿着踩歪的鞋和妻女补过的袜子。在家里,他起床后就穿上用中国土布缝制的普通旧长袍,出门时就穿粗呢做的简朴的长外衣,而且不喜欢经常替换;夏天,如果不远行,他连帽子也不戴。出门时他常坐单马轻便马车,或简陋的双套马车,据一位外国目击者说,他甚至乘坐连一些莫斯科商人都不好意思坐的轻便马车。在隆重的场合,比如说,当他应邀参加婚礼,他就向讲究穿戴的参政院总监亚古任斯基租用马车〔1B〕。在日常生活中,彼得直到去世前都恪守古俄罗斯人的习俗,不喜欢宽敞高大的厅堂。就是在国外,他也不住华丽的王宫。由于他出生在一望无际的俄罗斯平原,当来到异邦群山间狭窄的谷地时总是感到很憋闷。奇怪的是,他虽然生长于自由自在的气氛中,习惯于一切都开阔、宽敞,但却住不惯举架高的房间,因此,当他遇到必须住进这样的房间时,就会下令加一层用麻布做的低矮的天棚。大概,童年时窄小的住所形成了他这一特点。他在普列奥布拉任斯科耶村长大成人,住在一间旧的小木屋里,据上述那个外国目击者讲,这间小屋连 100 个塔列尔[1]都不值。到了彼得堡，他给自己建造了两个也不太大的宫殿：冬宫和夏宫，里面的房间全都很窄小。这个外国人发现，彼得住不惯宽敞的大房子[1Ⅰ]，他放弃了莫斯科的豪华宅第，连过去莫斯科沙皇宫廷生活中那些铺张奢侈的排场也一并取消了。他在世时，全欧洲也许只有普鲁士那位悭吝出名的国王弗里德里希·威廉一世那不讲究的宫殿，才能和彼得堡的宫殿相提并论。难怪彼得要把自己和这位国王相比，说他们两人都讨厌挥霍浪费和摆豪华的排场。在彼得生前，宫中既看不见传统的宫廷高级侍从和低级侍从，也看不见贵重的餐具。过去宫廷的日用开支每年达数十万卢布，而彼得在位时每年都不超过 6 万卢布。沙皇的仆役一般由 10 至 12 名年轻贵族组成，大部分并非名门出身，称为侍从官。彼得既不喜欢金银线刺绣的宫廷内侍制服，也不喜欢衣服上的贵重刺绣[1Ⅱ]。然而在彼得的晚年，他的第二个皇后却有座居室众多、金碧辉煌的德国式宫殿，其豪华程度丝毫不亚于当时德国的任何宫殿。虽然彼得自己为皇宫的豪华感到苦恼，但他却要他第二个妻子住在里面，这可能是为了使周围的人忘掉她那过于低微的出身[1*]。

彼得[2]这种质朴无华、随随便便的作风也表现在待人接物上。在和别人交往的时候，他把古俄罗斯有权有势的主人的习惯和不拘礼节的工匠派头结合起来。做客时，哪儿有空位他就随便坐在哪儿；觉得热时，他便毫不在乎地当众脱去外套。每当有人请他担当婚礼总管，即婚宴主持人时，他都一丝不苟地认真履行自己的职责。吩咐开宴后，他就把司仪仗放在屋角，然后向柜台走去，当着众人的面直接用手把煎烤的菜肴从盘子里拿起来吃。在科片堡的一次晚宴上，他就餐不用刀叉的习惯也使德国公主们感到惊奇。彼得

1　在德国，1 塔列尔等于 3 个金马克（1871）。——译者

与人交往时不拘小节,没有温文尔雅的风度。在彼得堡他首创冬夜大型舞会,在高官显要家中轮流聚会,在首都上流社会中间,彼得随便坐下来和普通水兵下棋,和他们一起喝啤酒,用荷兰式的长烟斗吸他们的马合烟,根本不去注意在这个大厅或隔壁大厅里跳舞的名媛贵妇[2]。彼得[3]经过一天的劳顿,在晚上闲暇时常常出门做客或邀请客人到家中来,这时,他总是愉快、和蔼、健谈,喜欢看到周围的人兴高采烈地谈话。他往往端着一杯匈牙利酒,一面在屋里来回走动,不时喝上一两口,一面听人们无拘无束的谈话,而且自己也参加交谈。他不能容忍任何破坏这种交谈的行为,受不了尖刻挖苦、冷讽热嘲和恶作剧,尤其不准吵架、骂人。犯有这类过失的人,马上要受到处罚,强迫他"喝罚酒",要喝干两三杯盛在高脚杯里的酒或一大鹰杯酒,以儆"胡说八道,惹是生非"。在这种轻松、友好的交谈中,大家当然会避开敏感微妙的话题,不过,在彼得的社交场合上无拘无束的气氛中,那些大大咧咧或过于直率的人,往往就会把他们脑子里想到的一切都说出来。彼得十分宠爱海军中尉米舒科夫,赞赏他的海事知识。他是第一个受到信任去指挥一艘巡航舰的俄罗斯人。有一次(这还在阿列克谢皇太子出事之前),在喀琅施塔得举行的宴会上,米舒科夫坐在彼得身旁,喝得醉醺醺的沉思不语,后来他突然哭了起来。彼得感到很奇怪,就关心地垂询缘故。米舒科夫坦率地高声解释落泪的原因。他说,大家现在坐的这个地方是新首都,在它旁边建起了波罗的海舰队,众多的俄国水兵,包括他这个巡航舰舰长米舒科夫中尉,都非常深切地体会到陛下赐给他们的恩惠——所有这一切,都是陛下亲手缔造的。当他想起这些,又看到陛下的身体日见衰弱,因而不禁潸然泪下。他还加上一句:"你要把我们扔给谁啊?""什么扔给谁?"彼得反问道,"我有皇太子当继承人呢。""啊!可他太蠢了,准会坏事。"彼得喜欢水兵这样坦率地表露痛苦真情,但是他那略嫌粗鲁的表达方式,以及不顾场合的信口开河还是受到了斥责。"傻瓜!"彼得冷冷一笑,并在他头上打了一下说,"这种话不该当着众人的面说"[3]。彼得[4*]习惯于在各方面都直截了当行事,所以他要求别人首先要实事求是、坦率直爽、直言不讳。他不能容忍支吾搪塞。涅普柳耶夫在其札记中写道,他本人从威尼斯学成回国后,通过了沙皇的面试,被指派为彼得堡造船监督使,因而几乎天天与彼得会面。人们建议涅普柳耶夫做事要麻利,特别重要的是对沙皇说话永远不能掺假。有一次,涅普柳耶夫参加一个命名日,喝得微醉,睡过了头,当他赶去上班时,沙皇已在现场。惊慌失措的涅普柳耶夫想托病回家,后来改变了主意,决定如实地忏悔自己的过错。彼得说:"我的朋友,我已经在这儿了。"涅普柳耶夫说:"陛下,我错了,昨晚做客时间太长了。"彼得亲切地扶着他的双肩,使他感动得发抖,几乎要站不住。彼得说:"谢谢你,年轻人,你讲了真话,上帝会原谅你的。谁在上帝面前没有罪孽,谁对奶奶来说不是孙子呢?现在咱们去串个门吧。"他们来到一个木匠家里,木匠的妻子刚生了小孩。沙皇给产妇5枚10戈比的银币,吻了她一下,吩咐涅普柳耶夫也这么办。涅普柳耶夫给了她一枚10戈比银币。彼得笑着说:"唉,老弟,我看得出,你没有按外国方式送礼。""陛下,我没有多少钱可送。我是个穷贵族,家里有妻室儿女。要是没有皇上的俸禄,我只怕连吃的都没有呢。"彼得就问他有几个农奴,领地在什么地方。这时,木匠用木盘给客人各送来一杯伏特加。沙皇喝完酒,又吃了点胡萝卜馅饼。涅普柳耶夫没有喝酒,本来还想谢绝主人的款待,可是沙皇说:"喝吧,能喝多少喝多少,别辜负主人的一片心意。"说着,就撕下一小块馅饼给涅普柳耶夫:"给你,吃吧!这是俄国的食物,不是意大利的。"[4a]作为一个人，彼得天生和善，而作为沙皇，他却是粗鲁的，不习惯于尊重自己和他人的人格。我们所熟知的他成长的环境，也根本不可能培养出尊重人的品性。天赋的智慧、年龄的增长和已经获得的地位后来掩饰了他年轻时的缺陷，然而，在以后的年代，这缺陷有时也还会显露出来。他的宠臣亚列克萨什卡·缅希科夫在年少时，就不止一次地尝过彼得拳头打在他长脸上的滋味。在一次盛大的庆祝活动中，有一个外籍炮兵话多得讨嫌。他在与彼得谈话时，一味夸耀自己的知识，根本不让沙皇插嘴。彼得听着听着，最后，实在听不下去了，就径直对这个吹牛家脸上啐了一口，默默走到一边去了[46]。彼得待人质朴和一向乐天的性格有时跟他那火暴脾气或偶尔产生的恶劣心情（表现为他那遐迩闻名的痉挛）一样，使人感到和他交往十分难堪。他的左右看到他有痉挛发作的危险时就立即把叶卡捷琳娜请来，后者让彼得坐着，扶住他的头轻轻地搔搔。沙皇很快就进入梦乡。当叶卡捷琳娜一动不动地双手捧着彼得的头时，周围一片寂静。大约过了两个小时，彼得醒过来了，精神抖擞，仿佛什么事也没有发生过。但是，与这些病态的发作无关，性格直爽、心怀坦荡的彼得对于别人的处境也不总是细心关注的，这就破坏了他要在自己的社交场合中创造的无拘无束的气氛。彼得高兴的时候，喜欢找点乐子，开开玩笑。可是，他的玩笑常常开过了头，变得有失体统，甚至不近人情。夏天，在欢庆的日子里，在皇宫前的"夏园"里自己培植的小柞树林中，他喜欢看到首都上层社会所有人物都围绕在他身边，他喜欢坐在普通小桌旁的长木凳上，和达官贵人谈政治，和神职人员谈教会事务。他殷勤地款待来宾，十足像个亲切的主人。但有时他的殷勤好客会变得比杰米扬的鱼汤[1]

---

1 出自克雷洛夫寓言《杰米扬的鱼汤》：主人杰米扬以鱼汤待客，尽管客人已吃不下，他还拼命让吃，最后把客人吓跑，不敢再来。——译者

还糟。由于他喝惯普通伏特加酒,他要求客人也喝这种酒,女宾也不例外。常常有这样的情况:当近卫军军人抬着一桶桶白酒来到花园,酒味弥漫在各条林荫小径上,而哨兵奉命不准放任何人离开花园的时候,参加庆典的男女宾客无不心惊肉跳[4B]。为此而特别任命的近卫军少校们,必须向一切来宾劝酒,祝沙皇健康,因此,谁要是能想出办法从花园里溜出去,谁就认为自己很幸运。只有教会首脑高高兴兴地坐在小桌旁并不拒绝喝杯苦酒。另外一些人身上散发出萝卜和洋葱的气味,老远就能闻到。在一次庆典上,有些路过的外国人看到,醉得最厉害的客人就是神职人员,令新教的传道者惊讶不已,他们无论如何也想象不到怎么这种事竟能做得如此明目张胆,毫无顾忌!1721年,在老鳏夫尤·尤·特鲁别茨科伊公爵娶20岁的戈洛温娜的婚礼上,当端上一大盘果冻时,彼得命新娘的父亲,一个特别嗜好甜食的人,尽可能把嘴张大,然后把果冻一块又一块往他嘴里塞,当他的嘴张得不够大时,彼得还亲自给他弄大些。与此同时,在另一张桌子旁边,主人的女儿,一个衣着华丽的富家少女,时髦的公爵小姐切尔卡斯卡娅站在她哥哥的椅子后边。哥哥是个受过良好教育的年轻人,在父亲再婚典礼上当傧相,在座的皇后示意让妹妹胳肢哥哥,哥哥就在彼得堡当时最高雅的社交界的一片笑声中,像一头挨宰的牛犊那样号叫起来。

　　沙皇的这种幽默,使他在自己宫廷里举行的娱乐活动带有某种令人苦恼的性质。北方战争结束前,曾经制定过一份宫廷每年的重大节日表,其中包括维多利亚庆典,而从1721年开始,又增加每年的尼什塔特和约庆典。但是,彼得最喜欢欢庆一番的事件乃是新船下水,因为他爱新船就像爱新生的婴儿一样。那年月欧洲到处饮酒成风,喝得不比现在少,而在上流社会,特别是在宫廷里,那就可能喝得更多。彼得堡宫廷也不落于自己的外国榜样之后。彼得在各方面都很俭朴，但却不惜花钱举办酒宴，庆祝新船下水。首都上流社会的男男女女都应邀来到船上。这是地地道道的海上酒宴，无论是前去赴宴，还是宴罢归来，都可用一句俗话来形容：醉鬼是天不怕地不怕的。有时喝到这种程度：海军上将阿普拉克辛老头开始哭起来，流下伤心的泪水，说什么他直到暮年仍然是个孤儿，既没有父亲，也没有母亲；而陆军大臣、最德高望重的公爵缅希科夫则跌到桌子底下，吓得公爵夫人达莎从女宾席那边奔跑过来，给失去知觉的夫君浇水和搓摩。但是酒宴也并不总是这么随便地结束的。如果彼得在宴会上对某人大发雷霆，他就会怒气冲冲地起身向女宾席走去，同时吩咐不准交谈者在他回来之前散去，而且还在门口布了岗。当叶卡捷琳娜还没有劝住愤怒的沙皇、还没有张罗好让他安睡时，大家就只好在原地坐着喝酒、发闷。为了庆祝尼什塔特和约的缔结，曾经举行7天的化装舞会。彼得高兴得忘乎所以，因为无尽无休的战争终于结束了。他忘了自己的年龄和宿疾唱起歌来，又在桌子之间跳舞。庆典是在参政院大厦内举行的。席间，彼得站起身来，出门走到停泊在涅瓦河边的游艇上睡觉，事先命令客人等他回来。在持续很长时间的庆典上，尽管不断上酒，喧闹之声不绝于耳，但客人们仍然感到苦闷和疲惫，因为他们是奉命前来参加的，躲避者甚至要罚50卢布（将近现在的400卢布）。上千个戴着假面具的人走来走去，互相碰撞，喝酒跳舞，整整持续了一个星期。挨到奉命参加的游乐活动按规定快结束的时候，人人都心花怒放。

  这些官方庆祝活动是令人痛苦和疲惫的。但是更糟糕的还是另一些寻欢作乐的活动——也规定参加人员，而且猥亵到厚颜无耻的地步。很难说得清其原因何在，是在干完粗活之后，需要下流的娱乐呢，还是不习惯于慎重考虑自己的所作所为！彼得力求使自己和臣僚的纵情玩乐用办公的形式表现出来，并使之成为一种制度。于是成立了酗酒协会，也就是"最乖戾的、最滑稽的、酩酊大醉的聚会"。协会主席是宫廷里的一位首席丑角，冠有公爵—教皇称号，亦即莫斯科、科奎和整个亚乌扎教区最煊赫一时、最滑稽可笑的牧首[4г]。在他麾下是由12个枢机主教组成的选举教皇委员会，成员全是臭名昭著的酒徒和馋鬼，再下面还有一大堆主教、修士大司祭以及其他神职人员，他们的绰号无论何时、无论在什么检查制度下都不会见诸报端。彼得在这个协会里也挂有一个大辅祭的圣职，并亲自为协会拟订章程；该章程中表现出的他对立法的深思熟虑，丝毫不亚于他的任何其他章程。该章程极为详尽地规定了选举官员、指派教皇和举行按手仪式以授予各级酗酒职位的程序。这个团体的首要戒条是天天都要喝醉，不得在清醒时就寝。协会的宗旨是以纵饮无度来颂扬酒神巴克科斯。协会有自己的狂饮规定，即"为巴克科斯酒神服务以及问心无愧地对待烈酒"；有自己的祭服、祷词和赞美诗，甚至还设有滑稽可笑的女主教和女修道院院长之职。正如古代教堂里对受洗礼的人要问："你信上帝吗？"一样，对加入协会的新会员要问："你爱喝酒吗？"那些违反会规，不愿喝醉的人，不准进入国内任何一家小酒馆。至于那些善于玩弄小聪明、反对狂饮的邪教徒，则应革除其教籍。总而言之，这成了当时教会等级制度和教堂祈祷仪式的最不成体统的一出丑剧，在虔诚的人们看来，这简直是灵魂的堕落，是种叛教行为，而反对这种行为的人，却要戴上殉教者的荆冠。有时，在圣诞节期间，莫斯科或彼得堡有一群为数200左右的人，坐着几十架雪橇，通宵达旦地在全城到处奔驰，一路上唱着赞歌庆祝圣诞节。领队的是滑稽牧首，他身穿法衣，手执权杖，头戴白铁法冠。雪橇满载着与其共同参加祈祷活动的人，跟在他后边没命地奔驰，歌声阵阵，口哨不断。有幸受到这些唱赞歌者光顾的房主必须款待他们，并给唱赞歌者付钱。据当时的观察家称，在这种时刻，酒喝得特别凶。有时在大斋期的第一个星期，协会会首阁下及其会众组织一支忏悔队伍列队游行：为了使信徒们获得教益，他们骑上毛驴、犍牛或者坐在套有猪、熊和山羊的雪橇上，穿着反毛短皮袄出游[4*]。有一次，正当 1699 年的谢肉节，在豪华的宫廷午宴之后，沙皇举行了祈祷酒神巴克斯的仪式。我们已经知道的沙皇过去的教师、现为牧首兼公爵——教皇的尼基塔·佐托夫喝了酒，并为跪在他面前的来宾祝福。他用两根长烟杆交叉成十字来祝福他们，就像主教用两叉或三叉降福灯为人们祝福那样，随后，这位"大主教"手执权杖跳起舞来。出席午宴的只有一个外国人，而且是外国大使。他看不惯这种愚蠢的场面，就逃离了这群正教徒群丑。外国观察家想从这些丑恶不堪的情景中找出政治倾向，或者甚至找出国民教育倾向，似乎其目的在于反对俄国教会的教阶制度，甚至教会本身，也反对酗酒的恶习。他们认为，沙皇是故意把那些事物弄得滑稽可笑，从而削弱人们对其敬重的程度[5]，同时也给人们提供一个开心的机会，而酗酒协会正好让他把蔑视偏见陋习同憎恶丑态百出的狂欢结合起来。很难衡量这种观点中有多少真实性；但所有这一切，与其说是一种解释，不如说是一种佐证。彼得[6*]玩的游戏不只是针对教会的教阶制度或教堂仪式的，他连自己的政权也弄成取笑的对象，他戏称费·尤·罗莫达诺夫斯基公爵为国王、君主、"最圣明的沙皇陛下"，而自称为"永世的奴仆 piter（彼得）"，或者随便地用俄语自称彼得鲁什卡·阿列克谢耶夫。显而易见，这里更主要的是他的心情，而不是他的倾向性。逢场作戏的性格，是彼得从父亲身上继承下来的，他父亲也喜欢开玩笑，但比较小心，以免变成丑角[6a]。彼得和他的伙伴更多的是喜欢干些愚蠢的事情，而不是进行愚蠢的创造。他们抓住一切逗笑取乐的形式，并不管其出处，他们完全置古风于不顾，无视人民的感情，也不惜牺牲自己的尊严。他们像孩子们在游戏时那样模仿成年人的话语、关系，甚至做出怪相，压根儿不想对这类行为加以谴责或发火。在拙劣可笑地模仿教堂仪式时，他们嘲弄的并不是教堂[6*]，甚至也不是作为一种制度的教会职位等级，他们只是发泄对宗教界的不满情绪，而神职人员中令人不满的人是为数不少的。搞这类狂欢暴饮活动的人完全不计后果，那也并非咄咄怪事。尽管彼得抱怨他不得不与之打交道的是成千上万个大胡子神职人员，不像他父亲那样只要和一个大胡子打交道就行，但是神职人员带给他的只是些不愉快而已，并非有多大危险。反对改革的人，除了指责当时有教阶的大多数人外，最近又对阿德里安牧首提出指责，说他靠着彼得养活，只管吃饭睡觉，为了保住法衣和白色高筒修道士帽，就对当局的行为不闻不问，不加揭露。比较严重的是人民中间的怨言，有关沙皇是反基督者的流言已不胫而走。但是即使从这方面来看当局也寄希望于鞭笞和拷打所产生的保卫力量，在当时的统治阶级中，很少考虑社会羞耻心。就连民间的习俗，即使不能证明这些不成体统的娱乐完全正当，至少也能部分地解释那些人为什么会这么干。谁不知道，俄国人在欢聚作乐的时刻惯于戏弄教会的事物，并用神圣的格言来美化无聊的戏谑呢？还有民间传说对神职人员和教会仪式的态度也是众所周知的。神职人员对此是咎由自取：牧师虽然严格要求表面上遵守教堂规矩，却不善于引导人们对教堂规矩产生应有的尊重，因为他们自己就不够尊重。就连彼得身上也有教会和人们的这些弱点。他是个虔诚的教徒，对于俄国教士阶层的愚昧无知和教会的混乱状况深感悲伤。他尊敬并熟谙教会仪式，喜欢（而完全不是为了闹着玩）在节日站在唱诗班的人群中用他那有力的噪音唱赞美诗。但是他竟把公爵—教皇布图尔林老头及其前任尼基塔·佐托夫的老遗孀不体面的婚礼列入1721年尼什塔特和约的庆典节目中，下令在圣三一大教堂隆重而又滑稽逗乐的气氛中，当着宫廷人员的面，按教堂方式为他们举行婚礼。在这出不堪入目的丑剧中，能找出什么政治目的的呢？这简直就像打开一箱伏特加后，还要让酗酒协会的会众想起福音书来！这里并没有政治家们微妙的或狡猾的反教会图谋，而只不过是那些有权有势的寻欢作乐的人群粗鲁感情的流露，它揭示了一个普通的事实——即教会已威信扫地。在贬低白衣修士的修道士统治时期，教会牧师对人民进行的道德情操教育变成了控制良心的警察。

但是[7*]，彼得天生就有能力给自己创造比较体面的消遣办法。毫无疑问，他对优美之物天然具有一种健康的感情，他费了不少周折，花了不少钱财，从德国和意大利买回了精美的绘画和雕像，从而奠定了收藏艺术品的基础，这些艺术珍品现在还陈列在彼得堡的埃尔米塔日博物馆里。他对建筑术有特殊的兴趣，可资证明的是：他在首都周围建造了一些专供娱乐用的宫殿，为了建造这些宫殿，他以高薪从西方聘请来第一流的建筑师，比如当时大名鼎鼎的勒布隆（彼得本人称之为"旷世奇才"）就是被他以高薪从法国宫廷诱聘出来的。这位建筑师所建造的彼得戈夫的蒙普列齐尔宫，有精雕细刻、美妙绝伦的办公室，有临海的景色，有绿树浓荫的花园，前往参观的外国人理所当然地赞不绝口。不错，从这里还看不出彼得是个古典风格的爱好者，因为他从艺术中寻求的，只是保持心情轻松愉快和朝气蓬勃的办法。上述彼得戈夫的宫殿就装饰着佛拉芒画派出类拔萃的画，描绘的是乡村生活和大海景象，大部分都赏心悦目[7a]。彼得虽然习惯于随随便便过日子，干重活，但是对于自然景色绝非无动于衷，特别对于大海更是满怀深情。他耗费巨资修建的近郊宫殿都建有游廊、小瀑布、精巧的喷泉和花坛等。他有强烈的美感，不过这种美感的发展有些片面，这是合乎他的性格和生活方式的总倾向的。由于他惯于弄清事物的详情,爱好钻研技术细节,所以他形成了几何学似的准确眼光,具有惊人的目测能力,有形体感和对称感;他轻而易举地掌握了雕塑艺术,喜欢复杂的建筑计划,不过他自己也承认他不喜欢音乐,舞会上乐队的演奏使他难以忍受[7*]。

有时[8],在彼得一伙喧闹的娱乐聚会上,也能听到严肃的谈话。战事和改革进展得愈深广,彼得及其同事们就愈经常思考他们所作所为的意义。这些谈话令人感兴趣的,与其说是他们所表达出来的观点,还不如说是可以让人更清楚地审视交谈者本人、他们的动机和态度,从而冲淡他们的醉态和混乱状态给人留下的印象。在烟雾腾腾,杯觥交错的气氛中表述的政治思想从更有吸引力的另一个侧面显示了这些干将们的光辉形象。1722年有一次在娱乐时,在匈牙利酒的作用下,彼得对他身边的外国人谈到他活动的头几年是如何艰苦,他不得不同时缔造他的常规陆军和海军,向其游手好闲粗鲁笨拙的人民灌输科学知识、培养英勇、忠实、正直的情操,所有这一切在最初阶段他都要付出极为艰苦的劳动,但是现在,上帝保佑,这已成为过去,他可以安心一些了,而为了好好地了解他治下的臣民,他还必须加倍努力工作。这显然是彼得早就有的、习以为常的想法;彼得去世后仍在继续流传的关于他创造性活动的传说可以说是他自己开始加工整理的。要是他同时代人的说法可信的话,那么,这一传说甚至已经具有座右铭的艺术形式:一个雕刻家将一块大理石毛坯雕刻成一个人形,那也只能算差不多完成了一半工作。这就是说,到和瑞典的战争快结束时,彼得及其同事意识到,他们所取得的军事胜利和已经实行的一些改革,还不能算事业的完成,所以他们就忙于考虑还需要做些什么。塔基谢夫在其所著的《俄国史》中,转述了一个显然是从交谈者那儿听来的关于一次席间谈话的故事[8]。事情[9]发生在1717年,当时那场痛苦的战争出现了快要结束的一线希望。彼得和许多显要人物坐在宴会席上,他谈起自己的父亲、谈起他父亲在波兰开创的事业以及尼孔牧首给他惹的种种麻烦。此时穆辛-普希金一味抬高彼得而贬低彼得的父亲,说沙皇阿列克谢本人做的事情太少,而莫罗佐夫及其他干练的大臣做得多;说是关键在于大臣们:皇上有什么样的大臣,就能建立什么样的业绩。这些话使彼得十分气恼,于是他从桌边站起来,对穆辛-普希金说:"在你对我父亲事业的指责和对我的颂扬中,都有我不能容忍的责骂我的话。"然后,他朝着那个敢于在参政院中和沙皇争论的雅·费·多尔戈鲁基公爵走去,站在他的椅子后面说:"你指责我的话比谁都多。你的争论往往使我气恼得几乎忍受不了;可是我细细一想,也就想明白了,你是真心实意地爱戴我,热爱国家,说了真话,为此,我从内心感谢你。现在我请问你,你对我父亲和我所做的事情有什么看法?我相信,你会真诚地对我说实话的。"多尔戈鲁基回答道:"好吧,陛下,请坐一会儿,容我想想。"彼得坐在他身边,他就习惯性地捋髭沉思。大家都瞧着他,等他开口。公爵沉默片刻后,开口说道:"你出的题,不是三言两语回答得了的,因为你做的事情和你父亲不同,在某一件事情上是你应当得到更多的称赞和感谢,而在另一件事情上,却是你父亲。沙皇要做三件大事:第一件就是对内镇压和司法审判,这是你们最主要的事情。对此,你父亲有较多的时间,而你呢,连加以考虑的时间都没有,因此你父亲在这方面做的事要比你多。但当你着手做时,你可能会比你父亲做得多,而现在也到了你应该考虑此事的时候了。第二件是军事,这方面你父亲也是值得好好赞颂一番的,他大大造福于国家,并为你指明建设正规军的道路。但在他逝世后,那些愚蠢无知的人把他开创的事业都败坏了。这样一来,你几乎是一切重新开始,并且取得了很大的成就。然而,尽管我对此事掂量再三,却还说不准,你们两人之中我究竟更偏爱谁,不过,战争的结局将会直接告诉我们的。第三件事就是建设海军、对外结盟以及对外关系。这方面你给国家带来的利益比你父亲更大,也为自己赢得了荣誉,这样说,我想,你自己也会同意的。至于有人说仿佛皇上有什么样的大臣,就能建立什么样的业绩,我的看法却完全相反。我认为聪明的皇上自然善于遴选聪明的谋士,并能考察他们的忠诚。因此,英明的君王身边就不可能有愚蠢的大臣,因为他能够判断每个大臣的优点,嘉奖正确的奏议。"彼得十分耐心地听完这一席话,热烈地吻了多尔戈鲁几下,说道:"实忠诚之良臣也!汝对朕如此忠诚,朕必置汝于众多大臣之上。"塔基谢夫在这个故事的结尾处写道:"缅希科夫等人对此感到非常伤心难过,他们千方百计努力使皇上恼恨他,但未能奏效。"[9]

彼得[10]一生都是在经常的、紧张的体力活动中度过的,永远在源源而来的外部影响下周旋,终于在自己身上培养起对外界极强的感受能力,惊人的洞察力和实践技能。但是他不愿做一个无聊的空想家,不论干什么,他都能轻而易举地掌握工作的细节,比掌握总的计划要快;他考虑手段和目的要比考虑后果周密;在任何事情上,他更像一个实干家和行家,而不像思想家。他智能上的这种品质,也反映在他的政治和道德特征上。彼得是在完全不利于他政治上发展的环境中长大的。那是沙皇阿列克谢的宗室和宫廷社会的环境,这里充满着敌意、低级趣味和卑微小人。宫廷的阴谋和政变是彼得最早的政治学校。姐姐的凶残把他从皇宫撵了出去,从而使他摆脱了与之结合在一起的政治概念。这种隔绝本身对于彼得并非重大损失,原因是17世纪克里姆林宫智囊们表现出来的政治意识是一堆乌七八糟的东西,其中一部分是继承前朝陈腐的典章礼仪和世袭领地上的风习，另一部分来自政治谎言和含糊其辞的话语，它曾妨碍新朝头几位沙皇了解自己在国家中所处的地位。彼得的不幸在于他没有任何政治意识，只有一些模糊的、内容空洞的感觉，他觉得他的统治权力是无限的，只是有一些危险性。他意识中的这种没有边际的空虚感很长时间都没有以任何东西加以填补。从小就学会手艺的匠人性格、繁重的手工劳作，妨碍他进行思考，把他的思想从那些构成政治教育内容所不可或缺的事物上引开，于是彼得就逐渐成长为这么一位执政者：他没有一定的章法来使政权具有崇高的威信，并证明其正确合理。他不具备基本的政治概念，在社会活动中不能掌握分寸。他虽有卓越的才能和广泛的技术知识，但判断力却不足，精神上不稳定，25岁的彼得身上的这些特点连外国观察家看来也是一目了然的。他们认为，按天赋他更适合当一个伟大的木匠，而不是当伟大的君主。从幼年起，就没有人从精神上好好对他加以引导，他的体格又过早地遭到损伤，他所受的教育和生活方式粗野得令人难以置信，再加上青年时期的恐怖处境又造成了他残忍的性格，尽管如此，他却精力充沛、天生敏感、善于观察。这些天生的品质，在一定程度上弥补了环境和生活强加于他的种种不足和缺陷。早在1698年，英国主教伯内特就发现，彼得竭尽全力克服饮酒的嗜好。即使彼得对西方的政治制度和社会风习并不关心，单凭他自己的敏感，也不可能不注意到，西方人不是靠鞭笞和刑讯来接受教育培养和变得强健的；而他在第一次向亚速进军、在纳尔瓦附近、在普鲁特河上所受到的严峻教训，也逐渐使他明白他在政治上欠成熟，因此，他就开始进行自我政治教育，并不断加强之：他开始明白他所受的教育有巨大的缺陷，从而开始深入思考那些他未曾及时思考的东西，即关于国家、人民、权利和义务、帝王及其职责等问题。他善于把帝王的义务感发展到忘我服务的程度，但却无法抛弃已经养成的习惯。虽然青年时代的不幸帮助他摆脱了克里姆林宫政治上装腔作势的恶习,但他却无法净化自己的血液,摆脱自己和莫斯科政治上独一无二的铁腕指导者的血缘关系,清除独断专行的本能。他至死也未能理解历史的逻辑和人民生活的生理现象。不过,也不应对他求全责备,因为就连彼得手下最贤明的政治家兼顾问莱布尼茨也很难搞懂这些,看来,他也只在经过考虑再三之后,才去说服彼得:在俄国,科学的基础越差,倒越能更好地推行科学。他的全部改革活动都受到下述思想的支配——政权强制是必要的和万能的,他期望的只是用武力强迫人民接受他们所缺少的福利,他进而相信可以迫使人民的生活离开其历史的河道,将它赶入新的两岸之间。因此,一方面他热心关怀人民,另一方面他使人民的劳动强度达到了极限,他不加计算、毫不吝惜地耗费人力和生命[10]。彼得[11*]是个正直而真挚的人,律己甚严,对人公正、和善;但在进行活动时,他更习惯于使用物品和工具,而不是对待人。因此,他对人也像对待工具似的,善于使用他们,迅速作出判断谁干什么最合适,但不会也不喜欢设身处地替他们着想,珍惜他们的体力,他不像他父亲那样富有同情心。彼得知人,但不善于或者不总是想理解人。他性格上的这些特征可悲地反映在他的家庭关系上。彼得作为自己国家的组织者和政务行家,对这个国家的一个角落——他自己的家,即他像客人似地在那儿出现的自己的家庭——却知之甚少[11a]。他和第一个妻子合不来,也有理由抱怨第二个妻子,他和儿子完全不能和睦相处,未能防止他接受敌对意识的影响,结果皇太子走上了毁灭的道路,给王朝的存在带来了危险。

所以,尽管在彼得及其前辈之间可以看到某些同源联系,其作用和类型上有某些历史继承性,但彼得毕竟与其前辈大不相同[11б]。彼得是一位伟大的主人。他最懂得经济利益,他对国家的财富泉源最为敏感。在他之前的新旧皇朝的沙皇中，也出现过与他类似的主人翁，但他们都是些深居简出、四体不勤、习惯于通过别人之手治理国家的人，而彼得却是个好动的，爱干粗活的主人，是个善于自学，有手艺的沙皇[11*]。

第六十一讲

彼得大帝的对外政策和改革——对外政策的任务——欧洲的国际关系——北方战争的开始——战争的进程——战争对改革的影响——改革的过程和联系——研究的顺序——军事改革——正规军的组建——波罗的海舰队——军事预算

对外政策 彼得[1]的改革究竟是在事前多久加以考虑和计划的？根据计划，这次改革究竟完成到了什么程度？这是我们开始研究彼得大帝史的时候所首先面临的问题。有这么一种倾向或习惯，认为彼得是和业已成熟的改革纲领同时出生和成长的，整个纲领就是他的事业，是他创造性天才的产物；认为彼得之前的几位沙皇仅仅为改革进行了一些准备，给了他改革的意图，但并没有给予他改革的思想和方法。我对彼得之前的几位沙皇的活动进行了一番观察之后，却发现彼得的纲领本身全都是17世纪的人所设计的。不过，必须把落到彼得身上的任务同彼得对这些任务的掌握和执行情况区分开。这些任务是17世纪的人们所意识到的国家和人民的需求，而彼得的改革却是他所处的时代的条件使然。这些条件在他之前并未发生作用。有些条件是彼得本人创造的，另一些则是从外部介入了他的事业。该纲领既不是谁的遗嘱，也不是什么古训，而是国家刻不容缓的、大家都一目了然的需要。

改革的任务 战争，是这些条件中最重要的条件。彼得几乎没有经历过和平时期，一生总在同谁搏斗，一会儿同姐姐，一会儿同土耳其、瑞典,甚至同波斯。从 1689 年秋天索菲娅的统治垮台起,彼得在位的 35 年中,只有 1724 年这一年和平度过,而在其他的年份里总共不超过 13 个月没有打仗。况且,彼得和他的主要敌人土耳其、瑞典作战也与先前的沙皇不同,他是和盟国协同作战的。为了理解这些战争的意义,让我们回顾一下 17 世纪莫斯科国的对外政策吧[1]。彼得[2*]从前朝沙皇继承了两项任务,要保证国家的安全,这两项任务是必须完成的:第一,必须完成俄罗斯人民的政治联合,而当时几乎有一半人民还在俄国的疆域之外;第二,必须重整领土的边界,因为西、南两面的边界极其容易受到外部的侵犯。这两项任务在彼得即位前刚开始着手解决。第二项任务,即关于领土的任务,早在他之前领土问题就导致莫斯科国与两个外敌发生冲突:一个是瑞典,必须从它手中夺回波罗的海的东岸;另一个是克里米亚鞑靼人,即土耳其。第一项任务是关于国内政治的任务,即必须使俄罗斯人民实行全国性的联合,这项任务也是在彼得即位前很久就已引起俄国同其第三个敌人,即近邻波兰立陶宛王国之间发生多次旷日持久的战争。不过,还在彼得即位前,莫斯科政府就懂得,同时完成这两项任务是不可能的。沙皇阿列克谢政府已经体会到不可同时和波兰、瑞典和土耳其在三条战线上作战。所以 17 世纪的莫斯科政界人士开始在敌国之间选择一个作战对象,而和别国亲近或仅仅和解,以便较有把握地对付一个敌人。这种选择的必要性使阿列克谢在位时莫斯科国的对外政策发生急剧的转折。政策的主要目标针对西邻波兰,长达若干世纪以来,人民的力量就一直用来与它进行斗争[2a]。1667 年的安德鲁索沃停战协定,曾使这一斗争中止了一个较长的时间。被战争拖得疲弱不堪的波兰,显得不再危险了。在一段期间内可以不去惹它,甚至可以和它亲近。如我们所见,力主这一转变的人就是奥尔金-纳肖金。1686 年签订的莫斯科条约，使这种停火变成了持久的和平，甚至发展成进攻性同盟。俄罗斯与波兰携手共同参加波兰、奥地利、威尼斯的神圣同盟，以对付土耳其[26]。这样一来，在彼得即位前，关于在政治上把俄罗斯国内人民联合起来的想法，就被无限期地抛开了，为了和盟国和邻邦维持良好关系，当然不能涉及西南罗斯和大俄罗斯的重新统一问题。彼得一开始活动就直接参加先前业已建立的这个国际关系联盟。他甚至在即位伊始就把自己的全部努力和人民的力量投入南方，从而把整顿和保护南部国境线列为自己的近期任务。而为此目标，就必须巩固后方，保证黑海和亚速海海岸的安全。亚速海上出现了第一支俄国舰队，建设了一些造船厂和港口。但是后来，西欧的国际关系重新进行了调整。从三十年战争起，小小的瑞典就主宰着北欧和中欧的国际关系。瑞典的优势使濒临波罗的海的国家丹麦、波兰和莫斯科维亚[1]感到压力特别沉重。瑞典就在丹麦跟前给它树立了一个势不两立的敌人，即受其庇护的石勒苏益格-荷尔斯泰因公爵。17世纪，瑞典割去波兰相当可观的领土——占领了利夫兰，早些时候还占领了爱斯特兰。这两个国家深感自己遭到瑞典残酷的掠夺和侮辱，因此，它们都寻求与第三国莫斯科维亚结盟，因为该国在1661年卡尔季斯和约以后，既没有收回英格曼兰，也没有收回卡累利阿，同样感到自己受到了掠夺和侮辱。这使彼得把自己的力量从里海和亚速海转向波罗的海，把用于对外作战的人力投向那里。于是，国家的新首都就注定不会是亚速，不会是塔甘罗格，而是圣彼得堡了。为了保卫西北边疆，他只得放弃修整南部国境线的任务。就这样，彼得遵循前朝沙皇们所指出的方向行事，只是对于他们的对外政策纲领，不但未加扩充，反而缩小了，把自己

---

1 Московия，15—17世纪外国文献中对俄罗斯国家的称谓。——译者

的任务略为压缩[2*]。

国际关系 莫斯科国[3*]组成盟军和土耳其、瑞典作战，使她第一次真正成为欧洲列强大家庭中的一员，与西欧国家发生了国际关系。当时在欧洲有三个盛气凌人的国家，这就是西边的法国，北方的瑞典和南方的土耳其。为了和它们对抗，其他强国非联合起来不可。英国、荷兰、西班牙、奥地利以及德意志帝国联合起来反对法国；奥地利、威尼斯、波兰联合起来反对土耳其；波兰、丹麦、普鲁士以及当时的勃兰登堡选帝侯的领地联合起来反对瑞典。但参加不同联盟的国家，不但没有真正联合起来，反而使国际关系复杂化了。莫斯科于1686年与波兰缔约而加入了东南方反土耳其的联盟。但是盟国之间的利益产生了分歧。奥地利为了等待一场夺取西班牙王位继承权的大战爆发，于1699年匆匆缔结了于己有利的卡尔洛维茨和约，而从东南方腾出手来，不过为了使彼得独家把联盟作战继续下去，以便保卫土耳其—鞑靼那方面的奥地利后方，却也着实奔走了一番。彼得的朋友，波兰立陶宛王国新国王奥古斯特二世觉得自己坐在波兰的王位上，就像坐在一堆炽热的火炭上，所以在1700年，当莫斯科大使乌克兰采夫在君士坦丁堡进行和谈时，波兰大使百般恳请土耳其人别与俄国沙皇讲和，许诺把沙皇那位当国王的朋友赶下台去。根据1699年卡尔洛维茨和约，盟国中的威尼斯人和奥地利人最后得到了很大的满足：威尼斯从土耳其手中得到摩利亚，奥地利得到特兰西瓦尼亚、土耳其属匈牙利和斯拉沃尼亚，从而，按莫斯科大使沃兹尼岑的说法，借助盟友的力量掐住了土耳其人的喉咙，只给波兰人留下荒芜的波多利耶，给莫斯科国分了亚速以及亚速海沿岸新建的一些小城市。彼得处于难堪的境地。他的沃罗涅日大业被摧毁了，花费掉如此巨大的精力和大笔金钱，预定要在黑海使用的舰队，只好任其在亚速海诸港口腐朽。夺取刻赤和巩固克里米亚的希望成了泡影，强征了成千上万的劳力开始开凿的伏尔加和顿河之间的运河也停工了。巴尔干基督教徒怀着惴惴不安的心情期待解决的东方问题，还有保证南罗斯不受鞑靼人侵犯的安全问题，都放到了一边。彼得必须把前线从南方急忙转向北方，组织起反对瑞典的波罗的海沿岸的联盟。欧洲的新局势把他像皮球似的从顿河口抛到纳罗瓦河和涅瓦河，而在那儿，他什么都没有准备好。他原先把自己培养成为黑海水手，掌握了佩列亚斯拉夫利湖的、白海的、荷兰的和英国的航海知识，却不得不为了打通一条新的、通向异国大海的出口而进行多年的陆上战争。

北方战争的开始 很少有一场战争像北方战争那样，迫使俄罗斯如此匆促上阵，如此考虑欠周和准备不足。战争开始时，彼得有些什么样的盟友呢？有波兰国王奥古斯特二世，他不是波兰本身，而是德意志帝国的一个选帝侯，一个完全无耻的萨克森冒险家，勉勉强强爬上波兰王位，但几乎有一半波兰人都准备把他从王位上拉下来；还有那么一个丹麦，当1.5万名瑞典人出其不意地驶近它的首都，它根本就不懂得调兵遣将加以自卫，而是在几天之内就可耻地脱离盟国而去特拉文达尔求和了；同盟的主心骨乃是立窝尼亚的恶棍帕特库利，他蓄意让这个滑稽联盟唯一的认真参加者彼得扮演杂耍场上的傻大个，即使将来打胜仗，也只能满足于得到英格曼兰和卡累利阿的沼泽地区。战幕在仓促中勉强拉开了。曾经确定过一些近期的目标，但看不到一个深思熟虑的计划。战争爆发前5个月，彼得还向准备与之交战的敌手瑞典人买了一些大炮。向纳尔瓦推进的为数将近3.5万人之众的军队大部分都是新兵，指挥官则是不称职的军官和不受信任的外籍将军。没有战略公路。在秋天泥泞不堪的道路上，无法运送充足的炮弹和粮食。向纳尔瓦要塞的轰击开始了，但是大炮质量太差，而且因为火药缺乏，很快就停止轰击。据目击者称，围攻者在要塞附近走来走去，就像一群猫对着烫嘴的稀粥转；对于查理十二的袭击也没有采取预防措施。在11月暴风雪肆虐的时刻，瑞典国王突然偷袭俄军兵营，8 000人的瑞典旅击溃了俄国一个军。但是这一胜利随时有变成失败的危险。国王最害怕的是舍利梅捷夫统率的贵族骑兵和哥萨克骑兵会袭击他的后方。不过，用查理的话说，这些骑兵却非常客气，都急急忙忙地跑去横渡纳罗瓦河，结果淹死马匹上千。胜利者害怕自己的手下败将到了如此的程度：他们一夜之间就架起了一座新桥，代替在逃敌重压下坍毁的旧桥，以帮助逃敌尽快离开，回到他们自己一方的彼岸。彼得在战斗前夕离开了营地，免得那个当统帅的外国人感到拘束，那个统帅真不以为耻，第一个就当了俘虏，结果，那些因害怕自己的俄国军队会对他们大发雷霆的其他外籍指挥官也竞相效尤。此后，欧洲便出现一种纪念章，上面刻着彼得扔掉了佩剑，歪戴着帽子，用手帕擦着眼泪逃离纳尔瓦的形象，并加题词："一败涂地，伤心哭泣。"

那些在作战中保住了性命，逃命时又没有死于饥寒的俄军士兵，按当时人们的说法，费尽九牛二虎之力，终于来到诺夫哥罗德。这时，他们"已被瑞典人洗劫一空"，大炮丢了，帐篷没有了，自己的各种器具也不见了[3a]。24年之后，已经饮誉遐迩的彼得大帝，在筹备庆祝尼什塔特和约三周年之际，竟有勇气在他亲手签署的祝典计划中承认，对瑞典的战争是盲目发动的，既不清楚自己的状况，也不了解敌方的力量。

战争的进程 围攻要塞的一个军损失了大约三分之一的兵员、全部炮兵、大约80名长官（包括10名将官）。瑞典那位18岁的国王，对于能够如此轻而易举地拯救纳尔瓦，粉碎敌军，全部俘虏敌方将官，感到十分满意。时过8个月，他又以同样出敌不意的突袭拯救了里加,彻底粉碎了在西德维纳河上准备围攻他的萨克森和俄罗斯军队。但是,不知彼得是由于意志的坚强,还是责任感的淡薄,他并不因失利而气馁,反而立即着手加强自己,加紧征募新兵以补充军队,没收所有教堂、寺院四分之一的铜钟去铸造大炮。不错,查理十二尽其所能助了他一臂之力——他在波兰的城市和森林追赶奥古斯特二世,所以在俄国边界上留下的兵力就不多了。断断续续长达7年之久的互相吮血的战事开始了。彼得利用间隙时间,重建他那支瓦解了的军队,以小规模的交火、突袭、围攻、猛攻防御薄弱的边境堡垒等办法,训练这支队伍去建树巨大的业绩。牺牲在所不惜;人民的状况他不予注意;他不顾一切地狂赌起来,把最后的一点本钱都押在赌牌上,对盟国许以金钱补助,却并不知道用什么去支付。国外战争的进程,因为与之有关的国内斗争而变得更加困难重重[3*]。1705年[4*]夏天,爆发了阿斯特拉罕叛乱,这是来自远方的对射击军骚乱的一种响应,它从战场上吸引过去整整一个师的兵力[4a]。彼得还没来得及平息这场叛乱,在华沙城下游荡已久的查理十二突然于1706年出现在格罗德纳城郊。虽然在急行军时总数为2.4万人的一个军中大约有3000人冻伤,但是他终于切断了集结在那里的兵员达3.5万多人的彼得主力的交通线。查理的这次行动,比起1700年在纳尔瓦附近的那次行动更作弄人。在格罗德纳城东南——在斯洛尼姆、米尔、涅斯维日一带,有许多哥萨克在那里过冬,幸而彼得能急速地把1.2万人的正规军调到明斯克去。但是,在俄军方面,1700年在纳尔瓦受到重创的恐怖尚未过去。彼得十分不安,感到"异常痛苦",下令赶快以鹿砦把斯摩棱斯克到普斯科夫一线的边界加固起来。彼得令盖特曼马泽帕从沃伦赶来,部署了三倍于查理的兵力,一心只想救援自己在格罗德纳的军队,并亲自制订了一个连细节都经过深思熟虑的撤军计划,随

56 身只许携带"极少极少的东西,必要时甚至全可扔掉"。3月,正值流冰排的季节,当瑞典人尚不能渡过涅曼河追赶退军的时候,俄国部队把多达100门大炮及弹药下到河里流送,从布列斯特旁边流过,穿过沃伦,"历尽艰辛",终于绕过不能通行的波列西耶西南边陲,顺利撤到基辅附近[4*]。1708年[5*],当查理制服奥古斯特之后,就一对一地来与彼得较量。他率领一支组织得极为出色的共有4.4万人的队伍,从格罗德纳直扑莫斯科,还有3万人在利夫兰和芬兰待命增援,而在彼得的后方,巴什基尔人燃起的反叛烈火,遍及喀山和乌法一带的伏尔加河左岸地区。接着,在顿河也爆发了由于追缉逃犯而引起的布拉温叛乱,并且蔓延到坦波夫和亚速。这些叛乱使彼得极度不安,迫使他分散自己的兵力,在注视西方之敌的同时,要向后边看,使他感觉到了在自己背后已经积聚了多大的民愤!当时彼得有病在身,因为"经常服药"而虚弱得"像个婴儿"。他自认为是采取了一切措施去平息人民的火气的,甚至想扔下西边的军队前往顿河,并许下宽恕叛乱者的诺言,但同时又下旨准备车裂用的车子和绞刑架,以便"在这次战争中免去后顾之忧"[5a]。但查理仍然对自己的做法坚信不疑——要在这困难的时刻搭救一下彼得,他们是彼此相爱的两个仇敌。当国王越过立陶宛沼泽地带,于1708年7月占领了莫吉廖夫时,彼得只能起而阻挡虚度了整个1707年的查理与其部将莱文豪普特会师,后者正从立窝尼亚向弹尽粮绝的查理运送弹药和军粮。如果让查理和莱文豪普特会师,那么查理就可能是无法战胜的了。可是,本来向斯摩棱斯克进发的查理,突然挥师急转南下,奔向盛产粮食的小俄罗斯,已经背叛了彼得的、无用的哥萨克盖特曼马泽帕正在那儿等待他。这样,他就使莱文豪普特完全暴露给了彼得。9月28日,莱文豪普特在索日河畔的列斯纳亚村附近被1万4千人的俄军击溃,一个共有1

万6千人的师损失了三分之二的兵力,要运给国王的全部辎重、粮食,连同瑞典人不可战胜的自信,统统葬送了。索日河畔列斯那亚村的胜利为沃尔斯克拉河畔的波尔塔瓦大捷奠定了基础。彼得后来承认,列斯纳亚村之捷,是整整9个月之后进行的波尔塔瓦会战之母。如果在列斯纳亚村一役之后还会输掉波尔塔瓦,那岂不太令人羞愧了[56]。我并不想评价查理从莫吉廖夫急转而向东南的波尔塔瓦进军在战略上有什么优越之处。但当时的人议论道,乌克兰有取之不尽的粮草,它设防薄弱、靠近克里米亚和波兰,又有希望从哥萨克那里取得强大的增援,并在他们的协助下顺利地潜往莫斯科(他不敢冲过沙皇军队经斯摩棱斯克打到莫斯科去),这些因素,使查理心向往之。很难说,他是否预感到他所走的正是整整100年之后拿破仑所走的致命道路。但是,无论如何,在波尔塔瓦附近,压在彼得肩上长达9年的石头卸下了:他所缔造的俄军消灭了瑞军,就是说,被那个27岁的斯堪的纳维亚流浪汉拖到那里的3万名形容憔悴、衣衫褴褛、军纪不振的瑞典人完蛋了。彼得为波尔塔瓦祝捷时,表现为一个宽宏大度的战胜者。他让被俘的瑞典将军们和他同桌就餐,像对待自己的老师一样,为他们的健康干杯。他高兴得忘了追击溃军的残余,听到铿锵华丽的颂辞而狂喜不已,这些颂辞其实颇似神学院主事费奥凡·普罗科波维奇在基辅的索菲娅大教堂为他所做的说教。然而,6月27日的胜利,并未达到原来的目的,并未加速和平的实现,相反,还使彼得的处境复杂化,间接地拖延了战争。列斯纳亚村和波尔塔瓦之役说明,彼得一个人比他和盟国站在一起时还强大些,而波尔塔瓦之役最先出现的一个后果,就是被查理粉碎了的先前那个联盟复活了,彼得的欲望也变大了。1701年,纳尔瓦之战以后,根据他与奥古斯特签订的新条约,本着熊未打死就分皮的原则,他满足于英格曼兰和卡累利阿,而拒绝奥古斯特和波兰对于利夫兰和爱斯特兰的任何领土要求；1707年，当查理挫败了奥古斯特，准备向莫斯科进军时，彼得只想在波罗的海岸上占有一个港口就满足了。如今，正值波尔塔瓦会战之后，彼得即派遣缅希科夫去波兰恢复他亲密盟友已经丧失的王位，又派舍列梅捷夫围攻里加，并于1710年占领从西德维纳河口到维堡一带整个波罗的海沿岸。不过，根据1709年10月在托恩缔结的条约，彼得还是让出了利夫兰，作为萨克森选帝侯奥古斯特的世袭财产[5B]。彼得的兵力又开始分散。他的注意力从一个方向转往另一个方向。俄国人在军事上取得的战果，使法国的外交当局积极行动起来，和查理一起设法把彼得拖进一场对土耳其的新战争中。由于彼得对土耳其的基督教徒期望过度，轻信摩尔达维亚公和瓦拉几亚公空洞的诺言，对波尔塔瓦过于自信，在辎重车辆不足、对局势研究不够的情况下，竟于1711年夏天进军酷热的草原，目的已不是保卫小俄罗斯免遭土耳其的侵犯，而是去粉碎土耳其帝国了。结果，在普鲁特河又受到了一次新的教训：被5倍于己的强大的土耳其军队所包围，彼得本人也差点被俘。根据他与土耳其大臣签订的条约，把亚速海岸的全部要塞割让给土耳其。这样，16年来在沃罗涅日、顿河、亚速的努力和牺牲所换取的成果就全部丧失了。彼得就连这一次也还是以下述希望来安慰自己和政府，说什么南方的失利，必能加强重要得无可比拟的另一个方面——北方战线。由于他已习惯于对谁、对什么都不加怜惜，所以这次他也对谁对什么都不怜惜。但普鲁特一战却把黑海问题悬挂起来达半个多世纪，因为在安娜女皇临朝时期，对土耳其进行的战争虽然获胜，却是纷乱不堪、徒劳无益的，没能把这一问题向前推动一步。现在，全部努力都转向波罗的海了。彼得热心地帮助盟国把瑞典从德国赶出去，并于1714年带领壮大起来的波罗的海舰队在甘古特附近击溃了波罗的海的老霸主瑞典舰队,并用两年时间独自夺取整个芬兰。倒霉的是,当时的勃兰登堡和汉诺威(它的选帝侯刚刚即位为英国国王)也和他结盟,于是彼得脑海里又产生了一个新念头——想干预一下德国的事务。彼得把自己的两个侄女遣嫁到德国偏远的角落:一个成为库尔兰公爵夫人,另一个嫁给梅克伦堡公爵,从而使自己落入缠绕着这个伟大文明国家宫廷琐事以及小朝廷利益那巨大的封建蛛网上。从另一方面说,莫斯科的干预引起了恐慌和气愤。彼得平白无故地和自己的梅克伦堡侄婿及其贵族阶层发生了纠纷,而他们又通过曾在汉诺威和丹麦宫廷任职的同事,来离间彼得及其盟友的关系,这些盟友已经开始直接侮辱彼得了[5r]。德国的态度使彼得的整个对外政策完全变了样,使他把朋友变成了仇敌,可并没有把仇敌变成朋友,于是彼得又开始来回忙碌,还差点没中了曾为瑞典国王效劳的荷尔斯泰因人赫兹的奸计,此人和帕特库利正相反,希望俄国和瑞典讲和,以便共同把汉诺威选帝侯从英王宝座上拉下来,复辟斯图亚特王朝。当这一想入非非的计谋暴露后,彼得就启程前往法国,想让女儿伊丽莎白和年少的国王路易十五结亲,并用这种外交上联姻的办法把宿敌变成盟友。这样一来,彼得在波尔塔瓦之后的主要任务——本想以决定性一击来迫使瑞典在波罗的海上讲和——就变成把精力耗费在萨克森、梅克伦堡和丹麦的琐事上了,而这些琐事把折磨人的9年战争又拖长了12年。结果是,彼得不得不把自己的任务修改一番,同意和查理十二讲和,答应协助他收回瑞典在德国的领地(而他本来比其他人都更卖力地协助夺走这些领地),把自己长期以来一直从精神上给予支持的朋友奥古斯特从波兰王位上赶下去。然而,命运又一次嘲弄了彼得。由于查理于1718年在挪威的弗里德里希斯加尔堡附近中弹身亡,瑞典人就和彼得的盟国媾和,彼得又一次和自己的宿敌一对一相遇了,像在波尔塔瓦附近一样，两次（1719年和1720年）单独在瑞典登陆，摧枯拉朽，给予瑞典人毁灭性的打击。1721年的尼什塔特和约结束了旷日持久的21年战争。彼得称这次战争为自己的"三次受业的学校"，在这所学校里，每个学生本应受业7年就毕业了，而他这个资质迟钝的学生，却整整受业三次，共21年，从头至尾和盟友们缠在一起，老担心孤立无援，但却只有瑞典这个敌人让他看清了，整个北方战争完全是靠俄国的力量，而不是靠盟国的力量进行的。

60　　**战争对改革的影响**　波尔塔瓦之捷最深远的影响，并不表现在举措失当的对外政策上，而是表现在内政的发展上。市政局总监（或称市政大臣兼财务大臣）库尔巴托夫，用教会赞美诗的形式，加上叠句"乐吧，乐吧"向彼得呈奉一封贺信，提醒他说，现在陛下的军队"有如冶炼炉中之黄金久经锻炼"，应该腾出手来注意"民政管理"了。信中还说，这场打赢的战争已经把人民拖到破产的边缘，因此应该减缓引起"全国怨声载道"的对积欠税款的追索。波尔塔瓦使彼得的内政活动发生了根本转折。在这之前，工作也是无日不在进行之中，但主要的严厉的施政动力来自彼得的谕旨。彼得与他那些奉旨经办紧急公务的官员之间不断的书信往来带动了整个政府机器。这些信件代替了法令，而派出人员也就变成了政府机构。所有行政管理机构都为战争目标服务，成为总参谋部和军费出纳处。全部改革活动只局限在一定事物的范围之内，这些事物在彼得1702年1月22日给炮兵少将布留斯的谕令中可以见到，彼得派他物色可靠人员，给大炮都安上柞木炮架，但所用柞木，不能砍最粗大的，要砍略小一些的，要锯开以直锯为宜，切勿横锯，"以免浪费木材。"布留斯奏复道，大炮都不是行军炮，不值得装柞木炮架，装个松木炮床就可以了，只是必须好好上漆。彼尔塔瓦战前，值得一提的只有两项有关组织法的条令：一项是1699年1月

30 日关于重建地方自治机关的谕旨,另一项是 1708 年 12 月 18 日关于在全国建省的谕旨[5a]。彼得所受的政治教育,使得追索欠税而引起"全国怨声载道"本身并未能触动他。而另外一些不太容易感觉出来的想法倒会使他注意到这方面的问题。他对于人民的贫困,依然迟钝不解,但对于自己所处的国际局势却比较敏感。列斯纳亚村和波尔塔瓦的胜利说明,最重大的事业已经完成,一支正规军业已建立,波罗的海舰队也已经组成。这些武装力量应该保持在业已达到的水平上,有可能时甚至还要予以加强。波尔塔瓦一役把彼得引向欧洲大道,但也会有许多新的花销。西方开始害怕他。莫斯科维亚成了一个新的世界强国,从而在过去的老朋友中树了一些新敌。军事上和外交上的威望,从来就必须付出昂贵的代价。这时,国家收入的来源已逐渐枯竭,多年的欠税积累了很多。库尔巴托夫威胁说,由于严征欠税,许多纳税人快要筋疲力尽了。波尔塔瓦之战结束后 5 个月,彼得颁旨只追缴最近两年(1707 和 1708 年)的欠税。1710 年,在结算 1705 年至 1707 年的收支款项时发现,国库每年的收入只占支出的五分之四,其中三分之二的支出用于陆、海军[5e]。由于当时的财务人员不会像今天这样以"信贷业务的方式"作为资金不足的措施,财政赤字就只能用加税的办法转嫁到纳税人身上。每走一步都看得更加清楚,玩这种把戏是力不从心的。这使人们的心思从前线转向国内,从军事行动转向寻找增加国库收入的新来源。本来只能通过更好地安排国民劳动,更好地组织全国经济来获得新财源,但在此之前,因戎马倥偬和外事频繁,根本无暇顾及。这一转折,在有关北方战争的史集里也可以看到,该集由彼得亲自编纂,并以《瑞典战争史》闻名。集子里谈到,波尔塔瓦大捷之后,彼得开始研究"民政管理"工作。甚至在 1830 年出版的《俄罗斯帝国法律大全》这样一部极不完全的俄国法律汇编里,也反映了这一立法活动的高涨。从 1700 年起（彼得不知为何把这一年看作新世纪的开端）到 1709 年为止，在全集之中共收入 500 条法令，而此后到 1719 年年底为止的 10 年中，所收法令的数目已达 1238 条，1720 年到 1725 年（到彼得于 1725 年 1 月 28 日去世前）的 5 年中，又有将近同样数目的法令收入；其中可以看到长长的一系列内容广泛的法规、章程、机关定员法、训令、国际条约等。就这样，随着战事的发展，立法活动的步子也日益加快。波尔塔瓦之役以前，彼得对于战争引起的新需求、对战争暴露出来的缺陷和弊端都以紧急书信或谕旨予以答复，这些书信或谕旨中规定了初步的纠正措施，而工作就这样同时在政府各部门中开展起来。随后，当他有较多的余暇，并在国家建设方面也积累了较多经验时，这些临时的纠正措施经过修改就定为法律规章，并设立许多新机构，而且同时涉及不同的部门，并没有明显的前后顺序。彼得所有最重要的法规都是他在位后期，即在波尔塔瓦之战以后制定的。这些行政管理方面的立法，由于战争而渐渐确定下来；同时，战争也把彼得从一个造船行家和军队的组织者变成了一个多方面的改革家。

改革的进程和联系[6] 现在，我们可以弄清战争和改革之间的联系了[5*]。乍一看，彼得的改革活动好像没有任何计划和连贯性。当改革的范围逐渐扩展时，它就涉及国家制度的各部分，涉及人民生活的各方面。但是没有任何一个部门的改革是在一段时间内，在整个机构的编制内，一蹴而就的；每一项改革都要进行若干次，即在不同的时间，根据需要，根据当时的要求，改革某一部分。人们在研究这些或那些改革措施时不难发现，措施的倾向是明确的，但却猜不透为什么恰恰要遵循这样的顺序。改革的目的是一目了然的，但改革的计划却往往难以捉摸。要想弄明白改革的计划，就得结合改革的局势，亦即结合战争及其各种后果来研究改革的问题。

战争决定改革的顺序、速度和具体的办法。改革的措施,按照战争造成的需要,一个接一个地实施起来。战争首先要求改革本国的军队。军事改革又需要采用两整套保障措施:一套旨在支持已经改编了的陆军和新建立的海军的正规制度;另外一套就是保障军队的供给。这两套措施,或使社会各阶层的处境和相互关系发生变化,或使作为国家收入来源的人民劳动的强度加剧、生产率提高。军事上、社会上和经济上的这些革新,要求管理机构大力加紧工作,要求其担负的任务非常复杂和生疏,按原有的结构和编制根本无力完成。因此,作为顺利进行其他改革的必要的共同条件,整个政府机器逐步的改革与这些革新同时进行,有的甚至提前进行。另一个共同条件是训练改革所需的有头脑的人才和干才。为了使新的管理机构顺利发挥作用,和其他革新工作一样,需要一批训练有素、熟练掌握业务的主管人员,也需要整个社会做好支持改革事业的准备,理解改革的实质和目的。这就是彼得对普及科学知识、开办普通学校、职业学校和技术学校特别关怀的缘故。

研究的顺序 改革的总计划,更确切地说,即并未经彼得事先仔细考虑,而只是改革进程本身以及形势所迫而确定下来的顺序,已如上述。战争,是彼得进行改革的主要推动力。军事改革是改革的开端,整顿财务是最终目的。彼得从国防事务的革新入手,朝着改造国家经济的方向前进;其余的一切措施,要么是已经开始了的工作所带来的不可避免的后果,要么是为达到最终目的而采取的准备手段。彼得本人把改革活动和他领导的战争联系起来。晚年他在搜集对瑞典战争的资料时,就考虑过写这次战争史的大纲。他去世后,留下了一些有关的备忘录。1722年,他写道:"必须把这次战争中的所作所为记入史册,当时的地方管理和军事状况如何,这两方面所采用的章程以及士气民心,还有堡垒、港口和海船、军舰的建造,一切手工业工厂的开办以及在彼得堡、在科特林岛上和其他地方的建设如何等等。"彼得在去世前一个半月,还有这么一段记事:"必须将下列诸事载入史册:在何时曾为战争等等做了何事,原因何在或受到何种压力而动手去做,比如,拿起枪是为了不放过敌人,以及如此等。"总之,在战争史上也应该记载与战争密切相关的事情如何进行。不仅要写建立军事力量的措施,也要写建立地方自治和教会秩序的措施,发展工、商业的措施等。因此,我们也将依据这一大纲进行研究,其中包括如下内容:(一)军事改革;(二)支持建立一支正规陆、海军的措施,亦即改变贵族的地位,使其适于服役;(三)增加国家收入的准备措施,目的在于增多纳税阶层劳动力的数量,提高劳动质量;(四)财政改革;(五)保证顺利完成军事改革和国民经济改革的一般手段,也就是改革管理机构,设立学校。我再重复说一下[7]:列出这个大纲,并不是说改革就是按照这一顺序进行的,不是说改革完一个部门,再去改革另外一个部门。革新工作同时在几个不同的部门进行,不过有时是断续进行或交错进行。只是到彼得在位末期,改革才成为某种可以纳入上述大纲中的完整的工作。

军事改革 军事改革是彼得改革的首要事业。这对他本人和对人民来说[7],都是持续最久、最为艰巨繁重的任务。它[8]在我国历史上具有十分重大的意义,这不仅是关于国防的问题:改革甚至连对于社会结构和各种事态的进一步发展都有深刻的影响[8]。

改革前的莫斯科军队 据[9]1681年一览表(见第51讲),一多半莫斯科军队已经按外国建制改编了(占16万4千人中的8万9千人,小俄罗斯的哥萨克兵在外),但改编工作几乎难以继续下去。1689年,在瓦·瓦·戈利岑公爵统率下进行第二次克里米亚远征的那支11万2千人的军队中,就有外国建制的63个团,其人数据1681年一览表所列，仅为8万人，每团的兵员人数都减少了，虽说俄罗斯建制的贵族义勇骑兵不是8千名，为外国建制军队的十分之一，但是据1681年一览表所示，却是外国建制军队的五分之一或六分之一。因此，1695年第一次进军亚速时的兵力编制，就完全出人意料了。在随同彼得本人出征的一个3万人的军团里（当时彼得是普列奥布拉任斯科耶团的连投弹手），按外国建制编成的兵员不足1万4千人，而奉命佯攻克里米亚的一支拥有12万人的庞大的民团，则全部按俄国建制编成，也就是说，实质上是组织松散，根本不懂什么队形，用科托希欣的话说，大多数由贵族义勇骑兵组成。这群乌合之众究竟从何而来，而6万6千名按外国建制组成的士兵，扣除1万4千名随彼得出征亚速的士兵，都参加过1689年的克里米亚远征，又将如何安置呢？这个答案由雅·费·多尔戈鲁基在我们所熟知的1717年大宴上宣布了。公爵深知费奥多尔沙皇和索菲娅公主时代的莫斯科军队内幕，因他曾在第二次克里米亚远征中担任瓦·瓦·戈利岑的第一副手。多尔戈鲁基当时禀告彼得说，他父皇组建正规军，已经给他指出了一条道路，"但他死后头脑不清的人们把他的全部机构都败坏了，"所以彼得只好几乎全都重新做起，并且要做得更好些[9]。多尔戈鲁基公爵[10]的这一见解，其实既与沙皇费奥多尔没有关系，也和索菲娅公主牵连不上，因为在索菲娅垮台前夕，在第二次克里米亚远征时，按外国建制的各团情况正常。但是贵族阶层都积极支持彼得的母亲同索菲娅公主及其射击军做斗争。而公主垮台后，所有曾经攀附于愚蠢的皇后周围的纳雷什金家族、斯特列什涅夫家族、洛普欣家族的人纷纷青云直上。这些人顾不上整顿国防。他们大概是想使那些由于军队实行外国建制而感到负担沉重的贵族轻松一些，要把军队退回到俄罗斯建制。于是，彼得在补充军队时发现军队状况完全紊乱不堪。先前，获准于和平时期在家安居乐业的步兵团和骑兵团的士兵，一旦需要，即可调集入伍服役。这〔11*〕叫作征召休假士兵或后备兵，他们都是懂得军队队形的过来人。但是当彼得组建新军以便与瑞典作战的时候，却已见不到这样的后备兵了。外国建制的团，有两种补充的来源：或是"召唤自由逃民来当兵"，叫志愿兵；或是从地主手中按农户的数量征兵，叫招募兵也叫差丁。彼得谕令征召适于服役的已获自由的农奴和农民入伍，他甚至给农奴以不经地主同意就能入伍当兵的自由。在这种招募制度下，匆促组建的，只经过外国教官匆促训练的新兵团，按1698年至1699年奥地利驻莫斯科大使馆秘书科尔布的说法，实在是一堆毫无价值的废物，他们来自最贫穷的庶民；又根据1714—1719年曾在俄国居住过的不伦瑞克驻办公使韦贝尔的说法，都是些"最可悲的人"〔11a〕。在北方战争期间，彼得的第一支军队就是用这种办法建立的。这样，在4个原有的团（两个近卫团、两个基干团）之外，就又增加了29个由逃亡农奴和有当兵义务的人编成的新团，每团1千人。纳尔瓦一战就暴露了这些新兵的战斗素质。

正规军的建立 但是战争本身将这群由逃亡农奴和有当兵义务的人拼凑成的民军锻炼成了一支名副其实的正规军。这些新装备的团，由于连年征战，多年来一直在行军中服役，自然而然变成了常备军。纳尔瓦战役之后，士兵损失严重的惨状开始出现。匆促征集起来的团，很快消失在战斗中，消失在饥饿、疾病、纷纷开小差以及向遥远前线的加速推进途中（这条战线从涅瓦河到波尔塔瓦，从亚速和阿斯特拉罕到里加、卡利什和维斯马），而同时，战场的扩大却又要求军队增加人数。为了补充减员和扩军，从社会上各阶层，从小贵族，从城镇居民和地主奴仆，从射击军子弟，甚至从教士家中的无业子弟中，一次又一次地局部招募志愿兵和差丁，仅

1703年一年内，就招募了将近3万人。军队的成分逐渐扩及社会各阶层，但是加入军队者只是马马虎虎训练一下，或者根本就不是当兵的料。因此，有必要采用其他方式进行补充，补进一些事先经过正规训练的后备力量。不定期的、混乱的征招志愿兵和差丁的做法，被一种定期的普遍招募制所代替，不过在这种新制度下，有时也仍然实行老的征集法。招募来的新兵是年龄从15岁到20岁的未婚者，后来也招募20岁到30岁的已婚新兵。他们被安置在最近的城市征兵"站"上，每批500—1 000人，被安置在客栈宿营，并从新兵中间选出下士和上等兵进行日常的管理和监督，然后把新兵交给因伤病退役的军官和士兵，"根据军人服役规程陆续教会他们步兵队形"[11⁶]。新兵从这些招募训练站再被派往所需的地方，填补"空缺"，去补充老团或组成新团。据彼得本人解释，开办这种士兵培训基地的目的，是"当军队需要补员时，就会随时有经过训练的士兵去补缺"。当时人们戏称他们为"不死"的招募兵和士兵，因为谕令规定，任何人在新兵训练站或服役时死亡、阵亡或开小差，就要从派他前来服役的原地得到补充，"以便士兵的编制始终满员，做好随时为皇上效命的准备"。这种普遍招募制于1705年第一次实行，以后每年一次，直到1709年为止，而且都是按同一标准，即从每20户服徭役的农户中征招一丁，以保证每次能招募到3万或3万以上的新兵。头5年本应招募到16.8万名新兵，但确切的人数不明，因为每次都缺额甚多。从对瑞典开战起到第一次普遍招募为止，招募的逃亡农奴和差丁总共将近15万人[11ᴮ]。就是说，战争的头10年使全国1 400万居民损失了大约30多万人。第二正规军，即波尔塔瓦正规军就这样组建起来了，其编制兵员到1708年年底为止，仅前三次的招募，就从1701年的4万人增至后来的11.3万人。随后几年，军队的补充和加强也是按照这个办法进行的。上面已经提到过的韦贝尔对俄国的军队建制进行过详细的观察，在他那引人入胜的笔记"Das Veränderte Russland"(《革新的俄国》)中写道，一般是下令每年征招两万新兵[11г]，而事实上却时多时少，因为有时按50户、有时按75户或89户抽一丁，所以征招来的新兵就是1万，1.4万或2.3万人(水兵不计在内)。而1724年，当一切战事都已结束的时候，为了补充陆军、驻防军、炮兵和水兵需要3.5万人。招募数目的增加，不仅是为了扩大编制，也是为了补充各团里因开小差、生病和大量死亡而形成的减员，因此改革就必须解决对士兵的摧残虐待和巨大缺额的问题。据1718年的统计，前几次招募中"缺额"的，未征上的新兵共计4.5万人，开小差者达2万人。韦贝尔还说，在给养极端恶劣的情况下，还在接受训练的新兵，因饥寒交迫而死亡者比作战时被敌人击毙者多得多。彼得在位的末期，所有的正规军(步兵和骑兵)由19.6万人增至21.2万人，外加11万哥萨克和其他非正规军，而非俄罗斯人的军队还不计算在内[11д]。同时，还建立了一支古罗斯闻所未闻的新的武装力量——海军。

波罗的海舰队 北方战争一开始，亚速分舰队就被弃置不顾，到普鲁特之役以后，亚速海也丧失了。彼得集中全力建立波罗的海舰队。早在1701年，他就希望能在波罗的海拥有80艘大军舰。紧急地开展了征募船员的工作：库拉金公爵证实说，1702年，"号召青年人当海军，结果征集到3 000人左右"[11e]。1703年，洛杰伊诺耶波列船厂有6艘三桅巡洋舰下水，这是在波罗的海上出现的第一支俄国分舰队。到彼得在位末期，波罗的海舰队一共拥有48艘主力舰，将近800艘帆桨船以及其他小型船只，船员2.8万人。为了这支正规军的管理、补充、训练、给养和军服的供应，建立了一套复杂的军事行政机构，成立了陆军院、海军院、以炮兵总监为首的炮兵厅、以总军粮官为首的军粮厅、以总军需官为首的军需局，以便接受新兵和分派新兵至各团，发放军饷和供给武器、服装和马匹[11*]。此外，还有以将领们为首的总参谋部，据1712年的编制表所示，领导总参谋部的是两名元帅，即缅希科夫公爵和舍列梅捷夫伯爵，以及31名将军，其中有14名是外籍人。军队身穿规定的制服。如果你有机会看到俄国军事史中的插图，请注意一下彼得时代的近卫军服装：穿着德国式的墨绿色外衣，头戴扁平的三角帽，身佩上了刺刀的枪。

军费预算 军事力量的定期改组，是以下列的技术变革为基础的：兵员补充的办法已经由志愿兵改为招募新兵；和平时期的各基干团（当时叫作"精选团"），变成永久性的团的编制；在兵器种类的相互关系方面，给予步兵的数量应绝对多于骑兵；军费已最终过渡到由国库开支。这些变革，特别是最后一项变革，使得陆、海军的费用大大增加了。仅彼得在位时才设立的总参谋部的预算，在1721年就达11.1万卢布（约等于现在的90万卢布）。1680年军费预算总共约等于现在的1 000万卢布。彼得在位的整个时期，陆军发展了，费用增加了，到1725年，陆军军费增加了4倍多，超过500万当时的卢布，海军的军费为150万卢布，总共折合现在的5 200万到5 800万卢布，不少于当时收入预算总额的三分之二[113][11*]。

第六十二讲

军事改革的意义——贵族的地位——首都的贵族——改革前贵族的三重作用——对贵族的审查和挑选——这些措施收效甚微——贵族的义务教育——服役期满退伍办法——公职的分配——贵族家谱成分的变化——上述改革之意义——非世袭领地和世袭领地的接近——关于一子继承制的谕旨——谕旨的执行情况

现在我们来评述一下为维持一支正规建制的陆、海军所采取的措施。我们已经知道武装力量的补充办法,这种办法把服兵役的义务扩大到过去不服役的阶层,扩大到奴仆、城乡纳税人和自由民(游民和教会人员),从而使新军编制中各色人等都有。现在我们再谈谈为建立指挥机构所采取的措施——首先是涉及贵族这一处于发号施令地位的阶级以及维护他们在军中服役的有利地位的措施。

军事改革的意义 彼得[1*]的军事改革,如果不是因为它在整个俄国的社会制度和道德规范方面都留下了过于鲜明和深刻的烙印,甚至影响到政治事件的进程的话,那么,它就会只是俄国军事史上的一个特殊事例而已。军事改革把一件具有双重意义的大事向前推进,要求筹集资金以供给经过改革的、开支浩大的武装力量,并要求制定特别措施来维持正规军体制。新兵招募制把兵役义务扩大到过去不服役的各个阶层,使新军的组成包括所有阶层的人员,从而改变了已经固定了的社会关系。以前在军队中人数最多的是贵族,但是当经过了改革的军队中有自己的奴仆和农奴参加进来后,这些奴仆和农奴就不再是老爷的随从或听差,而是像贵族本人开始服役时那样,成为普通一兵了,贵族不得不接受所处的新的服役地位。

贵族的地位 这种地位,并非完全是改革中的新事物,从16世纪起早就随着事态的进展而逐渐形成了。禁卫军便是贵族第一次公开担任的政治角色;他们成为针对非直辖区,首先是针对大贵族的警察机关。在混乱时代,贵族支持自己的沙皇鲍里斯·戈杜诺夫,废黜了大贵族的沙皇瓦西里·叔伊斯基;按1611年6月30日地方自治当局的裁决,他们在莫斯科城外营地里宣布,贵族并不是整个地方的代表,而是"整个土地名副其实的"。他们置社会的其他阶级于不顾,只关心维护自身的利益,并且以支持至圣的圣母院和信仰东正教为借口,宣布自己是国家的主宰。实现了这一营地阴谋的农奴制度,虽然使贵族与其他社会成员疏远,对地方自治的感情淡漠下来,但是却使他们形成了共同的利害关系,有助于他们之间的不同阶层聚结成为一个统一的整体。随着门阀制度的废止,大贵族残余也都并入了这一群体之中,而彼得以及与他共创大业但出身低微的人对名门显贵粗暴的奚落使后者在人民心目中的威望一落千丈。当时的人十分敏锐地看出大贵族作为统治阶级,在历史上消亡的时刻已经到了。1687年,索菲娅公主手下那个出身于农民的亲信,杜马秘书官沙克洛维特对射击军说,大贵族是一棵冻坏了倒下的树;而鲍·库拉金公爵则指出纳塔利娅皇后的统治(1689—1694年),就是"名门望族衰落的最早端倪,王公们的声誉遭到特别厉害的仇视和作践",一切都由"出身最低微平庸的小贵族老爷",诸如纳雷什金家族、斯特列什涅夫家族等等做主[1a]。1730年枢密大臣们贵族式的挣扎已经像坟墓里的微弱呼喊了。"为国效命的"军役人员,联合起来把大贵族吞没,同时他们还根据彼得颁布的法律获得了一个共同的、同时又是双重（波兰和俄国）的称号：小贵族或贵族[1*]。这个阶层文化水平有限，不可能产生任何文明的影响。它本质上是军事阶层，以保卫祖国不受外敌侵犯为己任，但不善于对人民进行教育，实际上不可能锤炼出什么崇高的思想和要求，并将其引入社会之中。然而，在历史的进程中，它[2]却注定要成为这一改革最直接的执行者，不过彼得也往往不加区别地从其他阶级，包括从奴仆中间，匆促地提拔一些合适的能手[2]。贵族阶层从其智力和道德的发展方面来说，并不比其他的平民百姓强，大部分贵族对异教徒的西方所怀的反感，与平民百姓毫无二致。军旅生涯既没有在他们身上培养出英勇气概，也没有提高其作战技术。国内外观察家把这个作为战斗力量的阶层，描写得极其可悲。1701年，农民波索什科夫在他致大贵族戈洛温的报告《论作战之行为》中，提起不久前的情况，不禁对这一军事阶层成员的怯懦、畏缩、无能、十分卑劣而感到痛心疾首。他说："招募而来服役的人倒是不少，但如果以审慎的目光看看他们，则除了见不得人外，别无其他。"步兵的枪极差，而且不会使用，只好肉搏，用长矛、月牙斧去拼，可是就连这种武器也是钝不可言，结果只能用三四颗或者更多颗头颅去换取敌人一颗头颅。如果再看看骑兵，且不说外国人看不起，连我们自己看了也觉得无地自容：军马瘦弱、军刀不快、给养甚缺、服装褴褛，根本不会用枪；有些贵族连给火绳枪装弹药也不会，更不用说好好瞄准目标了。他们关心的不是如何消灭敌人，而是盘算怎样才能回家，甚至向上帝祈祷，要受伤也只受点轻伤，别太痛，最好还能因这点小伤而受到皇上的嘉奖。他们在服役期间，留心的是怎样才能在战斗进行时躲到灌木丛后面去。还有这么一些骗子，他们整连整连躲在树林里或山谷里。我还听到许多贵族这么说："上帝保佑，我为我们伟大的君主效劳，愿马刀不用出鞘。"[3]

首都的贵族 不过，上层贵族由于他们在国家中、社会上所处的地位，已经接受一些可能对新的事业有用的习惯和概念。这个[4*]等级的贵族出身军职世家，那些军役人员早在封建割据时代，在莫斯科刚建立公国的时候就开始从四面八方涌向莫斯科，他们从别的罗斯公国、鞑靼汗国、德国特别是立陶宛来到这里，逐渐在公国的宫廷附近定居下来。随着莫斯科罗斯国的统一，外省的贵族中有的由于建立功勋、尽心供职或家计殷实而有别于本阶层的其他人，成了新贵，因而也挤进这上层的行列。慢慢地，根据在宫廷中职责的类别，这一等级中形成了一整串复杂而令人眼花缭乱的官位：有的称为御前侍膳，他们在沙皇盛大的宴会上上菜、端饮料；有的称为宫廷侍臣，在沙皇外出或上教堂时携带和保管皇上的食品、帝王权标、皇冠和手巾，在行军时，则为皇上携带盔甲和军刀；有的称为住宿侍臣，他们只是分批轮值来到沙皇宫廷中"住宿"。在这一官职阶梯中，低于御前侍膳和宫廷杂务侍臣而高于住宿侍臣者是莫斯科贵族。对于住宿侍臣来说，升到莫斯科贵族已经是最高官级了，必须为皇上效劳达到一定的年限才能获得这个官级。至于御前侍膳和宫廷杂务侍臣，那只是等级的称号，他们通过行使相应的职能，就可以获得这种称号。御前侍膳和宫廷杂务侍臣都不是大贵族出身，但他们在职20年至30年之后，已不适合继续担任他们在宫廷中的职务时，即以莫斯科贵族头衔退职安度余年。莫斯科贵族这一头衔，并不与任何专门的宫廷职务发生联系：它是专差官，用科托希欣的话说，是些奉派执行"各种任务"的人：如出任地方军政长官、出使外国、担任外省贵族军队的百人长、连长[4a]。沙皇阿列克谢进行的战争，使外省的贵族更如潮涌般加入首都贵族行列。因作战时流血负伤、被俘后坚贞不屈、父亲或亲属在征途中或作战中亡故者，均被赐以莫斯科官职，所以首都贵族的这些来源，从来也没有像在这个沙皇在位年代里带有这么浓烈的血腥味：1659年科诺托普附近的失利，使沙皇最精锐的骑兵全军覆没，以及1660年舍列梅捷夫率部于丘德诺沃附近投敌，就足以使莫斯科递补数百名新的御前侍膳、宫廷杂务侍臣和贵族了。这样一来，各种官阶的首都贵族，就发展成了一个人数众多的群体。1681年的一览表上列有6385人，而到1700年，奉派远征纳尔瓦的首都官吏已达11 533人[46]。同时，由于首都贵族拥有相当多的庄园和世袭领地，他们在实行普遍招募新兵制之前，总是随身携带武装的奴仆出征，或者从奴仆中自行强征有纳税义务的人代替自己出征，人数达数万。由于他们都在宫廷供职，所以都住居在莫斯科和莫斯科近郊自己的领地上。从1679年到1701年，莫斯科的16 000住户中，这类官吏户和杜马官员户就有3 000多户[4B]。首都官吏担任着形形色色的职务，他们都只属于沙皇宫廷。彼得在位时，官方的文书中把他们称为廷臣，以区别于"各种称号"的贵族，即有别于城市贵族和小贵族[4*]。在和平时期，首都贵族担任沙皇的随从，执行宫廷的各种公务，并选派人员去担任中央或地方各省的行政长官。战事一起，就由首都贵族组成沙皇禁卫团，作为军队的第一军团；从他们之中抽出人员组成其他各团的司令部，担任外省贵族营的指挥官，总而言之，他们既是执行行政管理的阶级，又是总司令部，还是禁卫军。首都贵族既然担任了艰巨而繁重的公职，自然得以享受高于外省贵族的俸禄，他们庄园里的别墅也较大。他们在行政机关中起领导作用，又居于更有保证的物质地位，所以养成了一种见权眼开的习惯，他们日益熟悉社会事务，待人接物的本领越来越高明。他们把为国效力视为本阶层的天职，唯一的社会使命。他们常年住在首都，很少利用短暂的假期到自己那些分散在罗斯荒僻地区的庄园和世袭领地去看看，他们习惯于认为自己处在社会的首要地位，在种种重大事件中举足轻重，清楚朝廷的对外关系，比其他任何阶级更熟悉与俄国毗邻的异邦的情况。正是这些特点又使他们能够比其他阶级更便于传播西方影响。这种影响应该为国家的需要服务，应该通过惯于理政之人将这种影响加诸对西方毫无好感的社会。当我们在17世纪开始按西方模式进行改革，需要一批进行改革的合格人才时，政府当局的眼中只有首都贵族，抓住他们就仿佛抓住身边的武器一样，从他们当中选派军官到外国建制的各团，和外籍军官一起担任指挥官，此外，还从他们当中挑选学生去新型学堂学习。由于首都贵族比较机灵、顺从，他们在当时就推出了第一批受西方影响的捍卫者，如赫沃罗斯季宁公爵、奥尔金-纳肖金、勒季谢夫等。彼得在位时，这一阶级应成为进行改革的本地人的主力，这是可以理解的。开始组建正规军后，彼得就逐步使首都贵族转入近卫军各团，而原普列奥布拉任斯科耶团或谢苗诺夫团的近卫军军官，都成了彼得各种各样改革任务的执行者，比如有一个御前侍膳，后来成为近卫军军官，又是奉派前往荷兰学习航海术，又是到阿斯特拉罕监督盐务，又是到正教院担任"总监"。

贵族的三重作用 城市里[5]"为国效命"的军役人员，即法典上所称的"自古以来的血统小贵族"，和首都贵族相同，在莫斯科国中起着军事的、行政的和经济的三重作用[5]。他们是国家武装力量的主要组成部分；是政府的主要工具，政府从他们中间选拔法庭和行政管理机构的人员；他们手中集中了本国最大量的固定资本——土地，在17世纪，甚至还集中了最大量的农奴劳动力。这三重作用，使贵族的供职情况非常混乱，因为每一种作用都被另外两种所削弱、所破坏。在"供职"或出征间隙，城市的军役人员各自返回自己的庄园，而首都贵族或回自己的村里短期休假，或像某些城市军役人员那样，担任民政管理职务，接受行政的或外交的任务，一如当时人们所说的，"办事"或"出差"。这样，民政职务就和服兵役混合在一起，军人也可以当文官了。某些事务和出差使得他们甚至在战时也无须承担按农户数目强抽兵丁代替自己出征的义务；经常坐在衙门里的秘书官和书吏就像是请了公务长假或无限期出差的官员，他们如果拥有住人的庄园，就可以像寡妇和未成年人那样，派有纳税义务的人顶替自己去当兵。这种办法产生无穷弊端，使人易于逃避服兵役。行军生活的劳累和危险，以及由于长期或经常不在农村所蒙受的经济损失，促使人们追逐能逃避服兵役的差事，或干脆"装病躺下"，避开出征的召令，而地处边远穷乡僻壤的庄园，往往使他们的花招得逞。当射击军或书吏带了动员令到达庄园时，庄园已空无一人，谁也不知道庄园主的去向，而且无处可找，也无人去找。

审查和挑选 彼得并未解除这个阶层的服役义务（普通服役和无限期服役），甚至也未予减轻，相反，还加重了他们的义务，规定了更为严格的服役制度，以便把藏身于庄园中的贵族都找出来，遏止逃避现象。他有意对全体贵族进行精确的统计，于是严谕贵族将未成年人，即10岁以上的子女及居住在一起的亲属的名单呈报职官衙门，然后再呈报参政院，而未成年的孤儿则必须亲自到莫斯科登记。然后根据这些名单，经常进行审查和分类。例如，1704年，彼得就亲自对8 000多名从各省奉调晋京的未成年人进行了复审。这种审查总是和派遣未成年人入伍当兵和入学相结合的。1721年，又下令居家的或在校学习的未成年人到莫斯科的参政院办公室报到，然后用马车送往彼得堡接受审查。他们在彼得堡被分为三个年龄段：年纪最小的分派去雷瓦尔学习航海，大一点的，到荷兰学习航海，最大的入伍当兵。B.戈洛温在其笔记中抱怨道："我，真是罪过，也被列入去学航海的名单中，我的第一次不幸就注定了。"戈洛温是这次选派的中间年龄段的牺牲者之一。高贵的出身也不能免于受审查：1704年，沙皇亲自挑选"最显要人物"的未成年子弟，于是就有五六百名戈利岑、切尔卡斯基、霍万斯基、洛巴诺夫-罗斯托夫斯基等家族的年轻公爵被征调加入近卫团当兵。鲍·库拉金公爵补充了一句话："于是他们就服役了。"[6]这项工作还涉及官署中人，因为在官署中供职非常有利，所以机构均已超编：1712年下令审查的不仅有外省的办事机构，而且参政院中的书吏也不例外，其中超编的、年轻而又适于服役的就被送去当兵。和未成年人一起或专门奉召受审的还有成年的贵族，以免他们躲在家中，而让他们总是处于正常的服役状态。彼得对于"违令不到者"，即不应召接受审查或进行登记者，严惩不贷。1714年秋天，他下旨令所有从10岁到30岁的贵族于同年冬天到参政院报到登记。并预先警告说，不管何人告发拒不报到者，即使他是其奴仆，都可得到违抗者的全部家私和村庄。1722年1月11日颁布的谕旨更为严厉：拒不应召受审者必须遭受"羞辱"，或宣告"政治上死亡"；他将被逐出上等人的社会，并且不再受法律保护；任何人均可抢掠其财物，打伤甚至打死他都不受惩处；他的名字将由刽子手在鼓声中钉在广场绞架上"示众"，即使无人不知他一向奉公守法，也要以叛逆者论处；无论何人把这样逃亡在外的人逮住，扭送官府，即使他是被扭送者的农奴，也可以得到该人的半数动产和不动产[7]。

这些措施收效甚微　这些严峻的措施收效甚微。波索什科夫于彼得在位末期所写的《论贫与富》中，生动地描绘了贵族们为了"逃避服役"而采取的种种欺骗伎俩。不仅城市贵族，就连沙皇廷臣，也能够在已经穿上出征军服的情况下，设法再找到一个"闲职"，一个挂名的警务官之职，并以此为幌子，在自己的世袭领地上安然度过战争的岁月；毫无控制地扩大形形色色的军务专员和指挥官的名额，也使这类诡计容易得手。按波索什科夫的说法，有许多人就弄到了这种闲职肥缺，其中有的人强壮得可以打退5个敌人，得到这个有利的职位后，他就可以逍遥自在地生活，同时积累财富。有的人则靠送礼、装病来逃避应征入伍，或者装疯卖傻，跳进深及颈部的湖里——你把个疯子抓去服役吧。"有的贵族已经年迈，一直住在乡下，从来也没有服过役。"富有的人逃避得过去，所以只好由穷人和老头去服役。有些懒骨头还明目张胆地拿沙皇严厉的谕旨取笑。有一个叫佐洛塔廖夫的贵族，他"在家时凶得像头狮子，邻居全都怕他，可是在服役时，却连羊都不如"。有一次，他实在躲不过出征的命令，就让一个穷贵族去冒名顶替，给了那人一个仆人、一匹马，而他自己却坐着六套马车横行乡里，把邻居都弄得破产。皇上的近臣亲信就是这一切的罪魁祸首：他们用谎报情况的办法，从沙皇口中赚取片言只语，然后就放手蛮干，随心所欲。波索什科夫伤心地发现，不论你往哪儿看去，都看不到忠心为皇上效劳的人，所有的法官都不秉公办案，该去服役的，留下；无服役能力的，倒被迫出发了。伟大的君王为国操劳，然而却劳而无功；能为他分忧襄佐的人寥寥无几。彼得独自以一当十往山上拉，山下却有几百万人在往下拽。这叫他的事业如何能够顺利进行？如果不改变旧秩序，不管你怎么拼搏，也不得不把事业放弃[8]。这位自学成材的政论家波索什科夫虽然对改革者满怀崇敬的心情，但却在无意间把他描写成了一个可怜可笑的形象。

义务教育 像波索什科夫这样的观察家是具有象征性价值的，他说出了应如何评价改革家通过立法所建立的理想体制的实际意义。这种评价也可用于较小的项目，比如应如何评价彼得建立的贵族服役年限的制度等。彼得仍然坚持先前实行的贵族开始服役的年龄为15岁；不过，现在的义务服役，却因新的预备役而变得复杂了。这就是必须先接受初等义务教育。根据1714年1月20日和2月28日的谕旨，贵族和衙门官吏的子弟、书吏和司书的子弟都必须学习算术、若干章节的几何，并且订出"处罚的办法：没有学会就不许结婚"；没有老师关于学习合格的书面证明，就不发给结婚许可证[9]。为此，各省高级僧正的宅邸中和著名的修道院中都奉旨兴办学堂。1703年前后，在莫斯科开办的数学学堂（当时真正的中学堂）的学生被派往上述学堂任教，教师的年俸相当于现在的300卢布。1714年的谕旨在俄国教育史上记下了一个崭新的事实——对世俗平民的义务教育。计划的规模当时还是很小的。派去的教师，每省只有两人，都是学习过地理和几何的数学学堂的学生。算术、初级几何以及当时识字课本里的某些宗教课知识——这就是初级教育的全部内容，但却被认为对于服役是绰绰有余的，若把内容再扩大一些，反倒对服役有不利之虞。孩子们必须在10岁至15岁之间完成谕旨规定的计划，结束他们的学习，因为接着就应开始服役了。根据1723年10月17日的谕旨，高官的子弟在校学习的年龄也不得超过15岁，"即使他们本人愿意亦不许可，以免在学习科学的借口下逃避审查和服役"[10]。然而，危险根本不是来自这个方面，对此波索什科夫又有一段忆述：该谕旨说，除诺夫哥罗德教区外，其他教区的高级僧正学堂在1723年前"还没有建立起来"，而与高级僧正学堂无关的似乎是为各阶层开设的算术学堂，在有些地方几乎维持不下去。1719年，普斯科夫、诺夫哥罗德、雅罗斯拉夫尔、莫斯科和沃洛格达等地学堂的学监报告称：只有雅罗斯拉夫尔的学堂有从神职人员中派来的26名学生，"其他学堂一个学生也没有"，因而教师们都无所事事、白领薪俸。贵族都为要学习而深感负担沉重，而且认为徒劳无益，他们千方百计逃避这些义务。有一次[11]一群不愿进算术学堂的贵族报名进了莫斯科扎伊科诺救世主神学校。彼得下令把这些神学爱好者送往彼得堡海军学堂，并强迫他们在莫伊卡河上打木桩，以示儆戒。海军元帅阿普拉克辛，一位忠于古俄罗斯家族荣誉的人，由于自己的一个晚辈遭到这种惩罚而感到委屈，就用一种天真的方式表示抗议。当他来到莫伊卡河上，看见沙皇正向他走来，他就摘下安德烈耶夫绶带，脱下海军元帅服，挂在杆子上，然后和贵族们一起努力打木桩。彼得走到他面前，十分惊奇地问："费奥多尔·马特维耶维奇，你怎么啦，当了海军元帅和勋章获得者，还得亲自打木桩吗？"阿普拉克辛开玩笑地回答道："陛下，在这里打木桩的，都是我的侄子、外甥和孙子（按当时的门阀术语，泛指晚辈），而我算什么人呢？我在族中又有什么特权呢？"〔11〕

服役期满退伍办法 贵族从 15 岁起就必须入伍当列兵。高官显贵家族的子弟一般都到近卫军中服役，家境较贫寒或出身较低微的人就得进陆军服役。彼得的设想是，贵族应当担任正规军的军官，但在这之前，应该先当几年普通列兵。1714 年 2 月 26 日的法令严禁没有在近卫军里当过兵，"不具备当兵最起码知识""贵族"出身的人升任军官。1716 年《军事条例》明文规定："俄国小贵族除非在近卫军中服过役，没有其他途径可以充任军官。"这说明为什么彼得时代近卫军团由贵族组成，甚至到彼得在位后期多达三个团：除两个原有的步兵团外，又于 1719 年增加一个龙骑兵"禁卫团"（后来改编为近卫骑兵团）。这些团成了中上层贵族的军事实习学堂和培养军官的场所。贵族在近卫军中当过兵以后，就转入步兵团或龙骑兵团当军官。在清一色由"小贵族子弟"组成的禁卫团中，公爵出身的士兵就多达 30 人。在彼得堡，不难看到某个戈利岑公爵或加加林公爵肩上扛着枪在站岗值勤。近卫军中的贵族过的是一般士兵的生活：住在兵营里，领一份口粮，而且要执行士兵的一切勤务。杰尔查文在其笔记中写道，他是一个当了上校的贵族的儿子，在加入普列奥布拉任斯科耶团当兵之后，早在彼得三世时期就和平民出身的士兵一起在兵营中生活，和他们一起干活，清理水渠，站岗值勤，运送军粮，听军官们差遣。这就是说，在彼得的军队中，贵族必须分别通过近卫军或海军学院才能成为由各阶层人员组成的陆军团或舰队的训练有素的骨干或军事指挥官的后备力量。在旷日持久的北方战争期间，服兵役自然而然成了真正无休止，无尽期的了。待到和约缔结，贵族们都开始轮流获假回乡省亲，一般是每两年有6个月的假，只有年老、体残才能退役。然而，即使退役的人也不能完全免除公务：他们有的要参加卫戍部队，有的要参加地方的民政管理事务[12]。只有那些毫无用处或者不宽裕的人，才从"军医院的经费"（一笔用以维持军医院的特别税收）中拨出若干养老金使其退伍，或者遣送到修道院，用修道院的收入供养。

公职的分配 彼得所制定的贵族服兵役的正常升迁就是如此。然而，到处都需要贵族：军队需要，民政管理也需要。但是，当军情较严峻时，在新设立的司法和行政机构中供职也变得困难了，因为在那里供职也需要训练有素，具有专门知识。要把在军队里服役和在民政管理部门供职结合起来是不可能的；身兼军、政两职只是近卫军军官和高级将领才有的特权，他们在彼得去世后很长时期还都被认为是无所不能的。"文职"逐渐脱离武职而自成体系。但是武职或文职人员的入选，并不是对任何阶层的人都一视同仁的。贵族当然竞相抢夺工作比较轻松又有利可图的民政管理职务。当时，无论在武职或文职人员中，贵族都有一定的比例。1722年曾向掌管贵族事务的宣令局长下达的训令，令其注意，"每个贵族家族担任民政职务者，不得多于三分之一，以免陆上和海上的服役人员不足。"这样，陆、海军的兵员就不致受到影响了。训令里还说明了分配贵族担任不同公职的主要动机。那就是这样的想法：以前足以履行民政职务的条件是不学无术和专横霸道，现在除此之外还要求有某些专门的学识。训令指示宣令局长，对于按规定从显要的贵族和中等贵族家族中选任民政公职的三分之一人员，因其对民政事务特别是对经济科目知之甚少或一无所知，故应"举办短期学校"，使他们学习"民政管理和经济学"[13]。

贵族家谱成分的变化 机关部门的划分，是改善任职的一项技术性措施。彼得甚至对职务升迁的条件本身也进行了改革，用以在贵族家谱成分中输入新的因素。在[14*]莫斯科国中，公职人员的职位高低，首先"根据出身"，根据显赫的程度。对于每一个家族，都规定了担任公职或官吏级别的一定幅度，公职人员可以沿着这一阶梯，或快或慢地爬到他的出身家族所能达到的高度，但也要看他本人是否称职，是否机灵。这就是说，公职人员的职务升迁，取决于出身和供职态度及功绩，但出身比功绩所能起的作用大得多，功绩只是作为出身的一种辅助条件，它本身不像出身那样能使人步步高升。废除按门第授官的制度动摇了那支持着官吏阶级的宗谱体制的古老风尚，但它在习俗中仍然残留着。彼得想取消对家谱出身的考虑，因此才规定任职表现绝对比出身重要。他向贵族一再重申，供职乃是他们的主要义务，而正是因此"贵族才是高贵的，有别于低贱的人（即平民）"；他颁旨要对所有贵族说明，每一个贵族，无论在什么情况下，无论他出身于哪个家族，对每一个尉官都要尊敬和重视，这就给非贵族出身的人跻身贵族之列敞开了大门。贵族一开始要先当普通列兵，然后才能升为军官；但按1721年1月16日谕旨的规定，非贵族出身的列兵升到尉官后即可获得世袭贵族的爵位[14a]。如果一个贵族按其出身可以担任军官，那么，一个非贵族出身的军官，也可以直接凭职务成为贵族。这就是彼得制定的职位升迁的原则。按照出身贵贱,以及在宫廷和大贵族杜马中的地位而形成的大贵族、御前大臣、侍膳大臣、宫内杂务侍臣的古老官阶制度,和出身一起失去了意义。随着迁都涅瓦河畔,克里姆林宫的老宫廷废弃了,建立参政院以后,大贵族杜马亦不复存在。1722年1月24日颁布的"官阶表",对公职人员施行新的分类、分级法[14⁶]。一切新成立机构的职别(除了极个别的以外,全部借用拉丁的和德国的职称),可以按表排成三类平行的官阶,即军职、文职和宫廷职;每一类又分14个等级。这种经过改革的俄国官阶的立法文件,把官位等级、功绩和服役期限置于出身的贵族等级和贵族家谱之上。官阶表所附条文中有一条着重说明,如果不去供职,显要的出身本身毫无意义,它不会给人以任何地位;对出身名门望族的人,在他们为陛下和国家建立功勋和"获得功名(当时所指的'爵位和官衔')之前,不得授予任何官阶"。俄国人和外籍人的后裔如能列入本表中的前八等(最低为少校和八等文官),那么"即使出身低微,在一切头衔和利益方面均可列入高贵的上层贵族之中"。由于供职能为所有人跻身贵族敞开大门,这就改变了阶层的家谱成分。遗憾的是无法精确地统计自彼得登基以后,原来非贵族而后来成为贵族的人共有多少。到17世纪末,我国贵族家族的数目已达2 985个,其中共有1 500名地主,他们的孩子不计算在内。彼得在位后期,普鲁士驻俄国宫廷使团秘书福克罗特收集了一些关于俄国的可靠资料,于1737年写道,第一次丁籍调查时贵族及其家属共有50万人[14ᴮ],因此可以推断大约有10万户贵族之家。然而,根据这一材料尚难回答下面的问题:彼得在位期间,经过仕途而进入贵族行列的非贵族人数究竟有多少[14*]。

上述改革之意义 将贵族领地的民军改变为各阶层的正规军,使贵族的服役发生了三重变化。第一把先前混为一体的文、武两职的职务分开了。第二，二者都因新的义务和义务学习培训而复杂化了。第三种变化，可能是对俄罗斯国家命运最为重要的一种变化：彼得的正规军已经失去了军队成员的地域性质。先前，不仅是卫戍部队，就是在"团里服役"期满的部分远征部队，也都由同一个县的贵族乡亲组成。按外国建制的各团则由来自不同县份的服役人员组成，这些团开始打乱了原来那种地域成分。招募志愿者和后来招募新兵的做法彻底清除了地域成分，使各团失去了地区性，具有各阶层的成分。梁赞的新兵，一旦长久地、而且通常是永远地离开自己的佩赫列茨或齐马罗沃故乡后，就得忘记自己是梁赞人，只能记住自己是法缅金上校的燧发枪团的龙骑兵；兵营逐渐消除了同乡情谊。近卫军里也发生了同样的情况。先前已经脱离了外省贵族世界的首都贵族，自然而然地和莫斯科当地的首都贵族世界紧紧结合在一起了。这些"廷臣"常年居住在莫斯科，每天在克里姆林宫相见，莫斯科近郊的世袭领地和庄园又在邻近，因此莫斯科对他们来说就和县里的家园一样了，这就像科泽利斯克市对该市的贵族和小贵族来说是自己的家园一样。他们被改编进普列奥布拉任斯科耶团和谢苗诺夫团，并移防到涅瓦河畔的芬兰沼泽地区以后，也就渐渐忘记自己是莫斯科人，而只感到是近卫军人了。自从以大兵营集居代替地方散居以后，近卫军在铁腕人物手下可能只是当局的盲从工具，而在庸碌无能之人手下，则可能成为夺取政权的御用军队或亚内恰尔[1]。1611年，正当混乱时期，贵族民军在特鲁别茨科伊公爵、扎鲁茨基、利亚普诺夫的统率下，集结在莫斯科近郊，要把首都从盘踞其中的利亚克人[2]手中拯救出来。此时军中人们激情满怀，自觉

---

1 亚内恰尔：原义为土耳其精兵，转义为走狗、走卒。——译者
2 利亚克人是波兰人的旧称。——译者

地迸发出了一种想法,要为征服俄罗斯而战,借口是防止它落入外敌手中。新王朝以建立农奴制而开始了这一事业。彼得建立了正规军,尤其是近卫军,以武力给予支持。他完全没有料想到他的男女继承人会怎样利用这支军队,也没有料想到,这支军队又将怎样利用他的男女继承人。

非世袭领地和世袭领地的接近 日趋复杂的[15*]贵族服役义务要求有更优越的物质条件来保证他们卓有成效地服役。作为地主阶级的贵族,经济地位因这一要求而发生了重大变化。你们都知道古罗斯土地所有制的两大基本类型在法律上的区别。一类是可作为遗产继承的世袭领地,另一类是有条件占有、暂时占有、一般是终生占有的非世袭领地。但在彼得即位之前很久,这两种土地所有制形式就开始互相接近起来了[15a]:非世袭领地[15б]的特征逐渐渗透到世袭领地中,而非世袭领地逐渐取得世袭领地的法律特征[15в]。作为一种土地占有形式,非世袭领地就其本质来说,当然包含着与世袭领地接近的条件。起初在自由农时期,非世袭土地所有制就意味着从非世袭领地上直接得到土地收益、地租或该领地赋役居民的劳役,这就和服公职应得俸禄一样。在这种形式下,非世袭领地从一个人手里转到另一个人手里就不会造成特殊困难了。地主自然要经营自己的产业,他们为自己建设庄园、购置农具、购买干活的奴仆、开辟家奴的耕地、清理能经营的新地块,并贷款给农民让其迁来定居。于是,在本来是给军役人员暂时占用的国家土地上就出现了一些经济实体,这些经济实体的主人力求使之成为自己完全可以继承的财产。这就是说,所有权和实际的经营情况把非世袭领地拉向相反的方向[15г]。在这里农民的依附使实际经营胜于所有权:农民由于接受了贷款和帮助而永远依附于地主之后,非世袭领地又怎么可能仍然是暂时占有的呢?而且当法律不涉及所有权时是可以对土地进行实际经营的,于是管理非世袭领地的权利也就不断扩大,直至法律容许把非世袭领地购进,变成世袭领地,也可进行诉讼、交换、赠与儿子、亲属,或作为女儿、侄女的嫁妆赠与未婚女婿、侄婿,甚至外族人,只要受赠人承担供养赠与人的义务,或者答应与赠与人结婚,有时则纯粹是为了得到钱,根本不管自己并没有卖地的权利。法规就赏赐领地规定了分家与顶替的办法(见第32讲结尾处),实际上不仅规定了有继承权,而且规定了一子继承制和领地不可分割的制度。在赏赐书中对这一法规做了如下说明:"当儿子们长大成人去服役时,年长的儿子就可以得到一份领地,与父亲分家,另立门户;而年幼者与父亲一起从一个领地去服役",这部分领地在父亲去世后,即全部归与父亲同时服役的儿子所有。早在沙皇米哈伊尔时代的谕旨中就出现了概念矛盾、组合奇怪的术语:祖传的非世袭领地。这一术语是由于当时政府有"不得越过本族亲属赠送领地"的指示而形成的。但从对非世袭领地的实际继承中,却产生了新的难处。领地的税额随着地主官阶的升迁和功绩的增大而逐渐提高。于是出现了一个问题:如何把父亲的领地(尤其是大块领地)转交给俸禄还不足以交付父亲领地税额的儿子呢?莫斯科衙门的聪明人于1684年3月20日颁发一道命令来解决这一棘手问题,规定地主死后,其大块领地全部在死者的下行直系亲属,即其子孙中处置,不管其是否已应征服役,也不管其俸禄多少,亲戚和外族人一律无份,除非没有直系继承人,才会在一定条件下给予旁系[15г]。这道命令把领地所有制的秩序搅乱了,因为它所规定的领地继承权,既不是根据法律,也不是根据遗嘱,仅仅是将家产转让给本族成员,这可以称为领地家族化。领地的赏赐变成了在现有的许多直系或旁系继承人之间将空领地重新划分,从而废除了一子继承制,致使领地分得七零八碎[15д]。正规军的组成,彻底破坏了非世袭领地所有权的基础,因为贵族服役不仅已经成为一种必须继承的义务,而且是长久不变的,所以非世袭领地也不仅可以长期占有,而且可以继承。这样,也就和世袭领地无异了。所有这一切的结果是将有居民的土地作为世袭领地的赏赐逐渐代替了非世袭领地的赏赐。在保存至今的给予寺院和各色人等的宫廷乡村的清单中,1682年到1710年很少有(即使有,也只是在1697年以前)作为"非世袭领地"分给的,一般是把庄园作为"世袭领地"分给的。在这28年中,共有50万俄亩耕地(草地和森林在外)被分给4.4万左右农户。到18世纪初期,非世袭领地已经不知不觉地接近世袭领地了,而且快要不再是服役人员占有土地的一种特殊形式了。非世袭领地向世袭领地的接近具有三个特点:非世袭领地像世袭领地那样,变为世代相传的了;非世袭领地像世袭领地那样按照继承顺序在下行的直系或旁系亲属间重新划分成若干块;非世袭领地的赏赐被世袭领地的赏赐所取代。

关于一子继承制的谕旨 这种情况是1714年3月23日彼得颁布的谕旨造成的[15e]。该谕旨的要点,或如当时所谓的"条款"如下:(一)凡"不动产",即世袭领地、非世袭领地、农户、小店铺等均不得转让他人,但可"变为本家族所有"。(二)不动产可以根据遗嘱由立遗嘱人所选中的一个儿子继承,其他儿子则根据双亲的意愿分得动产;如果没有儿子,则女儿也按同样办法继承;但若没有立下遗嘱,不动产归长子所有,没有儿子则归长女所有。而动产则由其余子女均分。(三)无儿无女者,不动产可由立遗嘱人"指定"的本族中一人继承,而动产亦据其意愿转归亲戚甚至外人;如无遗嘱,不动产应转归一名本族近亲,其余的产业,可按"均等办法"分给同族近亲中的其他人。(四)一家族中仅存的最后一个男子的不动产可以遗赠给本族的一个女性,条件是她的丈夫或未婚夫必须出具书面保证，保证自己和自己的继承人改姓即将绝户者的姓。(五)分得遗产的贵族、"武备学校学员"，如转而经商或从事其他重要事业，而到40岁时当白衣修士者，无论对其本人或其家族，都不算耻辱。法律有详细的说明：继承了不可分庄园的唯一继承人，不得像以前那些分了家产的兄弟们那样，为了保持其父亲那样的生活而以新的沉重负担使"贫苦的臣民"即其农民破产，而要给予农民优惠，要减轻他们应缴的税额。贵族家族不应衰落下去，"而必须通过那些光荣显赫的家族坚决做到这一点"。如果在继承人之间瓜分庄园，名门望族就会变穷，变成普通村民，"这在俄罗斯民众中间已经不乏先例"。贵族如果有了白给的面包，哪怕数量不多，那他们在不受到强制的情况下是不会好好地为国效劳的。他们会逃避服役，过着游手好闲的生活，因此新颁布的法律迫使武备学校学员通过服役、学习、经商等方法寻求"自己的面包"。谕旨十分坦率：万能的立法者承认自己难以使臣民免遭逐渐贫困的地主的掠夺，他将贵族看作不愿从事任何有益活动的寄生虫阶层。该谕旨给服役供职人员的土地占有制带来了重大的变化。关于一子继承制的法律，根本不像有些人所描述的那样是受西欧封建继承制的影响而制定的，不过彼得确实调查过英、法、威尼斯等国的有关继承权的法律，甚至还询问过在莫斯科的外国人。三月谕旨并没有使长子享有绝对权利，长子继承只是在死者没有立下遗嘱的情况下才出现的偶然现象，因为父亲完全可以立遗嘱将不动产遗赠给小儿子而不留给长子。谕旨确立的不是长子继承制，而是一子继承制，规定不动产的庄园不可分割，解决纯属本地家族继承中所产生的困难，消除瓜分领地的现象（这种现象因1684年的谕旨而日趋严重，弄得一些地主都不够服役资格了）。3月23日的法律规定是相当独特的。为了使世袭领地和非世袭领地接近，该法律规定两者都实行统一的继承制度。18世纪的人们认为三月条款是彼得大帝漂亮的善举，因为他把非世袭领地赏赐给臣民作为他们的私有财产。然而在这种情况下，三月法令到底是把世袭领地变成了非世袭领地呢，还是相反？事实上两者都不是，而是两者在法律特征上的组合，形成了一种新的、前所未见的土地占有制形式，可以称之为可继承的、不可瓜分的、具有永久义务的形式。土地所有者永久的、继承的、世袭的服役是与这种形式联系在一起的。上述这一切特征在古罗斯的土地占有制中也是存在的，只是其中有两点不同：以前，继承权只是占有世袭领地者的权利，不可瓜分性则是非世袭领地土地占有的普遍现象。世袭领地不是不可分割的，而非世袭领地是不可继承的；对于两种土地占有者的义务服役则一视同仁。彼得把这些特征结合在一起，并推广到所有的贵族庄园，而且禁止转让。现在，服役人员的土地占有形式变得比较单一了，但自由也较少了。这就是3月23日谕旨所带来的变革。谕旨中特别清楚地显示出在改革社会和改革行政管理方面一般使用的方法。他接受当时所遇到的在他之前业已形成的关系和制度，并不再增加什么新的方式，而只是将其引入新的组合中，使之适应已经变化了的条件。他不是废止，而是把已实施的规章略加改革，以适应国家的种种新需求。新的组合赋予改革后的制度以某种似乎全新的形式，实际上，新的制度是由旧的关系建立起来的。

谕旨的执行情况 3月23日的法律使一个儿子分家自立门户，同时免除武备学校学员、其无地的兄弟的服役义务，往往还包括侄子的服役义务，使他们享有选择生活方式和职业的权利。在服兵役方面，彼得需要的并不是贵族家庭中现有的全部应服役人员（以前的贵族民兵部队就是由这些人组成的）。彼得在一子继承制下的继承人中物色军官，这样的人必须具有足够的财力，而且本人已做好服役的准备，并且不会以苛捐杂税增加其农民的负担。这和彼得规定的贵族在他组建的正规军中应起的作用（充任军事指挥官）是一致的。但是，在这一法律中，和他在其他社会改革中一样，改革家也很少对习俗、生活观念和习惯加以考虑。在严格的实施过程中，法律把贵族分裂为两个阶层：一个是有幸获得父亲家园的阶层，另一个是无地无房，生计无着，限于贫困的无产阶层——无产的兄弟姊妹们沦为该继承者家中的食客，或者"在圈舍间忙碌"。家庭发生不和与纠纷是容易理解的，那是这项法律引起的必然后果，但这项法律仍然执行不误。该法律考虑得很不周到，许多情况事先都不曾预见到，许多定义模糊不清，可以作不同的解释，如第一条严禁转让不动产，但第十二条却又规定了在必要时出卖的定额；虽然规定了动产和不动产的继承办法截然不同，却又不指明如何理解两者的区别，因而产生了许多误解和弊病。这些缺陷使彼得在随后发布的一些谕旨中不止一次地进行解释。他去世后，在1725年5月28日公布新条款时，还对1714年的谕旨做了详尽的析疑性的修改，有相当多的内容偏离了原有的法令，使得执行起来更加困难。看来，连彼得本人也不把他颁布的谕旨视为最后的规定，更准确地说它乃是一项权宜措施：彼得取消了一些重要内容，于1716年4月15日颁布一道补充谕旨，规定从死者的不可瓜分的不动产中分出四分之一给其活着的配偶永久所有。沙皇在谕旨中批示"暂时照此办理"。对于武备学校学员义务服役的规定没有取消。凡贵族少年，仍一律要服兵役，在审查时，长子也好，武备学校学员也好，均须应召参加。然而，直至彼得在位后期，亲属之间瓜分庄园的诉讼仍然不绝如缕，这些庄园是根据1684年的法律，在"条款"公布前就得到的。波索什科夫在《论贫与富》一文中，已经谈及这种瓜分。他非常清楚地描绘了贵族们在亲人去世后，如何为了把有人住的土地和荒地分成零碎的地块而争吵，甚至"触犯刑法"，使国库蒙受巨大损失，把某一块荒地或某一个村子分得七零八落，仿佛关于一子继承制的法律根本不曾存在过[15※]。这种瓜分连1725年的条款也是承认的[15*]。总之，1714年的法律没有达到预期目标，而只是给土地所有主们制造相互关系上的混乱和经济上的破产。

总之，经过训练并以不瓜分不动产为保证来造就军队的军官或各院的文官——这就是按照彼得的初衷使普通贵族服役的使命。

第六十三讲

农民和第一次丁籍调查——根据法典划分的社会结构——征集和招募——人口登记——各兵团的驻扎——社会结构的简化——人口登记和农奴制——人口登记的国民经济意义

贵族阶层[1]在法律上和经济上与农民的接触越来越密切;可是彼得关于农村居民的措施却都旨在实现这位改革家的两大基本目标,即不仅仅是为了加强军事改革,而且看来更是为了解决改组军队后他最操心的问题,即充实国库的问题。

社会结构 法典对平民社会中的三个基本阶级的权利和义务做了明文规定,这三个基本阶级就是服役供职人员、城镇的工商居民和各县居民。各县居民即农民,可再分为农奴和包括宫廷农民的国有农。这三个等级再加上神职人员,共四个等级。在各等级之间,还有一些处于中间状态的既不属于这个等级,也不属于那个等级的阶层,这些阶层虽然与主要等级有联系,但是却并非密不可分,而且自己也不具备某一阶层的固定特征,他们不直接担负国家的义务,只为私人的利益服务。这些阶层就是:(一)十足的终生奴仆、卖身为奴的临时奴仆、家宅的有一定期限的奴仆;(二)自由流动的游民,也叫自由逃民,他们包括获得自由的奴仆、城镇的工商业者和丢弃了赋税的土地和本人营生的农民,甚至有把领地挥霍一空或丢弃了自己领地的公职人员,总之,是一些无家无业的人——这是介乎农奴和缴纳赋税的自由民之间的过渡阶级;还可把以乞讨为业者也归入这一阶级,他们是人数众多的寄生阶级,是由宗教界和世俗人错发善心滥施恩惠而在不经意间造成的;当然,我不把那些养老院里真正的老人、穷人、寄居在教堂或私人家里的老人归入这一阶级;(三)高级僧正和修道院的仆役。这些人中的一部分管理教会的土地,与国家的服役人员十分相似,他们从教会或修道院得到一块土地,享有领地权,有时还直接成为国家的服役人员;另一部分为教会服役的人,虽然没有农奴制的从属关系,却仿佛是教会的仆役;(四)人数众多的神职人员的子女,也即人们所称的无教职人员,他们是些还没有找到教职等待出缺的人,勉强寄居教会,在父母身边度日,有时就在城市里做买卖或做手艺活,有时为私人干活[1]。按照[2]他们在社会上的地位,这些阶层之间可以进行如下的区分:奴仆和教会的仆役,都是属于私人的农奴,不必向国家交税服劳役;无业游民和教堂里的无教职人员有人身自由,但也不承担国家赋税徭役;耕种国有土地的农民也是自由民,但必须承担国家的赋税和徭役;农奴以及奴仆中的院丁没有人身自由,但也须承担国家的赋税和徭役[2]。所有[3*]这些过渡阶层的人人数众多,使社会结构显得五花八门,外来人对此都会留下深刻印象:17世纪的一些外国观察家就感到惊奇,莫斯科国游手好闲的人怎么这么多。这些无所事事或不务正业的人几乎将养活他们的重负都加在国库赖以进款的工人和赋役阶级身上,从这方面来说,他们成了国家的对头,因为本来可以充实国库的钱,被他们从国家手里夺走了。彼得凭着他天生敏感的经济头脑,很想给这些人安置正经的工作,让他们为国家的利益去服徭役和供职。他先是通过征兵,随后又通过人口登记的办法,对社会进行了一次大清理,从而简化了社会结构。

征集和招募 当正规军开始组建的时候,最踊跃应征入伍的就是自由逃民和奴仆。正是从这些阶级中募集到首批士兵到各近卫团里去，以后他们都取得了小贵族的身份。为了募足兵员，彼得甚至破坏了农奴制：大贵族的家仆可以不经老爷同意就入伍。1700年向纳尔瓦进军的各新编团，主要就是由这些阶级参军的人组成的。在这之前，还曾颁发谕旨，征集那些已经获得人身自由的奴仆和农奴入伍当兵，只要他们被证明适于服兵役就行。鲍·库拉金公爵在其编年史式的自传里记载着，当时"谁愿意当兵，就给谁封官许愿，既然愿意当兵，那就走吧，因此许多人都离家入伍"。也就在同时，波罗的海舰队组成了，因为"号召年轻人当水兵，一下子就征集到3 000人左右"[3a]。这样一来，由于无事可做而使社会停滞不前的多余的人大为减少。这次清理相当彻底：几万名自愿入伍的人，几乎没有人开小差溜回家，或者确切地说，再回到先前那种无家可归的状态中去；那些没来得及开小差的人，后来都在两次纳尔瓦战役和在里加、埃利斯特费尔、施吕色尔堡附近的战役中阵亡，而更多的人则是由于饥寒疫病而死亡了。所以后来实行定期招兵制的时候，就不仅招募城乡中的赋徭人员，而且招募地主的家仆、游民、神职人员、修道院仆役甚至书吏。这样，国家制度中就出现了一种前所未见的各阶层都必须服役的开端[36]。

人口登记 人口登记，是简化社会成分的另一手段，而且是更为有力的手段。它的实施本身，就很有典型性，很能清楚地说明改革者采用的方式和手段。占领利夫兰、爱斯特兰和芬兰后，北方战争的紧张局势就开始缓和了。于是彼得就不得不考虑如何在和平时期维持他所创建的正规军。这支军队即使在战争结束后也不得解散让官兵各自回家，而必须保存着，使之带着武器，驻扎在固定的营房里，领取国库的给养，但要想出一个把军队安置起来的办法也不容易。彼得终于制定了一个使各兵团驻防各地和发放粮饷的英明计划。1718年，在奥兰会议上与瑞典进行和谈期间，他于11月26

日颁布一道谕旨,他按照自己的习惯,将灵机一动最先出现在脑子里的想法写了进去。谕旨的头两条,彼得以惯用的急促、草率、简练的立法语言写道:"所有的人都要登记,并造花名册,限期一年,以便真正弄清某村某人有多少男性农奴,要向他们宣布,如果谁胆敢隐瞒,即将被隐瞒者赐予告发人;登记清楚,某人名下应分担多少在连里或团部当兵的农奴及平均分摊的饷银。"接着,他在谕旨中继续以含混不清的语言,指出了执行办法,以没收财产、皇上震怒严惩、破产甚至处死来恐吓执行人员,这是彼得立法时常用的手法[3B]。这道谕旨使各省、各村的行政管理机构手忙脚乱,地主们也是如此。递交农奴花名册的期限原定为一年,但到1719年年底,上交者仍寥寥无几,而且上交的也大部分是不准确的。于是参政院向各省派出近卫军士兵,他们奉命给负责收集花名册的官吏及各省省长本人戴上镣铐,哪里也不准他们去,直到将全部花名册和据此编制的统计表上缴到专为人口登记而特设在彼得堡的办公厅为止。但这种严厉措施也无济于事:上缴花名册之事一直拖到1721年。其原因首先是由于混乱不清的谕旨内容难以理解,必须进行大量的解释和补充。起初,人们的理解是,谕旨只涉及占有土地的农民;但随后又下令居住在农村的地主的家奴也应列入花名册,于是要求补充花名册。后来,另外一种干扰又出现了:地主或他们的管家觉察到,这样下去,必定要交纳更多的重税,于是就没有如实登记全部农奴,"而是大量隐瞒"。到1721年年初即已发现瞒报的农奴达两万多人。地方军政长官和省长奉命亲自下去,核实上交的花名册。至圣正教院号召教区的神职人员协助这次核实审查工作,警告他们如有包庇隐瞒行为,就剥夺其职位、头衔、没收其财产,并在"施加残酷的体罚之后送去服苦役,不管其是否年事已高"。终于,借助极端严厉的谕旨、拷打、没收财产等方法,给政府机器那业已生锈的轮子上了些润滑油,到1722年年初,花名册上登记的农奴总数达500万人。这时,开始执行11月26日谕旨的第二条,即"军队分摊到地方"的条文,各团把必须由谁负担供养的人数登记造册。10名将军、上校和准将奉派分赴10个重新进行登记的省份充当分派大员。各团设想以连为单位驻扎在"固定营房"里(特辟的郊外驻扎区),不分散住在农户家中,以防主人和房客发生争吵。分派大员应召集本管区内的贵族,说服他们在特辟新区修建供连级军官居住的院落和团司令部的院落。新的灾难降临了:分派大员奉命先核实农奴花名册。这是对花名册的第二次审查,结果又发现瞒报了大量农奴,有些地方竟达实际人数的一半。最初统计出来的花名册上的500万农奴,已经不能用作按农奴数分配供养各团的依据了。彼得和参政院对所有地主、管家、村长软硬兼施,刚柔并用,定出了修改花名册的期限,但期限一延再延。此外,钦差大员们由于对训令内容不甚明确,或者根本没有理解,对农奴的分类混淆不清[3г]。他们脑子里糊里糊涂,不知谁应填写个人税额,谁不必填写,所以只好不断请示政府[3д]。另外,他们手头也没有一份军队现有编制的准确资料,只是在1723年才想到收集这方面的资料。然而,钦差大员们都奉命于1724年年初"彻底"结束自己的工作,返回首都,彼得谕令其时开始征收人头税。他们没有一个人按期返回,全都事先向参政院报告说,1724年1月前无法结束工作。他们被允许延期到3月份,而合乎规章的人头税则推迟到1725年。就这样改革家彼得在长达6年的时间里,未能等到他所开创的事业的结束,因为他的钦差大员们直到他于1725年1月28日闭上双眼时都尚未返回。

军队各团的驻扎 各团在各自的驻地都遇到了一些类似情况。大多数地主拒绝建造团的营房,认为士兵最好还是分散住在农户家里。当他们不得不建造营房时，新的"重负"也还是落到他们家的农民身上。营造工程突然在各地匆匆展开，农民中断了家里的活计。为了购置土地兴建营房，又向农奴征收了一次临时税，这就使开征人头税更加困难。彼得生前曾下旨务必于1726年前建好所有营房，在他逝世后都一律延期4年，有些地方勉勉强强开了工，但没有一处竣工，由农民运来的大量物资都不知去向，只有一些司令部的营舍落成了。全部工程都是徒劳无益，根本不考虑资金，也不顾及后果。官兵们仍然驻扎在城乡的民房里，但是各团并不仅仅是强加给被复查者的房客和食客。想象力衰退的彼得，根据自己的古怪癖性，还认为他们是行政管理的方便工具，所以在队列训练之外，还赋予他们复杂的警察和监视责任。为了维持驻扎在本地的军队，贵族阶层应该成立本县的阶层协会，每年均应从本阶层中推选征收人头税的特别专员．并在每年的代表大会上审查他们，有权因其非法行为而审讯、处罚他们。特别专员应当遵守本县的秩序和规矩，甚至要接受该县驻军长官的指示。上校及其他军官们须追捕本管区内的小偷、强盗，防止农民逃跑并追捕逃亡者，根除出售或酿造私酒和走私等活动。不允许省府官吏造成本县居民破产，要保护他们免受欺侮，并豁免赋税。他们的权力是如此之大，以至于在取得省长和地方军政长官同意后，可以将当选的特别专员送交法庭审判，甚至可以监督军政长官和省长本人执行谕旨的情况，向首都上报玩忽职守之事。如果这些团的人来自本地区，并驻扎在自己的故乡，那么，他们对自己的乡亲还可能会有些照顾。然而他们都是些格格不入的外乡人，像楔子似的打进当地社会和管理机构，他们不可能和本地居民和睦相处，他们不仅把沉重的和令人难堪的负担横加在农民身上，而且还加在地主本人头上。当时，农民是不许到别的县份去寻找活计的，甚至带着本人所属的地主或本教区的神甫出具的许可证也不行,除非到驻军团部交验许可证,由特别专员登记入册,然后由特别专员发给农民放行证,证上必须有上校的签名盖章,证明该持证人已纳税。叶卡捷琳娜一世政府曾不得不承认,贫苦农民的逃亡,不仅仅是由于年成不好和人头税,而且"还由于军官们和地方官员不和,士兵和农民反目"。然而对于居民们来说,最为沉重的还是在军队协助下征收人头税。1718年关于人口登记的第一道谕旨中只是将这一任务交给当选的特别专员承担,而没有军队参与。不过,贵族在思量再三之后,才在1724年年初选出专员。由于彼得对军官们极端信赖,曾于1723年草拟了一道简短的谕旨,说他担心专员们因事情新奇"而手足无措",所以谕令第一年征收人头税应在校官或尉官的参与下进行,"得有一个良善的机构来收税"。但这种征税办法只持续了几年。对于这种良善的机构,纳税人在日后很久仍耿耿于怀。各团派出的领导征税的人员所造成的破坏,比起征税本身还要严重。这种税每年征收3次,每次历时两个月,因此一年有长达6个月的时间,村镇居民都是在武装收税人员造成的心惊肉跳的恐惧中度过的。而且在这段时间内,收税人员都靠当地居民供养,居民还要不断受到罚款和肉刑体罚。我还不敢说,他们的表现是否比拔都时代统治俄罗斯的鞑靼督察官更坏。彼得去世后,参政院和一些高官显贵都大声宣称,光是军官、兵士、特别专员和其他官长的来临和过境,就足以使贫苦农民胆战心惊,这些人除了榨尽农民的最后一点东西交税,并以此谋求晋升之外,别无其他想法。由于催税不断,农民不仅卖掉家私什物和牲口,而且连地里的青苗也廉价出卖,然后逃往"异乡"。高官显贵的这种抗议只不过是可耻地推卸责任而已,要不为什么彼得在世时不当着他的面说出来呢[3e]?各团刚驻扎在固定宿营地就发现,由于死亡和外逃人数的大量增加,统计的人口数大大下降,如喀山省,在彼得去世后不久，有一个步兵团发现指定向他们提供给养的纳税人数目减少了一半以上（1.3万多人）。建立起一支所向无敌的波尔塔瓦军队，后来又把它变为126支横行无忌的警察分队，派往10个省，分散地安插在惊惶不安的居民之中——所有这一切，你能看出都是改革家所为吗[3*]？

社会结构的简化 在谈彼得的财政改革之前，我想把征收人头税的财政意义先搁一搁，先来谈谈人头税对社会和国民经济的影响。彼得在草拟第一道有关人口登记的谕旨时，对他即将着手的事业之规模未必就有明确的概念，而这一事业在其进展过程中按其内在逻辑不断扩大规模。看来，彼得最初指的仅仅是地主的农奴、农民以及在农村的仆人。但是，既然要对这些阶级实行新的课税单位，登记税丁，那对别的阶级就不能再保留旧的按户课税办法了。因此，人口登记范围就逐渐扩大到宫廷农民和国家农民、独户农和纳赋税的城镇工商居民。特别重要的是这种登记还扩大到中间阶级。这里，彼得的立法在对人身的专横支配方面远远超过了前人。1722年曾谕令"原先在教堂任职，现已卸任的神甫、辅祭、低级神职人员以及圣堂工友"、居住在教堂中的子、孙、侄辈及其他亲属均应缴纳人头税，并毫无根据地将他们划归教堂所在地的地主。如果是"单独存在"而非建立在地主土地上的乡村教堂，则上述无教职人员可按其意愿划归该教区的某教民，但谕旨并未说明有何条件。对自由逃民的法律也不大妥当。根据1700年3月31日的谕旨，从自己老爷家逃跑的农奴，如果愿意服兵役，可以收录，而按同年2月1日的谕旨，被释而获得自由的农奴和能在老爷死后依法获得自由的卖身奴，经审查适于服兵役者，也准予当兵。1721年3月7日的谕旨规定，凡从1700年起尚未经过审查的人，应令监察员审查之，合格者可以当兵，不合格者可安排去干"其他工作或者去当佣人",否则将罚其服苦役,俾使其不沦为游民,无所事事,到处游荡;如适于当兵的人员中有人不想入伍,而愿为某人之奴仆,则收留者应送去另外一个适于服兵役的人代替他去当兵[33]。年老的卖身奴幻想能很快在老爷死后恢复自由,那时,他也就超过征兵年龄了。然而,老爷却收留了另外一个适于当兵的卖身奴,而原来那位充满幻想的人只好违背自己的意愿和卖身奴的权利,落入无限期服兵役的境地,处境一点也不比终身奴仆强。要么当兵,要么为奴,要么服苦役——这就是解除了农奴身份的整个自由民阶级所面临的选择。对奴仆也做了果断的安排。奴仆有两类,一类是住在老爷后院的奴仆,一类是安排在耕地上干活的人(他们都拥有一定的份地)。他们在人口登记之前很久就和农民一样缴纳同样多的赋税。现在,就连其他类别的奴仆(法律上的和经济上的)、世俗老爷的奴仆和宗教当局的仆役、种地的和不种地的奴仆、城市里的和乡村的奴仆,都被归到在法律上毫无区别的一大类中,并在1723年1月19日的决议中规定他们作为自己老爷的永久农奴应和农民一样缴纳人头税。以前那种具有特殊法律身份不必承担国家赋役的奴仆现在消失了,他们和农奴一起构成一个农奴阶级,地主老爷对这个阶级可以任意支使和进行经济剥削。

农奴制和人口登记[3и] 人口登记完成了彼得下令大力简化社会结构的工作:一切中间阶层,都在毫不考虑现行制度的情况下被硬性归入两个基本的农村阶层——国家农民和农奴。第一阶层里还包括独户农、国有农、鞑靼人、交实物税者和在西伯利亚从事耕作的军役人员、长矛兵、雇佣骑兵、龙骑兵等[3к]。农奴制涉及的范围大大地扩大了,但农奴制在法律方面是否有什么变化呢?这里发生了一系列变化,但却都是负面性质的:废除不纳税的奴仆阶层并不意味着解除他们的奴仆身份,而仅仅是让他们转而担负国家赋税而已,此外,对奴仆奴役的种种限制也消失了,超越了以前卖身奴和家奴为奴的条件;土地所有者登记的缴纳人头税者的花名册,成了一种不动产契照,代替了卖身服役的契据和当家奴的文据。但是,这一变革是在第一次全国丁籍调查之前的70年中不断酝酿起来的。我们已经看到法典中并没有讲清楚农奴受奴役的实质,以及那个时代农奴受奴役和奴仆受奴役在实质上有什么不同(见第四十九讲)〔3*〕。在《法典》之后,农奴制未来的命运,又被1649年法典中对该制度的安排所确定了。根据法典的条文,农奴在拥有份地的条件下依附于地主个人,而不是在缴纳地租田赋关系的范围内,且仅在此范围内从属于地主的条件下依附于土地。因此,进一步的立法所规定的就不是农奴制作为一种制度的范围和条件,而只是对农奴劳动的剥削方式和两个方面的剥削方法:国库方面的剥削和土地所有者经济方面的剥削。自法典公布后开始的农奴占有时代,法律上的当事者双方不是主人和农业雇工,而是奴役者和被奴役者,被奴役者有义务向地主老爷以及代表他们组成政府的头面人物交付任意加之于他们的苛捐杂税。为此,政府就不断扩大或容许不断扩大地主对农奴的警察统治,以便使地主成为政府的财政代理人、农奴劳动的税务监察员和村民随时会逃走的农村中的秩序和安宁的维护者,而地主则仍然不断呼吁自己的贵族政府采取更加严厉的措施帮自己追回逃亡的农奴。法律的不完善〔4*〕为其实施造成了许多可乘之机,也就是说,它使最强有力的当事者一方即土地所有者得以横行霸道。我们见到,在法典颁布并付诸实施的情况下,农奴的状况出现了双重过程:先前规定的属于不同法律类型的奴仆,现在在经济地位上正在被混为一体,而与此同时,区别奴仆与农奴的特点正在消失。人们置法典于不顾,把农民转入庄院,庄院所接受的农民子女按谕旨的规定在老爷死后应与卖身奴的子女一样获得自由；出身十足奴仆和卖身奴的院丁，又重新以农民贷款凭据为条件依附于自己本来的主人，并且和分派去耕作的家奴一样，要负担国家的赋税。农民中间不断出现在地里干活的奴仆和住在老爷后院的奴仆，老爷们给卖身奴和昔日的奴仆提供贷款，派遣他们去当农民，在转让庄园于他人之手时，老爷有权将这些农民连同其牲畜钱财任意处置。到17世纪末期，在交纳地租田赋关系的范围内，各类奴仆开始融合为一个共同的概念——农奴；人口登记只是确认了既成事实的局面，这种局面是由任何人都无法控制的实践所形成的。另一方面，地主攫取了对自己农奴的刑事裁判权，有权擅自惩罚他们，这也是违反法典规定的。从17世纪末的个别案例中我们看到，只是因为从庄园管家那里偷了两桶酒；或者因为以全村农民名义向老爷写了呈文，说他们太穷，土地又少，请求让他们"按其能力"缴纳地租，并要求撤换管家；或是因为有个农奴说过，他不是属于老爷的，就被宣判："施以严酷笞刑，直至奄奄一息。"农奴制社会还是维持下来了，然而已经没有多大实力，只不过像地主政权的辅助侦查手段：地主老爷命令"千方百计侦查农民"，并在此基础上做出判决。地主权力无人监督状况的日益发展，使人们产生了有必要从法律上加以限制的想法。可以这么说，彼得在位的晚期，这种思想不只是在波索什科夫一个人的脑海里达到清晰而坚定的成熟程度。由于波索什科夫出身农民，他将农奴受奴役看作是一种暂时的受害，因为"地主并不是农民永久的主人；因此，地主对他们并不十分爱护，而他们的直接主宰者，则是全俄罗斯的专制君主，所以地主的统治是暂时的"。这就是说，在多少有点思想的农民中间（波索什科夫就是他们在文字上的代言人），还阴燃着或者已经燃烧起了这样的思想：地主对农民的统治，并非像对待役畜那样，有永恒的权利，而是国家给他们的一种委托，这种委托可以像把一个因服务期满或因工作不需要而解职的官吏那样，在必要的时候从地主手中收回成命。波索什科夫对于地主可任意支配农民的劳动和财产非常气愤。他坚持必须制定法律，"必须给地主规定他们能从农民身上收取多少代役租以及别的东西，农民一个星期中究竟应为地主劳动多少天。"他甚至筹划召开某种性质的"显贵老爷和小贵族"的全俄代表大会，以便商讨一下有关农民向地主交纳的一切苛捐杂税问题，以及有关"零星杂活"，徭役劳动问题，好像是"根据大家的协商和协商后向皇上的奏报"而向农民征税。这是最早的一次梦想，在这梦境中俄国农民梦见了贵族的关于改善农民现状的各省委员会。事实上，这样的委员会在波索什科夫的论文发表130多年之后才产生。波索什科夫的计划甚至还包括更多的内容。他主张把农民所分得的份地与地主的土地完全分开，而且不再计入地主的土地之内：在"法定安排"的情况下确定地租田赋关系，这些关系与1861年2月19日关于临时负有义务的农民的条例规定相似[4a]。显而易见，人们已经开始考虑解除农奴的束缚问题。彼得在位末期，有消息传到国外，说人们不止一次地建议沙皇取消奴隶制，以恩赐适度的自由来唤醒自己的大部分臣民，使他们振作起来。然而，沙皇鉴于俄罗斯人的粗野天性，鉴于不施加强制手段不足以使他们就范，所以直到那时也还未同意这些建议[46]。这并不妨碍他觉察到当时制度中的种种荒谬现象，而且同时间接地支持这些现象。1649年颁布的法典允许将农奴像奴仆那样转让，不附带土地，甚至可以把一家人拆散，单个地转让。这种罕见的情况，后来竟发展成为一种风习，成为一种常规了。彼得对于像牲口似地零售农奴极为气愤："世界上什么事儿没有！弄得不时听到号啕痛哭之声！"1721年，他向参政院颁发一道谕旨，"应制止此种人口买卖，如果不可能完全制止，则在必要时，也应该整个家族或整个家庭一起卖，不应单个卖。"不过，这并非一项必须立即执行的法律，只是供参政院在制定新的条例时作依据的一个善意的建议，参政院的大人们"认为如此最好时，应予执行"[4B]。拥有无限权力的专制君主，在低微的小贵族面前竟然感到自己无能为力，因为他们还在一个一个地买卖农奴。然而，在此前不久，彼得再次重申自己的谕旨，即允许奴仆自愿入伍当兵，谕令将他们的妻子和12岁以下的子女交给他们，但年龄大一点的子女仍不能获得自由。彼得关注农奴状况，不是从法律的角度出发，而仅仅是从国库收入的角度出发，这说明他的确深切理解国库的重要。在以前，政府和地主对农奴村庄的统治可以说是交错的：政府把农奴和种地的奴仆当作缴纳赋税者，通过地主加以管理；地主作为政府的警察代理人，对不纳税的奴仆拥有完全支配的权力，但对这种或那种形式的奴役，都必须遵守一些限制性的条件。现在，这种交错的统治变成了共同的统治。先前对农奴奴役的不同形式，连同那些限制性条件，和他们之间的差别都一起消失了，只剩下按地主意志加以划分的经济类型。然而，政府在扩大地主的权力时，却也把手伸向不纳税的农奴的部分劳动，作为其让步的代价[4*]。这[5]究竟是怎么回事？是奴仆变成了农奴呢，还是相反？其实，都不是！而是发生了非世袭领地和世袭领地命运中同样的事情，即从旧的农奴制关系的新结构中，从地主的农民和奴仆以及自由逃民的融合中形成一种新的身份地位，这种身份地位随着时间的推移，就被确定为农奴这一称呼。他们和过去的十足奴仆一样属于地主，并可被继承、世袭，同时又和过去的农奴制农民一样，必须向国家缴纳赋税[5]。

人口登记的国民经济意义 经过[6]彼得的改革，俄罗斯的农奴制色彩虽然不能说变得更浓了，但也并不比以前淡些。古俄罗斯的法制以俄国法典中免除赋税的十足奴仆（类似古希腊罗马的奴隶）开始，后来对农奴地位制定了一些略微减轻奴役的附有条件的形式。在17世纪，新王朝政府的软弱或自私给地主提供了自由发展的可能，使统治阶级得以利用人民的穷困，通过经济上的相互勾结，消除了他们奴役各种奴仆的限制条件，甚至还使大部分自由的农民沦为农奴。彼得的立法并没有直接针对奴隶主那些于国家有害无利的意图，它甚至使整整几类自由民套上农奴的枷锁，使各种受奴役者变得和十足奴仆相差无几。这样，彼得的立法就把整个社会远远地拉向后退，拉回到罗斯时代人们历来就已熟悉的古希腊—罗马的标准："奴隶制是完整不可分的；奴隶的处境不许有任何差别；不能说奴隶在多大程度上是奴隶。"但是彼得却使奴隶主拥有规定税额的权限，命奴隶主负责向每个具有奴仆身份的男人课以国家赋税。彼得想的是自己的国库，而不是人民的自由；他寻觅的不是公民，而是纳税人。这样，人口登记虽说对法制和公正有极严重的损害，但它给彼得带来的却是几十万新的纳税人。按人口课税虽有明显的财政上不合理的情形，但这种办法却在18世纪对农业产生了有利的影响。旧的直接税，即已耕田亩税以及代替田亩税的户头税（其基础仍然与田亩税有关），因其税额沉重不堪，迫使农民和土地所有主减少纳税的耕地，用形形色色的花招来弥补他们在土地收益方面所受的损失，而置国库利益于不顾。由此造成的农田缩减在16和17世纪显而易见。当新王朝政府为了制止这种耕地不断减少的现象而将田亩税转变为户头税时，土地所有主和农民并不去扩大耕地的面积，而是开始设法使每户的人口尽可能多起来，或者把三户、五户甚至十户农户合并为一户，进出只留一个大门，其余地方用栅栏间隔。农业状况丝毫没有好转，国库收入反而减少了[6]。随着[7*]税收变为按人头计算，也就是直接按劳动、按劳动力计算，减少应纳税耕地的意图就必然会消失，农民无论是耕种2俄亩或4

俄亩,都是每人交纳 70 戈比。在俄国 18 世纪的农业史上我们可以找到这一政策获得成功的事实,这种成功如果不是单靠人头税而取得的,那它至少也起了很大的作用。在刚开始实行征收人头税的时候,波索什科夫就幻想起来,他觉得最理想的就是一户完整的农户所耕的地(三整块耕地)不少于 6 俄亩——这样多的份地是以当时一般每户 4 口人为根据的,每人平均也只不过是 1.5 俄亩[7a]。到 18 世纪末期,这样的耕地面积已经显得相当小了,因为这时候农民实际耕作的地块要大得多,每户达到 10 俄亩甚至更多。这就是说,古罗斯时代与土地紧密相关的直接税使得农民劳动脱离了土地;而从彼得时代起,脱离土地的人头税却愈来愈紧密地将农民的劳动与土地联系在一起了。由于实行了人头税(虽然不仅仅是由于它,但无论如何总包括它),在 18 世纪,俄国的土地被空前广泛地开垦起来。人头税的意义正在于此:虽然它并不是法律上的大变革,但却是国民经济中的重大转折。有关人头税的一系列谕旨并未预见到这种作用,然而彼得虽可能对法律理解迟钝,但他的经济嗅觉却很灵敏,这一次也不例外。无论如何生活还是拯救了他,因为生活善于合理地把立法者们采取的最为冒险的措施化险为夷[7*]。

第六十四讲

工业和商业——彼得在这方面活动的计划和办法：（一）延聘外国技师和工厂主；（二）派遣俄国人出国；（三）立法宣传；（四）工业公司、优惠、贷款和补贴——嗜好、挫折和成功——贸易和交通线

工业和商业　人口[1]登记为国库增加了许多新的纳税人，扩大了徭役劳动的数量。对工商业采取的措施，目的在于提高这类劳动的质量，加强人们的生产性劳作。工商业也是进行改革活动的一个部门，改革家对它的关注仅次于军队。这个部门最适合他发挥自己的才智和性格特点，其硕果不亚于军事改革。在这方面他显得心明眼亮，目光远大，令人惊叹，同时他还有随机应变的办事能力和不知疲倦的充沛精力。此外，事实证明他不仅是善于获取和积累财富的历代莫斯科沙皇、世袭领地主们的真正继承人，而且是一位国务活动家和巧于创造工具并教会人民使用工具的经济能手。彼得的前任们在这方面留给他的只是些设想和缩手缩脚的开端，而他为工商业的广泛发展制订了计划，找到了办法。

计划和办法　17世纪开始出现在莫斯科智囊们头脑中的最有益的思想之一，就是认识到莫斯科国财政体系存在着重大缺陷。这一体系，由于提高税收以满足国库需要的增长而加重了人民的劳动强度，这对于提高劳动生产效率却毫无帮助。把提高本国生产力作为充实国库的必不可少的先决条件的想法，成了彼得经济政策的基

础[1]。彼得[2*]给自己提出任务，要用最佳的技术方法和生产工具来武装子民的劳动，要在已有的国民经济流通领域里增加新的手工业种类，从而把人民的劳动引向开发国内尚未触动过的自然资源方面。彼得一着手这项工作就触及国民经济的所有部门。看来，任何一种生产部门，甚至是最微不足道的[2a]，他都无不认真予以关注：农业耕作中的各个环节、畜牧业、养马业、养羊业、养蚕业、园艺、啤酒花种植业、葡萄酒酿造业、渔业等，他无不亲自过问。但是，他付出最多精力的乃是发展加工工业、工场手工业，尤其是对于军队特别重要的采矿业。一切有益处的事情，不管如何微小，他都不放过，都要停下来详加体察。他在法国一个小农村里看见一个神甫正在自己的小园子里干活，就即刻上前详细询问，最后得出一个有实际意义的结论：我必须迫使本国农村里那些懒惰的教士们都去开园子种地，使他们获得最可靠的面包，过上更好的生活。彼得游历了西欧之后，对于那里的工业成就一直心醉神往。西欧在这方面的文明，看来引起他超乎一切的兴趣：西欧主要工业中心阿姆斯特丹、伦敦、巴黎的轻重工业工厂他都研究得特别细心，还写下了自己的观感。他认识西欧的时候，当地的国家经济和国民经济中重商主义体系正占据着统治地位。众所周知，这种重商主义的主导思想就是每个国家为了不致贫困，都要自己生产各自所需的东西，而无须依靠别国劳动的帮助，但为了致富，就必须尽可能增加出口，减少入口。根据自己的观察，或经过自己的思考，他形成了同样的观点之后，就力求在本国兴办各式各样的生产事业，不管要花费多大代价。他的崇拜者波索什科夫看来是准确无误地表达了他的思想，他说即使在最初的几年里，本国的新兴生产事业需要花费比国外同类项目更多的资金，但到后来，只要生产巩固了，就会得到补偿[26]。在这方面，支配彼得的有两个观点：第一，俄国并非不如其他国家，而是条件比他们优越：拥有丰富的、各种各样的自然资源，这些资源尚未开发或尚未探明；第二，要开发这些资源，就必须由国家采取强制的措施。彼得在许多谕旨中都一再阐明这两个观点。他写道："我们俄罗斯祖国比之许多异邦，拥有的所需要的金属和矿物资源要丰富得多，许多天赐矿藏至今尚未认真勘探。"着手从事有高收益的生产项目：养蚕业、葡萄种植业、探寻尚未触及的收益多的矿藏并加以采掘，"免得上帝所赐的地下财富白白弃置不用"[2B]——这就是彼得关注的国民经济中的首要目标[2*]。然而[3*]与此同时，他也是个极端节俭的当家人，他以敏锐的目光注视着一切与经济有关的琐事，比如，他在鼓励开采尚未开发的自然资源时，就十分珍视它们，不准滥采滥掘，严禁漫无目标地采光用尽，特别对于建筑用的森林资源，更是爱护有加，因为他深知俄国人对这类木材的态度是任意采伐，毫无节制，所以他设法求得泥煤、烟煤等可开采的燃料，他还想着如何把边角废料合理地利用起来。他下旨利用造船剩下的木块和木疠制作轮轴或烧制草碱。这种连细节都不放过的节俭美德令人想起莫斯科大公伊凡三世，当年他派人送绵羊给驻莫斯科外国使节食用时，命令要收回羊皮！为了保留造船所需的木材，彼得甚至违背俄国人在法律上和对上帝虔敬的感情上无可争议的意愿，不准他们在死后长眠于整柞木或整松木做的棺材之中。1723年，他在给海军院所属的林业大臣总林务官的指示中说，用整材做棺木者，只许用云杉、桦木和赤杨木，而松木的只准用其板材拼成，且板材不得超过规定的尺寸，至于柞木，则绝对禁用[3a]。彼得关注所有的人，唤醒其潜在的力量，很少指靠个人自愿的主动精神。他深知俄国人在新事物面前总是畏缩不前，所以他认为没有政府的强制是不可能指望工业上有所发展的："一项事业，尽管它是迫切需要的好事，只要是新的，我们的人不被强制是绝不会去办的。"[36]他下旨工场手工业院,令其与企业主打交道时"不仅要提出建议,而且要施加一定的压力,以训导、机器和各种方法相辅助",支持工业企业主,使各级官吏和庶民等"体察皇恩,十分情愿地入股投资工业,并感到安全可靠"。他把自己的臣民比作孩子:没有老师强迫,自己是不会坐下来学习字母课本的,起初他们会抱怨,但等到学成了就会感激地说:"这不全都是逼出来的吗!"1723年,当他回顾自己30多年的活动时,颇有感触地说道,"对于许多事已经可以听到感恩之辞了,也可以看到逼出来的一些成果了[3B][3*]"。彼得[4*]根据自己对西欧工业体制的观察和本人的设想和经验,制定了一系列措施,全力发展俄国工业。现简述如下:

(一)延聘外国技师和工厂主　1698年,大量的各种各样的技艺精湛的能手、技师和手艺匠随彼得蜂拥来到俄国,他们都是彼得从国外延聘来工作的。光在阿姆斯特丹一地,他延聘的各有所长的技师和手艺匠就多达1 000名。俄国派驻外国宫廷的使节的主要任务之一,就是物色外国技师来为俄国服务。1702年,彼得命令在德国到处张贴告示,愿以优厚的条件邀请外籍资本家、工厂主和手艺匠到俄国来。从这时开始,外籍的工厂主和手艺匠们就像潮水一样一浪高过一浪地涌进俄国。许多外国人都受到这些优厚条件的引诱,凡是答应给他们的,俄国政府当局都信守不渝。彼得尤其看重法籍技师和手艺匠,因为他们自从柯尔伯[1]时期起在欧洲就享有盛誉。彼得在巴黎参观工厂时,就对郭伯廉[2]风景壁毯厂特别着迷,他

1　柯尔伯(1619—1683),1665年起任法国财政总稽核大臣。他的经济政策即为当时法国的重商主义。——译者

2　郭伯廉,17世纪法国染色专家,以他的名字命名的皇家工厂手工生产风景壁毯,供室内装饰用。——译者

很想在彼得堡也设立这样一家工厂。1716年,他聘请了四位行家,为首的就是当时颇负盛誉的法国建筑师勒布隆,彼得本人称他为"旷世奇才"。沙皇为他在彼得堡提供一所公馆,居住期为3年,年俸5 000卢布(约合现在的4万卢布),并有权在5年之后随带全部财物免税离开俄国。壁毯厂是建立起来了,然而由于缺乏编织用的合格毛线原料,技师们只好空坐着。彼得对本国的任何一位技师都没有像对待外籍匠技师那样关怀照顾:根据他给工场手工业院的训令,如外籍技师在合同期满之前即想回国,就必须严加查究,看是否有谁对他不恭,他是否受了委屈,即使他本人没有直接表示不满,但只要流露出不满的神色,肇事者就应受到严惩。外籍技师和厂主们享受如此的优待,却附有一项必不可少的条件:"必须勤奋地教会俄国人,不得有任何保留。"[4ª]

(二)派遣俄国人出国学习手艺 彼得在位期间,有几十名俄国学徒在欧洲各主要工业城市里学习,彼得为此必须付给外国匠师昂贵的学费。在军事上,俄国水兵被派往荷兰求学,然后从荷兰航行到土耳其,到东、西印度以及其他国家,按库拉金公爵的说法,"撒遍全世界"[4⁶]。工业上也是如此,俄国人按照政府的安排,在国外各地尽可能学习多种多样的技术、手艺,从"哲学和医学科学",一直到制造炉子的手艺、裱糊房子和收拾床铺的技术[4*]。特别[5*]引起彼得关心的是学习手工业技艺[5ª]。按合同受聘前来的外籍技师,虽有责任向俄国学徒传授技艺,但往往不太情愿,不太热心。他们一到聘约期满就启程回国,不管"学徒们尚未学成"。这就引起人们怀疑,他们在本国面对着自己的同行是否也这样不负责任!彼得下旨工场手工业院派遣有志于学习手工业的年轻人出国,答应负担他们在国外学习的费用,并视所取得的成绩,为他们的家庭提供特权。

（三）立法宣传 国家的领袖人物和教堂神职人员在古代俄罗斯人身上培养过两种良心准则：一种是对公众的——也就是为了做给本国同胞看的；另一种是私人的——即为自己和家庭生活所需的。前者要求注意保持自己称号的荣誉和尊严，而后者允许做任何事情，只要求定期向神甫忏悔，净化灵魂，哪怕一年一度也行。这种良心准则的双重性，大大有碍于俄国工业的进展。当时城镇经营工商业的商人，就负担着"商业和手工业"的沉重赋税；他们必须以直接税的形式为自己在城市里的店铺和作坊纳税，还要缴纳5%的营业税，此外还必须无偿承担官差。《法典》规定，凡在城市里经营某种工业者，均应登记加入该市的纳税人协会，或者参与该市的徭役。然而，各特权阶级担任公职的人员和神职人员，特别是富有的寺院，都可以从事免税的贸易，挤迫商人市场，而在自然经济占统治地位和农村居民极为贫困的情况下，市场本来就很狭小。这些阶级的人不认真履行自己的公民职责，既不因自己的不正当行为而羞愧，也不怕有失身份，却还自高自大地以蔑视的目光看待商人，就像看待"下贱的众生"一样，认为这帮人生来能欺善骗，卖东西短斤缺两，还有其他恶劣行为，他们认为许多买卖人就是借此摆脱困境的。在外国观察家的札记中，莫斯科商人的欺诈行径已经成了共同的主题了：你不骗人，东西就卖不出去。但是，我们看到在17世纪的全俄缙绅会议上，比方说，在1642年的全俄缙绅会议上，正如在与政府联席召开的各阶层会议上一样，工商业者通过自己选出的代表，表现出只有他们才是当时俄国社会中唯一富有政治意识和公民感情，能够理解公众利益的阶级。在农民兼工业家波索什科夫的作品中，许多上层阶级没有想到的事情，他都想到了，作品中表达了应有的职业义愤。他写道，贵族、大贵族及其家奴、军官、教堂的服务人员、官吏、士兵和农民都在做生意，而且不必缴纳税款,这实在是在抢夺缴税商人的面包。俄国商人不得不和受了贿的莫斯科当局所庇护的经验丰富、团结一致的外商进行艰苦的竞争。波索什科夫在谈到这些莫斯科外商时愤慨地说,该是他们收起先前那种不可一世的傲慢态度的时候了。当我们的君王自己不去过问经商事务,而由大贵族主管的时候,这些外商在我们面前得意地摆架子刁难我们。外国佬一来,"就给有权有势的人物塞上一百二百卢布,他们用这些卢布可以捞回50万卢布的利润,因为大贵族根本不把本国商人当一回事,有时为了贪得一点小利能把所有的商人都坑了"[56]。彼得如果读到波索什科夫专门为他而写的这篇文章,那他对上面所引的这几行一定是非常满意。他在位的整个期间,总在国内不断宣传人格尊严、"廉洁正直",强调从事手工业和工业对国家的好处。他在下达的谕旨中一再宣布,任何人从事这种事业丝毫无损于其名誉,说从事商业和手工业是对国家有益的,是光荣的,就像担任国家公职和求学一样。可能,在读完关于一子继承制的谕旨后,不止一个贵族要皱眉头,因为该继承制规定无权分享父亲不动产的贵族少年不得游手好闲,他们被迫要"以供职、求学、经商以及干其他事情来获取自己的面包",做这些事无论在口头上或书面上都不会使他们或他们的家族有失体面[58]。彼得在其有关立法的构思和主要的改革意图之办公日志上,曾简要地记下了派人前往英国学习制靴、钳工和其他手艺的备忘录。1703年,当彼得堡正在建设的时候,他吩咐在莫斯科为游手好闲的人建造工厂,开办各种各样的手工业。到了1724年,当他已经享有欧洲列强之一的盛誉之际,又下旨在莫斯科和其他城市专门为非婚生者建造场馆教他们学习各种技艺。可见,把纯属无辜的罪恶之果看作俄国资产者的基础之一的思想,最早并非出现在叶卡捷琳娜的国务活动家伊·伊·别茨科伊的头脑之中(这位别茨科伊曾设计过一个方案，要从儿童收容所的受养者中培养出俄国中等官阶的人员来）。
从当时人们形成的概念和爱好来看，必须具有相当可观的思想力量和公民勇气，才能在立法的公文中向专制制度下的士兵和工匠们宣传资产阶级思想[5Г]，因为当时人们认为这种思想并不值得严肃的立法者去注意。彼得总认为，经过深思熟虑而开办的管理得井井有条的工业企业，那是国家的功绩，因为它增加了有用的人民劳动量，让饥饿的人们有饭吃。在这里，彼得充实国库的本能已经逐渐深入到理解公众生活的根本基点上了。后来，在叶卡捷琳娜二世的极为理智的统治时期，彼得受到达什科娃公爵夫人等温文尔雅的正派人不少非难，说他贵为人君，却连空闲时间都浪费在手工业和工商业的无谓琐事之上。要知道，彼得是不得已才从国外延聘技师来教会他那些森林中的臣民制造扫帚、篮、筐和匣子的。俄罗斯的神职人员在长达7百年之久的活动中，总是说关心拯救俄罗斯人的灵魂，但却没有开办过一所收费低廉、乡野之人也上得起的学校，也没有像样的圣像画师："头部该画在哪儿，眼睛和嘴怎么描，不知道，只是点点涂涂，圣像就算画成了"，波索什科夫就是这样形容农村当时的圣像画师的。如果那些正派人还能记得这种种情形，那他们对彼得就可能会宽容些了[5Д]。

（四）工业公司、税务优惠、贷款和补贴　顺便谈一下，彼得操心工商业的目的之一是要教育各上层阶级不再藐视工业及其从业人员。他的操心不无成效。在他治理下，很多高官显爵、官场巨擘都成了工业企业家、轻重工业工厂的厂主，他们和普通商人开始了合作。最能鼓励人们去对工业一试身手的办法就是提供税收优惠、国家贷款和补贴。此时彼得想为工业建立一种机构，使政府的这些关怀有效地发挥作用。彼得看中了西欧工业的管理方法和惯例，所以力图使本国资本家也学会按欧洲的方式办企业，把资本凑在一起，联合起来组成公司。彼得即位前，罗斯的工业力量已经出现若干种形式和方法的联合，比如，在巨贾富商中，商行就是这种联合的普通形式。这是血亲之间，即父亲或长兄与子、弟、侄、甥之间的联合，这里既没有征集资本的问题，也没有合伙人之间协商着开展业务的情况，因为一切事务都是家长通过不可分割的家庭资本进行管理的，而家长也必须在政府面前对自己的帮手、参与工作的家人（后来被称为从商的儿子、兄弟、侄、甥）负责，同样也必须对普通的店伙计负责。16 世纪末叶，盐商斯特罗甘诺夫兄弟的商行是遐迩闻名的，他们的现金资本达 30 万卢布（不少于现在的 1 500 万卢布）。17 世纪末，阿尔汉格尔斯克市造船专家巴热宁兄弟的商行也很著名，他们在北德维纳河上有自己的造船厂[5e]。此外，我们还看到 17 世纪出现了商人合股经营的多种形式。其实这只是一些销售的而不是生产的团体：商人到各市场向生产商揽来寄售的商品，然后连同自己的货物一起出售，所得款项根据合同分给生产商。商人合股经营的另一种形式，就是我们在第五十七讲中见到的，奥尔金-纳肖金力图推行的形式。按照他的规划，财力小的生意人与资本雄厚的商人合股经营，以便俄国出口的商品能够维持高价格。商行的联合基础是亲属关系，但委托合股经营的基础则是信任。这里我不谈代表资本和劳动双方的组合形式。彼得容许这些自然形成的联合体各显其能，自行其是，不过他自己对它们也极为关注。他认为在国际工商业的竞争中这些方式还是不够的。就在 1699 年，当商人摆脱了军政长官的管辖而获得自治权时，10 月 27 日的谕旨又令商人像国外那样以公司的形式经商，并且"全体商人之间经过共同商议后可以决定如何适当地扩大贸易"[5ж][5*]。荷兰人[6]从这道谕旨中预感到自己在莫斯科市场的统治地位受到了威胁，觉得极其恐慌；但是莫斯科驻办公使安慰他们说俄国人根本不会着手干什么新事的，最终必然不了了之。不过，彼得却有办法使这种新事物站稳脚跟，这就是优惠和强制[6]。彼得普遍用以鼓励轻重工业工厂发展的优惠条件[7]，用到各家公司身上显得尤其慷慨。各工厂的创始人被免除了对国家和城市的服务和其他赋役，有时，他们还可以和不能分开的儿子和兄弟、伙计、匠师及其学徒在一定的年限内免税销售货物和购进原料，获得无偿的补助和无息贷款。工场手工业院奉命必须特别关注股份制工厂，一旦它们难以维持，就应"尽快"查清原因，如果它们缺乏周转资金，应立即以"资金周济之"。为了保护本国工业企业在竞争中的地位，对外国货课以重税，这类重税随着本国产品的增加而递增。如果俄国工厂制造的同类商品能与进口货媲美，那对进口货所课的税甚至高达其价值[7]。在[8*]1719年成立工场手工业院前，公司有权就民事和厂务案件对本厂的职工进行审讯，后来，这种权利转给了工场手工业院，该院不仅审理厂务案件，还能审判厂主本人。为了工业的利益，彼得甚至推翻了自己发布的一些谕旨：他在整个在位期间一直残酷地对付逃亡农民，最严厉地要求将他们送归原属地主，并对窝藏者科以罚金；但在1722年（7月18日）的谕旨中，却又直接禁止工厂交出工人，即使他原来是逃亡农奴也不交。还有，根据他1721年1月18日的谕旨，商人出身的工厂主享有为其工厂购买"村庄"的贵族特权，所谓"村庄"，系指有农奴居住的土地，只是附有一个条件："只有当这些村庄早已与该厂处于密不可分的情况下方可。"[8a]这样，商人兼工厂主就有可能拥有义务的劳动力。所有这一切使人们看到，彼得使手工工场主和工厂主这一阶级享有何等异乎寻常的特权。彼得把他们的工作和为国家服役等量齐观，在某些方面甚至看得更高。他给工厂主以私藏逃亡农民的权利，这一点，就是担任公职的地主也是享受不到的；他赐给大老粗资本家以贵族特权，有权拥有带农奴的土地。在彼得时代，工厂成了古罗斯寺院的继承者，因为它们和寺院一样，具有道德感化机构的作用。彼得的一系列谕旨都曾指示将"有过失的婆娘和丫头"送去工厂感化。这样一来，现在在等级表上与高官显要并驾齐驱的不再是旧时的大贵族，而是拥有织布机和炼铁炉的新贵了[8*]。

嗜好、挫折和成功 彼得[9*]的国民经济政策的目标是激励俄国工业的进取精神，将其引导到开采本国尚未利用的自然资源上，使本国市场摆脱进口货的挤压。这方面他究竟在多大程度上取得了成功？他相信这一切都是可能做到的，而当时富有爱国精神的人都对此表示赞同。比如，波索什科夫就深信我们完全可以不用外国货，而外国佬没有我们的货物，连10年也熬不过，因此，"我们理应凌驾于他们之上，而他们应该对我们奴颜婢膝"。看来，彼得同样以唤起企业家的热情为目标，不仅把商人，而且把贵族和高官都吸引到工业公司中来。可以揉搓任何一位有名望商人的胡子而不会受罚的最显赫的缅希科夫公爵，和若干商贾一起创办了一家公司，在白海捕捉鳕鱼、海象和其他海洋动物。由于各自的社会身份不同而早已分道扬镳的人们，现在又重新聚集起来，在从事工业活动的舞台上共同前进[9a]。不过，曾发生过的一个重大的情况不允许过分夸大公司的股东们在工业方面的才能（当时人们把这些显赫的股东称为"利己者"）。1717年，彼得在法国深为该国的蚕丝制品着迷。两位机灵的宫廷显贵——副一等大臣沙菲罗夫男爵和最高枢密大臣托尔斯泰伯爵奉旨筹组公司，建立蚕丝手工业。缅希科夫本人也加入了公司。彼得为该公司提供广泛的特权和慷慨的津贴，于是公司的组建者们也就大手大脚，挥霍无度。他们很快就发生了争吵，结果缅希科夫被公司免职，遗缺由海军元帅阿普拉克辛伯爵接替。同时，公司又得到了一些新的优惠条件和免税进口丝织品的特权，但这个特权却很快就被公司的组建者以 2 万卢布的代价出卖给了私商。接着，公司由于亏损了大量公款，又恣意挥霍，最终完全垮台了。遭此厄运的并非仅此一家受到偏爱的工厂！尽管彼得本人给所喜爱的公司恩赐许多优惠条件，但实际上却逐渐使它们背离了西欧的经营模式，不是由它们自由发展，而是按莫斯科方式加以改造。这种俄国式的精明强干辜负了改革家的期望，于是只好以一连串的谕旨来迫使资本家建厂、成立公司、指定股东及其助理。彼得经常动用国库的款项来兴建必要的新厂，然后以优惠的条件出让，甚至强迫私人企业家接受。比如在 1712 年，他曾下旨开设官办的呢绒厂，然后出让给一些商人，组成一个公司，"虽然并非他们所愿，纯系不得已而为之，但有了工厂之后，财源滚滚而来，逐年轻松获利，这就使他们对经营该业有了兴趣"[96]。这样，兴办工厂或组建公司就成了一种遵命为皇上效劳的项目，使工厂和公司具有国家机关的性质。彼得先是利用一些古老的规章，把条文或取或舍，再应用到国库所需的新地方。先前，国库利用酒馆海关等自己的收入项目来增收，或者通过自由包销的办法在市场交易中加价增收，或者通过精选的代理人的诚实服务来保证收入；而现在，出现了新的生产事业、新的收入来源，根据公司法，这就能保证"增加国库的税收"，但也要求征收的办法加以变通。彼得在工厂和公司中，把企业的强制性与生产的垄断性结合起来。对工业进行的这种国家温室式的培育，不可避免地要导致政府的干预，而一些琐碎不堪的规章，以及不熟悉业务又吹毛求疵的管理方法，把有意愿的人都吓跑了。还有一个因素不利于工业取得成就，那就是资本家的胆怯和畏缩。当下面的人普遍无权而上面的人恣意妄为时，胆小的人是不愿拿自己的积蓄去投资的。农民和一般小手工业者把积蓄私藏在地下，不让地主和收税人员知道，而贵族们则按照当时他们之间流行的办法,把自己的农民搜刮得一无所有,就像把绵羊的羊毛剪得精光一样。他们为了免得被人看见这么多搜刮来的财物太扎眼,都把金银财宝锁进百宝箱里,聪明一些的人则存入伦敦、威尼斯和阿姆斯特丹的银行中。彼得的同时代人不但都能加以证实,而且补充道,缅希科夫公爵本人在伦敦的存款就达数以百万计[9B]。巨额的资本,就这样离开了国民经济的流通领域。但是,谁若放弃使资本流通而获利的权利在当时被看作寄生虫,因为这使国库不能获得本金10%的法定利润,不能征收贸易额5%的税款,所以这笔钱就像走私货一样要受到追究,要被警察没收。北方战争的最初几年,曾经发布过一道谕旨:私藏金钱于地下,若被人告发而起出,则告发者可得该钱数的三分之一,其余归皇上所有。根据有关机构的要求,所有经营工商业的居民都必须申报自己的家私和周转资金的数额,以便据此厘定摊派税款的等级。于是,告发成了当时国家进行控制的主要办法,国家对此十分看重[9*]。在奥卡河畔的杰季诺沃村,住着舒斯托夫兄弟二人。他们为人温顺,没干过任何坏事,自得其乐地过着日子。他们申报总共拥有价值两三千卢布的家私,但是1704年,有个狡猾的商人去告密,说他们是巨富,从祖上继承了大笔财产,他们终日饮酒作乐,挥霍钱财,而不是让财产生息。莫斯科派人前往查抄,果然在舒斯托夫家院子里不住人的房间里,在地板和拱门之间发现了4普特又13磅5卢布或10卢布的金币和中国金锭,还有106普特古莫斯科银币。如果把这一大堆金锭、银币折算成当时的钱,再折成现在的币值,那么,我们可以发现,舒斯托夫兄弟家查抄出来的这一笔祖传的财宝,共值70多万卢布。这笔钱就全部被没收了,因为不曾申报。当时[10],人们担心资本在投资中会受到损失,都把钱收藏起来,而不响应改革者的号召进行投资。有些地方,贵重物资本来已经准备停当,就要进行生产了，却因为改革家不会处置或者来不及处置而不知去向了[10]。彼得有一次下旨在出征前制造一批马具和军队的其他用具。这些制成品就堆放在诺夫哥罗德的两座大宅院里，由于没有进一步的谕旨，后来都腐烂了，只好用铁锹铲出去。另一次下旨通过上沃洛乔克水系向彼得堡运送一批橡木，以应波罗的海舰队之需：1717年，这批珍贵的橡木（其中有的原木价值上百卢布），就整年整年地弃置在拉多加湖的湖岸上和一些小岛上，一半已经埋进沙里，原因就是在有关谕旨中没有指示必须对记忆力衰退的改革家提醒这件事，而当时他正在德国、丹麦和法国漫游，忙于梅克伦堡的事情。这[11*]就是问题的内幕。许多大型建筑工地上总是留下一大堆废物，在彼得那些匆忙的工作中总会浪费大量的钱财。彼得的国民经济企业给那些敏感而又肤浅的观察家们留下了深刻的印象：整个俄罗斯在他们看来简直就是一座大工厂；到处都在开采此前未知的地下宝藏；到处都能听到锤子和斧头的敲击声；学者和各种各样有专长的匠师携带书籍、工具、机器从四面八方涌进俄国，而在所有这些工作中，都可以见到作为匠师和导师的君主本人[11a]。那些外国人原先将信将疑地注视着彼得在工业上所花的努力，后来连他们也都承认，虽然有许多企业倒闭，但有一部分企业的产品不仅能满足本国的需求，而且可以供应国外市场，例如：铁、帆布。彼得去世时留下233家门类很广泛的大、小工厂。他最关心的是那些与军事有关的生产——麻布、帆布、呢绒的生产。1712年，他下旨兴办呢绒厂，以便5年后"不必再购买外国军装"，但直到他临终时，这一目标也未曾达到。他在世时，发展得最为顺利的是采矿业，共建起四个大规模的工厂群和工业地区，即图拉地区、奥洛涅茨地区、乌拉尔地区和彼得堡地区。前两个地区早在沙皇阿列克谢时代就已经出现了采矿业，但后来衰败了[11*]。彼得又使它振兴起来：由铁匠巴塔绍夫和尼基塔·杰米多夫建设了若干官办的或民营的铁工厂，后来，图拉又出现了官办的兵工厂，向全军供应武器，并附有巨大的武器库和兵工技师和铁匠居住的住宅区。1703年，在奥洛涅茨边区的奥涅加湖畔建起了一家铸铁和铁制品厂，奠定了彼得罗扎沃茨克市的基础。随后，在波韦涅茨和边区的其他地方也出现了官办和民营的铁厂、铜厂。尤其是在现在的彼尔姆省，矿山业有很大的发展。在这方面，乌拉尔真可以说是彼得开发的。早在[12]彼得第一次出国前，他就下旨勘探乌拉尔的所有矿藏。他回国时带回大批应聘的矿山工程师和匠技师，由于勘探很顺利，而且试验证明铁矿石大约含有自身重量一半的优质纯铁，彼得大受鼓舞，于1699年在涅维亚河畔的韦尔霍图里耶县兴建了一些炼铁厂，国库为之支出1 541卢布，另外，为雇用工人而从农民身上征收10 347卢布。还在1686年，人们想让彼得开心，曾把匠师杰米多夫制造的数百支图拉枪送到普列奥布拉任斯科耶村。在1702年，彼得把涅维亚河畔的炼铁厂都出让给了杰米多夫，但他得保证供应所需的炮弹。1713年，杰米多夫工厂的产品仅手榴弹一项就有50多万枚存放于莫斯科的军需库中。杰米多夫以合理的包工价格管理工厂，到了安娜女皇时，他的儿子从父亲工厂里得到10万卢布（约值现今的90万卢布）以上的收入[12]。继涅维亚炼铁厂之后，乌拉尔又出现了许多其他的官办和民营工厂，形成了广阔的采矿厂区。它们的管理机构集中在叶卡捷琳堡，这是乌拉尔采矿厂总管亨宁将军在伊谢季河畔建造起来的城市，亨宁是一位著名的采矿专家和炮兵专家，也是彼得最卓越的合作者之一。该城的命名是为了纪念叶卡捷琳娜一世女皇的。总共征集了将近2.5万名农民以满足该地区工厂的劳动力和保卫工作的需要，使工厂免遭敌对的巴什基尔人和吉尔吉斯人等异族的袭击。到彼得在位末期，叶卡捷琳堡地区已有9家官办的、12

家民营的炼铁厂和冶铜厂，其中5家为杰米多夫所有。1718年，全俄官办和民营的工厂加起来，共冶炼出650多万普特铸铁和将近20万普特铜。矿业方面的这些成就，使彼得有可能用本国原料和本国制造的枪炮火器来武装海军和陆军[13]。彼得去世时，留下1.6万多门大炮，这个数目还不包括舰上大炮。

贸易，运河 彼得[14*]在大力推动加工工业的同时，对产品的销路，对国内贸易，特别是对海外贸易，也未尝稍有忽视，而在这方面，俄国本来在西方航海家面前总是感到自卑的。对瑞典作战的最主要动机就是希望得到一个港口，哪怕仅仅是位于波罗的海的一个贸易港口也好。但是，这里存在着一个运输通道的问题，使彼得的所有意愿不容易实现。在出征普鲁特之前，因为经常要在漫长的距离上运输军队和辎重弹药，彼得迫使沿途居民作出难以置信的牺牲，营建了一个从亚速到莫斯科以及四通八达的土路网。随着彼得堡建都工作的开展，两个首都之间蜿蜒曲折的旱路贯通了，长达750俄里。沿着这条道路，连外国使节也会因泥泞和桥梁损毁而要历时5周左右才能从莫斯科抵达彼得堡，其中有8天要在驿站上等待马匹。彼得想把道路修直一些，把它缩短100多俄里，而且已经从彼得堡起铺设好了120俄里新路，但后来却放弃了，因为对付不了诺夫哥罗德的密林和沼泽。旱路交通困难重重，使人们转而打河流的主意。彼得以惊人的专注研究世界上独一无二的、永远奔流不息又无须维修的水路网。这是大自然在众多俄罗斯河流的流域里赐予俄国商业的。彼得的头脑里早就酝酿着要在大自然如此神奇地设计出来的河流上筑坝，提高水位，实现通航的宏伟计划[14a]。但在将计划付诸实施时，却受到彼得对外政策动摇不定的严重影响。行动刚开始，即在占有亚速之后，为了巩固自己在亚速的地位，彼得曾想通过亚速海诸港进行商业活动，甚至打了黑海舰队的主意，他决心用两条运河把主要的水道和黑海双重联系起来：一条修在伏尔加河和顿河的支流，卡梅申卡河和伊洛夫利亚河之间；另一条则利用不大的伊凡奥泽罗湖的水系，该湖位于叶皮凡县，湖的一端是顿河，另一端是短短的沙季河，沙季河是注入奥卡河的乌帕河的支流；必须将这些河流和湖泊进行疏浚深挖，并在上面筑坝提高水位，以便通航。在这两处有几万工人劳动了好多年，耗费了大量的物资。在伊凡运河上已筑好12道石砌的闸门。然而，北方战争又把彼得的注意力引向了另一方面，1711年亚速的失陷，迫使他抛弃所有的极端宝贵的亚速和顿河的建筑工程。随着彼得堡的建设，很自然地产生了把新首都用水道和内陆各地联结起来的想法。在莫斯科河上船，开到涅瓦河上岸而不必中转，这成了彼得的理想。他带着一个名叫谢尔久科夫的，熟悉情况的农民，走遍了诺夫哥罗德和特维尔地区那些毗连的荒僻地方，考察河流湖泊，着手安排上沃洛乔克船舶通航系统，开凿了一条运河，将伏尔加河支流特韦尔察河与茨纳河连接起来，这条茨纳河扩大而形成姆斯季诺湖，从湖中流出一条姆斯塔河，注入伊尔门湖。这项工程经过两万工人4年的努力，于1706年竣工。但过了大约10年光景，由于监督不力，石砌的闸门已被泥沙淤塞，历经千辛万苦才又疏通。这条连结伏尔加河和涅瓦河的水道上的船舶运输，因拉多加湖经常风急浪高而增加了不少困难，给航运造成巨大损失。原来在上沃洛乔克浅水河上航行的平底船只，经受不住湖上风浪的袭击而大量沉没。彼得为了避免这些航运上的不便，于1718年考虑开凿一条绕行的拉多加运河，通过它就可以在拉多加河附近从沃尔霍夫河口开船，绕过拉多加湖，到达施吕瑟尔堡附近的涅瓦河。彼得亲自带领一些工程师对拉多加河和施吕瑟尔堡之间的实地情况进行勘察，然后把这项工程委派给了对此一窍不通却又什么都要插上一手的缅希科夫公爵督导。

缅希科夫及其助手把事情搞到这种地步：花了200多万卢布（合现今的1 600多万卢布），徒劳无功地掘地挖土，数千工人由于恶劣的伙食和疾病而死亡，结果却一事无成。彼得把工程转托给刚开始为俄国效力的有经验的米尼希工程师，到彼得去世时，他已经凿完100俄里。彼得的计划中还包括开凿另一条联结伏尔加河和涅瓦河的运河：他想在奥涅加湖的支流维捷格拉河和注入白湖的科夫扎河之间开一条分水渠，这就是许多年以后，到19世纪时建设马林水系的所在。他还探索过连结白海和波罗的海的办法。但这些工作都没有着手进行，所以，彼得生前考虑过的6条运河，只有一条竣工，成绩非常有限。河流和运河成了一条条交通线，通过它们将货物供给新首都和彼得所夺取的波罗的海诸港口，后者乃是俄国对外贸易的前沿据点。北方战争使彼得获得了7个波罗的海港口城市，即里加、佩尔诺夫、雷瓦尔、纳尔瓦、维堡、喀琅施塔得和圣彼得堡；最后的这两座城市是他建成的。这些地方早在1714年（如果不是更早的话）就已经引发了一个问题，即必须改变和西欧贸易往来的途径，因为当时这种贸易往来是经由白海，通过彼得即位前莫斯科国的唯一海港——阿尔汉格尔斯克进行的。彼得堡建成后，由于彼得已经在波罗的海海岸上站住了脚跟，他就有心把对外贸易由从前的绕道白海变为经由波罗的海通到新首都。然而，贸易上的这一改变涉及许多利害关系和习俗，对此表示反对的有荷兰人，他们早就在阿尔汉格尔斯克为自己建立了牢固的据点，还有走惯了北德文斯克老路的俄国商人。参政员们支持荷兰人和俄国商人，阿普拉克辛海军元帅甚至当面威胁彼得说，皇上这些异想天开的主意只能叫商人们都破产，他们泪水长流，将成为皇上肩上沉重的负担。但是彼得反复强调一点：应用某些原则，总是有困难的，然而随着时间的推移，利害相关的诸方面将会互相谅解，所以他坚持斗下去。经过了七八年，争论就大大有利于他了。彼得堡比起阿尔汉格尔斯克来，占了上风，成为对外贸易的主要港口[14*]：1710年有153艘外国船抵达阿尔汉格尔斯克，而抵达彼得堡的外国船在1722年已经有166艘，1724年增至240艘；除佩尔诺夫和喀琅施塔得以外的所有波罗的海港口于1725年共有914艘西欧各国的商船进港。这就是说，有利害关系的各方不久就互相谅解了。彼得在对外贸易方面为自己规定的两项任务有一项已顺利完成：俄国的出口额大大超过了进口额。彼得去世两年后俄国出口额为240万卢布，而进口额则为160万卢布。另一项任务是要建立一支俄国商船队，把对外贸易从控制它的外国人手中夺过来。这项任务完全没有实现，因为找不到能办此事的俄国企业主。彼得[15]坚持不懈地要把商业往来从阿尔汉格尔斯克转移到彼得堡是可以理解的。彼得堡及其屏障喀琅施塔得原来是作为对抗瑞典的战斗堡垒而出现的。战事结束后，如果它不能起到与西欧进行贸易和其他交往的中心的作用，它就会失去作首都的权利，而为了把持住这种交往关系，好比又展开了一场战争：彼得堡的存在不能仅仅作为官吏居住的地方和近卫军的营房，卫戍团的兵营。当时有2个近卫军团驻扎在该地朝向莫斯科的一侧，有4个卫戍团驻扎在彼得堡岛上。但是建设新首都所付出的代价是极端昂贵的。它的建设靠的是异乎寻常地繁重的税收和按上谕年年从全国各地，甚至从西伯利亚驱赶来劳动的大量民工。民工的生活只能勉强维持。经过9年繁重的劳动，在1712年，派往彼得堡劳动的就有来自当时8个省的5 000名新工人。倒毙在彼得堡和喀琅施塔得工地上的工人难以计数，军事史上也很难找到死伤这么多战士的大激战[15]。彼得把新首都称作自己的乐园，然而，它却是人民的大坟场。瞧[16]，这里盖起多少房子，需要多少给养啊！政府机构的高级公职人员，不论是在本地就职的还是从外地调入的，都必须为自己兴建房舍；许多贵族、商人、手艺匠及其家人也搬迁到这里，或更确切地说，被上谕驱赶到彼得堡，随便盖个住所，安顿下来。这里的居民点看起来就像是茨岗人的屯宿地。彼得本人就住在一所临时搭建的漏雨的小屋里。彼得堡荒芜的四郊无法供养云集在这里的人群。到了冬天，在路上艰难地移动着成千上万辆不知从多么遥远的地方，从哪些宫廷农庄和地主庄园派出的大车，运送供应宫廷和贵族们的粮食和其他必需品，此外还有成千上万辆来自内地城市的满载商品的大车。这种临时凑合的、野营似的生活，一直延续到彼得去世的时候，给涅瓦河畔这个首都的格局和以后的生活，留下了深刻的烙印[16]。彼得[17]已被公认为想干什么就不惜金钱和生命的治国者。在建设塔甘罗格港口（此港后来根据与土耳其签订的条约加以破坏）时，死去的民工据说有数十万，这可能有点夸张。关于波罗的海诸港口的建设，也有类似的说法。喀琅施塔得港和彼得堡港经受了许多苦难：诸如重要物资短缺、严寒持续很久、水质对当时的木船不利、城市之间的航道太浅等。彼得白白浪费了大量金钱和精力去消除冰冻和浅水造成的不便，此后，他才为波罗的海舰队寻找比喀琅施塔得港合适的另一个港口，他发现离雷瓦尔市数英里之遥的罗格尔维克是一个优良的停泊处，但是必须修筑堤岸对它加以保护，以防西风的袭击。数量大得令人难以置信的原木源源不断地运来此地，以致利夫兰和爱斯特兰的森林都被砍光了，制成了许多硕大的箱子，装满鹅卵石，然后将它们沉到停泊处的深水海底；然而，风暴还是摧毁了营造起来的工程。虽多次进行返工，但结果都是一样的失败，所以最后只好放弃这项耗费惊人的工程[17]。

第六十五讲

财政——困难——克服困难的措施——新税；告密者和聚敛官——利润——修道院衙门——专营——人头税——人头税的意义——1724年的预算——财政改革的结果——改革的障碍

财政 我们[1]在评论过彼得为增加人民劳动的数量和提高其质量，即扩大国家收入来源所采取的措施后，现在来讲这些措施的财政效果[1]。看来，彼得在财政方面遇到的困难比他在任何其他活动领域里遇到的都大，有一部分困难就是他自己造成的，或者是他支持的结果，而要克服这些困难.他发现回旋的余地很小。他本人承认在他的全部施政工作中，没有比处理商务更棘手的了，他从来也没有理出个明确的头绪来。这在一定程度上也适用于财务政策方面。他十分了解人民财富的源泉，意识到税收应以不加重人民负担为准，但在将这些理解了的东西付诸实施时，他却未能超脱出一条同样简单而无益的真理，对于这条真理，他在对新建立的参政院的训令中是这样表述的："钱应尽可能多地征收，因为钱是战争的动脉。"

困难 1710年[2*]，彼得下旨计算一下自己的收入和支出[2a]。计算的结果，从1705年至1707年三年的总额来看，包括盐税收益在内，年平均收入不超过333万卢布[2б]。陆军和海军就花去将近300万卢布，其他的支出近82.4万卢布。每年的赤字约达50万卢布，占预算支出的13%[2в]。迄今为止，收入的不足之额，都是靠前些年度国库为防备万一而积存的余额勉强弥补的；但到了这时，库存之款看来已耗费殆尽了。根据1710年预算，预料会出现50万卢布的赤字，准备以向每个纳税户增税半卢布（合现今的4卢布）的办法加以弥补——这是彼得时代及在他之前内部信贷的一种常见形式，也就是一种无息的、不予偿还的借贷形式[2г]，其他形式是没有的，因为无论国内或国外都不信赖国库。为了防止将来出现类似困难，彼得寄希望于重新审定支付能力。直到这时为止，直接税都是根据1678年户数登记册征收的。但是在记录文件中，我们并未见过一个完整划一的总计数：可从登记册上引用的户数幅度在78.7万户和83.3万户之间；征收不同的税种所根据的户数有所不同[2д]。在30多年的过程中，任何时候都可以说这份旧的登记册已经过时，只是俄国官府觉得用它办事比较轻松省事些，所以1710年还是按旧登记册征收的直接税。彼得鉴于存在这样一笔赤字，遂下旨重新进行登记。他坚信30年来纳税人的数目必然增加，但却像在纳尔瓦城下军事上的败北一样，惨遭财政上的失败：1714年，参政院统计出，1710年登记的纳税人减少了将近四分之一，虽然仔细研究了米柳可夫先生关于彼得时代俄国经济一书中的资料后发现，当时官方的这个统计数字夸张得令人吃惊，实际没有这么大，但纳税人减少的数字也达到五分之一[2e]。国家变得如此荒芜就是彼得本人造成的，因为他通过几次招募新兵从纳税人中夺去了数十万身强力壮的人，造船、开凿运河和建设新首都又用了数万人，另外还有数万人不堪贪官污吏、苛捐杂税的重压而逃亡，或由于遇到不认真的执行者而得以躲起来不去登记。彼得是按照自己的方式来理解人民的经济力量的：羊宰得越多，羊群该献出的羊毛就越多。1716年和1717年的新的户头登记只是证明纳税人的数目又进一步减少了；参政院本身在1714年就证实，仅喀山省一地，就比1710年减少3.5万户，约占1710年该省纳税人登记总数的三分之一。

新的税务；告密者和聚敛官　北方战争一开始，财政困难就变得越发严重了[2*]。我们[3]已经看到（第五十一讲），在彼得长兄当政时期，直接税可分为两类：一类是由农奴负担的名义为驿运和赎俘的税款；另一类是向其他纳税人征收的沉重许多倍的射击军税。这两类税款在彼得时代也是按先前的定额征收的，然而，常备陆军和海军需要新的资金，所以就征收新的军事税，即龙骑兵税、新兵税、舰船税、运输税等。龙骑兵税用以购买马匹，这种税教士阶层也要交纳，如果折合现在的币值，则每一农户须交两卢布，商人则须交9卢布。当然，也免不了要征收老一代莫斯科理财专家早就大加利用的间接税[3]。但是为了开拓这一吸引力甚大的财源，彼得[4*]采取了前所未有的手段。在此之前，受到上苍感召而产生的国家政权被认为是人世间具有万能创造力的国家机构。彼得本人，如果不是终生，至少是长久地继承了从克里姆林宫的摇篮里教养出来的这种观点。但是匮乏促使他呼吁以辅助的方法即俄国人的智慧来帮助政权。改革家的行动方式在社会上唤起政治上的思考，于是彼得的号召获得了令人满意的响应。出现了一大群当时人们所称的告密者，我们可以称之为政论家。他们来自社会的各阶级，从高官大臣萨尔特科夫之子、从尤尔洛夫上校、从彼得的宫廷教师佐托夫之子到商人穆罗姆采夫和经营工业的农民波索什科夫都是。他们在自己的"草案"中，讨论了内容极其广泛的主题，从国家体制的一些最重大的问题到制缆绳技术（这种技术是匠师马克西姆·米库林写下来进呈彼得的），而波索什科夫则向彼得呈献了整整一部书，虽然书是用炭笔写的，却大胆地描绘出了俄罗斯当时状况的一幅鲜明的图景，并提出了许多改善的办法。劳动之后喜欢稍事休息的勤劳的人们都不会忘记，正是这位政论家几乎可以肯定就是俄国第一个制造赌牌的厂主。和这些草案拟定者并驾齐驱的是些聚敛官，或者叫作杜撰家，他们扮演的这两种角色有时变换，有时集二者于一身。无论叫作聚敛官或者叫作杜撰家，我们都可以举出20个名字来，无名之辈除外。彼得仔仔细细地阅览任何一个草案，甚至对于最荒诞不经的建议也都奖勉有加，他说，"他们是为我效劳，希望我好"。聚敛官指的是特殊的职务、机构、整个财政部门；根据谕旨，聚敛官的义务就是"坐着为皇上赚取利润"，换言之，要想方设法开辟国家收入的新来源。值得注意的是他们大多来自奴仆。我们已经看到，大贵族人数众多的奴仆之中，有些人比自己的主人更有学识、更为机敏。大贵族舍列梅捷夫的管事库尔巴托夫，在跟随主人游历国外时，听到当地有一种开征不久的印花税；回国后，于1699年就暗中上书彼得，建议在俄国实行贴"鹰标"纸的办法。根据库拉金公爵十分夸张的汇报，它起初每年为国库增收约30万卢布之巨的税款[4a]，1724年，印花税总计为1.7万卢布。由于这一创举，库尔巴托夫被授予相当于工、商业部总监之职，后又调任阿尔汉格尔斯克省副省长，最后因被控盗用国库公款而被处死。继聚敛官的鼻祖库尔巴托夫之后，接着又出现了许多出身贵族奴仆的聚敛官，如曾任莫斯科副省长的叶尔绍夫、总监察官涅斯捷罗夫（他本来最勇于揭发盗窃国库的高官大臣，最后自己也因受贿被揭发而受车裂之刑），还有瓦拉克辛、雅科夫列夫、斯塔尔佐夫、阿金申等。这批杜撰家中的每个人都能找到官家原来忽略的可征税的项目，想出新的税种，有直接税，也有间接税，为此立即成立一个以发明人为首的特设机构[4*]。在[5*]这种情况下，私有主非代役租的入项、农耕地以及手工业作坊或是收归皇上名下，变为国库所有，例如渔捞所得；或是以代役租形式征收其收入的大约四分之一的税款，例如征收大车店税、磨坊税，但代役租项目的规模却扩大了[5a]。聚敛官们出色地为自己的皇上效劳：种种新的捐税，像通过一个破筛子那样纷纷撒落在俄国纳税人的头上。从1704年开始，新的税收名目层出不穷：要收地租田赋；收度量衡税；给马轭、帽子、靴子打印记要收马轭税、帽靴税；从马车夫身上要收租金十分之一的大车税；制马皮和制小牛皮要收按俄丈计算的沙绳税、割草税和皮革税；对大车店户、租房屋、租个栖身角落要收养蜂税、澡堂税和磨坊税；有炉子的要交使用冰窟窿税、破冰税、地窖税、饮马税、烟囱税；对航行的船只要收靠岸税和离岸税；为柴禾、出售吃食和西瓜、黄瓜、核桃等都要缴税；税收项目表最后写道：还有"其他形形色色的杂税"[56]。要上这么多种税，甚至连见多识广的莫斯科纳税人也无法理解，或者说，这些税简直把他们激怒了[5B]。不仅农耕地和手工业要上税，就连宗教信仰也要上税，不仅财产要上税，良心也要上税。宗教的分裂局面尚可忍受，但要支付双重税款，却是一种难以忍受的奢侈；留连鬓胡和上唇髭也要上税，而古代俄罗斯人，正是以此与上帝的形象联系在一起的。根据1705年颁布的谕旨，连鬓胡是按身份等级收税的：贵族和机关文吏——60卢布（约合现在的480卢布），富商巨贾——100卢布（约合现在的800卢布），一般生意人——60卢布，奴仆、教会下级神职人员等——30卢布；农民在本村时，留连鬓胡不必上税，但如果进城或出城时，则需交1戈比（约合现在的8戈比）的税。1715年规定留大胡子的东正教徒和分裂派教徒同样交50卢布胡子税。留连鬓大胡子者，还必须穿上老式的制服。你将会怀着难堪的心情读到1722年沙皇亲自交给参政院的一道异想天开的关于良心解脱的谕旨：他非常严肃，非常坚决地下旨"绝对要强化已经颁布的有关连鬓胡的谕旨，以保证每年各上税50卢布，同时也是为了使当今留大胡子的人和分裂派教徒，除了穿上有竖领的粗呢大衣、无领长袖衣和带有翻领的单排衣扣男上衣这种老式衣服外，不得穿其他式样的衣服"！留大胡子的人前往官府时，如果不穿规定的衣服，其任何请求都不予接受，而且当即"不准其步出衙门"，要再次征收 50 卢布，哪怕该年度的胡子税他已经缴过；无力再交的人就被解送苦役港罗格尔维克做工偿还罚款。任何人看到留大胡子的人不穿规定的衣服均可将其扭送官府，并可为此得到罚金的半数，外加其不符合规定的衣服[5г]。

利润 聚敛官们表现出了巨大的发明才干。从他们冥思苦想拟订出来的税收细目清单上，或如当时人们所称的"所交的利润"中，可以看出，他们组织了总围捕，对象就是居民，特别是小厂主、工匠和工人。在追逐国库利润方面，他们个个表现得技艺高超，个个丧失了健全的理智，甚至提议征收出生税和结婚税。结婚税果然向莫尔多瓦人、车累米斯人、鞑靼人以及其他不受基督洗礼的异族人征收了；这种"异教徒婚礼"，是由聚敛官帕拉蒙·斯塔尔佐夫（此人提出并执行向所有养蜂人收税）的蜂蜜署收缴税款的。人们应该感到奇怪：草案的拟定者和聚敛官们怎么会忽略了丧葬税呢。古罗斯的行政当局就发明了婚礼税，采用的名称是结婚头巾税和嫁出税，这本身还易于理解，男婚女嫁，毕竟是一种小小的奢侈。但是既然向坚决要出世的俄国人征税，却又准许他们免税死去，这在财政上就未免缺乏连贯性，何况还经过教士的感化哩！为了收集利润，设立了渔捞署、澡堂署、大车店署、蜂蜜署等办事机构，均隶属于伊若拉省省长缅希科夫公爵领导的伊若拉总署，因此，这类税务也就称为"官署"税务。它们曾经被看作无足轻重的小钱，然而有的如今却成了大笔的收入了：例如，渔捞署，用库拉金公爵的话说，每年即可征收 10 万卢布，蜂蜜署每年征收 7 万卢布[5д]。但是到了彼得在位末期，在聚敛官的体系里（如果可以把他们征税的奸巧做法称作体系的话）已暴露出双重的不便来了，即其财政意义不大,而对人民的情绪却有极坏的作用。这两个缺陷波索什科夫都指出了。他在列举了上述税收中的若干税名后,满怀忧伤地指出,这种零零星星的、市集式的税收是充实不了国库的,"而只能惹起人们巨大的不安,因为这种琐碎的税本身太琐碎了"。这些税加剧了征税的紧张和刺激气氛,不仅因为其中一些税很重,而且还由于名目繁多(多至30余种),对人纠缠不休,令人备受折磨,就像7月里讨厌的牛虻那样步步都缠住纳税人不放。渐渐地,这些税的税额下降了,积欠渐增;从1720年的一览表看,总额已经低于库拉金公爵所举的数字(只有澡堂税例外),没有一项能够按预算收足的,结果,总额为70万的税款,只收到41万。此外,因为不穿规定衣服而遭罚款的连鬓胡税,就是最难收的一种税,本来估计收入为2 148卢布87戈比,实际上才收到297卢布20戈比[5e]。这才迫使官家对自己的要求有所节制。根据1704年颁布的谕旨,杜马成员和富商巨贾必须缴纳家用浴室税3卢布(合现在的24卢布),普通贵族、商人以及各级官吏交1卢布,农民交15戈比。但是在中等阶层里,有很多贫困的人,许多士兵、教堂下级职员、圣饼烤制人等等,甚至受到了棍棒拷打追债也无法偿付自己的澡堂税,一年之后,他们的澡堂税便归入了农民税额内。彼得本人也在1724年的一览表上勾去了若干种捐税。聚敛官干的这些事有意思的是他们揭示了彼得财务政策的基本规则之一:提出一些不可能实现的要求,以便从可能实现的东西中获得最大的利益。

修道院衙门 教堂的地产是国库收入的十分特殊的来源。军事上指望这一财源来满足其需要要比聚敛官们开展活动还早,但在聚敛官的办事机构里也有来自修道院的若干税款。纳尔瓦战役后,彼得把许多教堂的大钟铸成了大炮。1701年12月30日又下旨剥夺修道院对于其世袭领地收入的支配权,因为(或借口说因为)现今的

134 修士违背自己的誓言,与他们前辈所树立的榜样相反,不但不以自己的劳动去施舍乞丐,反而依靠他人的劳动过活[5*]。从修道院世袭领地上得到的收益,归修道院衙门掌管。该衙门是国家设立的、用以管理教会部门非宗教事务的司法行政机构,早在1649年沙皇阿列克谢时代就已成立了,沙皇费奥多尔将其撤销,但1701年又加以恢复;后来,牧首和高级僧正连人员和世袭领地均从属于它。修道院衙门用修道院的收入给各级神职人员发放钱粮,不分职务高低一律每人10卢布和10俄担¹粮食(约合现在的140卢布),余下的根据谕旨确定分给养老院和无世袭领地的穷修道院。不过,如果相信库拉金公爵说的话,国库每年也搜刮去10万至20万卢布。只是到了对瑞典战争的末年,修道院衙门才转属新成立的神圣正教院,对教会的世袭领地上收益的支配权也归还了教会当局。彼得本来打算采取措施在国家艰难时期强制富有的修道院进行资助,后来变成了准备将教堂的不动产收归国有。

专卖 先前,由国家专卖的物资有树脂、碳酸钾、大黄、胶等,后来又加上一些新的物资——盐、烟草、白垩、焦油、鱼油……以及橡木棺材。1705年,把古罗斯富裕人家喜用的橡木棺材这种奢侈品从私商手中夺过来归国家经营,国家以高出三倍的价钱出售,后来,当这种夺来的商品售罄时,这种棺材就完全禁用了[5³]。1705年颁布的谕旨规定将食盐以不受限制的方式转归国有,并且只准由国家专卖,价格比包销价贵一倍,然而这一项能为国库带来百分之百利润的专卖办得极糟,连虔诚的波索什科夫也愤愤不平,要求自由售盐。据他说,因为乡村里的盐变得奇缺、昂贵,有时甚至1普特盐要卖1卢布以上,而在莫斯科,以包销价出售的盐每普特不超

---

1 俄担是旧俄体积单位,1俄担=209.91升。——译者

过 24 戈比。许多人没有盐下饭，得坏血病死了。人们的一些嗜好，也成了收入钱财的项目：纸牌、骰子、象棋以及其他赌博用具，同烟草和伏特加酒一样，也在专卖之列，但是允许包销。一位同时代人说，"只要交税，就可以自由赌博"[5н]。第一个包收捐税的年头就收入 1 万卢布。有相当一部分收入来自钱币的改铸，说得更确切些，就是伪造钱币。彼得即位前，我国曾通行过小银币，即 1 戈比的和半戈比的银币，统称钱币，它们是计算单位，此外还有 3 戈比铜币、10 戈比、25 戈比、半卢布和 1 卢布的银币。但是小银币的数量太少，以致有些地方在计算时不得不用皮革制的小块块来代替。从 1700 年起，开始铸造小铜币和大银币，大银币的币值还和先前的计算单位一样，但却慢慢减轻其重量，降低其成色，并在货币流通中引入信用因素[5к]。当时一些富有爱国心的金融专家已经用大胆的目光看待国家的信用。比方说，波索什科夫就完全相信，在俄国，和别的国家不同，货币的行情、牌价，完全取决于皇上个人的意志，皇上只要下令让 1 戈比钱币等于 10 戈比，它就是 10 戈比[5*]。有[6*]一个人竟出谋献策说，干脆采取欺骗办法来弥补军事开支之不敷，建议将货币贬值百分之十，并绝对保密，这样"不打扰任何人"就可以防止货币流往国外。可是，市场并不那么忠于君主、那么天真。彼得去世前，造币局为国库赚得近 30 万卢布（合现在的 200 多万卢布）的利润，然而这笔利润却是虚幻的，于事无补，因为货币的行情下跌，物价就上涨；到彼得在位末期，和粮价比较，一个银戈比只值 70 年代的一半，大致相当于现在的 8 戈比，而一个阿历克谢戈比却值现在的 14 至 15 戈比。

人头税 彼得时代直接税经历了根本的变革。"户数"早已完全不适用于作为征税的基础了，而彼得新的办事机构又把这基础破坏得特别厉害。1710 年和 1717 年两次户口登记的户数比 1678 年那次登记已经少了许多,根据这两年的户数来确定税额是很不利的。为了维护国库的利益,政府在统计时想出了一个巧妙的综合办法:将两个不同年份登记的户口造出户数一览表,从中选出合适的数字作为1719年重新划分省份的基础。结果是十分可观的:应课税的户数按1678年的登记表不超过83.3万户,而现在,经过两度证明确已减少之后,却超过90万户,而且还不包括商人户数[6a]。当时办事机构的这种统计上的荒唐行为使得按户数征税的工作失去任何实际意义,不得不寻求另一种征税单位,而1710年和1717年两次登记直截了当地表明了应该用什么单位,因为揭穿了我们上面提到过的米柳可夫先生书中描述的那种怪现象:有的地方人口增多了,而户数反倒减少了。那是纳税户的成员增加了,达到每户平均五个半男子,而一般一户本来只有三四个男子。在按户数征税时,人口增加对国库毫无好处,于是就得改为按人头征税。早在索菲娅公主的宠臣戈利岑公爵时代,莫斯科的财务智囊们中就有人想要征收人头税了。彼得的政论家中也没人想出比按男性人头征税更聪明的办法来。他们指望用这种按人头为单位确定税额的办法来消除按户数征税让国库吃亏的不均现象。早在1714年,总监察官涅斯捷罗夫就从这一角度出发,主张按人头征税以达到捐税平等的目的。继涅斯捷罗夫之后,还有一些人著文谈到将按户课税改为按"个人"或者按家庭课税的好处。看来彼得对于从经济上和法律上制定一种新的税收制度相当无动于衷,他更关注的是军需问题,即陆军和舰队的给养问题。他不懂得军费开支应该与人民的纳税能力相符。他是以最最乐观的目光看待俄国纳税人的,他以为他们身上蕴藏着交纳各种各样税款的永不枯竭的力量。许多草案拟定者和聚敛官都上书陈言,说他的"下等臣民"的确已经不堪重负,如果还要加重,势必使土地荒芜,没有人烟。而他1717年从法国给参政院下达手谕还说:"无需对人民加重多大负担,亦可获得金钱";什么时候需要钱,就临时向各行各业征税,"在各城市实施普遍纳税制以及类似的措施并不会使国家破产",一旦发现有人盗用公款,"立即严刑拷问"〔6⁶〕。彼得并不仔细考虑不同的纳税单位、户头、家庭、工作人员、人头等之间的相对不便或方便之处,他把这件事情提交参政院时,在纳税问题上,就只看到两个对象:必须供养的士兵和应该供养士兵的农民。1717年11月,彼得来到参政院,亲自疾书一道谕旨,只有参政员们那经验丰富、擅长诠释的敏感方能接受:"将陆军和海军新兵的饷银和粮食供应交由农民负担,为了方便起见,可由若干人或若干户负担一名士兵,或一名龙骑兵,或一名除将军以外的任何军阶的军官,作为目前他们应交的税务,而由于他们已经有此负担,则其他的一切税款及劳务均可免除"〔6ᴮ〕。就这样,所有直接税就打算以负担一个军人替代之,至于是按户或按人头负担,反正无所谓或者说尚未定死;这种税,根据养活一个士兵、龙骑兵、军官所需,分摊给农民。过了几天,则又决定宁愿按人头,即按"干活的个人"摊派,参政院在解释彼得于1718年11月26日颁发的谕旨时,下令将农村中所有从事耕作的男性,"包括年老的和最年幼的"人全都开列清单〔6ᴦ〕。我们都知道,进行这种人口登记以及调查复核有多么缓慢、多么困难!这项工作,留下了不同时间的若干个统计数字,其中最难弄清的是:人头数在500万和将近600万之间摆动。参政院保存了一份1724年人头税的预算表,并附1726年度支院根据最高枢密院命令追造的该预算年度实际交纳人头税数目,并注明各省欠交数目的一览表。1724年的军队部署和税收统计都以参政院的这份预计表为依据,此表以及后来附入的一览表提供了第一年实行征收人头税制度的一幅经过核查的图景,这种情况在其创始人彼得在世的最后一年以及刚去世后,都没有变化。根据这份明细表，被课税的全部人口为 557 万，其中城市人口为 16.9 万人。人头税的数额，随登记的进度而定：最初按 95 戈比计算，后来降为 74 戈比；为了使所有的人在税收方面平等，对国家农民多收 40 戈比的附加税，以代替他们向土地所有主应付的款项；城市的纳税人每人交 1 卢布又 20 戈比[6д]。

138 **人头税的意义** "按人头"征收的这种税，以其课税单位——丁籍调查中的人口（或称灵魂[1]）使许多人困惑不解。甚至像波索什科夫这样热情拥护改革家的人物，也不期待它会有什么好结果，所以不愿去理解它，"因为灵魂是不可触摸的东西，不能用理智去理解，也没有什么价值，必须珍视的是那些现实的东西"，即土地的占有[6e]。波索什科夫从国民经济的角度看待这个问题，但这和彼得的观点是格格不入的。在国民经济中无所谓人，有的只是资本和劳动力。真正的纳税人，当然只能是干活的人，而不是老头或小孩。彼得的手头曾有过现成的按劳动力收税的模式——波罗的海东部沿海诸省农民缴纳的实物税，或者叫"加克"，计算时以 10 个 15 岁至 60 岁的干活的人为单位。彼得想的不是合理课税，而是如何不使税款积欠。从执行者和他的财政概念看，任何合理的课税制度也无法成功。他无法对生产力进行明智的登记，只能对活着的男性，包括昨天刚出生的男婴，进行简单的算术统计，所以，丁籍调查中的人口，也只能是这样一种可统计的、可摊派税款的课税单位，虚而不实。这项工作的进行不涉及国民经济政策，甚至不涉及财务政策，而仅仅是度支院摊派定额税的税务会计学而已。想使这一虚幻的事物真正有点实际意义，还得靠纳税人本身，而随着时间的推移，他们果然也做到了一些。人们开始把丁籍调查中的人口

---

[1] 俄语 "душа" 是多义词，可作灵魂、人和农奴解。——译者

（或者说灵魂）理解为纳税人用于相应的应纳税地块或手工业生产的若干劳力和钱财以及为此应缴纳的一份国税。在这个意义上，农民谈到半个、四分之一个或八分之一个人（或灵魂）并不是想和心理常情作对。人头税是彼得时代根据早已过时的1678年那次人口登记而定的按户收税法的后继办法。延续到目前的这种在课税方面弄虚作假的现象，不可能不在人们的意识里留下痕迹。两个世纪之中，纳税人一直困惑不解，到底为了什么，根据什么他们得纳税。波索什科夫写道，甚至贵族老爷也弄不明白，作为纳税单位的农户究竟指的什么？有的说户数按大门的数目计算，有的则说按农村木房上的炊烟数计算，根本没有想到，农户，这是指"土地的占有"，指地块。丁籍调查中的人口，比纳税农户更难理解。不管人们把如何深奥莫测的解释加于这样的财务制度之上，有一个问题仍然得不到解释：为什么坐在衙门里的人想得出这些无法为自己交清税款的纳税人来。国家的义务，变成了上司任性的要求。被各种官署挡住视线的国家，离人民越来越远，成了某种特殊的、人民感到陌生的东西：成了一所不称职的学校，它无力在人民身上培养出对国家的责任感，正如同一位波索什科夫对人头税所作的辛辣的描绘那样，奇奇科夫[1]的死魂灵就是这种"精神上的苛捐杂税造成的心灵毒害"的必然结果。在执行彼得的税务改革时，这种印象更加深刻了。本来可用人头税的双重目的来说明征收人头税是正确的，即臣民们在缴纳国税面前一律平等，同时，在没有加重人民负担的情况下增加了国库的收入。但是，所有关于向农民征收人头税的谕旨都没有解释丁籍调查中的人口指的是什么，仅仅是一种统计单位呢，还是也作为摊派的单位。只有1722年发布的向商人征税的谕旨中

---

1 奇奇科夫是俄国19世纪大作家果戈理名著《死魂灵》中的主角。——译者

说明了:"根据各城市之间财富多寡向他们摊派。"对于农村居民,人头税倒是按照税名的确切含义征收的,它不单是对人头的数目作出粗略的估计,而且在收税时就直接根据人头数目,而不是根据多少人在干活来收。"人民对于负担重和不平等"口出怨言,他们说一个有三个年幼儿子的贫苦农民,要比只有一个独生子的富裕农民多交一倍的税款。一视同仁的、划一分摊的税款,实际上加剧了家庭结构和境况的自然不平等现象。由于人头税和户头税征税角度不同,而且资料不足,很难比较两者之中哪种负担更重。不妨回想一下,对于彼得在位最后几年的情况听得很多、记得很多的曼施泰因在其笔记中转述了他的同时代人是怎么评述人头税的。他写道,彼得被迫征收双倍于从前的税款[6※]。这个结论是个大约的估计,而不是确切的计算。按户上的税,因纳税人所在地区和所属阶层的不同而千差万别。商人户和宫廷户上的税,要比国有农户和教会户重些,而后两者,又比地主户重。此外,即使同一类别的户,在不同地区交纳的税额也不同:喀山省的地主户平均交49戈比,而基辅省却是1卢布又21戈比。不同地区经济条件的差别,多多少少使这个数字上的明显不均拉平了一些。1710年登记时发现的中央和北方诸省户数的大量减少,使任何平等均遭破坏。上述地区,在依据1678年的登记而继续按户头课税期间,尚存的户要为空户交税,所以不得不多交大约一倍的税款,而在基辅、喀山、阿斯特拉罕和西伯利亚等省户数增加了,按户交税的税额就降低了。在如此复杂甚至混乱的情况下,人头税在不同的纳税人身上就产生了不同的影响:总的来说,它提高了直接税,对一些人来说,它只是个微不足道的百分数,而对另一些人来说,却增加了一倍、两倍,甚至更多[6※]。1710年[7]左右,阿尔罕格尔斯克、喀山和基辅三省平均每一农户所交的户头税大大高出平均人口为4人的农户所缴的人头税的一半（190 戈比对 74×4=296 戈比）[7]。受苦[8*]最深的还是那些本已备受压迫的属于地主的农民。鉴于他们对地主承担着沉重的徭役，直接课以户头税对他们反倒是一种怜悯之举。人头税则使他们和生活得好些的宫廷农民和教会农民以相同的标准纳税，结果，他们应交的税款增加了两倍，有的地区甚至增加了三倍。天理和正义要求地主相应地减轻对农民的勒索，而且看来这也是政府所期待的。为了显得平等，曾建议让不必负担地主老爷义务的国家农民在交纳人头税之外多交附加税，以便"地主在向自己的农民收租或采取其他方式时显得方便些，不致在人们面前感到难堪"。这笔附加税是 40 戈比。但是，地主并不打算满足于区区 4 个 10 戈比银币。相反，由于服役的开支增加和代替没有收入来源的奴仆向国家交纳的税款增加了，地主就将它们完全地甚至加码转嫁给自己的农民，利用没有法定的收租标准之机，把农民应交的租赋过分地提高了：据波索什科夫说，在丁籍调查时期，每个农户"有 8 卢布或略小于此数"的款项落入地主手中。不伦瑞克驻办公使韦贝尔在驻俄期间（1714—1719 年），搜集了有关俄国情况的丰富资料，他撰写的笔记"Das Veränderte Russland"（《革新的俄国》）中说，向地主交纳 10 至 12 卢布以上租赋的农民不多，而交纳大约 10 卢布的农民却比比皆是[8a]。我们发现，在向一农户只收取 7 卢布多点的时候（约合现在的 60 卢布），地主从一个 4 口之家所收的租赋就超出人头税的一倍以上，比谕旨规定的地主可收的租赋标准 40 戈比约多 4 倍。令人百思不解的是，在农民挣钱的天地那么狭窄的年月，农民到哪儿去弄这么多钱交税，哪怕其中的一半用粮食和劳役代替！这就是说，人头税虽然缓和了原先交税上的不均，但却加剧了或者带来了新的不均，把现实生活中不同地区、不同阶级交纳税款的能力，强拉硬扯到一个由办事机构编制出来的图表式的标准尺度,其总的结果乃是大大加重了直接税的负担,这样,人头税的两个目的——平等交纳国税和不加重人民负担而增加国库收入——哪个都没有达到。还有一份官方发表的文件,十分鲜明地证明了后一个目的完全没有达到。从上面提到的度支院1726年报表中我们可以读到,1724年人头税的欠交额为84.8万卢布,占该年度人头税预算总额的18%。度支院在这份报表上还加了这样一段悲切的附言:"省长和副省长们、军政长官们、司库员们和地方特别专员们在送交度支院的情况报告中对上述欠税情况解释道:根据定额征收的这些人头税无论如何不可能全数征齐,因为农民极端贫困、粮食歉收、纳税人名册中已除名一半或三分之一,还由于纳税人实际上一无所有,或由于火灾烧光、死亡、逃匿无踪、应征入伍、年老、残废、失明、孤儿年幼以及士兵家庭中没有家产的孩子无处栖身和孤苦伶仃。"这仿佛是彼得的财政总局在他死后就人头税发给他的一份鉴定书。

1724年的预算 在其他定额或非定额的税务中,也重复着同样的现象:国库的要求增加了,一方面是由于需要,另一方面则出自偏见,似乎钱总能找到的,而纳税人沉默的回答就是大笔收不上来的税款。聚敛官们孜孜不倦地发明出向手工业和农耕地征收名目繁多的苛捐杂税,结果这一类税额大约从本世纪头几年的150万卢布上升到1720年的将近260万卢布,但实际收到的数目,甚至除去额外多收之数,也还有50万欠款,将近占到预算的20%。彼得新取得的财政上的成就,从他最后一年,即1724年的收入预算表中可以看到。这个预算是按1724年开征的人头税以及其他税收,如海关税、小酒馆税、手工业税等而编制的。从支出预算中,我仅举最主要的一项——军费开支。

	丁籍调查的人口数
农奴	4 364 653 人，占 78%
国家农民	1 036 389 人，占 19%
商人	169 426 人，占 3%
	共 5 570 468 人
向他们征收的人头税	
（每人至少 40 戈比）	4 614 637 卢布
其他税收	4 040 090 卢布
	共 8 654 727 卢布
	军费开支
用于陆军（从人头税支出）	4 596 493 卢布
用于海军	1 200 000 卢布
	5 796 493 卢布 [86]

财政改革的结果 1724 年文件中这些不完全的最起码的数字还是为我们提供了财政改革中若干足以说明问题的结果。从此后一些年份的报表看，数量逐年有所增加，不过收支比例变化不大。财政改革和作为它的推动力的军事改革有着鲜明的关系：陆军和海军的支出，达到整个预算收入的 67%，而按当年的实际收入计，则要占 75.5%。国家为陆军支出的款项，比 44 年前的开支大得多，那时用于陆军的经费还不到全部收入的一半。其次，1724 年的预算收入，几乎比出现赤字的 1710 年的收入超出一倍。这个成就来自征收人头税，它使国库的收入增加了 200 多万。但是根据我前面提过的度支院的一览表，就在征收人头税的第一年，欠缴税额就有 84.8 万卢布。这就是说，和 1710 年占支出 13% 的赤字斗争了 15 年之后，却以占人头税 18% 的欠税告终，也就是说以斗争工具本身严重受

损的结局告终。第三，彼得到了在位的末期，已经比他兄长富裕两倍半：如果把1680年和1724年的预算折成现在的币值，我们就能发现，前者的数字为2 000万，而后者则达7 000万。但是彼得是靠税收制度的剧烈改变而致富的：人头税使税收偏到另外一个方向去了。征收人头税前，直接税比间接税少（见第五十一讲结尾处）。彼得对工商业发展和国民经济周转的强烈关注使间接税有希望进一步增加。但实际情况却相反：人头税稳稳地占据了优势，达到预算收入的53%。就是说，在可课税的资金和周转额不足的情况下，还是只好加重赤贫的普通人民的劳动，加重"干活的人"的负担，而这些人原来就已经负担过重了，负担就这么继续加重，最后必然达到不能再超越的限度。当时，国内外观察家都从现状中得出这样的印象——在国土辽阔、资源丰富的情况下，沙皇即使不加重人民的负担，本来也可能得到多得多的收入。彼得本人也曾这么想过；至少在1719年度支院的议事日程上表达了独创的或者借用来的意思：世界上没有一个国家忍受不了课税的重负，如果它真能遵守合理与平等的原则，并在税务和支出方面秉公办事的话[8B]。

  改革的障碍 彼得的不幸在于他怎么也没有找到有效的办法来为自己创造出成功所必不可少的这个如果。观察家们异口同声地说，彼得在国库和公共福利方面有两大敌人，他们根本不讲什么合理与平等，而且他们比沙皇那凶狠残酷的巨手又更胜一筹。这两大敌人就是贵族和官吏，两者都是该政权的产物，但他们并没有好好为该政权服务，而是做得极差。观察家们是这样描绘贵族的：他们想方设法使自己的农民尽量避免交纳国税，世界上再没有别的事情比这事更让他们操心的了。他们这样做并不是为了使农民轻松些，而是为了增加自己的收入，在这方面他们完全不择手段[8Γ]。官吏则都是些宦海老手，深通官场世故，其贪污受贿的手法多得不胜枚举,要想加以查究,按韦贝尔公使的说法,简直和舀干大海一样困难。特别引人注目的是那些从贵族中选拔出来被委以收税之任的省参政员、官署里的头头和普通的文书录事,用韦贝尔的话说,只能把这些人看作嗜肉的猛禽,不能有别的比喻,因为他们把自己的职务看作一种特权,可以借此对农民敲骨吸髓,把自己的幸福建立在农民的破产之上。一个文牍刚上任时勉强有件聊以蔽体的衣服,可是四五年间,在年俸仅合现在 40 到 50 卢布的情况下,他逼走了管区内的许多农民,从而很快就为自己造起一座石屋。这就是那些可能抱有成见、苛求的外国人的反映。但是,从那位自己人,从那位习惯于忍受一切的波索什科夫的观点来看,和他同时代的法官和书吏们要比他们所纵容的小偷和强盗更坏[8л]。当时了解官吏们的诡计的俄国人严肃地或者开玩笑地计算过,他们经手收来的 100 卢布税款中,只有 30 卢布进入沙皇的国库,其余部分被官吏们自行分赃,作为劳动的报酬。为改革者的丰功伟绩感到惊讶的国内外观察家都不明白为什么有着广袤肥沃的土地而不去耕种,怎么会有那么多荒地,那么多粗放的或仅仅是偶尔耕种的土地,这些土地并不纳入正常的国民经济周转之中。人们经过一番思考之后,对这种将土地弃置撂荒的现象是这样解释的:第一,人民在长年的战争中惨遭损失;其次,官吏和贵族的压迫,使普通老百姓丧失从事任何工作的愿望;按韦贝尔的说法,由于受奴役而造成的心灵上的压抑感,使农民心灰意冷,不愿再去理解个人的利益,想的只是每天那份聊以果腹的食物。彼得在其财政政策上,像是个竭尽全力赶着一匹瘦马同时又把缰绳越勒越紧的车夫[8e]。但是,给人头税设置最大障碍的可以说乃是彼得本人。这种税比起户头税来不管怎样重,似乎还不算太过分。我们看到,按当时认为正常的平均 4 口之家的农户计算,人头税并未超过 3 卢布。连那位对人头税感到非常不安、坚决主张按户征税的波索什科夫也承认，可以向一家拥有6俄亩份地的农户全家课以总数为3至4卢布的税。但是，这里指的仅仅是现金税，在征收户头税时，税务负担远不止这些，因为实物税和战时加征的、刻不容缓的临时税，还要比这种税沉重得多，就像雪花一样纷纷落到头上。光是无底洞似的彼得堡建筑工地就要填进多少钱！恐怕不只是年复一年地向各省摊派几千民工，而且还要用几万甚至几十万卢布来供养这些民工，以便在涅瓦河畔的沼泽地上矗立起一座埃及金字塔。当局还时常向农民和农民为之交税的地主奴仆征粮、征马匹、征车夫，为了装备和供养所征集的人和马，又要收捐税和附加税。这些额外税收，导致有些省份欠缴之数达三分之一之多，只好按户头以新的额外的税收名目，再分摊到各户去。大土地所有主库拉金公爵在1707年年底的自述中算了一笔账："总的说来，每年向各农户各征收16卢布以上"。多年来连年向农户征收相当于现在的120到130卢布的税，这样的事如果不是很负责任的纳税人本人作证的话，似乎难以令人相信。对瑞典作战结束时征收的人头税替代了先前所有的直接税，本应比战争年代的捐税负担大大减轻。第一年征收人头税出现的巨额欠款，说明人民已被捐税压得疲惫不堪。但是彼得身后没有留下一个戈比的国债[8*]，虽然[9]有一个出过国的工厂主曾经建议彼得发行500万卢布的信用证券，这证券不用纸质的而要用木质的，以便经久耐用，但是该建议未被采纳。1721年，彼得曾打算提议由著名的但当时已完全破产的银行投机商约翰·洛在俄国成立一家商业公司，条件十分优惠诱人，只要他向国库交纳100万卢布就行[9]。此事[10]没有办成。人民纳税能力的过度消耗和精神状态的极端萎靡，却是一笔巨大的债务，即使彼得赢得的不只是英格曼兰和立窝尼亚，而是整个瑞典，甚至五个瑞典，那也未必能够抵偿得了这笔债[10]。

第六十六讲

行政管理机构的改革——研究的顺序——大贵族杜马和衙门——1699年的改革——军政长官的副手——莫斯科市政局和库尔巴托夫——省份改革的准备——1708年的省份划分——对各省的管理——省份改革的失败——参政院的设置——参政院的产生及其意义——监察官——各院的设立

研究的顺序 行政机构[1*]的改革，几乎是彼得的改革活动中最虚有其表装点门面的部分，人们也最愿意据之以评价他的全部活动。然而在这方面人们所注意的，与其说是改革政府机关那缓慢艰巨的进程，毋宁说是彼得在位末期对那些机关结构所进行的最后加工。行政改革有一个预定的目标——为顺利完成其他各项改革创造总的条件；但是管理机构已经处在适于改革的局面，即主要的改革（军事改革和部分财务改革）已在全速进行。应该看到，在整个改革活动过程中，方法和目的不相适应的情况是怎样反映出来的。彼得全部改革常见的特性、它的局部性、整个计划的平庸无奇以及对当时变幻无常的要求的依赖性，使得研究彼得当政时期的机构变动困难重重。从编年史式的概述中，改革工作的线索常常被忽略过去，而只有系统的观察，才能看出这项工作长期以来都缺乏计划性。尽管如此，为了准确地进行研究，比较保险的办法是遵循彼得从管理机构的一个领域无序地向另一个领域的转变过程，而不是循着自己倾向于研究整个体系的思想。我们会先得出一个模糊的概念,但在观察研究对象之后,在简评的后期修正这种印象,这时再求助于图解法将国家管理机构划分成中央级和地方级,又细分为许多层次。照例,研究过程本身是允许从考察中央机构开始的。

大贵族杜马和衙门 从索菲娅公主下台起直到1708年的省制改革之前的整整20年,是在军事、工业、财政方面都采取最激烈的措施的异常艰难的年代,无论在中央机构还是在地方机构中我们都看不到根本的变化:旧的机关还在行使职权,而且似乎遵循着老章法。在中央,仍是大贵族杜马在沙皇亲临或更多是在沙皇不在的情况下处理一切;只不过不像先前说过的那样"高高在上处理政务"了,而是"到议院里聚会去"。莫斯科旧有的衙门合并或分细了,一般都换成新的名称。为了处理新的事务还按过去的模式设立了若干新衙门,如主管近卫军和秘密警察事务的普列奥布拉任斯科耶衙门,主管舰队事务的海军衙门,主管雇用外国海员的陆军海事衙门等。但是透过渐渐废置的旧的管理形式,出现了一种趋势,即使不算全新的,那也是带有更新力量的趋势。以不同皇后为首的各宫廷集团之间、统治阶级中老朽的大贵族和出身微贱的新贵之间、西欧崇拜者和尊古派不同的政治倾向之间的三重斗争,不断拓宽着人治的道路而损害机构的作用。在纳塔利娅皇后摄政期间,对于她的兄长列夫,一个不学无术官居外交事务衙门长官的人,所有的大臣都得俯首听命,只有两人例外,一个是陆军和内务大臣吉·斯特列什涅夫,另一个是鲍·戈利岑。按库拉金公爵的说法,后者高踞喀山衙门之中,统治着整个伏尔加河流域,"享有如此的绝对权威,仿佛他就是皇上",结果把这一地区弄得一贫如洗。在宠臣的专权下,杜马中的大贵族们"不过只是些登台演戏的"。1697年彼得出国时,曾令所有大贵族和衙门长官常到普列奥布拉任斯科耶衙门长官费·罗莫达诺夫斯基公爵处聚会,并"在他需要时,向他提出建议"。据库拉金公爵说，这是个"凶残的暴君，整天酗酒"，"是个智力贫乏的人，而在自己的管辖范围内却拥有无上权力"；库尔巴托夫评论道，此人被免除了政治侦查的特任全权后，虽然没有杜马的职衔，只是个侍臣而已，却成了内阁的首脑，杜马的主席[1a]。旧的"国王下旨，大贵族议决"的立法程式，现在可以用另外一种程式替代之：吉·斯特列什涅夫或罗莫达诺夫斯基公爵下令，大贵族默认。还有另外一种趋势，更确切地说，一种需要，反映在大贵族杜马本身的政府机关中。备受动辄需要新开支之苦的彼得，很想每分钟都了解分散存放在为数众多的衙门中的现款数额。为此，他于1699年恢复了会计衙门，或称近臣办公厅。这是国家的监察机关：所有衙门每周、每年都必须向它报告自己的收支情况、所辖人员、建筑物等情况。这个近臣办公厅再根据各衙门的决算表编制一个综合的收支报告表。米柳可夫先生书中所附的1701年至1709年间的几份这类报告表，提供了研究彼得时代国家经济的极其丰富的资料。然而，当彼得直接领导军事行动和对外政策之时，就连杜马本身也努力地集中精力于国家经济，特别是军事经济。监察署由于所行使的职权类似杜马而成为一个专门的官署，成为大贵族杜马通常集会的地点。于是，这个大贵族议会的成员、权限和活动性质就逐渐发生了变化。这个议会历来全都由世袭名门望族之人组成，现在，随着大贵族的没落，它不再是大贵族的了，它变成了带有若干破落宗室成员的狭窄的委员会，其作用也不同于从前。以前大贵族杜马习惯于在沙皇手下，在沙皇主持下进行活动，并且，由于它像是沙皇的一个形影不离的政务伙伴，所以还起着立法的作用。如今，因为沙皇经常不来参加活动，有沙皇的参与，大贵族杜马所能保留的只不过是管理的作用：解决来自各衙门的当前事务，还有就是研究和办理皇帝仓促交付的内政方面的特殊任务。彼得本人坚持让大贵族当他不在时自行做主,不必事无巨细,都千里迢迢去请他作决定。杜马会议及其至高无上的主席之间的这种分离,使得有必要建立前者对后者负责的制度,而当他们共同行动时,则没有这种必要。1707年,彼得曾下旨大贵族议院要做会议记录,所有出席人员务必在上面签字,谕旨威严地重申,"无此手续,则任何事务均不得作出决定,盖蠢事往往因之而起"。这道谕旨对被委以如此重任的国家高级文官未免显得不够尊重[16]。

1699年的改革 监察署成了大贵族杜马的一个办事机构,而这个杜马,已经变成了一个狭窄的、极少大贵族性质的处理和执行政务的"议院",甚至是个领导军机大事的大臣们的议院。监察署和这个杜马成了行政改革方向的鲜明标志:显然,常规陆军和海军将成为行政改革的推动力,而行动的目标则是成立军事金库。朝着这一方向跨出的第一步,就是利用地方自治机构作为监察机关的尝试。17世纪时,按地方社团的请求,有时将地方军政长官过大的权力转移到从当地贵族中选举产生的邑长身上。塔基谢夫证实,由于县的军政长官"肆无忌惮地进行掠夺,"在沙皇费奥多尔时代就出现过这么一种主张——让贵族来选举这类长官,希望在乡村选民的信赖和监督下,使地方秩序的维持者掠夺的勇气有所收敛[18]。实际的做法只是将征收射击军税和间接税的任务转交给选举产生的邑长和地保里正们负责,"越过军政长官",免受其掠夺。1699年1月30日颁发的几道谕旨,又向前跨进一步——鉴于首都的工商业者常因地方军政长官和衙门官吏而遭受损失,他们受权从自己的行业中选出合适的市长们。"市长必须善良、诚实,人数多少则可自定,"这些市长不仅代收国库税款,而且掌管民事诉讼和商业纠纷案件。谕旨指出,至于其他城市以及国家农民和宫廷农民的社团,由于他们受尽军政长官的侮辱、索贿,他们可不必再听命于军政长官,"设若他们愿意",可由他们自己选出的人,在乡村自治会办公处审理诉讼案件和征收国税,只是所交的税要多于从前一倍[1г]。这就意味着,军政长官向纳税社团索要的数额相当于上交国家的税款。谕旨现在向地方纳税社团提出,以加倍的税额赎免这些土皇帝的掠夺。这正如沙皇伊凡在设立地方自治机构(见第三十九讲)时,纳税人以特别的国家代役租形式摆脱食邑贵族一样。在一个半个世纪里,政府在提高行政效能方面不曾前进半步。但是,现在送来这一个附有条件的礼物,对纳税人来说,代价实在太大了,因此,70个城市中只有11个接受这一条件;其余的回答道,加倍纳税,力所难及。他们也选不出什么市长,有的甚至对自己"诚实"的地方军政长官和衙门官员表示满意。于是,政府只好宣布改革势在必行,取消了加倍征税的条件,很显然,城市的自治对于政府本身来说比对于城市更为急需,于是政府在一系列命令中直接表明了这一点;地方军政长官们则以种种"奇思妙想和苛捐杂税"在国库收入上大做手脚,使它总有大笔税款收不上来,国库只能指望从秉公尽职的市长们那儿得到巨大利益[1д]。我们从1699年的改革,看到俄国行政机构在历时几个世纪之久的积患沉疴中的一个症状。这就是政府,更准确地说,是政府所理解的国家,在和它自己的机构之间进行争斗,但是国家实在找不到更称职的机构。就这样,失去了对城市工商业居民和农村自由居民的审判和行政权力的地方军政长官,只剩下对公职人员及其农民的管理权了,而在北方的沿海地区,由于没有这些阶级存在,地方军政长官也就完全消失了。

军政长官的副手 但是,即使在保留地方军政长官一职的地方,政府也发现有必要给他们安排若干同事以束缚他们贪婪的双手。1702年3月10日的谕旨宣布废止选自地方贵族的邑长和县治安首脑。但是,政府也不愿使贵族社团对地方管理漠不关心,因此在同一谕旨中还责成"贵族必须从军政长官手中接办一切事务,各城市的地主和世袭领地主们选出优秀而有真知灼见的地主和领地主,主持各该城市的事务",每县选两人至四人[1e]。在赋予城市工商业居民以选举本行业管理机构的权利之后,逻辑上自然也就应将这一制度推广到县一级的土地所有者阶级身上,但按1699年的谕旨,该阶级的管理者仍是地方军政长官。在这里,行政逻辑和对局势的完全不理解或漠不关心是同时并存的。建立在地区性贵族民团基础上的老式莫斯科结构的县级贵族社团,随着正规军的建立而瓦解了。所有适于服役的贵族都被从外县荒僻的角落征集到新组建的正规军团队中,在边远地区活动,而地方上留下的,都是些不适于服役的退伍人员和逃避兵役的人。打算建立一个由伤病员和由于不服兵役本应取消其权利的"懒骨头"组成的地方贵族自治机构的想法,本身就没有希望实现。博戈斯洛夫斯基先生公之于众的有关军政长官的副手们的记录文献,描述了这种机构的实践活动,完全符合立法时预料到的情况。地方的贵族社团,即散处在各地庄园中的贵族残余,对于他们被授予的权利均抱淡漠态度,所以远非到处都在选举军政长官的副手;因而副手不得不改由首都的衙门来指派,甚至由军政长官来定夺,而军政长官的权力本来是打算由这些人来加以调整的。军政长官及其副手之间纷争不断,反目相待,时过八九年,这一改革性的试验——与其说是新奇的,不如说是可笑的试验,就由于自身的弊端而销声匿迹、自行废止了。

153　**莫斯科市政局和库尔巴托夫**　城市工商业阶级在财务安排方面的改革则要严肃和有效得多。在这方面,城市的纳税团体就由莫斯科的一些衙门统一管理了:自从城市军政长官不再掌管税收后,间接税就上缴大国库衙门[1※],射击军直接税则交射击军衙门。但是政府有意将莫斯科上层商人阶层置于全国各城市的领导地位,将其变成自己的中央财政参谋部，委以安排和征收城市税务的重任。比如，1681年，莫斯科客商委员会便受命根据各城市的纳税能力，确定其交纳射击军税的税额。1699年的改革，则把这些任务交给一个常设的机构：根据是年1月30日的一道谕旨，城市的地方政府机关以及选举产生的"自治"市长们，在税收方面统属莫斯科市政自治机关，即市政局主管，出席议事的人员是由莫斯科富商巨贾选出的市长们。各城市征收的款项均须交到这里，隶属于自治机构负责征收税款（无论是海关税还是小酒馆税）的市长们必须到这里报告情况[13]。莫斯科市政局作为管理工商业者阶级的最高中央机构，可以越过各衙门直接朝见皇上，陈奏一切，从而变成了某种类似于专管市政和城市税务的一个部。过去上交到13个莫斯科衙门的射击军税、海关税、小酒馆税等等（总数达100多万卢布），现在统统转由莫斯科市政局主管，而到1701年，市政局的收入，连同超额"加征"的款额，已增至130万卢布，占该年度收入总额的三分之一以上，几乎达到一半[14]。市政局的收入用来维持军队。市政局的活动，随着聚敛官库尔巴托夫被任命为市政局管理机构总监（即莫斯科市政局市长会议主席）而显得特别活跃。一个出身奴仆的人，当他担任大臣之后，却并未将奴性带到如此的高位上，相反，当他发现自己陷入了由于沙皇经常不在而恶性发展起来的普遍的受贿和盗窃公款的旋涡之中时，他就掀起了一场无休无止的捍卫皇上利益的斗争，谁的情面都不顾。他每次上书沙皇时，总要控告舞弊行为，或告发身居高官的盗贼。他禀报说，非常严重的盗窃行为正在莫斯科和其他城市泛滥，连他市政局的官吏也是大盗，连选举产生的市长也不比他们好些，在雅罗斯拉夫尔被盗4万，在普斯科夫被盗9万。曾令纳雷什金侦查此事，但纳雷什金从盗窃者那里收下巨额贿赂，将人包庇了下来。库尔巴托夫在上呈沙皇的控告信中敢于揭发实力人物，甚至连最可怕的总刽子手费·尤·罗莫达诺夫斯基公爵本人也不放过，只是对自己的庇护人、将大笔公款中饱私囊的缅希科夫公爵有所偏袒。为了根除受贿和盗窃公款的弊病，他甚至恳请沙皇赐他以惩罚的独裁权，以及将"盗窃行为的主犯"判处极刑的裁决权。他报告说他为市政局增收了数十万卢布，收入预算增长到150万。市政局虽然取得如此成就，但依旧难以应付军费支出〔1K〕。省制的改革结束了库尔巴托夫在财务方面的领导作用，也撤销了市政局本身〔1*〕。

省份改革的准备 1708年〔2〕的省份改革，是彼得改革活动的方向使然，同时也是与战争直接间接有关的国内外事件使然。过去的沙皇只是坐镇京都，极少离京朝圣或御驾亲征，国家的管理带有严格的集中性质。地方上的钱财以直接税或间接税的形式通过地方军政长官流入京都，再分散到莫斯科的各个衙门，其中大部分的钱款就在这些衙门中消耗了，只有一小部分回到地方，用作外省官吏的俸给以及其他开支。彼得动摇了这个古老而稳定的甚至是历久不衰的集中制度。首先，他本人取消了集中——抛弃旧都，出发到边疆地区。这类地区或由于他那充满热情的活动，或由于这种活动引发的叛乱而一个接着一个引人注目地出现了。在结束了这个或那个边境地区的战事后，彼得又选定国内的某个角落，开始一项新的艰巨的事业，使该地不得安宁。第一次亚速远征之后，他着手在沃罗涅日建设海军，于是顿河流域就有一系列的城市划归设于沃罗涅日的海军事务衙门管辖。成千上万名工人被驱赶到那里，所有的地方税款都越过莫斯科的衙门，送到这里建造舰只。征服亚速之后，又有另外一系列的城市奉旨上税、摊派劳动力去建设塔甘罗格港。同样，在夺取英格曼兰后，又在一个边疆地区重复这一情况，这就是彼得堡建设的开始，也是为波罗的海舰队的奥洛涅茨造船厂奠基之举。1705年，阿斯特拉罕爆发了反对彼得种种新政的叛乱。为了平定与安顿该边疆地区，决定将地方的收入从中央机关管理转由地方当局支配，用于地方上的开支。1706年与奥古斯特国王签署阿尔特兰施泰特和约之后，彼得受到查理十二要从波兰向他进攻的威胁时，也还是照样干；当时为了保护西部国境，在斯摩棱斯克和基辅分别设置有实权的行政中心，置集中管理制于不顾。这种行动出自如下的设想：地方上的款项，与其绕经莫斯科各衙门，受其大量的中饱损失，还不如送交地区行政中心，并适当扩大地方官吏的权限上算，这些地方官吏所辖的管区虽然尚未称作省，但他们却已被冠以省长的尊称了[2]。由于[3*]已经积累了一些经验，加上其他的一些考虑，这一总的设想在付诸实施时进行得相当顺利。在莫斯科本已有一些地区性的衙门在对辽阔区域的财务以及部分军务进行管理。这样的衙门有喀山衙门、西伯利亚衙门、斯摩棱斯克衙门和小俄罗斯衙门。只需将这些衙门的长官迁调到所辖的地区，使其接近治下的民众，那么，他们在主持当地事务时就会方便得多。这种迁调是出于形势所需，即彼得发动的战争所造成的形势所需。他很清楚，在行踪不定的情况下，既要掌握外交关系，又要在现场指挥军事行动，就没有可能再关注内政的进程，只能成为一个不称职的执政者。他认为有必要设置省级机构，在致书库尔巴托夫时他说："一人难以只凭眼睛就洞察一切，并加以管理。"对于中央衙门和市政局本身满足军事需要的能力失去信心之后，彼得就有意在许多大区之上设置一些全权总督，使他们就地直接筹足所需的款项。彼得那过于具体的思维方式使他相信人胜于相信机构。由此出发，他制订了把军队的给养分别由这样的行政大区负担的计划，把军费预算也分区负担。彼得极为关注库尔巴托夫所说的把国家金库加以统一的"单一征收机构"的好处，并且赞赏那种已占上风的见解——每项支出都必须有一个专门的收入来源。所以，后来他在解释省份改革思想时写道，所有的支出，包括军事开支和其他开支，他都要分摊给各省，"以便人人知道，某一笔款项得自何处"。这个计划，就是他1708年划分省份的依据。

1708年的省份划分 1707年12月18日，彼得以其常用的简短而模糊的方式发布一道谕旨，开始了省份的改革，把各城市分归基辅、斯摩棱斯克和其他指定的省会管辖。第二年，近臣办公厅的大贵族经过多次划分，终于确定将341座城市分属8个新的大区，即莫斯科省、英格曼兰省（后改称圣彼得堡省）、基辅省、斯摩棱斯克省、阿尔汉格尔斯克省、喀山省、亚速省和西伯利亚省。但在1711年，亚速省辖下的一些城市，由于沃罗涅日造船业发达而划归该市，从而成为沃罗涅日省，这样，省就增至9个了。这个数目，和沙皇费奥多尔时代想划分为9个区的打算相同。但是，这次的省份划分和以前的地区划分（见第四十八讲）之间的联系仅限于二者数目相同，可能还有行政结构相似，更确切地说，都有设置军事行政大区的思想。各省的地区轮廓有别于以前划分的地区，也和莫斯科地区性衙门的管区不相一致。有的省包括了几个这样的管区，而有的管区现在却分属几个省。地区划分图表是根据城市与省会的距离或根据交通线路而制定的，比如划归莫斯科省的城市都位于从首都向外延伸出去的9条大道上（即诺夫哥罗德大道、科洛缅纳大道、卡希拉大道等）。事先就被任命为省长的缅希科夫公爵、吉·斯特列什涅夫、费·阿普拉克辛等有影响的人物出于个人打算，对这种行政区的重新配置不能漠不关心。省份划定之后，就该按省摊派供应军队的任务，确定军费开支的总数，然后计算出各省能负担多大的份额。这就是省份改革的根本目标[3a]。近臣办公厅和奉派出任省长的人参加了这一工作，杜马的会议和省长会议多次进行过讨论，但一直拖到1712年新建制的行政机构才大致就绪。早已做了准备的行政改革，整整又忙了4年，结果也还是有缺陷的。作为首要监督机构的近臣办公厅在分派各省负担军队多少个团时，由于掌握的情况不足，竟有19个团被漏掉了。彼得本人在波尔塔瓦之役以后，考虑的已不仅仅是负担给养的问题，而是在和平很快到来之后，军队如何驻屯在各省的问题了。他期待着战争能够很快结束，但实际上又延续了11年之久[36]。

对各省的掌管 省份的改革使地方的管理机构之上又增加了几多新的行政层次[3B]。从1715年人员编制看，在省长之下又设副省长作为他的助手或作为本省部分地区的主管官员，设省法官主持审判事务，设总粮秣官和多名粮秣官以征收粮秣，还有各式各样的特别专员。但是，就连省长的权力也不是一人独揽的：曾经想通过地方军政长官的副手们吸引贵族社团来参加地方管理，但在县一级没有获得成功，现在打算在更广阔的范围里实行。1713年4月24日发布了一道谕旨，明令在省长之下，根据省区的大小，设省政务委员8至12人，省长在任何事务上均需与他们共同商决，以多数票通过为准；在这种"会诊"场合，省长"不像是当权者，而像是主席"，差别仅在他一人拥有两票的权利。省政务委员这个职位是征服奥斯采边区之后效法该区而设的，由参政院从省长指定的双倍候选人中委派。但后来彼得大概发现根据省长的推荐来任命的做法不合适，经过再三考虑，于1714年1月20日谕示："各省市的政务委员由全体贵族投票选举。"但参政院并未执行这一命令，仍然按各省长送呈的名单任命省政务委员。1716年，连彼得本人也取消了那个不被参政员们遵照执行的安排，另行下旨参政院从年老或伤退的军官中遴选省政务委员[3F]。这样一来，省政务委员又变成不是在省长主持下由各省的贵族社团选出的代表，而是由参政院和各省省长特任的官吏了。于是,过去设置地方军政长官副手的那一套做法又重复了一遍。但是在颁布这道由荣军担任省政务委员的谕旨前,这个职位所应负的责任就已离开它原定的责任很远了。彼得所设的省包括广阔的区域。例如,当时的莫斯科省就包括今天的莫斯科省及其周围的卡卢加省、图拉省、弗拉基米尔省、雅罗斯拉夫尔省和科斯特罗马省的全部或一部分。过去的县(大部分是小县),仍然是这样大的行政区下面的下属单位。行政区域上的部分和整体的这种不相称现象,产生了增设中层行政区域的必要。从1711年起,一些县就合并成为府,这个措施不是同时普遍实行的,而是按地方上的意见或其他设想逐步实行的。例如莫斯科省的绝大多数县合并成8个府[3д]。彼得在省之下设置的府和县这两级行政区域之外,又划分出第三种行政区域。各省主要由于纳税户数的多寡不同对国库的进款数额来说差别极大。举例说,莫斯科省共有24.6万户,而亚速省只有4.2万户。如按户数进行统计,工作就太麻烦了。彼得喜欢最简明的数学图表,他想把这种省区大小不同的状况用一个统一的分母通分,于是就发明了一个巨大的计算单位,叫税收区,不知根据什么,规定5 536户为一个税收区,而将一个完全是任意规定的总数——81.2万户定为国内总户数(似乎是根据1678年人口登记册推算出来的)。每省有多少税收区,决定各省对国家要承担多少赋役。彼得把省分为若干税收区并设置政务委员这一职位后,税收区这种计算单位就变成了行政区,而不仅仅是财政一览表上的户头数目了。1711年起,地方军政长官及其由当地贵族选出的副手参加管理失败后,随着省级机构的建立,在地方军政长官制度未受1699年改革的影响而仍然保存下来的地方,军政长官改称卫戍长官,重新享有全权,即集财政和审判大权于一身,这些权力不仅对本县农村居民行使,而且及于本县商人[3e]。很难说城市自治制度的废止是由于上面的安排,还是由于下层的活动,抑或实践和习惯的力量。我们同时看到,有些地方的若干县组成了府,由总卫戍长官治理,下辖本府的所有县卫戍长官。1715 年 1 月 28 日,发布一道谕旨,将原有的县的划分,以及新建的由卫戍长官和总卫戍长官治理的府的划分统统废止,省划分为税收区,由政务委员治理,他们拥有财政、警察和审判大权,但只能行使于县和居民身上,而不准行使在商人身上,因为谕旨中明令政务委员无论如何不得支配商人,不得横加干预[3*]。这一谕旨,产生了一个行政区域管理中的新的中间层次,从而破坏了许多世纪以来的基础——县。政务委员所辖的税收区有时与县域相等,有时则辖有若干个县,常常将一个县的区域分割开来,既不顾及历史,又不承认地理情况,一味照算术行事。此外,显而易见,不可能将大省区域按每格恰好是 5 536 户制图画成方格,于是该谕旨授权各省省长,可将税收区中的户数,按这标准或增或减,"增减的数目,视距离的远近而定"。结果,有的税收区竟有 8 千户,而相邻的税收区,却只有它的一半,因此,实际的税收区数目远远少于正常数目,而且税收区数目决定各该大省对国家所承担的赋役,其实是碰运气,"是由省长随意推断出来的"。这样,立法者彼得划分税收区的整个分数数学就全给破坏了。在这种情况下,只好增加政务委员的人数:莫斯科省最初只有 13 名政务委员,但根据税收区的数目,必须增至 44 名。最后,1715 年发布的谕旨,终于瓦解了省长主持下的占全省的政府中主要位置的政务委员会议。将政务委员分派到税收区后,谕旨又担心置省长于孤家寡人无人监督的境地,因为,本来在他手下每月或每两月都应有两名政务委员轮流协助之,只是到年终,本省的全体政务委员才集中到省会,进行全省的年度结算,并对应该由全体会议协商的事务作出决定。这种程序,使政务委员与省长之间发生模棱两可的双重关系：作为省里部分地区的治理者，他从属于省长；而作为政务委员会议的成员之一，又是省长的同事。从具有全权身份的封疆大员的意义上说，省长不言而喻应以第一层关系为主，因为省长们对待政务委员"恰似主宰者，而非主席"，对他们可以任意驱使，派遣他们出差也无须按什么顺序，甚至可以不顾法律，将他们——自己的同事，加以逮捕。匆促增加的机构层次，逐渐败坏了服务的纪律：上面权力的加强，使下属人员只能以对当权者不顺从来应对。1715年年底，当政务委员刚刚接手税收区的分管权，就奉旨各自在本管区内进行新的人口登记。新机构的日常工作再加上如此繁重的事务使二者都进展缓慢：人口登记拖过1716年和1717年整两年，参政院和沙皇都催迫不止。政务委员们奉命必须于1717年年底携登记册前往彼得堡，不得有误。但到1718年年末还远非全都到达。有一个政务委员曾接到对他下达的15道谕令，但他仍然未去。还曾经下令将违抗者铐上镣铐，解送京城；对另一人曾下达命令，如他拒不进京，则将其逮捕，并扣留其家人，可是那人仍不动身，并扬言谁敢动手抓人，就打死谁。

省制改革的失败　彼得在关于省制改革的立法中，既没有显示出经过深思熟虑的思想，也缺乏迅速而有创见性的机敏行动。改革的目的，纯粹是为了国库。省的机构具有可憎的从纳税人身上榨取金钱的压榨机的性质；它们越来越不关心人民的生活。但是国库的需要日增，省长们都应接不暇。海军到1715年所需的开支，几乎比1711年增加一倍。波罗的海舰队的一些主力军舰，由于没有足够的经费进行装备，竟不敢驶向公海。陆军不能及时领到饷银而变成一帮兵痞。驻外大使收不到经费，因而既无法养活自己，也不可能进行必要的收买工作。彼得用"严酷谕旨"鞭策执行任务的人员，威胁那些拖沓磨蹭"就像虾那样停滞不前"的省长们，说他将"对他们不是动口,而要动手"了。参政院奉旨对那些不能在"不增加人民负担"的情况下找到新财源的省长"不惜采取罚款的办法"。对于政务委员们来说,如果他们不能按应征集的税额上交首都的话,他们所得的年俸 120 卢布就将被追回。省里的特别专员们,仅仅作为参政院和省长之间的信息传达者,本来对他们省里税款上缴不足完全没有责任,却一周两次受到拷打。除了罚款和拷打之外,再也想不出别的办法来激励执行者。一些省长热心关怀国家利益,简直到了不择手段的地步。喀山省省长阿普拉克辛(海军元帅阿普拉克辛的兄弟)向上呈递了一份关于他臆造出来的新入项的报告,一次向彼得馈赠了这类入项中的 12 万卢布(将近现在的 100 万卢布)。为了证明自己在财政方面很有办法,他向本省那些无知的异族人施加压力,如强迫他们以现在的 2 卢布 1 俄磅[1]的高价购买国家专卖的烟草;这种强制的推销额约合现在的 15 万卢布。但是结果他付出的代价更高,因为横遭压迫的异族人成千上万地(共达 3.3 万多户)逃离本省,使国库每年的损失几乎达到阿普拉克辛想从异族人身上榨取的利益的三倍。省长们绞尽脑汁,想方设法寻找出路摆脱困境,他们缩减开支,临时增收特别捐税;但是依靠这种捐税也达不到应收税额的三分之一,这就是说到了实在没有什么可以榨取的地步了[33]。1708 年,彼得感到这种赤字无法消灭,不再信赖已经过时的衙门的管理办法,就想从地方分权中寻求出路,并将税务署从中央调迁到各省。但新办法也没有收到显著的成效,这才迫使他考虑仍把税务署迁回中央,这就很像关于音乐家的寓言里所讲的情形了[2]。

1　1 俄磅 =409.5 克。——译者

2　出自克雷洛夫寓言《四重奏》:熊、驴、山羊和长尾猴突然想来个四重奏。他们奏不成调,认为是坐的位置不对,所以就变换座位和队形,结果也不行。他们请教夜莺该怎么坐。夜莺说:"音乐家得有灵敏的耳朵,娴熟的技巧。而你们,我的朋友,无论怎么坐也演不好四重奏。"寓言讽刺不管根本原因只在枝节上作改变的做法。——译者

参政院的设置 大贵族杜马在彼得时代所形成的种种特性,也转移到了替代杜马的政府机构。参政院一出现,就具有临时委员会的性质,像是为沙皇暂时离京而从杜马分出来的一个委员会,又像是在彼得经常地、长久地不在的情况下杜马本身变成的一个组织。彼得在准备向土耳其进军时,于1711年2月22日颁布了一道简短的谕旨,内称"在朕等外出时由执政的参政院主管一切",或如另外一道谕旨所说的,"在任何战争期间,当朕等外出时,一切政事由参政院代行。"参政院于是暂时代主政务,因为彼得认为自己不会像查理十二那样永远在外面生活。随后,他又在一道谕旨中指定9人新任参政员,这和大贵族杜马以前在人员众多时保持的人数差不多。9人中有3人来自杜马,即穆辛-普希金伯爵、斯特列什涅夫和普列米扬尼科夫。彼得于1711年3月2日颁发一道谕旨,授权参政院在他离京外出时负责监督审判和财政开支,关注收入的增加,并委托参政院办理一系列特殊任务,诸如:招募青年贵族和大贵族人员参加军官后备役、检查官方的商品、监督票据和商业等;另一道谕旨则规定参政院的权力与责任为:所有人员及机构均须听命于参政院,就像听命于沙皇陛下本人一样,如有谁胆敢违抗,则有被处死的危险;甚至任何人都不得在沙皇返回前宣称参政院处事不公,参政院自会向皇上禀报其所作所为〔3"〕。1717年,鉴于参政院处事混乱不堪,彼得特从国外予以申斥,"因朕远在他方,鞭长莫及,而战事如此紧张,实无暇俯察",他要求参政员们对一切都严加监察,"因为尔等并无其他杂事,仅有主持政务一项,若不认真办理,只图应付,则在上帝面前,在人间法庭上将无法逃脱罪责"。彼得有时责令参政员们随带一应报表、材料,从莫斯科前往他临时驻跸处所,到雷瓦尔、到彼得堡向他禀报:"遵奉某谕旨已办妥某事,何事尚未办完,原因何在。"旧的大贵族杜马的立法功能,在参政院的初期权限中没有一项得以体现：作为大臣议院的参政院不是沙皇领导下的国务会议，而是主持当前政务以及沙皇外出时执行特殊任务的最高管理和负责机构，是"代替沙皇陛下亲自出席"召集的会议。战争的进程和对外政策则不受参政院管辖。参政院从议院继承了两个辅助机构：一个是作为特别裁判部门的裁决署，另一个是参政院下属的对收支进行计算和检察的近臣办公厅。但是，1711年以临时委员会形式出现的参政院，后来就逐渐变成了常设的最高机构，就像在涅瓦河畔临时驻跸的行宫，已经变成帝国京都一样，又像缅希科夫，从普列奥布拉任斯科耶团的下士"亚历山大"变成了伊若拉特级公爵，成为像库拉金公爵所说的"自己领地上的君主"〔3K〕。

参政院的产生及其意义 参政院的产生，更确切地说，参政院的这种变化，是和1708年的省制改革紧密相关的〔3л〕。这一改革破坏了，或者说瓦解了中央衙门的统治：有些衙门，如西伯利亚衙门和喀山衙门，在改革中被废除了，从而把它们的下属部门调归相应的省；有些衙门则从全国性的机构变成莫斯科省的机构。莫斯科市政厅属于后一类，现在也成为莫斯科的市级单位。这样就建立了一个在结构上很罕见的国家，它由8个大管区组成，而在首都又无任何机构将这些管区联结起来，甚至连首都本身也不存在：莫斯科已不复是首都，而彼得堡还没来得及建成首都。把各地区统一起来的不是地理上的中央，而是沙皇本人活动的、半径和圆周游移不定的个人的中央。虽然大臣会议的职权有明确的规定，但其召集却是偶然的，参加人员也是临时确定的。1705年的名单上，列有38名杜马成员、大贵族、御前侍臣和杜马贵族，而在1706年年初，查理十二从波兰出人意料地切断了俄国军队在格罗德纳附近的运输线，形势要求讨论并采取断然措施时，沙皇在莫斯科只召集到两个大臣

164 (都是杜马成员），因为其他成员都远在各地"供职"。莫斯科的衙门只剩下需求迫切、开销浩大的机构，如陆军衙门、炮兵衙门、海军衙门、外务衙门〔3M〕。财政费用都集中在首都，而各省行政都要想法去征集；但是，在莫斯科却没有一个对所征集的款项进行管理分配和对财政需要进行监督的最高机构，也就是说，没有政府。彼得在其军事战略行动和外交活动中似乎没有注意，他设立了8个省，同时也就建立了8个募集新兵和财务管理的机构，可以补充和供应与劲敌作战的军队，但却落得国家没有一个对内的中央管理机构，他本人也没有亲密的能直接说明和传达他自己强大意志的近臣。大臣会议和近臣办公厅也不可能充当此任，因为二者都没有确定的职责和固定的成员，且成员来自主持其他事务的官员，他们都必须在会议记录上签字，以表明谁显得"愚蠢"〔3H〕。因此，对彼得来说，需要的不是具有咨议或立法性质的国家杜马，而是一个由若干头脑清晰的干练人员组成的、单纯的国家行政院。这些人必须善于揣度沙皇的旨意，抓住沙皇模糊不清的、掩藏在他那匆促草就的简洁的署名谕旨中的想法，把这种想法变成可以理解和执行的任务，并且有十足的权力监督其实施。总之，这必须是一个拥有全权、众人畏惧的机构，同时又必须是一个认真负责、自己也有所畏惧的机构。如果说在彼得的意识中出现过某种想法的话，那么，他对参政院最初的设想就是：它在人民眼中是沙皇的替身（alter ego），它使人民每时每刻都感到是沙皇本人（quos ego）在垂顾自己。参政院要作决定都必须全体一致通过才行。为了使这种一致性不是出自任何个人的压力，彼得的密友宠臣中，无论是缅希科夫，还是阿普拉克辛，也无论是舍列梅捷夫，还是一等文官戈洛夫金等，都没有人进入参政院。这些"最显要的老爷"，或者如谕旨中所称的"大首脑"，是沙皇在军事上和外交事务方面最密切的合作者，他们既未取得参政院的权柄而置身其外,也就可以向参政院下达"沙皇陛下的谕旨"了。同时,彼得也曾暗示缅希科夫,说他虽受封伊若拉特级公爵,官居彼得堡省省长,但他也应与其他省长一样服从参政院。于是,我们看到两个交叉行使权力的政府,它们相互遏制对方的权限,时而这个隶属于那个,时而各自独立为政。当时的政治意识之所以能够使关系相互排斥的两者兼容并存,理由也很简单:因为还来不及或者说还不善于考虑这类问题。参政院的大多数成员都远非来自高官显要的人物,如萨马林是个陆军财务主管;格利戈里·沃尔孔斯基公爵是图拉官办工厂的主管;阿普赫金是总军需官等[30]。这样的人主持参政院最主要的工作——军事并不比任何大首脑差,而窃取公款大概会比缅希科夫少些。如果说参政员米·多尔戈鲁基公爵不会书写,那么缅希科夫在这方面也并不比他高明多少,他只能勉强画下自己尊姓大名的字母[3n]。因此,设置这样的管理机构,首先是使参政院作为一个临时性的委员会出现,然后逐渐巩固其地位并确定其权限、人员组成和作用。参政院的设立由两个条件促成:旧的大贵族杜马解体和沙皇经常离京外出。第一个条件,即中央机构的消失,产生了设置一个最高政府机构的必要性,它应该有固定的成员,有一定权限,完全集中力量从事沙皇诏示的工作。第二个条件使它具有管理和监督的性质,而非立法权威,也不起咨议作用,在享有临时的特命全权时,也必须严格执行汇报制度[3p]。

监察官 参政院最主要的任务,即彼得在设置它时阐述得最明确的任务,就是对一切机关拥有管理和监督的最高权力。近臣办公厅归属参政院是为了财政预算上簿记方便。参政院最初的施政活动之一就是成立一个积极进行监督的机关。1711年3月5日向参政院下达一道谕旨,命令遴选一名总监察官,此人必须聪明和善,而不必考虑其爵位官衔,他应对一切事务秘密监视,过问处理不公的案件，"以及监督国税的征收等"。总监察官可以将"不管身居何等高位"的被告绳之以法，使其受到参政院审讯，揭穿其罪行。指控一经证实，监察官可以得到被检举人罚金的半数；即使指控不能成立，也不得判处监察官有罪，甚至不得因不实指控"受到严惩，整个家园遭到破产"而抱怨他。总监察官是通过遍布于各地区和各机关的下属监察官网而进行活动的。因为根据上谕，每一城市均需设置一至两名监察官，而当时全国共有340座城市，所以这样的密探，包括首都的、各省各市的、连同机关的，总数不会少于500人〔3е〕。后来，这个告密网变得更复杂了，连海军里也设有总监察官以及单独隶属于他的一些监察官。监察官们毫无责任心，敢于横行无忌、为非作歹，但这些行为很快都被揭露〔3т〕。总监察官涅斯捷罗夫其人，就是一个狂热地揭发任何弄虚作假行为的人他甚至对自己的直接上司参政员、高级法官也不放过，连尽人皆知其工作无可指摘的雅·费·多尔戈鲁基公爵也不例外。他的揭发将西伯利亚省省长加加林公爵送上了绞刑架。加加林公爵是个专爱与法律公理作对的人，他被控大量受贿，通过初审和终审，最后被处以车裂极刑。古俄罗斯的审判程序是准许告密作为一种起诉手段的，但这一手段是针对双方的：使被告遭受刑讯的同时，告密者自己也可能受到拷问。如今告密却成了国家制度，不会有任何风险〔3у〕。监察官一职的设置，在道德上给机关和社会带来了不良风气。一向冷漠而不善于对信徒进行精神教育的大俄罗斯高级僧正对此也照例保持沉默；但是小俄罗斯都主教、大牧首宝座的守护人斯特凡·亚沃尔斯基却忍无可忍，于1713年的沙皇日，在布道时当着参政员们的面直接把设置监察官的那道谕旨称作不道德的法律，并补充了一些对彼得本人的生活方式显然带有责备意思的暗示。参政员们禁止斯特凡继续布道。但彼得并没有伤害揭发他的这位高官。1714年，彼得很可能想起了他的布道，甚至在一道新的谕旨中要求告密活动进行得更谨慎些、更认真负责些，同时，还赋予斯特凡侦查"没有呈诉者的民众案件"的检察任务。但是，后来另一个小俄罗斯人费奥凡·普罗科波维奇弥补了他同乡自由主义的过失，在自己的宗教规章中加上了一条忸怩作态的戒条，说关于教会的混乱状况和迷信习俗，均应由教会的监察者或专门指定的监督司祭向主教告发，他们"恰似教会监察官"[3Φ]。但是，不久就成立的正教院放弃了那虚伪的忸怩作态，同时引用了那份宗教规章，在本机构中设置了不是"恰似"，而是地道的教会监察官，仿效的是世俗监察官的做法，只是从天主教的术语中借用了一个让信徒听起来更容易接受的称呼——宗教裁判官，并明令物色"心地纯洁的"人担任这一职务，当然是从修道院的神职人员中挑选。莫斯科丹尼洛夫修道院的创建人、修士司祭帕夫努季被任命为宗教裁判长[3x]。为了不使告密受到职务关系的限制，彼得的立法就力图为告密提供更广泛的活动天地。按照法律规定，告密是参政院的一种辅助工具，但参政员采取藐视、粗暴的态度对待监察官，因为他们甚至向沙皇告发参政院。雅·多尔戈鲁基公爵在参政院骂他们是反基督者和奸猾的骗子手。彼得承认监察官难当，而且人人痛恨，便将其置于自己的特殊庇护之下，同时，他还想在社会风尚中也为其创造一种支持的氛围。在向全民公布的一系列谕旨中，他指出为了对付掠夺和以任何狡狯手段蓄意侵占国家利益的行为，特号召"从高官显要到土地所有主"等一切人员，均可毫无顾虑地前去向皇上本人告发掠夺老百姓和损害国家利益者，接受告发的时间为10月到3月，告发属实者"因有功"可获得动产或不动产甚至接任犯罪者原来的职务。根据法令的字面意义，多尔戈鲁基公爵的农民，设若如实地告发了他，即可获得他的庄园以及总监察官的职位；法令还补充说，谁如果发现了有人破坏法令而知情不报，"也将被毫不留情地处死或严惩"〔3ц〕。告密不仅是监察官的职务，而且成了普通老百姓"必须效劳"的事情，是某种天然的义务；老百姓的良心被强行收归国有，就像马匹被强行征收归军队所用一样。以罚金作奖励的侦查和告密逐渐变成了一种职业、一种生财之道。侦查和告密与罚金在一起，有可能变成法律、秩序甚至体统的最积极的保卫手段。古俄罗斯的神职人员成功地做到了以死后种种可怖的报应来吓唬信徒，但却不善于使信徒们既尊重他们，也敬仰教堂。在教堂里举行祈祷仪式时信徒们常常漫不经心，随便交谈。1719年，在莫斯科公布了一道沙皇的谕旨，而不是教学的训诫，上面说，在教堂里应静默肃立，应指定合适人选负责此事，行为放肆者不准离开教堂，立即罚款1卢布〔3ч〕。

设立各院 参政院作为司法和国家经济的最高管理机构，从一开始活动就发现其下属机关难以令人满意。在中央，有一批莫斯科和彼得堡的新老衙门、办公厅、事务所、委员会，其职权范围都混乱不清，互相之间的关系也不明确，有的只是因临时需要而建立的，而在地方上则有8个省长，他们有时不仅不服从参政院，连沙皇本人的话也当作耳边风。在参政院之下设有由大臣议院派属于它的大理院，作为它管辖下的最高法院和进行会计工作的近臣办公厅。交给参政院的一系列主要任务中，有"尽可能多地征税"和审核国家开支，以取消不必要的支出，可是与此同时，任何地方也不将账目报表上交，以致它多年不能制作明细统计表，无法报告全国收入多少、支出多少、下余多少、尚欠多少。在战事最激烈和财政危机最严重的时刻，这种心中无数的情况愈来愈有力地使彼得相信，必须彻底改革中央管理机构。对于这一部分国家事务，他本人的准备太不足了，既没有周至的考虑，也缺乏足够的观察，所以，过去他寻求新的收入来源时利用本国聚敛官的创造才能，现在设置管理机构他将求助于外国模式和行家[3*]。他[4]调查了国外设置中央机构的情况：在瑞典、德国和其他国家，他看到设置的一些院；外国人也给了他一些如何设院的材料，于是他决定俄国的管理机构也采取同样的形式。早在1712年，他就在外国人的协助下做过尝试，设立了处理商务的"院"，因为正如彼得所写的，"他们的商业，实在比我们高明得不可比拟"。他委托驻外人员收集外国设立各院的情况，收集法律书籍，特别是要他们延聘外籍人员来俄国各院中任职，他认为如果没有人才，"只凭书本是干不成事的，因为书中不可能什么都写"。驻外人员费尽周折，历时甚久，才从德国和捷克募集到一些学识渊博的法学家和富有经验的官员、秘书和文书人才，特别是来自斯拉夫人中的人员，因为他们更容易适应俄国的机构，甚至还聘用了一些被俘后已经学会了俄语的瑞典战俘[4]。熟悉[5*]了当时号称欧洲最完善的瑞典行政机构的情况后，彼得于1715年决定按照瑞典模式设置本国的中央机构。从这一决定中，看不到有什么出人意料的或任性胡来的东西。彼得无论是在莫斯科国的过去，或是在他身边的人员身上，还是在他自己的政治思想里，都没有找到任何建立独特的国家机构体系的资料。他是用一个造船能手的眼光来看待这些机构的：当荷兰的和英国的战舰在白海和波罗的海海上出色地航行的时候，何必另外去发明某种俄罗斯的巡航舰呢。自造的俄国船只，有不少已经在佩列雅斯拉夫腐朽了。但就连这次改革，也像彼得的所有改革的进程一样：快速的决定伴随着缓慢的实施。彼得派遣他所雇用的荷兰籍理财专家菲克前往瑞典，进行实地的海关机构的考察，并聘用了一位谙熟瑞典机关情况的西里西亚男爵冯·柳别拉斯为他服务。这两人给他带来了数百份瑞典机构的工作章程和报告书，以及他们准备如何应用于俄国的草案；柳别拉斯还从德国、捷克和西里西亚雇了约150名志愿前来俄国机构服务的人员。菲克和柳别拉斯（特别是菲克）都积极参与了这些机构的建立。最后于1718年制定了院的组织计划，确定了各院的公务人员定额，指派了院长及其副职，所有的院都奉命在瑞典章程的基础上制定自己的规章，如果瑞典规章的条款中有不妥之处"或与我国国情不符者，可自行以新条款取而代之"〔5ª〕。各院长都必须在1718年将本院建立起来，使其从1719年起开始办公；但期限一再推迟，各院未能从1719年开始办公，有的1720年也不能办公。根据1718年12月12日的谕旨，最初共建立9个院，其顺序及名称如下〔56〕：（一）外事院；（二）度支院，负责国家的收入；（三）司法院〔5в〕；（四）监察院，"负责核算国家的所有收支"，也就是财政监督的机构；（五）陆军院，主管陆上武装力量；（六）海军院，主管海上武装力量；（七）商务院，主管商业；（八）矿务与工场手工业院，负责采矿和工厂工业事务；（九）国家开支院，主管全国开支。从这份清单中首先可以看到，按照当时的理解，什么样的国家利益需要加强管理，因为9个院中5个是主管国家经济和国民经济、财务和工业的。这些院在管理方面出现了两个有别于老式衙门的因素：更有系统和更集中地进行了职权范围内的划分与在工作中采用咨议方式〔5г〕。9个院中只有两个和旧衙门的主管范围相符，即外事院和过去的外务衙门，监察院和过去的会计衙门；其余各院都是新设置的机构。在这些组成中，旧衙门中固有的地区性因素消失了，因为过去的大多数衙门所主管的，完全是或主要是国家某一地区的某些事务、一个县或若干县的某些事务。省制改革时已经废除了许多这样的衙门。到了院的改革，就把残存的衙门也统统取消了。每一院在各自主管的部门里都将行使职权的范围扩大到全国。所有留存到这时的旧衙门不是并入了有关的院，就是成为其下属机关，例如，并入司法院的就有7个衙门。这样，中央的职权划分就简化了、划一了；但是仍然有不少新设的处、局等机关，有时从属于某院，有时又成为特殊的总局，例如，与陆军院并存的就有军粮总局、总军械局和负责补充与供给军服的总兵站局。这就意味着，院的改革也没有使职权的划分像各院一览表预示的那样简化和圆满。旧的莫斯科国家建设者爱好仿效私宅的建造，将类似于厢房、小屋和地下室等附属设施的行政部门引入自己的管理机构之中，并对此做法形成了习惯，连彼得本人也无法摆脱这种继承下来的附加行政部门的习惯。此外，为了系统地、均匀地分配工作任务，就连院的最早设置计划在执行中也不得不变动。原属司法院的世袭领地署，由于它所负担的任务过重，就独立成为世袭领地院；矿务与工场手工业院分为两个单独的院；而作为监督机关的督察院则并入最高监督机构参政院，谕旨公开承认，该院的独立是在"设置时考虑不周，办得不够慎重"[5凡]。这就是说，到彼得在位末年共有10个院。院与衙门的另一区别是它们在办事时的咨议方式。这种方式在旧衙门的活动中也并不陌生。根据法典，法官或衙门首脑必须与同僚和职位高的书记官共同处理事务。但衙门中的这种集体商议制度并没有很好的保障，在势力强大的首脑的压力之下常常名存实亡。彼得将这一制度引进大臣议院，引进县级和省级管理机构，随后又引进参政院，他曾想把这种制度在所有的中央机构中牢固地确立下来。绝对权力需要协商，协商对绝对权力来说代替了法律。彼得的军人守则就说："一切最理想的安排都是经过协商的"；一个人比较容易掩盖违法乱纪的行为，许多同伴在场就难了，因为可能有人会张扬出去。出席院务会议的有11人，即院长、副院长各1人，六等文官4人，八等文官4人，另加外籍六等文官或八等文官1人。院办公处的两名秘书之一也任命外籍人担任。公事都由出席办公会议的人员以多数票通过而决定，向出席会议人员作报告的人由六等文官和八等文官分担，因为他们每人都分管某一相应的办事部门，即担任该院中的某一局的局长或某一司的司长。院的编制中引入外籍人员的目的是想让有经验的领导人员和俄国新手一道工作。为此，彼得通常任命一位外籍副院长协助本国籍院长，例如，陆军院在院长缅希科夫公爵之下就有副院长魏德将军；在度支院，院长是德·米·戈利岑公爵，副院长是雷瓦尔省政务委员尼罗特男爵；只有矿务与工场手工业院有两名外籍首脑，一位是炮兵专家布留斯，另一位是上面已经提到过的柳别拉斯。1717年的一道谕旨规定被任命的院长如何"建院"、如何组织办公人员：院长们可以自己物色两名或三名候选人，只是这些人不能是其亲属或"本人的亲信"。各院的全体会议根据候选人名单投票表决就任空缺的人员[5e]。现在让我再重复一遍，院不同于衙门的地方在于：（一）主管的事务；（二）机构的活动范围；（三）办事的方式[5*]。

第六十七讲

参政院的改革——参政院和总监——地方机构的新变革——地方委员——市政公署——新机关的基础——中央机构和外省机构的基础的区别——细则——新机构的实际情况——强盗

参政院的改革 院的改革[1*]使管理机构从上到下都发生了巨大变化,首当其冲受到影响的是参政院的地位。八九年来,参政院一直是构成整个政府的唯一机构,而且几乎是整个的中央机关:正如参政院总秘书官所说,所有的衙门机关都受参政员们制约,因而它们几乎类同于参政院下属的一个个办事机构。参政院接到沙皇下达的有关财政、军务、征兵、币制、包收捐税等日常事务的谕旨之后,向其所属的中央机关和省级机关阐述这些旨意,指示贯彻的措施;与此同时,参政院审理和决定上述机关及个人上呈的大量行政管理事务和法庭诉讼案件。在参政院拥有的权力当中,最重要的是管理和执行的职能。彼得曾写道:"如今一切尽皆委托参政员","如今一切皆由尔等掌管",同时命令遇事不再向他请示,而去见参政员们。现在,各院解除了参政院的这些烦琐事务,每个院都得到了在其主管范围内行使的一定的独立权力。摆脱大量烦琐事务之后,参政院便有可能较广泛地行使自己的领导和监督职权。各院直接由参政院管辖:凡是各院无力自行解决的事务,皆需上报参政院;个人亦可就各院拖延处理其事务向参政院控告。随着对国家建设的本质和任务等问题的思考日益深入，彼得本人就日常事务所作的部署越来越带有立宪性质，要求预先加以讨论，从立法的角度予以研究。原来要求照办无误的谕旨，如今变成了意见征询或者仅供"研究"的建议，而参政院不仅仍是执法和国家经济的最高监督机构，而且由一个负责的办事机关变成了权威性的顾问机构[1a]。彼得亲自使参政院承担起讨论法律草案和拟定新法的任务。他的谕旨不再使用果断的语气，要求的不再是照办无误，而是提出法律草案。1720年他下令不再把逃亡农民的子女随同他们的父亲一道送交有关部门，仍许"他们留在出生地"，但是，他补充说："此事应由参政院提出书面意见，斟酌是否可行，以免以后贻笑于人。"再如，1722年彼得要求参政院对不经呈奏便不能决定的事务预先加以议论，要求其在奏章中务必附上议论时发表的各种意见，"因为不经此步骤，陛下单独一人难于裁决"[16][1*]。有时[2]，彼得本人似乎也是参政员中的一员，他把自己的想法提出，供他们议论。例如，他极需开凿拉多加环形运河，可是应该如何进行，却举棋不定，难于决断。于是，他于1718年降旨参政院，内称："朕将己意附此，供尔等详议；然而不论依照朕意，抑或另选良策，此举已在所必需。"问题最后由参政院"另用良策"解决了，并不完全符合彼得的意见，这从不久后降下的谕旨即可看出。这样，参政院作为按现行法律行使管理和监督权力的政权机关，仍然是下属机构中的最高一级；另一方面，作为讨论法律草案的机构，它变成了最高管理机构的一个组成部分。与此同时，产生了确定法律形式和区别法律与普通行政命令的需要[2]。彼得[3*]放弃了由他本人和参政院下达书面谕令的权力。按照1720年2月28日的总则，根据法律程序，各院必须执行的只有沙皇和参政院的书面谕令。但是，在解释中还区分了"采取行动"的（即必须执行的）谕令，以及"解释行动"的（即确定执行办法的）谕令。在后一种情况下，"亦可下达书面谕令"，以备据之展开讨论；但是会议通过的执行计划虽经批准，若无书面谕令，仍不得着手执行[3a]。遇有需要时，参政院会同正教院有权"不经批准"即可行事：1722 年在远征波斯途中沙皇在写给正教院的一封信里表示，未经同正教院和参政院协商，他拒绝在背后对一些事务作出决定；而对另一些事务，他主张暂缓处理："上帝保佑，待朕回銮后再行决定"；至于不容耽搁的事务，正教院只需给沙皇写信"禀知即可，不必待朕批准便可与参政院协同处理。联躬远处外地，实难就所有事务下达谕旨"。显然，这封信乃是"采取行动"的谕令，而不是"解释行动"的谕令，沙皇事先许诺批准的不仅是决定，而且还有执行决定本身；否则就会或者使不容耽搁的事务失去不容耽搁的性质，或者即使预先执行，也会有将其撤销的危险。参政院既是立法的参与者，同时又是受法律管辖的最高执法机关。参政院的这一双重身份也反映在它的建立过程中。彼得未能立即确定参政院的组成人员，在这方面他曾经左右摇摆、举棋不定，他公开承认这是他犯下的错误。在建立各院时，他指定各院的主管大臣全都兼任参政员。这样，参政院便具有了各部院主管大臣委员会的形式。很难说这道谕旨是受何影响而产生的。譬如，瑞典的情况就是如此；再如，有一位制订方案的外国人也曾提出过类似的建议。但是，即使在旧的大贵族杜马，各衙门长官出席杜马会议也是常事，而取代大贵族杜马的大臣联席会议往往只是由各部院长官组成。现在重又形成了交叉的关系，这一次是彼得自己发现的：各院主管大臣作为参政员成了各院同僚的上司；而作为对参政院负责的各部院的首脑，他们却又归兼任参政员的自身管辖。不仅如此，身兼参政员的各院主管大臣既不能处理参政院的事务，又不能应付各院的事务。1722 年，奉谕旨，各院主管大臣留任于参政院，其在各院的职位另选他人担任；谕旨中补充说："此事先前考虑欠周，今理应改正"，并解释道：参政员的职责在于不断关心国家体制和法庭的公正，"作为超脱于各院之上的长官"监督各院，"而如今其本身隶属各院之内，岂能自己审理自己？"唯有三个最重要的院——外交院、陆军院和海军院——的主管大臣在特殊情况下可应召参加参政院。但是，在参政院人员组成的这种变革中又出现过一次反复：彼得不得不克服适于担任参政员的"出众"人员不足的缺陷，所以4个月之后因"人手不足"各院主管大臣奉命仍与其他参政员一样前去参政院供职，只是每礼拜比其他参政员少去两天[36][3*]。

参政院和总监 参政院[4]拥有相当广泛的特权。它奉命不断关心建设"国家体制"，建立健全至今"尚未纳入正规"尚未调整的管理机制。在彼得在位的最后几年着手进行的整个管理制度从上到下的改革当中，参政院是领导机构，在彼得这样的沙皇当政期间，在其可能的范围内，起着几乎是立宪机关的作用，它分配权力，制定法规，遵照"尽量征敛钱财"的谕令设立新的捐税，为沙皇草拟临时性的谕旨，尽力揣测立法者头脑中尚未成形的思想。未经参政院同意，任何事都不能开始，更别说完成了；参政院是皇帝陛下外出期间的摄政者；法律使它与世界上的最高权威上帝、沙皇和"全体可尊敬的人们"并列。但是，实际上很难把参政院及其成员的实际地位抬高到如此高度来进行评价，即使删除掉修辞辞藻也达不到。参政院只是专制君主意志的传达者，根本不存在自己的意志；它拥有的特权，带有管家的性质，而不是主人的性质；它享有的不是权力，而是责任重大的委托；它是管理机构的机械部件，而不是一股政治力量。若是犯有错误或者未能预先揣度出上意，等待参政院的不是一般的革职的威胁，而是主子的严惩："尔等沿袭旧有愚蠢陋习，竟敢以身试法，贪污纳贿。待尔等见朕之时，对尔等将另有特殊惩处。"对于各个机构的组成人员来说，这样的对待是罪有应得：这些人员本来就是些才能平庸的官吏；建立各部院时，即使有缅希科夫公爵、德·戈利岑公爵等地位显赫、出身名门的大臣进入参政院之后，仍然未能使参政院改善。对参政院须要加以监督[4]。参政院[5*]本身是监督整个管理机构的最高机关，对它实行监督乃是一件棘手的事；这种监督应该同所负责任的形式相一致。这些形式计有：沙皇对全参政院的警告，对某些参政员和对待一般办事人员一样课以罚金。1719年，整整有五位参政员因办事不公遭到了罚金的处分。这几种责任形式使参政院这个机关及其职位的威望在属下和被管理者的心目中一落千丈。然而，彼得不仅必须惩处参政员，而且还必须保护参政院的权威，这乃是参政院顺利开展活动的必不可少的条件。为了维护职务纪律，彼得对惹他气恼的大臣采取一种严父般的秘而不宣的惩处方法：他在自己的车工作坊里背着众人用棍子打缅希科夫公爵或类似的干将，然后再若无其事地邀请被打者共进午餐。对于参政院，他用警告代替惩处，以免张扬出去。曾经试用过各种类似的监督手段。官吏不听从上司的命令，甚至无视沙皇的谕旨，这是彼得在位期间国家管理方面真正的心腹大患，其严重程度甚至超过了旧莫斯科国的秘书官的胆大妄为。旧时的秘书官往往在沙皇下达的必须派遣书吏处理事务的第十五道谕旨上仍然顽固地批注道："奉沙皇陛下降下的本谕旨，未曾派出书吏。"不论罚款，还是撤职和"永不叙用"的威胁，甚至流放去服苦役的威胁都无济于事。1715年，参政院内设立了总监督官或称谕令监察官的职位。受委担任此职的是我们已经熟悉的尼基塔·佐托夫的儿子，陛下办公厅总长和侍从丑角的领班。这是位学识丰富的人，曾经留学国外[5a]。总监督官按谕旨"在参政院所在之处"设专席视事，记载参政院颁发的谕令；监督这些谕令的及时执行；向参政院告发玩忽职守的官吏，而参政院务必立即惩办犯有过失之人，并"最后完成"所延误之事，否则总监督官即向沙皇指控参政员。谕旨中规定的总监督官可对参政院施加的影响只在上述范围之内。总监督官的主要职责是"督使完成一切事务无误"。但是，从佐托夫的奏章里可以看出，他监督的范围在自然而然不由自主地日益扩大：负责惩办玩忽职守的官吏的参政员本人就是一些玩忽职守最严重的官吏；即使在规定的每礼拜必来的三天，他们也不到参政院来理事；三年当中他们只处理了三桩事务；他们不追缴罚金；对聚敛官的报告和总监督官本人的建议置若罔闻。1720年，对参政院施加了更大的压力，谕令加强监督，务使那里"一切井然有序，不得空发议论，喊叫喧哗等"；应该做到："事由宣读之后，可议论和思考半小时；事务如若棘手，因而申请延长时间'以备思考'，则可展期至次日；如系紧迫之事，则增加半小时或一小时，但至多只能增加三小时；沙漏计时器期限一到，立即取过纸墨，俾使各位参政员都写下自己的意见，并且签署姓名；若有参政员不依此办理，则立即抛开一切，往见沙皇禀奏，不论沙皇此时身在何处"，等等。诸君以为奉旨监督一切、维持参政院秩序者是何人？是参政院部务会议主席、首席参政员吗？不，此人乃是参政院的总秘书官休金，他只不过是参政院办公厅长官，是一名文牍人员而已。一年以后，总监督官和总秘书官的职务都委派军人担当：每月有一名近卫军的校官在参政院值班，负责维持秩序；如果有某位参政员出口伤人或者举止失礼，值班军官便可将其逮捕，关押进要塞，自然，此事须禀奏皇上知晓。按照谕旨，不认真履行上述职责的军官将被剥夺一切并处以死刑，或者受到侮辱性惩罚，剥夺官职爵位和褫夺公权。最后，又过了一年，才终于为新生的参政院这个最高统治机构找到了一位真正的监护人：这便是参政院总监。1722年1月12日颁发的谕旨确定了总监的职位。这个职位曾使彼得绞尽脑汁，费尽心机。他改变了即兴宣布授权参政院制定法律的习惯做法，他不用参政院协助，亲自苦心研究这项措施，因为这项措施正是针对参政院的，他批阅了各种草案，回顾了自己从前历次颁发的关于对参政院进行监督的谕旨——总而言之，他深入研究了此事；他不止一次修改下达给总监的指令，甚至批准之后仍在修改；这些努力的结果便是1722年4月27日颁布的关于总监职责的谕旨。这道谕旨重申了许多项过去的法令，但也包含了一些重要的新条文。首先，明确了新职位的实质："此官乃朕之耳目，为处理国事的司法稽查官。"换言之，在参政院面前，他是最高政权和国家的代表。其次，总监成了参政院办公厅的直属上司，这样参政院就失去了手脚，只剩下一只沙漏计时器，还有请求延长一昼夜"以备思考"的权力。各院因不了解情况或职权所限而不能处理的事务，以及省长和军政长官呈送的关于不由各院经管的事务的报告，都通过总监转送到参政院；归他管辖的有一些监察官，这是对参政院实施监督的主要工具。总监置身于参政院和其下属的各个机关之间；监督整个管理机构的权力由参政院转入了总监之手，不仅如此，连参政院本身也在他的监督之下。再次，总监不仅监管参政院的秩序和言谈举止，而且根据实际情况直接参与评论参政院的行动，指出其意见和判决的谬误或偏颇之处；假使参政院不同意此类指摘，总监可制止该项事务的进行，立即将其上奏君主，或者经过思索，"和认为适当的人"磋商之后再上奏，但为期不得超过一个礼拜。谕旨用委婉的补充说明为总监缓和了他个人观点同参政院集体意见发生冲突的危险性。谕旨上说：无意之中违反职责"不应视为罪过，因报告而犯有错误终归强于遇事沉默不语"，当然，屡屡犯错误"不能说不是罪过"。不仅如此，沙皇并不希望承认自己盯视参政院的眼睛是有残疾的。最后，总监拥有倡导立法的权力。在大贵族杜马时代，立法问题需按独特的程序提出：或者由沙皇本人自上提出，或者由各衙门长官——通常是杜马成员从下提出。但是，君主及其杜马——并非分立的不同权力，而是一个不可分割的最高政权。这样，立法的倡议乃是由杜马的不同有机组成部分提出的。彼得在位期间，最高政权已从撤销了的大贵族议会中分离出来，参政院拥有很大的权力，然而只限于行政管理的权力；提出立法问题仍然仅仅是沙皇一人之事。可是，彼得活动的环境不容他把立法倡议的权力操纵在自己的手中。他全神贯注于战争和对外政策，因而不能控制国内事务的过程；他能提出军事上的和财政上的要求，却不能提出立法问题。在这方面，他同样需要像曾经帮助他发明新捐税那样的"杜撰者"，设计人。参政院最接近具体事务，而且我们已经看到彼得本人是如何把它推上这条路的。沙皇拒绝情况不明就从远方颁发谕旨，他总是向参政院征询意见：在一定的立法情况下需要这样做还是那样做。但是，争吵不和、空洞争论、不善经营、玩忽职守、到1722年竟然会积攒下1万6千件悬而未决的案卷——凡此种种妨碍了参政院及时将管理国内事务的脉络掌握在自己手中。当彼得有了较多空闲时间之际，他便把立法倡议的权力授予他安插在参政院内的监管人员了。在制定法律方面，只给参政院留下一个相当被动的角色。总监一经发现尚未被法律阐明的事务，便建议参政院对之制定明确的谕令，而1722年4月17日颁发的关于保留公民权利的那道严厉的纲领性谕旨明文规定了补充法令的程序[56]。这道谕旨在所有机关——上自参政院，"下至最低等法庭"——都需置诸案端，"犹如放在审判者眼前的一面明镜"，警告他们切勿像玩纸牌一样玩弄法律，切勿在"真理的堡垒"下埋设炸弹。提出问题之后，总监向参政院提供有关该事务的资料。参政院并非单枪匹马,它召集各院一起"思考和宣誓后展开议论",然后附上自己的意见,通过总监转呈皇上,皇上对此所作的批示便成了法律。这样,整个管理机构的手轮是总监,而不是参政院。尽管总监不是参政院的成员,没有参政员的表决权,然而他却是参政院的真正首脑,监管院务会议的程序,在会上提出立法问题,评论参政院行动的是非曲直,通过他的沙漏计时器领导参政院的议论,把参政院变成一个建立在沙子上的政治设施。参政院的其他权力也同样受到了限制。在参政院属下,与总监同时设置了呈诉官和宣令局长等职位。前者负责"处理上奏呈文",接受并审理因各院拖延审理或者审理不公而提出上诉的案件,催促各院按谕令规定的期限审理案件,亲自调查法庭审案中的偏袒现象并为含冤受屈的一方仗义执言。参政院本是司法的最高监护者,但是指控各院的上诉呈状却绕过参政院,经呈诉官径直呈交君主,只是在皇上对上诉呈状作出批示之后,才把呈状移交参政院处理。宣令局长是职官衙门的续任者。职官衙门后来已纳入参政院办公厅之内,成为该办公厅的一个处。宣令局长管理贵族及其服役事宜,同时,"遇有需要时"应推荐贵族任职、代理职务和完成委托任务。参政院可安排很多职位,包括非常高的职位,但是它只能从宣令局长为每个空缺所推荐的两三个他认为能胜任的候选人中遴选[5B]。这样,这些本来似乎作为辅助工具附设在参政院的机关,实际上却在限制它,把它同社会隔离开;这些机关对参政院来说犹如一堵堵围墙,它们在保卫着这座"真理的堡垒",但同时也妨碍着它的扩展。

地方机构的新变革 中央机关的革新导致各省机关的新改组。这乃是管理体制一致性的要求。中央机构按照瑞典模式重建之后,理应使外省也与中央协调一致。况且1708年的省制改革未能实现作为改革依据的财政上的收益：无论在瞒报漏收税款方面，还是在营私舞弊方面，省长们与从前的衙门相比都有过之而无不及，以至于不得不把其中的一个——西伯利亚省省长加加林公爵处以绞刑〔5г〕。1718年彼得指示把瑞典省级机关条例的摘录送交参政院，俾使它"将其同俄国习俗结合在一起"。参政院决定建立瑞典式的省级机构。1718年11月26日彼得批准了这一决定，并指示把"对照瑞典的范例或修改后所制定的指令和其他规章"下达给新机构，从1720年起开始实行新的管理体制〔5д〕。参政院制定了新的行政区的划分办法。瑞典体制的引进者和解释人菲克在工作中起着领导作用，他坚持必须像瑞典行政区建制的情况一样，使行政区的幅员规模和事务数量同管理官员的力量协调一致。但是，按俄国衙署的观点，这种看法是不合常规的，俄国衙署担心的并不是事务过多，相反是事务不足，由于事务不足，因"办事"而挣得的外快势必减少，不论在大区还是小区，反正全都敷衍塞责，量力而为。况且瑞典和俄国在疆域大小方面相差如此悬殊，因此在省区划分上彼此不可能完全雷同。参政院勉强给俄国大地披上一件瑞典式的行政管理外衣，使新的省级建制具有了这种形式。省——原有的这个最大的单位沿袭了下来，在规模上瑞典没有可与之相对应的建制；不同于往日的只是从喀山省中划分出下诺夫哥罗德省和阿斯特拉罕省，从彼得堡省中划分出雷瓦尔省——结果共有11个省份。省的作用也有所改变：它只是个军事区和司法区，省以下的各个组成部分只有在这两方面才隶属于省公署。这些组成部分同样是尽量按瑞典形式安排组建的。省下面划分为府，府又划分为区。府代替了政务委员负责的税收区，只是要比税收区大许多：在所有的省里，府的数目总共有50个，而税收区却有146又3/5个〔5е〕。我们已知，还在旧有的省级建制时期，有些地方就开始形成府了，如今府已成为普遍存在的省的下级单位。此外,过去各府的长官、总卫戍长官,完全隶属于省长。可是,在各省的府一级行政区划条例(1719年5月29日)中,关于府的规定是:除了某些例外情况,各府"应各个独立"。这意味着府仅仅把省长作为军事长官和省法院院长而受其管辖,在所有其他事务方面,它都可以算作独立的单位。管理府的是军政长官,他负责财政、警察和国民经济等事务。在处理这些方面的事务时,军政长官可越过省长直接同中央机关联系,而省长本人作为省会所在地的那个府的长官便降到了与本省各府军政长官同等的地位。有一位省长在谈到自己地位的这种两重性时写道,他和军政长官们在各自的府里"都各自为政,谁都不在我的部署控制之内",换言之,他本人作为一府的军政长官已脱离了他这个省长的部署控制,不再能管辖他自身了。军政长官属下有地方自治公署[5*]。在军政长官管辖和监督下供职的有地方财政局长或称地方税务总监,作为军政长官的助手。地方财政局长专门负责公款收入,主持地方财政局。他的属下有负责把官家税金保管在府的金库中的司库或称地方财务官,以及负责征收公粮的粮秣官。地域行政区划的最低单位是区。参政院试图使各区在统计方面的规模都保持一律,规定每区缴赋税、服徭役的农户不得超过两千个,实际上这一点并未能贯彻执行。有些区的规模与县相吻合,有些区却包括几个县;一个县分成几个区的现象则较少见。治理区一级的是地方自治委员,按照指令细则,他担负多种职责:财政、警察、国民经济,甚至道德教育等。但是,最主要的职责乃是征收捐税,这使他成为府财政局长在区里的代理人。因此,他和府财政局长都由度支院任命。行政管理区划的基层是古老的乡村警察机关。那是由农民集会推选产生的百户长和甲长。他们须经军政长官批准,并在其监督下宣誓方能就职。他们是地方自治委员的助手,但不在官阶之内。瑞典以教区为最小的地方自治单位，中设村长，并由推选出的农民参与法庭审理和预审调查。参政院未敢把这种最小的地方自治单位移植于俄国的行政管理土壤之上，因为"在外县农民之中缺乏聪明谙事之人"。参政员们在乡村看不到在官场中习见的那种特殊的聪明人物。对这种人物当时出身农奴的聚敛官们非常了解，农民波索什科夫曾一针见血地评价说，俄国的官员大人们"认为俄国人一文不值，办任何事情都能为了一点儿钱财而拼命"，可是对于成千上万卢布的损失却满不在乎[53]。在私人拥有的土地上，真正最小的地方自治单位乃是地主老爷的庄园，远在17世纪即已如此，这种现象在彼得驾崩之后仍然延续了将近一个半世纪。

地方委员 在设置省、选区、府、区的过程中，地方上的居民们已饱受这场行政管理体制反复更改的骚扰之苦，然而他们注定还要经受第五场改制之苦。我们已经见到，随着人头税的实施，自1724年开始分配各团队分散驻扎；这个办法使得地方管理体制中又建立了一系列与之不相适应的新机构。团队驻扎在奉命供养它的纳税人中间，而这些在册的纳税人便形成了团区。供养野战军和卫戍驻军的不同团队所需的费用各不相等，相差悬殊，其差距大致在4.5万和1.6万卢布之间，从而要求征收的人头税额也相应地互有差异；因此各个团区在地域的面积和纳税居民的人数方面也互不相同，无论与府、地方自治区，还是与县的区划相比，都不相吻合：有些团区由几个地方自治区或县组成，也有些团区是由分别属于相邻几个府的地方自治区或县的一部分组成的[54]。团队在地方管理方面造成的混乱也不比在地域行政区划方面造成的混乱轻些。征收人头税和征召新兵入伍等事已不再由省和府当局的职权管辖，而委托给1723年末经团区内贵族们推选出的特别委员署理，在北方沿海各地因没有贵族，则委托给组成团区的各县的纳税居民代表经办。博戈斯洛夫斯基先生在其阐述彼得政区改革的专著里,根据档案文献查明,应把这种选任的地方委员(这是他们的正式命名)同1719年省制改革时设立、并由度支院任命的署理区一级事务的地方自治委员区分开来:两者同时并存,仅在某些地方选任的地方委员取代了"度支院任命的"委员。在供养团队这件虽然重要但过于专业的事务上,地方团体——地方自治局被动员起来协助政府,这一点在1719年改革中丝毫不见迹象,尽管这次改革为了使地方机构和职务同中央的有所区别,总喜欢给前者冠以地方自治的称号。这个称号是从波罗的海东部沿海地区的行政机构术语(诸如 Landcommissar, Landrentmeister 等)逐字翻译过来的。但是,对地方管理机构的参与并未能使古老的、在彼得军事改革的压抑下沉寂的县贵族团体振兴起来:既没有内部的小团体利益,又没有同阶层的团结协作,既没有相互承担的责任,又没有行军出征的战友感情。贵族们仅仅每年聚会一次,在团长的指挥下,清算原任委员,改选新任委员,以便让他向侵入当地生活的武装人员提供饷金和实物。这种职责不可能成为贵族小团体的利益。团长府第成了警察和财政的管理中心,它权势极大、要求苛刻,它压制地方的管理机构,给其造成混乱,而对乡村居民来说,正如我们已经看到的那样,军队的这种分散驻扎无异于100多个团队在对本国同胞直接进行侵犯。

地方司法机关 我还要顺便指出1719年省制改革的另一个特点。这个特点作为改革思想的特征比作为国家体制的实例更为引人注目:在省级管理机构中出现了前所未有的特殊的司法机关。1719年1月8日的谕旨命令设置9个钦派法院,或者像另一些文件里所写的客籍法院。除这9个以外,还有叶尼塞斯克和里加的两个客籍法院[5K]。在11个司法区里只有5个同省吻合一致;彼得堡、里加、西伯利亚等三省各有两个客籍法院；然而阿尔汉格尔斯克省和阿斯特拉罕省却连一个也没有。最低一级乃是两种初等法院：其一是若干人组成的法院，称作府法院；另一种是一个人负责的市法院，或称地方自治法院。前者设置在最重要的城市，由府审判长主管，下设几名陪审官，后者只管辖次要城市及其附属县治，由一人负责。瑞典的法院建制同样作为俄国仿效的范例。在这里首先体现了彼得贯彻分权思想的意图，即把司法与行政分离开来。但是，在旧时代人们的头脑里去发掘自己喜爱的思想，必须慎之又慎。对于计划和行动细则的制定者来说，分权思想大概并不陌生。可是彼得却未必会把法院理解为不受外来压力左右的独立的特殊国家管理机关。更有可能的是他尚未摆脱古罗斯固有的对法院的看法，仍把它看成同一行政机构的一个分支部门，而且在旧的衙门体制下存在过数种专门的地方司法衙门，在彼得时期它们融合成了一个全国性的司法院。与此类同的是在1719年省制改革时，着眼点并不在于把法院从行政机构中分离出来，而在于尽量按照事务的性质使行政机构派生分支。彼得为了提高办事效率，考虑在一些最重要的管理国内事务的院下设立特殊的地方机关，度支院和司法院各有自己的一套机构。他把法院同行政机构分离开，如同把征收钱款的财政局长所属部门同征收粮秣的粮秣官所属部门分离开一样。搬用外国的机构要比掌握作为设置该机构依据的思想容易些。这种差别直接影响了省级司法机构的命运。1719年设置客籍法院之际，11个客籍法院当中有7个法院院长是任命省长、副省长和军政长官等地方行政机关的首脑担当的；到1721年这已成为惯例；1722年初级法院被撤销，司法权又重归府军政长官一人独揽或者由他与陪审官共同行使。在这方面，外来的思想也与当地的习俗发生了冲突；法院和行政机关在行动上各自为政，这只能导致它们内讧：省长和军政长官干预司法院的事务，司法院于1720年痛心地抱怨："他们对案件的审理进行阻挠、抵制，不服从判决。"[5"]这样，改革从旧有的被认为不适用的县军政长官开始，经过一段试图按外国方式安排的迂回曲折的道路，最后又回到了军政长官上来，只是把军政长官从县转移到府而已。

市政公署 最后，继部院改革和省级改革之后，又按同样的外国模式改组了城市阶层管理机关，同样相应地做了适合本国情况的改动。1708年的省级改革把莫斯科市政局改变成莫斯科市参议会，撤销了市工商会及它们的地方自治机关，免去了将这些工商会联合在一起的高等阶层机构的选任总管。如今，重又决定恢复这一联合中心，借以"重新修复全俄商界这座分崩离析的大厦"。同对待其他事务一样，彼得最初也以为办这件事轻而易举。菲克曾经建议：必须建立市政公署并为之配备精干的下属机构。对于这一建议，彼得于1718年未加深入思索就批示道："以里加和雷瓦尔的细则为基础，各城市均应建立此种市政公署。"嗣后，在一年半的过程中一事无成。1720年年初，特鲁别茨科伊公爵奉命在彼得堡建立市政公署，然后将在其他城市推广，也按此模式建立同类的阶层会议制机关。然而在1720年，这方面一无所获。1721年初，为这个未来的标准市政公署制定了章程细则，据此它被称为市政总公署，直属于参政院。总公署及其总长特鲁别茨科伊公爵应负责建立各个市政公署，授之以工作指令，并领导它们。1721年过去了，依旧是一事无成。1722年年初，彼得用将处以苦役流放相威胁，命令办事不力的总公署长务必在半年以内把事务完全办理完毕；但是，下达给各市政公署的详细指令直到这一限期届满之后又过了两年半方才制定出来。市政公署管理机构的建立和对纳税工商业居民新的等级划分紧密相关。这部分居民的上层形成了两个等级：属于第一等级的有银行主、"知名的"大商人、医生、药剂师、高等行业的技师；属于第二等级的是小商贩和普通手工业者，这些人当时奉命组成了行会。所有靠受人雇佣和干粗活为生的工人都被划入贱民这个第三等级。贱民，在给市政公署的指令上虽然也被视为公民，但不能划为"知名的和正规的公民"。我顺便说一句：所谓贱民，在当时只是指处于上层阶级之下的低等阶级，并没有道德低下令人厌恶的含义，这种含义是后来才有的。市政改革把城市各个社团联合在一起，改变了市政管理的性质。根据1699年的谕旨，推选的地方自治总管任期为一年，市政公署成员则没有限期，乃是常任的：显然，体会到了城市管理官员保持相对稳定的必要性。总管一职，由整个工商业者行会在有各等级工商业居民参加的工商业大会上推选产生；市政公署的成员则按细则只由市长和"缙绅名流"选举，而且只能从"一等商人"即第一等级中选出。在规模较大的城市，市政公署机关由一名市议会议长、数名市长和市议会议员组成。市政公署的活动范围远比从前的地方自治局广泛；在大城市里，市政公署在本社团中拥有司法权，其权限与高等法院相埒，不仅处理民事案件，而且审判刑事案件；只有死刑的判决，须报请市政总公署批准。对于市政公署来说，市政总公署也就是最高的上诉审理法院。这些市政公署还管理城市警务和城市经济，有责任关心增加手工工厂和手艺行当的数量，兴办市立小学、养老院等。根据指令，市政公署不得独断专行，处理许多事务时都须同公民或者他们的代表商榷。为此，各个同业公会都从自己人中推选公会会长，再从公会会长中推举总会长。凡遇有重大事务，市政公署须召请各个公会推选出的代表以及公民本身进行"公民协商"，向公会总会长征询有关城市福利的建议，"许可"公会会长和总会长变更税额，"取得公民一致同意"后遴选收税人。但是，市政公署召开的旨在协商涉及"全体公民"事务的公民会议只有高等公民及其公会会长和总会长才能参加。即使他们,在会议上也仅仅有发言权。至于不属于"正规的"、享有全权的公民之列的一般工人,他们只能通过自己的总会长或甲长向市政公署递交"呈文",就自己的疾苦提出申请。市政公署改革的所有这些特点使得参加公会的公民成了城市社会的统治阶级、城市的缙绅阶层。但是高等商人阶层的地位远在彼得登基之前即已因财政制度而形成了,如今只是使其合法化而已。按照公共分摊办法,这些商人承担最大的税额和最沉重的徭役公差。他们以雄厚的资本援助本市市民,从而在处理城市公共事务方面自然而然地拥有举足轻重的发言权。但是市政公署改革也建立了市政公署本身对待城市平民所持有的前所未有的关系。市政公署没有代替推选产生的市政当局、公会会长和总会长;而是凌驾于他们之上,拥有新的司法和行政权力。市政公署也是由那些推选公会会长和总会长的属于公会的公民选举产生的,它甚至有义务遇事同公会会长和总会长协商,然而,与此同时它却对他们发号施令,支配管辖他们和所有公民,即它的选民,作为一级政权的市政公署在常任不替的情况下便成了城市社会的长官,不再是它推选的代表了:在1721年细则和1724年指令里市政公署的成员径直被称为公民的"实际长官"。在如此安排市政公署的情况下,其成员,这些经推选产生的市议会议长、市长和议员就变成了一般官吏,法律本身把他们引上了仕途,使他们能够凭着辛勤任职沿官职等级表步步高升,市议会议长凭着政绩甚至能被提拔为贵族。凡此一切使得市政公署与公民们,尤其与城市劳动群众疏远起来。这样,彼得以等级的地方自治局开始设置城市管理机构,却以等级官僚的衙门式的市政公署结束了这场改革[5M]。之所以如此急转直下,乃是由于彼得对城市自治制度所担负任务的看法有所变化。1699年,他注重的是建立最为有利的征收官家税金的制度，使城市纳税人免遭军政长官们的横征暴敛、盘剥压榨。到了1720年，在着手市政公署改革之后，他的观点已经从狭窄的关心国库收入的角度转变为比较宽阔的关心整个国民经济的角度：他已懂得必须扩大和深化国家收入的财源本身，而不是简单地想方设法把源泉吸干；但是，为此需要借助外国的手段方法才能获得比较深厚丰富的财源。这种为俄国城市所需的手段方法他在市政公署身上找到了，或者别人指给他看了，因为在西方，市政府把城市管理得十分出色。彼得深信唯有生活富裕的人民才能向国库交纳稳定可靠、数量充足的钱款，因此除以前固有的征缴国库税收的职责以外，他还让市政公署承担增加手工工场、普及文化、组织社会救济等重要的经济和教育职能。完成这些任务已非城市市民连同他们推举的城市总管所能胜任。于是，彼得把主持城市事务的大权转交给由"知名"商人当中那些"德才兼备、德高望重的人"连同从他们中间推选产生的任期无限的权力部门，使这些人和部门有能力得到人们的服从和敬畏。市政公署细则规定，俄国市政公署应"克己奉公，忠于职守，以便能与别国的市政府一样享有盛誉，备受尊重"。显然，彼得心目中有一个有财有势的西方资产阶级的幻影在活动。然而，他的指望化成了泡影，市政公署的市长们原来并不比地方自治局的总管强些；但是，在这方面犯有过错的已经不止彼得一人了[5*]。

我终于结束了管理体制改革的概述。这个概述本可以简短一些，但是我没有致力于缩小它的篇幅。彼得在这一领域的活动遭受的失败最多，犯过不少错误；然而这并不是转瞬即逝的偶然现象。改革家的失败在他死后变成了我国生活中的慢性痼疾；政府的错误一再重复，变成了一种技术熟巧、一种与执政者形影相随的恶习；无论是失败，还是错误，后来都被奉为伟大改革家的神圣遗训，尽管他本人有时意识到了自己的失败,并且不止一次承认自己犯了错误。这些管理方法和习惯是彼得在位时由实际形势逼迫而形成的,但是它们并未能满足该形势的要求。彼得逝世后,它们仍在俄国生活中持续了将近两百年之久。对于这些管理方法和习惯,必须认真地弄清其来龙去脉。

新机关的基础 首先请回忆一下1717年彼得和他的臣僚们在席间的一次交谈,当时多尔戈卢基向彼得指出,与军事、外交方面已取得的成就相对照,他在国家立法和内部建制方面做得还很少。191 正是从这一年起,彼得着手加强立法工作:在五六年间取得的成就远远多于在此前后五六十年来做出的事。各部院的建立;参政院的改建,确切地说,它的建成;第二次省制改革;法院的设立;市政公署的改革——这一切使管理体制在彼得活动后期得以最终定型。经过一再的动摇后退、左右摇摆,通过忽而在这一管理领域、忽而在那一管理方面开展的部分的和反复的改造措施,终于开始显现出管理体制改革的考虑填密的原则,或者在摸索中达到的改革的目的。这就是:(一)比较准确地划分了中央的和外省的管理机构,而这在旧的莫斯科国的制度里规定得非常不明确;(二)无论中央的,还是外省的管理机构都作出了有条不紊的按事务性质分设部门的试点,坚定不移地作出了法院在管理机构中占有独立地位的尝试;(三)旧的莫斯科国行政部门未能实现机构的部院建制,如今这一倾向在中央一级贯彻得相当坚定,在外省一级却不够成功;(四)原想为中央各部院建立各自的地方执行机关,但这一想法未能完全实现;(五)实现了三级的省制划分。

中央和外省 彼得不仅划分了中央的和外省的管理机构,而且试图按不同的原则建立这两类机构。导致他如此办理的是莫斯科国政府机构相当独特的社会组成成分。从这个方面来看,应该区分开两种类型的管理机构：等级贵族的管理机构——由一个或几个统治阶级通过其遴选的代表主持管理事宜；官僚的管理机构——最高当局把管理委托给谙习事务的或者公认为内行的人主持，而不论该人是何出身。在第一种类型的管理机构里，主要任务当然是实现和维护统治阶级的利益；第二种类型的管理机构很长时间被认为是甚至现在也有可能令人以为是理论上较便于实现和保障国家和人民大众共同利益的机构。旧的莫斯科国的管理机构的成分和性质混杂不一。从机构建制、行动手法、对待最高君主陛下和受其管理的社会的态度等几方面来看，它类同于官僚类型：其领导机关是最高当局任命的皇家官吏；他们按公署程序处理事务，社会则全然没有或者只是极其微不足道地消极地参与其事。我们已经看到，在17世纪，地方自治机构——从乡长到缙绅会议——的自主活动逐渐销声匿迹了。但是[6]，根据人员组成来看，这种行政管理机构却是等级贵族类型的：其中的领导成分由世袭享有特权的服役特权阶级的人员组成。秘书官和书吏、平民出身的办事官吏、衙门人役——即官僚机构本身的人役——这些人都是供人差遣的下属文牍人员；地方自治局的和纳税居民的当选代表或者应邀代表仅仅是管理机构的辅助工具，只是负责执行政府交予的财政方面的委托而已。这就是说，旧莫斯科国的管理机构带有双重性质：可以称之为等级官僚类型的。彼得着重赋予管理机构的便是双重目的：(一)建立国家的军事力量和财政资金；(二)安排国民经济，提高人民劳动生产率，将其作为顺利达到军事财政目的的必不可少的手段。显然，这是两个本质不同的任务：前者乃是国家的基本大业；后者同社会的关系要更密切些。正是根据这两项任务的特性，彼得改组了他称之为"没有章法的"旧莫斯科国的管理机构。彼得一方面没有摧毁旧管理机构建立其上的双重性基础，另一方面却试图分解开这个等级官僚基础的组成成分，为它们分别规定特殊的管理范围：有的管理范围具有官僚性质，有的则纳入等级成分。实现和保障全国利益，建立军事力量和财政资金——彼得把这些职责委托给中央管理机构。这项任务要求行政管理机关具有相应的知识、技能，要求其人员受过一定的技术培训，可以不考虑其出身造成的社会地位如何。这样，中央管理机构就由官僚成分组成了：在这里既看不到有社会人士参加，也看不到有按等级遴选的办事官员。彼得在位期间，占据最高政府职务的既有世袭的大贵族，又有彼得过去的宫廷内侍；既有不同世系级别的贵族，又有"幸运的非名门出身者"；既有往日的书吏，又有很多外国异乡人。彼得认为外省管理机构应完成的任务乃是在中央机构统一监督之下直接地领导国民经济。在国民经济中起举足轻重作用的是两个阶级——务农为本的贵族和高级商人，因为他们手里集中了国内两大主要资本：土地资本和工业资本。国民经济就靠这两大资本支撑，国家的经济也全赖这两大资本的运转提供滋养。彼得把关注国家最高利益的重任委托给中央机构及其办事官员。为了保障在他执政期间繁荣国民经济以获取更多的利益，他试图吸收这两个阶级有效地参加地方管理机构，从而使地方管理机构带有了等级贵族体制的性质。乡村和外省的贵族、城市有等级的公民——这就是在地方上处于主导地位的两支社会力量，他们应该和中央管理机构的地方机关携手一道领导人民的劳动。换言之，管理机构改革的性质与其说是政治的，毋宁说是技术的：新的制度并没有引进新的基础，而是把管理机构先前浑然一体的各个成分分散到它的不同范围中去，使旧的基础按外国行家的指示借用外来形式组成了新的结合。这样新的管理机构大厦就用旧的材料建成了——这种手法在彼得改革活动的其他领域中也可以看到[6]。

细则 管理机构[7*]最后的几次改革都经过了深思熟虑的准备。

为各个机构和每一个职位——从参政院到地方委员和林务官——都制定了指令和细则。这大半都是瑞典的或波罗的海东部沿海地区的章程的译本或改写本。其基础是广泛理解管理任务的严格的国家观点。这些指令和细则逐项详尽地阐明机构的组成，经办事务的范围、职务、责任和公文处理等。尽管这些细则来源于外国，但它们却反映了彼得晚年的政治情绪，这是它们的主要意义所在。菲克和柳别拉斯制订的名目繁多的计划方案和种种条陈，瑞典各部院的章程和公报——这些材料彼得未能一一过目；但是，他积极参与了细则的编制，密切注视行政改革的进程。这些工作将他引入了一个他从前无暇认真考虑的那些概念和问题的领域。他开始感到自己与所处的地位很不相称，于是变得比较尊重他人的意见，比较易于承认自己的疏忽了。经过反复思考，他的政治意识发生了转变。先前他只是相信人的作用，如今却越来越深入地体会到国家机构的威力，体会到这些机构在对人民进行政治教育方面的作用。他从前就了解进行这种教育的必要性：在1713年的一道谕旨中他表达了一种思想，即为了防止蓄意破坏国家利益，"务必把国家利益向人们阐述明白"[7a]。现在，他看到进行这种阐述乃是法律和机构应承担之事。要使这种机构的结构本身就能限制官吏们的恣意横行，使机构的实践能激发人们的法制观念和增进对国家利益的理解。彼得认为，他的新法院和各部院一定能胜任此事，他表示确信，每一个人都可以指望这些机构为之伸张正义，而不必再为此去求救于君主陛下了。

新机构的实际情况 表示这种信心未免为时过早。这些细则和指令包含有广泛的国家任务，然而它们对于下达的对象却并没有引起立法者本人所得到的那种印象。在我国的法律当中，这些细则和指令仅有纯学院式的政治条例意义，根本没有成为行政管理的规范。改进了的管理机构形式未能立即改善管理者本身。新的机构还不适合当时的历史条件,它们要求有受过培训、遵守纪律的办事官员,而这种人员在当时现有的公职人员贮备当中是没有的。彼得如同一位精打细算的母亲,她为自己的小孩子缝制的衣服要比他们的身材宽些、长些:等他们长大,衣服就会恰好合体。可是,彼得的这些当官的顽童——各级官员,未等身材长到适合衣服的尺码就已经把衣服撕成了碎片。从办事文牍的档案文件里可以发现,新机构的实践并没有实现它们的建立者的原有意图。首先,很难找到可供安插到大量新职位上的合适人选。彼得不得不违心地求助于聘用外国人。1718年菲克曾提出过类似的建议,彼得在他的建议上批示说:不必外聘,要"就地取材"。于是,到处搜罗本国人才:在贵族聚会上推选有用之才,任命他们到高等法院和其他机构里供职。宣令局长担负起按各部院的申请从贵族中选拔任职人选的职责。同时有必要培养后备的公职人员。又是那位菲克上书彼得,指出:"不难培训俄国子弟",使之供职——只需开办相应的学校即可。对此,彼得答复说:"建立学院",而当前要寻求俄国的饱学之士并翻译法学著作。在寻觅合适人选的过程中,彼得动用了一切现有的手段。他忽而置等级偏见于不顾,下令从识文断字的奴仆中招募军官;忽而又顺应偏见,命令从贵族阶级里选拔办事机关的秘书[76]。贵族子弟都被安排在各部院里当"士官生",以培养办事能力。军役职务和民事职务相互竞争,这给补足各个部门的编制造成困难。向各种民事职位输送人选的主要阶级,同从前一样,仍是贵族;但是贵族当中服役最干练的人都被征召到军团里去了,给衙门和办事机构剩下的只有休假的、退役的或者长期滞留庄园从未起用过的贵族。除此以外,新的机构设置了大量新的职位:彼得执政末期的参政院总秘书官基里洛夫在其统计著作《全俄罗斯国的繁荣状况》(1727)

里计算：在各个部门，在 905 个办公厅和办事处里供职的长官、办事官员和行政监事共计 5110 人。但这个数字未必达到实际人数[7B]。然而，随着职务编制的日益繁复，由于舍不得支付新的开支，便允准公职人员挣些"外快"，但必须以监察部门不能察觉为限，使之与贪污有所区别：缺钱时甚至扣发官吏的薪金，扣发数量可多达 25%。除此之外，还没有能满足时代需要的法律汇编。1649 年的旧刑法典早已陈旧：它早已为一层层新的法律所掩盖。1700 年，成立了一个由高级官员组成的委员会，增补这个刑法典；委员会忙碌了一阵子，却一事无成。自从成立参政院以后，法典编纂工作便由它承担起来；但是，多年以来它也同样踏步不前，毫无进展。1719 年年末，在瑞典热时代，参政院奉命制定法典，方法是从瑞典法典和本国的刑法典中选择有用的条文，需要时，"制定新的条文"；责成它必须在 1720 年 10 月底将此事彻底完成。要在 10 个月之内完成在此之前 20 年未能完成和在此之后 100 余年也未能实现的事业，这谈何容易！在缺少准备、惯于敷衍塞责、没有职务纪律等方面，参政院为下属管理机关作出了榜样。根据 1719 年参政院的各省公文发送统计表可知，从彼得堡发往沃洛格达的多少公文竟是绕大弯经过阿尔汉格尔斯克送达的！参政院中爆发了一场场残酷的明争暗斗，演出了一幕幕丑剧闹剧：参政院厅务总监斯科尔尼亚科夫-皮萨列夫同其上司参政院总监雅古任斯基势同水火；副一等文官沙菲罗夫男爵与一等文官戈洛夫金伯爵冰炭难容；出身名门望族的两位参政员、世袭贵族戈利岑公爵和多尔戈卢基公爵，和非名门出身、但皇上恩赐贵族称号的缅希科夫公爵不共戴天。这些人全都带着个人恩怨和宗派之争请求沙皇给予仲裁。参政院召开的会议往往变成一场对骂；彼此骂对方是盗贼。有一次，高官显贵们会聚在参政院总监的私邸，庆祝 1722 年攻克杰尔宾特的胜利。一个以前曾经两次同司法院检察官动过手的参政院厅务总监险些与副一等文官酿成武斗。接着，二人竟向沙皇和皇后控告对方，一个自我辩白说自己当时喝醉了，另一个则说他醉得更厉害。风气既然如此，参政院自然很难严格主持公道，所以缅希科夫公爵有一次向所有在场的参政员宣称，他们是在空发议论，置国家利益于不顾。不仅如此，参政员中很少有人能因没干过肮脏勾当而躲过法院的追究或不受人们怀疑，就连雅·多尔戈卢基公爵也不例外。参政院的揭发者缅希科夫本人也是参政员，在贪赃枉法方面他同样不甘落在同僚们之后。这个出身寒微、蒙受彼得荫庇而暴富起来的人变成了贪污受贿的老手。彼得斥责教训这个宠臣，多次用棍子打他、威吓他，可是一切都枉然无用。缅希科夫在自己周围豢养了一伙贪官污吏，这些人靠盗窃国库大发横财，同时也使自己的主子发家致富。在他们当中，彼得堡省副省长科尔萨科夫与两位参政员沃尔孔斯基公爵和阿普赫金公爵曾当众受过鞭笞刑罚。至于缅希科夫，他是靠和彼得的多年友谊与叶卡捷琳娜的一贯袒护才得以免遭严酷的惩处。叶卡捷琳娜之所以能当上皇后，全赖缅希科夫的帮助。一次，彼得被这个宠臣的罪恶勾当气得大发雷霆，他对又为缅希科夫求情缓颊的叶卡捷琳娜说："缅希科夫是个私生子，他母亲在罪孽中生下了他，他早晚会因为弄虚作假而丧命的。他若不改过自新，迟早会掉脑袋。"缅希科夫的家私，如若换算成我们现在的币值，有上亿卢布之巨。在这种来自参政院的高度庇护之下，盗窃国库和贪污纳贿等行为的严重程度是空前未有的——但未必能说是绝后的。彼得对此百思不得其解，他思索怎样才能当场一举截获"袖筒里授受"的国库钱财。一次，彼得在参政院听取有关侵吞公款的报告，不禁勃然大怒，盛怒之下立即吩咐颁发一道谕旨，宣布：如果有人侵吞国库款项，其数额只要够买一条绳索，那就用这条绳索绞死他。沙皇在参政院的眼睛——总监亚古任斯基反驳彼得说:"陛下,难道您想成为没有臣民的孤家寡人么?我们全都侵吞过,只是有的人比别人多些,惹眼些罢了。"彼得听罢只得苦笑,这道谕旨也就不了了之。彼得在临终的那一年格外注意有关侵吞国库的诉讼案件,为此专门任命一个委员会。据说,专门负责禀奏这类案件的总监察官米亚基宁有一天请示沙皇:"是只砍枝丫,还是把斧头直接砍向树根?""连根砍掉,"彼得答复说。今天讲述此事的外国人福克罗特当时恰好在彼得堡。他据此认为,假如沙皇再多活几个月,全世界就可能听到很多令人震惊的死刑。彼得在生前的最后几年里颁发了一系列充溢着反常情绪的诏书。这已经不是内容简短、措辞激烈的命令,而是冗长烦琐、内容泛泛的说教训词。在这些诏书里,彼得或者抱怨办事机构普遍散漫怠惰;或者为谕旨遭到忽视而伤感,因为这将危及国家,最终将会导致国家像希腊君主制国家一样崩溃;或者絮絮叨叨地诉说,无数私人的请求说项搅得他不得安宁;说在残酷的战争中,他不可能事事亲自照看:要知道他不是天使,即使是天使也不可能无往不在,每个人都各有所司、各有任所:"一处有他,别处就没有他。"[7г]这些诏书流露出的愤怒而悲痛的口气,令人联想起他晚年肖像的面部表情。

强盗 这些新机构脱离了原来的环境移植到概念和习俗都不同的异国土壤之上,在专横、暴力的气氛中,根本得不到适当的营养。市政公署工作细则表示:希望市政公署能像在其他国家一样受到尊重。科洛缅纳市政公署由一名市议会议员、三名总管和一名市长组成。其中一名总管被过路的萨尔特科夫将军打得半死。另一名总管连同市议会议员和市长也饱尝了护送波斯大使的尉官沃尔科夫的一顿老拳[7д]。侥幸躲过灾祸的那一名总管向上报告说,由于遭受毒打的人行动不便,他一人孤掌难鸣,难于应付所有事务[7*]。对于[8]这些专断强横、庸碌无能的上司老爷，下属人员只有两种自卫的手段：欺骗和暴力。复查人头税登记情况时发现竟有150万人隐瞒未报，约占纳税人口总数的27%。一道道谕旨接连降下，严令搜寻逃亡者，可是逃亡者却公然整村整村地生活在那些势力强大的莫斯科老爷家优惠村镇的宽敞宅院里——生活在皮亚特尼茨卡娅、奥尔登卡、阿尔巴特门外等处。逃亡者的另一个藏身之所是大森林。据彼得时代的记载，当时的盗匪空前猖獗。一帮帮匪徒由逃亡士兵率领，组成了一支支组织严密、装备精良的骑兵部队，"按正规方法"抢劫掳掠，毁灭人口稠密的村庄，拦路抢劫国库税金，并进入城区活动。有的省长甚至不敢在委其管辖的地区巡视旅行。彼得堡省省长缅希科夫公爵本人曾经表示他有能力开凿拉多加运河，然而他竟毫不羞惭地向参政院宣称他没有能力对付本省的强盗。抢劫，这是下层对上层所施行的暴政作出的回答。一方面无法无天，庸碌无能；另一方面丧失理智，陷于绝望之中，这是二者进行的恶性循环。首都的衙署官吏、过往的将军、偏僻地区的贵族——他们都把严厉的改革者降下的谕旨抛到九霄云外，置之不理。他们同大森林中的强盗一样，极少操心，极少想到在首都还有行使半专制君主权力的参政院和9个——后来增至10个——按瑞典模式建立起来的部院，以及彼此有条不紊地分工的部门在开展活动。威严的法律外表掩盖了普遍的威令不行的混乱状态[8]。

第六十八讲

彼得大帝改革的意义——关于改革的几种常见的论述——论述的摇摆不定——索洛维约夫的论述——这些论述与同时代人印象之间的联系——几个争论问题：（一）关于改革的起源；（二）关于它的准备；（三）关于它的作用的威力——彼得对旧罗斯所持的态度——他对西欧所持的态度——改革的手法——总的结论——结束语

彼得大帝改革的意义 我对彼得的改革活动所作的概述远非完整可言，我没有涉及社会福利和国民教育等方面的措施，也没有谈到人民的概念和习俗的变化，总之没有谈到人民精神生活中发生的变化。我之所以没有涉及这些措施和变化，是因为它们或者不属于改革的直接任务的范围，或者在这位改革家生前还未及显现出其作用为何，或者社会上只有某几个阶级对其有所感受；到一定时候，我将试图对这些空白聊作填补。我曾经说过，从出发点和终极目的来说，这场改革是军事的和财政的性质，所以我的综述只限于展示那些出自上述两重目的，涉及社会上所有阶级，对全体人民有所影响的事实。我认为利用这些事实，就有根据来论述彼得改革活动的意义和性质——至少可以从其活动的某些方面来论述。

关于改革的几种常见的论述 关于彼得改革的意义何在的问题，在相当大的程度上是一个涉及我们历史意识的变化问题。在[1]将近200年的过程中，对于彼得的活动，我们写出了很多，并且谈论得更多。人们认为每当从谈论我国历史的个别事实转而谈论它们之间的共同联系时，就必须针对彼得的改革发表些看法。每一个想多少以哲理眼光观察我国历史的人都认为就彼得的活动发表自己的论述乃是事关学者声誉的要求。甚至我国历史的整个哲理都常常只归结为对彼得一世改革的评价：经过学者们的所谓"浓缩"，俄国历史的全部含义被压缩成了一个问题，即彼得一世的活动有何意义，经他改造后的新俄国对待旧罗斯持何种态度的问题。彼得一世的改革成了我国历史的中心，它包含了过去的结果和未来的萌芽[1]。从这个观点出发，经过简化的系统整理，我国的历史分为两个阶段——彼得一世之前的旧罗斯和彼得一世时期及彼得一世之后的新俄国。对于[2*]彼得的活动议论不一，看法各异；但是，很长时期以来，这种分歧的根源根本不是对其研究和理解的结果。从彼得逝世起，到1864年索洛维约夫的《历史》第十四卷问世为止，在这140年的过程中，对改革的历史研究几乎可以说一无进展。直到18世纪末，库尔斯克商人戈利科夫出版了名为《彼得大帝行述（补充版）》（1788—1798年）的内容广泛的彼得生平事迹资料汇编。但是，即使这样一部著作，对同时代人的历史意识的影响也微乎其微：正如索洛维约夫所说，这是对改革家唱出的长达30卷的颂歌，是一部歌功颂德之作，然而它过于粗糙，加以篇幅浩瀚，很难引起人们研究彼得改革的兴趣；况且溢美之词也使人难于理解作者为何要赞美改革家[2a]。在整个这一时期，不是通过深入研究使改革从内部向外放出光彩，而是从外面把它照亮。人们仅仅凭着改革给他们留下的印象来评论这一改革，而印象的形成总要受到当时情绪的影响，受到外来思潮造成的社会气候的影响。

论述的摇摆不定 改革家彼得逝世以后，受改革驾驭并被他的为人所折服的社会对待他的活动久久地持有一种可以称之为虔诚崇拜的态度。曾在彼得左右生活过 20 年的普通车工纳尔托夫后来回忆说："彼得大帝虽然离开了我们，但他的精神将永远活在我们心里，我们这些有幸追随这位君主左右的人至死也忠于他，我们对这位人间神圣的热爱将随着我们的肉体一道埋葬。"[26]罗蒙诺索夫称彼得是像上帝一样的人。杰尔查文问道：

莫非是上帝以他的形象从天上降临人世？

但是，杰尔查文的一些醉心于法国哲学的同时代人却已开始用不同的眼光来看待彼得的事业。这些学者习惯于抽象的社会构造和纯理论道德的极精致的题材，他们自然不可能喜欢改革家的活动，因为彼得所做的是军事和国家经济的最具体的微末小事。在他们眼中，彼得的活动过于低级，注重物质，这无论对于彼得的智慧还是他的地位都是不相称的。他们常常喜欢通过并列对比彼得一世的改革和叶卡捷琳娜二世的活动来表达这种观点。赫拉斯科夫歌颂道：

彼得只给了俄罗斯人躯体，
叶卡捷琳娜赋予的才是——灵魂。

当时的上流社会曾赞赏过好几位身居御座的哲学家，这样的上流社会不喜爱扮演粗工角色的沙皇[2*]。当[3*]对改革的评价里掺入了道德的和民族的主题时，问题就变得复杂了。谢尔巴托夫公爵在其札记《论俄国道德风尚的沦丧》里承认彼得的改革是需要的，但也许是过分的，认为它符合人民的需要，但过于激进，涉及的侧面也多得过分[3a]。彼得不满足于立法、军事、经济、教育等方面必需的革新措施，他还力图改正私人的日常生活，提倡礼貌客气，缓和粗野的古老习俗，然而这种缓和却导致了放荡不羁，为后来极度的道德败坏埋下了祸根。1780年，达什科娃公爵夫人在考尼茨公爵家的午宴上把彼得对造船及其他手艺的热情斥之为不值一提的小事，指责彼得做这类事与其帝王身份极不相称。谈话间她向交谈对方承认，如果彼得真的具有伟大立法者的智慧，他就会待以时日，正确地逐渐贯彻他强制实现的那些改良措施；如果他能珍视我们祖先的优秀品质，他就不会用外国的习俗来歪曲他们个性的独特性。这位只尚空谈的有文化的贵夫人是科学院的一个所长，她只能以如此高尚、如此爱国的观点来看待彼得从事的粗重的工作。上一世纪给俄国带来了新的思想潮流和对彼得的新看法。法国革命造成了对政变的恐惧，对旧事物怀着像老年人那样的眷恋。卡拉姆津就是这种转折的鲜明代表和颓唐的保守主义勇敢的表达者，在他心目中彼得完成的急风暴雨般的激烈破坏仿佛就是革命。早年，在青年时期，卡拉姆津赞同世界主义的主张：在全人类面前某个民族的一切都是不值一提的小事，出于这个论点，他歌颂了彼得的启蒙改革，认为那些指责彼得改变了俄罗斯性格、抹杀了俄罗斯道德面貌等等的说法都是可怜的诉苦。然而，20年后，在论述古代和现代俄国的《札记》里，他本人却变成了可怜的诉苦人，哭哭啼啼地抱怨说，从米哈伊尔沙皇时代开始的民政机构和习俗的变化本来进行得按部就班，平静稳妥，几乎不为人们察觉，既不急躁激烈，又不强制专横，可是突然之间，作为国家道德力量的国民精神竟遭到了急遽的压制，而这种压制阻止了平稳变化的进程。这种行为，纵然是出于专制君主，那也是一种非法的暴力："我们成了世界公民，但是在某些情况下再也不是俄国的公民了。全部罪过就在于彼得身上。"[36][3*]法兰西革命[4]和帝国争夺政权的暴力激起了愤怒的感情。这种感情促使欧洲发生了复辟，重又返回到了旧的时代。法国的复辟引起了民族运动，欧洲各个被镇压的分崩离析的民族奋起争取恢复自己的政治独特性和完整性。由于这种民族情绪的高涨，彼得的改革不得不经受新的指责[4]。在[5]上一世纪30—40年代重又掀起了一场关于古罗斯与新俄国的论争。西欧派为俄国指出的是西欧走过的文化之路，彼得把俄国推上的正是这条道路。斯拉夫派，尤其是霍米亚科夫反击西欧派时，重复了从前的责难，还浓墨重彩地强调了卡拉姆津刚刚指出的改革的罪恶，说它使有教养的社会——即霍米亚科夫将其比作被抛于野人国的欧洲移民村——脱离了俄罗斯人民，脱离了人民的传统和习俗，从而造成了俄罗斯人民道德生活的崩溃。生活的基础，不应在这条西欧道路上寻找，甚至不能像谢尔巴托夫公爵和别的"俄罗斯爱国者"那样在彼得一世之前的本国历史里寻觅，而要到俄国现存的未受到改革及其西方启蒙思想触动的那部分去寻觅。

索洛维约夫的论述 就这样，彼得的改革成了一百多年来砥砺俄国历史思想的磨刀石[5]。我们[6*]看到，随着一个又一个罪名加在这场改革的头上，进行着双重工作：对彼得之前的罗斯加强理想化和对神秘莫测的国民精神顶礼膜拜或者发掘寻觅。这两桩工作都进行得很轻松，没有过多的学术探讨之类的负担；机敏周到的猜测被当成历史事实，异想天开的幻想被奉为人民的理想。论述彼得改革意义的科学问题变成了在报刊上和沙龙中展开的有关旧罗斯和新俄国以及它们的相互关系的喧嚣争论；相邻的历史阶段以其不同的生活方式变得彼此水火难容，历史远景被俄国和欧洲两个相互对立的文化世界的哲学历史体系所取代。俄国的第一位历史学家索洛维约夫正是在这种影响之下开始了对改革的科学研究，形成了他自己对改革的观点。他依据文件阐述了改革的过程，将其同我国历史总的发展情况联系在一起。请读一下1868年出版的《历史》第十八卷第三章末尾对这一观点的最后表述。这一表述的视野广阔，语调激昂慷慨，阐明思想时带有某种言犹未尽的意味——这一切会给你们留下深刻的印象：这不仅是科学研究的结论，而且也是他对某些人的带论战性的批驳，针对某些恶意伤人者的歪曲而捍卫彼得的事业。下面便是他的主要观点：任何一个民族、任何时候也没有建立过俄罗斯人民在彼得领导下所建立的功勋；任何一个民族的历史也不曾有过如此伟大的多方面的，甚至可以说全面的改革，这一改革不仅大大改变了国内人民的生活，而且在各国人民的共同生活中，在世界历史上提高了俄国人民的地位，产生了十分巨大的影响。在国内人民的生活中奠定了政治制度和社会秩序的新基础。在政治制度方面，由于在管理机构中建立了部院，实行了推选办法，实施城市自治等，唤起了社会的独立性；由于不仅向君主宣誓，而且还要向国家宣誓，使人民破天荒第一次理解了国家的真正意义。在公民的私人生活中，采取了一些保护个人的措施：彼得对个人功绩的极端重视、按人头征税、禁止父母和主人强制包办婚姻、让妇女走出闺房等措施使个人摆脱了氏族联盟的种种束缚。改革的世界性历史后果是：1) 通过传播文明，引导软弱贫穷，几乎默默无闻的人民以一个在各国人民政治生活中的强大活动家的面貌登上了历史舞台；2) 由于斯拉夫种族的参与，把欧洲在此之前不相往来的两个部分——东欧和西欧联合在共同的活动之中，斯拉夫种族从此通过自己的代表——俄罗斯人民积极参与了欧洲的共同生活[6a]。

同时代人和历史学家 在上述的观点里集中了，并且更完整地发展和更清晰地表述了我国文献很早便已表达的，连改革的反对者也不得不部分同意的论述。这些论述可以归结为一个基本的论点：彼得的改革是我国生活中彻头彻尾、从上到下革新了俄国社会的深刻转折，这个转折是著名的，甚至如同索洛维约夫的说法，是可怕的；只是一些人认为这一转折是彼得为人类树立的伟大功勋，而另一些人则认为这是俄国的巨大不幸。对改革的这种观点直接来源于改革家的同时代人和合作者：这些人，甚至包括并不赞同彼得事业的一些人，从彼得的改革工作中得出一种信念，即他们亲身经历了俄国生活的完整和全面的改造，经历了赋予俄国生活新的形式和全新基础的史无前例的大转变。同时代人获得这种印象是可以理解的、极其自然的。卷入轰轰烈烈的重大事件的风暴之中的人们在事过境迁之后回顾那些事件时，一般都倾向于夸大其规模和意义。彼得的一位年轻有为、才干出众的合作者，君士坦丁堡驻办公使涅普柳耶夫在任所得到改革家逝世的消息后，在其札记中指出："这位君主使我们祖国发展得同其他国家并驾齐驱，教人民知道自己也是人；总而言之，在俄国你无论看到什么，全都是他奠定的基础；今后不论做什么，全都要从这个源泉吸取力量。"1721年10月22日在庆祝同瑞典签订尼什塔特和约时，一等文官戈洛夫金伯爵在隆重的祝词里也道出了同样的想法："幸赖陛下朝乾夕惕，领导有方，我等方得以摆脱愚昧无知之黑暗，登上全世界光荣之舞台；可谓使我等自浑浑噩噩、蒙昧无知之境地一跃而生气勃勃、意气风发，得以跻身于世界文明礼貌民族之林。"〔6⁶〕可见，索洛维约夫40年前表述的科学观点乃是基于离他150余年以前即已形成的看法之上，它反映了最接近大变革的活动家们从大变革得出的印象。说到这一观点，是否即可到此为止呢？我认为，这个观点中还有许多语焉不详之处，还存在着几个有争议的问题〔6*〕。

改革的起源和过程　首先，彼得怎样成了改革家？一提起彼得大帝，我们首先想到的就是他的改革；改革的思想同他密不可分。彼得大帝及其改革，这是我们习以为常的固定说法。改革家这个称呼成了他的绰号，反映出他的典型特征。我们倾向于认为彼得一世改革的想法是与生俱来的，认为这种思想乃是他命中注定的天职，乃是历史赋予他的使命。然而，彼得本人却长期没有对自己抱有这种看法。他受的教育并没有使他明确想到他将要统治一个羸弱不堪、需要彻底改造的国家。从小到大他头脑中想的一直是：他是沙皇，而且是受迫害的沙皇。他深知：只要他的姐姐及其米洛斯拉夫斯基家族手握重权，那么他就休想得到政权，甚至还会有性命之虞。玩玩行军布阵、航海使船等游戏，这是他儿时的体育运动，是他周围的人们撺掇他干的。但是，在他心中很早就有一种预感：当他长大成人，开始真正临朝执政时，他首先需要的便是一支陆军、一个舰队；但为何需要，他似乎并非很快就有明确的认识。只是随着时间的推移，随着索菲娅阴谋的败露，他才开始明白，他需要士兵是为了对付他姐姐的支柱——射击军。他只是做了当时他感到应该做的事，并不曾为事先的考虑和遥远的计划而操心劳力；他似乎认为他所做的一切都是当务之急，而不是什么改革：连他本人都没有察觉他的这些当务之急怎样改变了他周围的一切——既改变了人们，也改变了制度。即使在第一次国外旅行归来，他带回莫斯科的也不是改革计划，而是各种文化印象，他幻想能把国外所见的一切在国内一一实施，并且产生了关于海洋的想法，即想对从他祖父手中夺去海洋的瑞典作战。彼得生活的53年当中，也许只有在他的活动已经相当充分地显示出其性质的最后10年，他才开始意识到他已有了一些创新，甚至可以说有了不少创新。但是，他的这种看法可以说是事后产生的，乃是对所完成之事的总结，而不是活动的目的。彼得成为改革家仿佛事出偶然，似乎并非出于本意，乃是身不由己，是战争引导他，并且推动他终生从事改革。在各国的经历中，一般说来，对外战争和内部改革是不相容的，因为这是两个相互妨碍的条件。改革需要和平环境，战争通常是其障碍。在我国历史上起作用的却是另一种相互关系：有圆满结果的战争巩固了已形成的局势和已有的体制；结局极不体面的战争则激起公众的愤懑，从而迫使政府施行或多或少坚决些的改革，这对政府来说像是一种补考机会。在后一种情况下，政府尽量避免外部冲突，以致降低了国家在国际上的重要性。这样，国内政治生活的成果是以外部的不幸为代价换得的。彼得一世所遇到的外部冲突和国内调整的相互关系却又是另一种情形。在他当政期间，战争乃是进行改革的环境，甚至不仅如此——它同改革活动有着有机的联系，它引起改革并指导改革。战争，在其他时代是改革的摇篮，而在彼得时代，它却是改革的学校，彼得本人正是这样说的。但是，即使在彼得时代，这两股互相妨碍的力量不自然的结合也显现出了其不利的影响：战争仍旧不免是改革的障碍，改革又造成了战争的旷日持久，从而引起人民无声的抗拒和公开的暴动，而这一切妨碍了集中人民力量给予敌人以彻底打击。彼得正是不得不在这种重重矛盾的恶性循环当中进行自己的事业。

208　　**改革的准备**　此外，争论很多的是：改革是否经过了充分准备；是迎合了人民已认识到的需要，抑或是彼得把这种出自独裁意志的暴力行动突如其来地强加给了人民。争辩[7]当中始终没有弄清准备工作的性质：它是否是有益的，是自然发展的正常开端；抑或是有害的，是需要医治的疾病；或者是摆脱绝境、踏上新道路、走向新生活的出路。索洛维约夫对彼得的改革是按第三种意义理解的，他写道，这场改革经过了此前人民的全部历史的准备，是"人民的要求"。我们看到了部分新的措施，其中有一些还是在彼得的祖父、父亲、兄长和姐姐在位时从西方借鉴的。更重要的是在彼得之前就已经拟定了相当完整的改革纲领，而且它在很多方面同彼得的改革相一致，某些方面甚至走得更远。诚然，这个纲领是古罗斯无法完全掌握的。思考改革纲领的那些人具有新的思维方式，在很多方面已经摆脱了古罗斯概念的束缚。过去准备进行的只是泛泛的改造，而不是彼得的改革。这种改造可以这样进行，也可以那样进行，在事态平静进展的情况下，这种改造可以断断续续分散在整整几代进行。后来的农奴制改革不就准备了整整一个世纪吗？据同时代人说，费奥多尔和索菲娅执政期间，在车辆和衣着上开始采取"波兰式样"，在科学方面使用拉丁语和波兰语，在宫廷里废除了古罗斯粗笨肥大的四角翻领长袍。改造纲领如若扩展一下，则可能会用波兰男式长袍取代俄式宽掩襟长外衣，用波兰的马祖卡舞取代俄罗斯的民间舞蹈。然而，在彼得殁后却有人几乎花费150年时间为被改革家剃掉的古罗斯长胡须恢复公权。彼得进行改革，先是采用荷兰式，接着改用瑞典式，他在沼泽地带建起彼得堡取代了莫斯科，他下达一道道残酷的谕旨，迫使贵族和商人来这里安家立业，并为此把成千上万的工人从俄国内部各地驱赶到这里来。彼得所实行的这种改革乃是他个人的事业，是运用空前的强制手段的事业，然而也是不由自主、不得不进行的事业[7]。国家受到外部威胁的紧迫性不允许停滞不前的人民自然发展。叶卡捷琳娜时代的人们即已明白：俄国的革新不能不经暴力推动而随着时间的推移一步步地悄然进行。谢尔巴托夫公爵，正如我们所知，对彼得的改革极为不满，认为改革的广泛规模和粗暴声势乃是俄国社会道德沦丧的根源。他远非独裁制度的拥护者，相反，他认为这种制度无疑是对人民有害无益的统治方法。然而，就是这位历史学家兼政论家相当聪明地对年代做了计算："俄国若不经彼得大帝的独裁专断，仅仅靠自身的自然发展，即使环境适宜、有利，就文明与光荣而论若想达到它今天的程度，那需要多少年的时间啊。"从他的计算可见，俄国即使想达到18世纪末那种远非完美可言的状况，也需要一百年，即到 1892 年才成，而且在这漫长的过程中还不能有来自外部的或出自内部的任何干扰，不能出现任何君主以不明智的措施使两三代祖先取得的成果毁于一旦，从而阻碍俄国的复兴。而在此期间，不管是查理十二或者弗里德里希二世都有可能强行吞并俄国的某些部分，从而更严重地阻碍俄国的发展。这位作者一般说来倾向于美化古罗斯独具特色的生活，可是他不相信俄国不经改革的机械推动，仅"靠人民自己的觉醒"即可取得成就的说法[8]。

改革的作用 最混乱不清的[9]问题是改革的影响力如何，它作用的深度怎样。这是改革有什么意义这个问题的基本内容。为了弄清这个问题的答案，必须先分析它复杂的组成成分。在彼得的改革当中，有多种多样的利益、意图和势力相互冲突，所以必须区别其中何者是内部酝酿的，何者是向国外借鉴的；分清哪些是原来预定的，哪些是超出预料的。如果仅仅观察改革的某些条件，而忽略另一些条件，那么对它的看法就会迥然不同，对它的阐述就会以偏概全。对于彼得的改革应从三个角度加以研究：1. 根据彼得对西欧所持的态度；2. 根据他对古罗斯所持的态度；3. 根据他的事业对后世时影响。对于第三个角度不应感到奇怪。强者的事业存在的时间通常超过他本人的寿命，在他死后仍然在继续。对彼得改革的评价，应该包括在这位改革家逝世之后才开始显现出来的后果。这样一来，彼得从改革前的俄国继承了什么，他向西欧借鉴了什么，他为经他改造的俄国留下了什么，确切地说，后人在他死后在他事业的基础上做出了什么——这就是关于改革意义的总问题划分而成的三个组成部分。

彼得对古罗斯所持的态度 彼得从古罗斯继承到的是具有独特结构的最高政权，以及同样独具特色的社会生活方式。新王朝开始统治后，最高政权在继承疆土方面得到了承认，但它丧失了前朝世袭领地的性质，没有固定的法律面貌，没有额定的疆土面积，实际上根据具体情况和执政者的性格忽而缩小、忽而扩大。彼得按完整无缺的实际规模继承了这一政权，甚至还有所扩大。随着参政院的建立，他摆脱了与大贵族杜马直接有关的大贵族贪欲的最后魔影；随着废除牧首制，他摆脱了尼康们寻衅的危险和对全俄牧首的全世界头衔拘谨古板的推崇。但是，彼得创下了一大功绩：他第一次尝试着给自己的模糊而无限的权力下一个道德政治定义。在彼得之前，在人民普遍的政治意识中，国家的思想同君主个人融为一体，正如在法律上私人住宅房主和自己的房屋密不可分一样。彼得则把这些概念区分开来，制定法令，规定必须向国家和君主分别宣誓效忠。在谕旨中他一直坚定不移地把国家利益作为国家制度的最高的、毋庸置疑的准则，甚至把国家看作最高的掌权者和共同福祉的维护者，把君主置于服从它的地位。他把自己的活动看作是为国家、为祖国服务；当谈到在多布罗耶村战胜瑞典人的大捷时，他像个普通官员一样写道："朕自从开始供职以来，炮火如此猛烈，我军如此英勇善战，皆属前所未闻、前所未见。"诸如国家利益、共同福祉、全民福利等语汇几乎都是在彼得时代才首次出现于我国法令之中。但是，历史传统犹如本能一样在不知不觉地起着作用，彼得本人也受到了这种力量的影响。他把自己的改造事业看作为国家利益服务、为全民造福。为了这一最高原则，他牺牲了自己的儿子。皇太子的悲惨结局导致了1722年2月5日关于皇位继承章程的颁发；在俄国法律史上这是第一个带有根本性质的法律；其中写道："朕制定此项章程，俾使当政君主可永远按其意愿将王位传予其愿传之人；倘若发现该人有不妥之处，可重新换人。"为了证明章程正确合理，其中援引大公伊凡三世作为例证。伊凡三世曾经随心所欲地摆布王位继承权，他先是册立孙儿为继承人，继而又改立儿子。在彼得之前的俄国法律当中不曾有过王位继承法，那时仅仅根据习惯和事态环境确定不同的继承办法。旧王朝把国家看成自己的世袭领地，因而那时是父亲按遗嘱把王位传给儿子。自从1598年起，施行了经会议拥戴承袭最高权力的新办法。17世纪新王朝时期，国家不再是新王朝的世袭领地，这时前一种办法已经过时，不再使用，而新的办法尚未制定；新王朝的继承只有第一代能得到承认：1613年，俄罗斯人民只向米哈伊尔及其未来的子女宣誓——不再往下延伸。但是，王位继承的根本大法仍像以前一样没有制定，王位的承袭在会议拥戴的形式下随着机遇采取不同方式：或者像阿列克谢沙皇带着费奥多尔太子那样由父亲把继承人带到莫斯科广场上在人民大众面前亮相；或者像确立彼得和伊凡两位沙皇双权并立体制那样，借助于射击军的叛乱和假冒缙绅会议的名义。彼得取消了会议拥戴和按习惯或按机遇继承的办法，代之以个人指定，并保留重新指定权的做法，换言之，他恢复了遗嘱，使没有继承法的情况合法化了，把国家法拉向倒退，拉回到陈腐的世袭领地的基础上去了。2月5日法令的中心思想，同伊凡三世有一次表述过的意思全无二致，他说："大公的宝座我想传给谁就传给谁。"这种在施行新政过程中不知不觉地再现旧日残余的倾向，在彼得采取的社会措施当中也显然可见。他并未触动为法令汇编所固定的社会结构的基础，无论按徭役种类划分阶层的基础，还是农奴制度的基础，他都没有触动。相反，他用新的阶层徭役使旧有的更加复杂化。他规定贵族必须接受教育，把贵族服役的义务分为两条特殊轨道：军役和文职；他把城市各种纳税身份的人用特殊的阶层管理机关地方自治局以及后来的市政公署紧紧地联结在一起；对于城市上层阶级——高等公民，除从前的官方徭役外，还责成他们承担一种新的徭役：在采掘、加工工业方面，把官家的大小工厂交由强制商人组成的公司经营。正如我们所看到的那样，在彼得当政时，大小工厂不全是私人企业，不能仅按业主的个人利益来经营，而是获得了经营国家业务的性质，政府通过自己的义务代理人——高等公民开展这类业务：为此，商人和大小工厂主可享受为工厂购置村庄并使用那里的农奴劳动力的贵族特权。从另一方面而言，彼得虽未改变农奴制度的本质，却改变了农奴的社会成分：各种类型的奴隶——法律上的和经营家业的——如今已彻底同农奴结合成一个纳税农奴阶级；至于流浪的自由民，其中一部分被划为城市下等公民，以便"流民各务正业，任何人不再游手好闲"，另一部分则沦为士兵或农奴。这样，彼得的法律继承了法令汇编的事业，通过消灭过渡的和中间的阶层简化了社会组成成分，把它们强制纳入各个基本阶层的窠臼之中。现在俄国社会终于实现了17世纪莫斯科国的法令力求达到的那种社会结构，改革之后各个阶层的轮廓较从前鲜明、完整，同时每个阶层所负担的徭役也比从前繁杂得多。彼得对古罗斯的国家和社会制度所持的态度，概如上述。这些，我在讲到若干单个现象时已不止一次地指出过：彼得没有触动原有制度的旧基础，也没有建立新的基础，他仅仅是：或者完成其中早已开始的过程，或者更改已经形成的各个部分的组合——有时，他分解开融合在一起的各种成分；有时，他又把分散的成分联结在一起。他用这些方法创造出新的局势，目的在于促使社会力量和政府机关为了国家利益而加紧工作[9]。

他对西欧所持的态度 彼得[10*]对西欧持何种态度？前辈人同样也给彼得提出了这样一个任务——"一切皆以外国为榜样"，确切些说，以西欧各国为榜样。这个任务反映出深沉的忧郁、对民族力量的绝望和自我菲薄的心理。彼得又是如何理解这个任务的呢？他怎样看待俄国对西欧的关系，是否把西欧看成是俄国永世不变的楷模,或者西欧世界对他来说只起着老师的作用,一旦学成,便与它分道扬镳?彼得认为17世纪莫斯科国遭到的最沉重的损失是丧失了波罗的海沿岸的土地,从而使俄国无法同有高度文明的西方各国人民交往[10a]。但是,为什么需要这种交往呢?人们常常把彼得描写成盲目的忘我的西欧派,说他爱西方的一切并不是因为西方的事物比俄国的强,而是因为与俄国的不同;他想的不是使俄国接近西欧,而是让俄国被西欧同化。很难相信一贯精明强干的彼得竟会有这种柏拉图式不求实效的爱好。综观彼得的一生,我们看出,1697年,彼得化名参加一个庄严的使团充当随员,而这实质上是一个以使团为掩护装备起的秘密盗窃队,其目的是从西欧盗取航海技术设备和技术知识[106]。这就是为什么彼得需要西欧。他并没有对西欧盲目或温情地偏爱,相反,他对西欧各国持清醒的戒备态度,丝毫不曾幻想西欧会坦诚亲密地对待俄国。他知道俄国在西方永远只会遭到蔑视和敌视。1724年为庆祝尼什塔特和约签订一周年纪念而制定节目单时,彼得写道,各国人民都特别努力不让我们在各方面接触到智慧之光,尤其是在军事上;但是他们在这一点上看漏了,好像他们眼花了,"仿佛他们的眼睛被遮挡了"[10B]。彼得认为他们的忽略乃是出自天意的奇迹,他吩咐在节日颂诗里格外着力表现这个奇迹,"必须大力广泛宣扬此事,充分抒发感情"。这一情节包含着丰富的思想。正因如此,我们才乐于相信流传至今的一段传闻。据说,彼得说过一句话,奥斯捷尔曼把它记了下来。彼得说:"我们需要欧洲仅仅几十年,此后我们就该转过身去,不再理睬它了。"总之,在彼得眼里接近欧洲仅仅是达到目的的手段,而不是目的本身。他想用这个手段达到什么目的呢?回答这个问题时,应该回忆一下彼得为何派遣几十名俄国青年出国,他从国外聘来的是些什么样的外国人。派出去的人学习数字、自然科学、造船、航海；聘请进来的是军官、造船师、航海家、工厂技师及其他技师、采矿工程师，后来还有懂得管理科学，尤其是懂得财政管理学的法学家和财政经济学家。彼得靠这两批人在俄国兴办起了他在西方所见到的有益的，然而在俄国没有的事业。俄国没有正规军——他缔造了；没有舰队——他创建了；没有便于对外贸易的海上通道——他用军队和舰队夺回了波罗的海东岸；采掘工业孱弱、加工工业几乎没有——他身后留下的大小工厂有200多家；为了做到这一切，必须有技术知识——他在两个首都开办了海洋学院、航海学校和医科学校、炮兵学校和工程学校、拉丁语学校和数学学校、在外省城镇开办了近50所初级算术学校、为士兵子弟开办了同样数量的卫戍部队子弟学校；国库匮乏，不足以抵补国家开支——彼得把收入预算扩大了两倍多；缺少组建合理、有能力开展所有这些复杂的新事业的行政管理机构——外国专家协助他建立了新的中央管理机关。这些还不是彼得完成的全部工作，然而这些却正是他希望借助西欧实现的。军事、国民经济、财政、行政管理等方面的技术设备和技术知识——这就是彼得邀请欧洲人前来亲自工作和教导俄国人工作的广阔领域。他希望的不是从西方引进那里现成的技术成果，而是掌握技术本身，将生产本身连同生产的关键推动力——技术知识一起移植到俄国来。17世纪的一些优秀人士头脑中就模糊不清地闪过一种想法：为了使人民有可能承担起加重了的国家重担，必须事先提高人民的劳动生产率，借助技术知识将人民的劳动用于开发国内至今仍处在原始状态的自然财富，彼得掌握和实现了这个想法。在这些方面可以说前无古人、后无来者，彼得大帝乃是俄国历史上巍然耸立的千古一人。在对外政策方面，他也集中人民的全部力量，用之于解决他认为对国民经济至为重要的问题——波罗的海问题。他把大量新的劳动生产力投入国民经济的周转，其数量之多，简直难以估计、难以评价。但是，看得见、摸得到的富庶标志却不在于人民福利总水平的提高，而是在于国库收入的一览表中。战争及其后果吞没了国民收入的所有余额。国民经济改革变成了财政改革，其获得的成果乃是财政本身的，而不是国民经济的。1724年[10г]，波索什科夫上奏彼得本人，内称，使沙皇国库充实丰盈并不困难，但是"使全体人民殷富才是伟大艰巨之事"。他道出的不是政治经济学朴素的真理，而是善于思考的同时代人根据目睹的事实所作的可悲的结论[10г]。彼得那一代的劳动人民劳累一生，工作不是为了自己，而是为了国家。他们加倍努力，提高工作效率，如此劳作一生之后，临终时却几乎和自己的父辈一样贫穷。彼得身后没有留下一戈比国债，没有浪费后代一个劳动日；相反，他给继承人留下了大量的资金储备，这些继承人长期赖以过着锦衣玉食、穷奢极侈的生活，一丝一毫也没有增加财富。彼得胜过他们之处在于他不是负债者，而是对未来的债权人。不过，这已属于改革的后果之列，我将要在后面阐述。总结彼得活动的成就——此处不谈国家对外防御能力和国际地位等方面，只就安排人民福利事业而言，可以说他改革的基本思想在于广泛的国民经济计划，这一改革的进程表明这些计划是失败的，而财政方面的成就却反映出了改革的主要成果[10*]。

改革的手段 这样[11*]，彼得从古罗斯获取了国家力量、最高政权、法律、等级制度，从西方吸收了用于建立军队、舰队、国家经济和国民经济、政府机构等的技术手段。你们会问，哪里看得出彻头彻尾更新或者歪曲俄国生活的根本变革呢？哪里看得出这种不仅赋予俄国生活以新的形式，而且给它增添了新的——不管是有利的还是有害的——特征的根本变革呢？然而，改革的同时代人所获得的印象就是这样的，他们还把这种印象告诉了自己最近的后代。改革即便没有更新俄国生活，至少也把它搅得天翻地覆、激荡不安，其原因与其说是改革施行的新措施，毋宁说是它的某些手段；与其说是改革的性质，毋宁说是它的激情。改革的结果多半面向未来，它的意义远非所有的人都能理解；但是，同时代人首先感受到的是它的手段，这给他们留下了直接的印象，而彼得对此也不得不有所顾忌。这些手段的采用与彼得个人的性格直接有关，他开展改革活动的环境以及这种环境促使他对人民的生活、概念和习俗所持的态度对此也有影响。改革的环境是对外战争和内部斗争造成的。战争虽然是改革的主要推动力量，但它也给改革的进程和成效带来了非常不利的影响。改革在通常伴随战争出现的惊恐万状、不知所措的气氛中进行。它每时每刻造成的贫困和艰难迫使彼得急于求成。战争给改革传递一种神经质的极其亢奋的节律，过分地加快了它的进程。在战争的焦虑紧张之中，彼得无暇停下来冷静思考局势，权衡自己的措施，考虑实现它们的条件，他不能耐着性子等待自己的创举慢慢地进展。他要求快速行动，立即奏效；每逢出现阻滞或怠慢的情况，他都以可怕的威胁来催促逼迫执行者。可是这类威胁用得过于频繁，以至于丧失了刺激作用。诸如因为越过主管部门径直上告御状，因为私砍官定尺寸（规定的高度）的橡树或适于做桅杆的云杉，因为贵族没有出席检阅，因为贩卖俄国服装等一切，事无巨细，都会遭到严厉的处罚：没收财产、褫夺一切权利、鞭笞、服苦役、上绞架、被处以政治的或肉体的死刑。这种罚不当罪的法律鼓励了一些人犯罪的勇气；对另一些人来说，却引起了惶惑、窘迫、神经质的木然状态和普遍的压迫感。沙皇的一位热诚合作者、海军元帅阿普拉克辛在1716年写给沙皇办公厅秘书官马卡罗夫的信里生动地描写了这种情绪："我们遇事真像盲人瞎马似地乱闯，不知如何是好。到处呈现一片衰败景象，不知该向何处求援，不知今后该干什么。哪儿也不送钱来，差不多所有的事都停顿不前。"[11a]从另一方面而言，改革又是在内部斗争中进行的。内部斗争隐蔽而顽强，偶尔也激烈爆发，声势极大：发生过四次可怕的暴动和三四次阴谋——这些暴动和阴谋全都反对革新措施，旨在维护古老的过去及其概念和偏见。正因为如此，彼得才以敌对态度对待祖国的古老过去，对待人民的生活习俗，他才带着成见排斥人民习俗中反映古老过去的概念和偏见的某些外在特征。彼得的这种态度是在他所受的政治教育直接影响下形成的。他的政治概念和感情形成于17世纪俄国社会分裂成的两派力量相互斗争的混乱岁月。向西方寻找帮助和教益的革新派与政治宗教的守旧派发生冲突。在斗争中守旧派把古罗斯人区别于西欧人的某些外在特征——长胡须、衣装式样等——当作旗帜举出。这些外在特征本身对于改革自然没有什么妨碍，可是它们所掩盖的感情和信念却十分有害：这是反对派的标志，是反抗的象征。彼得自从站在革新措施一边，便激烈反对这些琐细小事，因为俄罗斯人极其珍视的古代传统正隐匿其中。童年遗留下的印象促使彼得夸大了这些琐事的意义。在国家的叛乱者、射击军和旧教徒身上看到这些标志他已习以为常；古罗斯的长胡须对他来说不只是男人的面部细节，而且是政治情绪的招牌，同长襟外衣一样是国家叛乱者的标志。此外，他希望让自己的臣民按外国人的样式刮脸和穿衣，借以使他们易于接近外国人。1698年，彼得得到射击军再次暴动的消息急忙从国外返回莫斯科，他立即着手给自己的近臣剃掉胡须，剪去各式无领男长袍的长襟，让他们戴上假发[11*]。很难想象[12*]，为了让俄国人按外国式样改变外貌和衣装，法律界和警察是怎样大喊大叫、大吵大嚷的[12a]。教士和农民没有受到惊动：他们保留着阶层特极，仍然保持东正教的和旧式的衣着打扮。1700年1月，在大街小巷、广场集市上敲着鼓向其他阶级宣布了谕旨：至迟不得晚于谢肉节，人们必须穿上匈牙利式外衣。1701年，又颁布了一道新谕旨：男人们穿的上衣必须是萨克森式和法国式的；内衣——无袖坎肩以及皮靴、皮鞋、帽子则必须是德国式的；妇女们的帽子、长上衣、裙子和鞋子也必须是德国式的。城门口布置了宣过誓的监管人员，专门监管人们的胡须和服装，他们对蓄长胡须者和服装违法者处以罚金，并且当场剪破和剥下这种衣服。君主检阅视察时出席的贵族如果没有刮掉胡须，就会遭到棍棒的一顿痛打。蓄大胡须的分裂教徒奉命穿一种特殊式样的衣服，连他们因天生无须而免纳胡须税的妻子也必须为丈夫的胡须受罚——奉命穿上又宽又长的短袖上衣，戴上有角的帽子。商人因买卖俄国式衣装要受鞭笞、没收财产和服苦役等刑罚[126]。这一切如若不称之为不成体统，那就应当说显得可笑。俄国法律破天荒第一次改变了自己庄严的语调，降低到如此程度，竟然管到区区小事，干涉理发匠和成衣匠的部门。这些任性的要求使多少人愤愤不平，这些不必要的法律在社会上激起了多少敌意，给改革事业带来了多少障碍啊！观察者举目即可看出彼得在国家的组织建设上取得的成就同为此而花费的代价、付出的牺牲之间极不相称。这就是类似的细小琐碎、数量巨大的障碍造成的。改革的进程使我们惊奇不已地看到彼得连取得微末的成果也要花费极大的努力。就连像波索什科夫这样的热诚崇拜者也不得不承认，而且形象地描写说，彼得的事业进展得很不顺利，他一个人往山上拉，却有几百万人往山下拖。另一个接近彼得的人——他的车工纳尔托夫在札记里悲痛地叙述："人们都干了些什么来反对这位君主，他经历过什么，忍受过什么，他受过什么样的痛苦折磨和伤害啊。"彼得是在逆风前进，因此他运动的速度越快，迎面而来的阻力就会增强。在他的活动中可以看出他精神上的矛盾，而这种矛盾又是他无力克服的。这矛盾就是动机与行动手段之间的不协调。随着时光的流逝,他度过了繁杂的青年时代。在此之后,他不知不觉地开始专心致志关注人民的福祉,这是我国任何一位别的沙皇都不曾做过的。彼得为此顽强地倾注了他那天生充沛的全部精力。这种自我牺牲精神不可抗拒地把那些有思想的、满怀同情聚精会神地注视他的人们吸引到了他的周围,诸如米特罗凡主教、涅普柳耶夫、波索什科夫、纳尔托夫和大量佚名者:这些人士敏锐地看透了他的精力来源于深厚的道德根基。"我们毫不犹豫地赞颂我们的父亲,"仍是上述那位纳尔托夫这样补充说。他把彼得称为人间的上帝,"因为我们从他身上学到了高尚的无所畏惧的精神和真理"。但是,他的行动手段和手法却使那些思想不易转变、漠不关心的人和他日益疏远了。彼得采取行动靠的是政权力量,而不是精神力量;他指望的不是人们的道德动机,而是人们的生理本能。他一直生活在戎马倥偬的行辕之中,通过驿站来治理国家,心中想的唯有事业,而没有人;他一味相信政权的力量,而对群众潜在的威力却估量不足。改革家的狂热和自信的独裁权力——这是彼得的左右手。这两只手不是相互配合,而是彼此紧握在一起,从而互相使对方的精力陷于瘫痪。这位改革家希望用政权的创造力来弥补现有物力的不足,努力争取做出超出可能性的事情来,然而心惊胆战、冥顽不灵的执行者们却连力所能及的事也做不成。正如彼得在改革的急剧猛烈的进程中不善于珍惜人力一样,人们在严阵以待、静止不动的反抗当中也不愿珍视他的努力。

结论 这样,如果对彼得大帝的事业既不加以夸大,也不予以贬低,那么可以这样来表述它的意义:改革本身产生于掌握政权的人本能地感到的国家和人民的迫切需要,这位掌权者头脑敏锐、性格坚强、才能出众,这些优秀品质和谐地集于特别幸运的杰出人物之一身。而这种人物由于尚属未知的原因偶尔出现在人间。彼得身上就具备这些特征，加以他具有义务感和"为了祖国不惜贡献自己生命"的决心，于是他便成了欧洲各国人民中间历史发展最落伍的人民的领袖。这里的人民在 16 世纪末期能够鼓起勇气全力建成幅员广袤的国家，那是欧洲最大的国家之一，但是在 17 世纪他们却开始感到赖以支持他们进行 8 个世纪建设的物力和精神力量严重不足。彼得大帝完成的改革，其直接目的并不是改造这个国家里已经确立的政治的、社会的以及道德的制度，也不承担引进外来新因素、把俄国生活置于它不习惯的西欧基础之上的任务。他的改革只限于力争用西欧现成的智力和物力资源来武装俄罗斯国家和人民，从而使国家达到与它在欧洲争得的地位相适应的水平；提高人民的劳动，使之达到与他们表现出的力量相适应的水平。但是，这一切都不得不在顽强、危险的对外战争中完成，因而进行得匆匆忙忙，带有强制性质。与此同时，还不得不同人民群众被贪婪的衙署官吏和粗暴的占有土地的贵族培养起的消极保守态度做斗争，同被愚昧的教会灌输给他们的偏见和恐惧做斗争。因此，这场最初设想得简单而有限的、仅仅旨在改组军事力量和扩大国家财政资金的改革，后来却逐渐变成了激烈的内部斗争，使俄国生活这一潭死水掀起了波澜，把社会上所有阶级都搅得不得安宁。这场改革乃是由人民的传统主宰者——最高政权当局发动和领导的，但是它获得了暴力政变的性质，采用了暴力政变的手段，是一种独特的革命。之所以说它是革命，并不是根据它的目的和结果，而仅仅是根据它的手段以及给同时代人的思想和精神留下的印象。不过，与其说它是政变，不如说是震荡。这种震荡乃是事先不曾估计到的改革后果，它并非筹划成熟的改革目的。

结束语 在结束本讲的时候，我们试图阐明自己对待彼得改革的态度。他的事业所遇到的种种矛盾，错误和不时为考虑不周的决心所代替的动摇，公民感的薄弱，他不善于控制的丧失人性的残忍，以及与上述一切并存的对祖国的无限热爱，对事业的不屈不挠的忠诚不渝，对肩负的任务持有的开阔、清晰的看法，以勇于创造的敏感酝酿和以无与伦比的精力实施的宏伟计划，在人民做出异乎寻常的牺牲和改革家花费巨大努力之后所取得的成就——这些彼此相异、性质不同的特点很难同时并存于一个完整的形象之中。在研究者的印象当中是光明面占优势，还是阴暗面占上风，——这直接导致片面的赞扬，或片面的谴责；有益的创举用令人望而生畏的暴力实施，这更加激烈地引起谴责。彼得的改革是专制主义和人民以及人民的落后保守所做的一场斗争。他[12B]希望利用政权的急风暴雨唤醒受奴役社会的首创精神，通过占有奴隶的贵族在俄国推广作为社会首创精神必要条件的欧洲科学、国民教育，希望奴隶能在仍旧是奴隶的情况下自觉、自由地行动。专制主义和自由，教育和奴隶制，让它们同时并存、同时起作用——这是个无法解决的政治上的方圆问题，是个自从彼得时代便着手解决、但至今尚未解开的谜团[12B]。不过，18世纪的人们即已尝试着寻求调和人性感情与改革的办法。谢尔巴托夫公爵虽然敌视独裁制度，却发表了一整篇洋洋大观的论文——《谈话录》，为彼得的独裁制度和罪过作解释，甚至为他辩护[12Γ]。他承认彼得在俄国推行的教育是这位改革家施与他个人的一种恩惠，他奋起斥责那些恶意谩骂彼得事业的人，因为他们正是从独裁制度受到了教育，正是这教育帮助他们懂得了独裁制度的害处。彼得充分相信教育有创造奇迹的力量，他对科学的信仰达到了顶礼膜拜的程度，他在奴隶的心中强制地点燃起启蒙火花，而这些火花逐渐蔓延成燎原烈火，化作自觉地追求真理，即追求自由的向往。独裁制度作为政治原则，其本身是令人憎恶的。公民的良心永远不肯承认它。但是，对于身上结合着这种违反自然的力量和自我牺牲精神的专制君主,却是可以谅解宽容的,因为他不惜个人生命,为共同的福祉义无反顾地勇往直前,甘冒被无法克服的障碍,甚至被自己的事业碰得粉身碎骨的危险。这犹如我们可以谅解和宽容雷霆万钧的春日雷雨一样:尽管它摧折千年古树,却能使空气清新,并以其甘霖帮助新播下的种子破土萌芽[12*]。

第六十九讲

彼得大帝逝世时的俄国社会——俄国的国际地位——人民对彼得逝世的印象——人民对待彼得的态度——关于僭称沙皇者的传说——关于反基督沙皇的传说——两种传说对于改革的意义——上层阶级组成的变化——它们形成的条件——出国留学——报刊——剧院——国民教育——学校与教学——格柳克中等学校——初级学校——书籍；大型舞会；上流社会交际读本——统治阶级及其对改革的态度

现在我开始讲述关于彼得改革的意义这个问题的第三部分，就是改革家逝世后人们在改革的基础上做了些什么的问题。在评定改革的意义时，正如你们所记得的，我曾留有伏笔，说这种意义并不完全反映在彼得在世时人们能观察到的各种现象上面，在对他的事业所作的评价里还应该纳入改革家死后发现的改革的后果。这些后果能够对改革作出鲜明的补充说明，从彼得本人不得而知的新角度来阐明它。改革本身预期要达到的目标并没有全部达到，但是它带来了或者准备了很多改革家不曾预料到的，或者假如他预料到了，却不会感到高兴的事物。让我们尝试着想象一下，彼得逝世之际俄国社会是个什么样子[1]。

国际地位　为了理解俄国社会在彼得逝世时的情绪，回忆一下这样一个事实并不是多余的：他晏驾于临朝执政的第二个和平年头刚刚开始之际，即波斯战争结束后则过了15个月。整整一代新人成长起来了，他们通过层出不穷的新税和征兵知道和感受到：俄国连年征战不断——同土耳其人、瑞典人、波斯人作战，甚至同阿斯特拉罕人、哥萨克等本国人作战。如今，它终于不同任何人打仗了。自从[2*]尼什塔特和约签订以来，俄国的国际地位已经相当巩固了，当然也不能掉以轻心。主要的敌国瑞典长时间只能虚张声势，发出几声要复仇的梦呓；况且该国连像查理十二那样的小古斯塔夫·阿道夫也没有出现。查理十二死后，瑞典恢复了贵族元老院执政，据当时俄国驻斯德哥尔摩公使反映，这使瑞典变成了一个真正的无政府主义的波兰[2a]。1724年2月22日同瑞典建立的防务同盟使俄国在地处欧洲的北方右翼得到了屏障。不久后，叶卡捷琳娜一世政府意欲向法国出卖俄国利益，换取令整个外交界厌恶的使彼得之女伊丽莎白同法国国王，或者至少同某个娶不到老婆的纯血统的法国王子联姻。但这种想法未能实现。在此之后于1726年8月俄国与奥地利结成了同盟，从而又巩固了它的南方左翼。因此，尽管面对当时西方形成的两个同盟——奥西同盟和英法普同盟，俄国的国际地位及其经过改造的军事力量并未使俄国爱国人士感到特别担心。俄国陆军因波尔塔瓦大捷在西方享有盛誉。只要俄国舰队仍然扬起甘古特大帆在海上航行，俄国就会被认为是相当体面的海上强国。彼得堡一跃而成欧洲东方的外交中心。俄国同西方的文化关系却略逊一筹。古老的罗曼—日耳曼语系的欧洲形成了自己的社会生活方式；所制定的秩序法规已变成了社会习惯，甚至成了社会成见；它丰富的知识、思想以及物质储备几乎是从罗慕洛和列姆时代起就积累起来的。在这样的欧洲面前突然崛起了一个崭露头角前途无量的新的俄罗斯欧洲，这个国家兵源充足，出口原料储量丰富，但是缺少牢固的文化储备：赖以维持社会生活的仅是建立在相信祖辈传统理应永不更改的信念之上的生活方式的保守性；没有社会秩序，只有一直忍耐到奋起暴动为止的驯顺服从；没有知识，仅有刚刚萌发的求知欲望；全部法制观念仅仅在于模模糊糊的要求权利的感性认识；全部财富只是坚韧不拔地工作的能力。像俄国和西欧这样两个在历史发展上无法相比的国家和地区，如今不仅成了近邻，而且是竞争对手，相互发生了各种各样的直接摩擦，甚至产生了冲突；至少其中一方根本无意怜惜对方，而另一方由于担心沦为它的受害者也在竭尽全力使自己不致落于其后。西欧和东欧首次觌面相逢的意义也就在此[2*]。在这里首要的是应该思想明确：我们观察的是什么？是研究被一成不变的距离永远分割开的先进和落后的两种文化的相互关系，还是只着眼于历史发展阶段不同，文化上偶尔和暂时处于不平衡状态的西欧和东欧的相逢？为此，让我们尝试着尽可能想象一下彼得逝世时的俄国社会，它的底层群众和上层人士的情绪，底层和上层对待改革的态度。

对彼得逝世的印象 国内外的目击者都描写了彼得驾崩的噩耗所引起的悲痛的，甚至恐慌的种种表现。据一位目击其事的高级官员说，在莫斯科所有大小教堂举行的追荐仪式上："哭声震天，泪如雨下，妇女们悲痛欲绝，声嘶泣血，无以复加。如此深挚的全民哀痛场面，实为我平生闻所未闻，见所未见。"自然，这里不乏官样文章的，出于礼貌周旋的泪水：安葬莫斯科国任何一位沙皇时莫不如此。但是，连外国人都不难在军队和全体人民中间发现由衷的悲痛，这也是可以理解的。人们全都感到强有力的巨掌已不复存在，这只巨掌不论如何总还能主宰国内秩序，如今举目四望，周围能维护秩序的坚强支柱是那样少得可怜，因而油然产生一个令人惊恐不安的问题：今后会发生什么事？改革，它在人民群众当中的根基是不稳固的。

人民对待彼得的态度 在[3*]彼得进行改革工作的整个过程

中，人民始终处于痛苦惶惑之中，百思不得其解：罗斯发生了什么事？这种活动的目的为何？无论改革的产生根源，还是它的目的，人民群众都不甚了了，无法理解。从一开始改革就在人民大众中间激起了暗暗的对抗，原因是它使人民接触到的只有两个最沉重的方面：（一）它使人民为国家进行的强迫劳动达到了极端紧张的程度；（二）人民无法理解它为何破坏俄国生活的古老习俗和生活方式，以及因年深日久而被视为神圣的人民的习惯和信仰。正是改革的这两个方面激起了人民群众对它的厌恶和怀疑的态度。人民从17世纪的一系列事件中获得的两个印象使这种态度蒙上了一层特殊的色彩。当时，人民在莫斯科国看到了很多奇怪的事：先是在他们眼前走过去一个个僭称为王者，一个个不合法的政府，而这些僭称为王者和不合法政府却按旧有方式办事，有时惟妙惟肖地装成习见的真正政权。接着，在人民眼前出现了一个个合法的统治者，可是这些人办事却完全不按旧有方式，他们想破坏人民珍视的世俗和宗教秩序，动摇令人感到亲切的老规矩，把德国人引进国门，把反基督者引进教堂。在这两种印象的影响下形成了人民对待彼得及其改革的态度。人民自有其对彼得活动的看法。从这种看法出发逐渐发展成两个关于彼得的传说。这些传说最突出地表现了人民对改革的态度，它们甚至在相当大的程度上左右了改革的进程和结果：其中一个传说宣称彼得是僭称沙皇者，另一个传说则称他是反基督者[3a]。

关于僭称沙皇者的传说 当人民对改革的无声而顽强的对抗迹象被发现时，彼得为了镇压人民设立了秘密警察局——普列奥布拉任斯科耶衙门。这是根据莫斯科郊外一个村庄的名字命名的机关，因为它最初建立在该处。这个衙门遗留给我们不少有趣的案卷，可作为研究彼得执政期间人民情绪的材料。这些公务文牍形象地向我们展示出这两种传说的产生和发展。每一个传说都有其独自的历史，在具有诗意的发展过程中经历了一系列阶段，尽管经过秘密警察过滤和删削，它们仍然显露出了民间创作的罕见形式。关于彼得是僭称沙皇者的传说，其最初的思想和基本主题来源于彼得登基之初人们观察到的种种使他们极为惊诧的现象。彼得最早让人民感受到其活动的乃是新的国家赋税徭役负担。国家负担对于人民来说并非新鲜事：人民在17世纪就深受其苦，但那时人民为此怨恨的不是沙皇本人，而是他的政权工具。沙皇身在远处某地，高高地凌驾于人民之上，很少出现在他们眼前，在人民的心目中他带有神圣的耀眼光环。国内出现任何不得人心之事，都要归罪于把沙皇和普通臣民分隔开的中间障碍，即大贵族官僚政府。彼得第一次从遮隐他先辈的云端降临尘世，同人民有了直接接触，毫无矫饰地出现在他们眼前；对于人民来说，他已不再是以前历代沙皇那样的政治神祇[36]。因而，自此之后人民的怨言便径直指向沙皇。彼得以凡夫俗子的面目来到人民中间，完全是个尘世间的沙皇。但是，这是个多么奇特的沙皇呵！他使人民看到的是陌生的面孔，不同寻常的举止风度和衣着打扮；他不戴皇冠，不穿皇袍，而是手持斧头，口衔烟斗；干起活来像名水手；穿衣吸烟像个德国佬；喝起酒来像个大兵；张口就骂，伸手就打，像个近卫军的军官。人们一见到这个同从前笃信宗教的莫斯科君主毫无相像之处的特殊沙皇，就不禁向自己提出一个问题：这是真沙皇吗？在这个问题里就孕育了关于僭称沙皇者的传说的胚胎。这个问题引得人民开动脑筋，冥思苦想，确切地说，发挥起幻想的能力。普列奥布拉任斯科耶衙门的文件使我们有可能观察到人民的想象力从上述的胚胎发展成传说的各个阶段。人民的怨恨孕育了这个胚胎，滋养了幻想。最初，人民的思想停留在这个问题本身上面。人们议论纷纷，这些都被警察偷听了去。农民抱怨说：自从上帝派他来当沙皇，我们就没见过天日；人人受罪遭殃，交捐又交税，出车又出马；我们庄稼汉弟兄连喘口气的工夫都没有。听到怨言的小贵族也向农民诉说了自己阶层的痛苦：他算什么沙皇！我们这些人全被他强制召去服役，我们的奴仆和农奴被抓去当兵；简直叫人无处躲藏，所有的人都在木筏上（海船上）送了命；怎么没把他杀死呢？他若是被杀死，我们就用不着再服役，老百姓也能轻松些了。士兵的妻子们也大发议论，表达其独特的保守看法：他算什么沙皇！他把我们的丈夫抓去当兵，弄得农民全都倾家荡产，让我们都成了孤儿寡妇，成天哭哭啼啼，泪水不干。奴仆也接口说：他算什么沙皇！他是仇敌，是人民公敌；不管他在莫斯科怎样得意忘形，耀武扬威，反正他保不住自己的脑袋。"吸血鬼！"另一些人怨气冲天地叫嚷。"大家的血都被他吸干了。所有的好人差不多都被他整死了，只有他这个浪荡公子还活得好好的。"彼得本人也以自己的行为给各阶层的这一片抗议声浪火上浇油，使人民的想象力插上了翅膀，使关于他神秘身份的疑问变成了答案。沙皇的生活方式稀奇古怪，所办的事也稀奇古怪：他把射击军斩尽杀绝，把姐姐和妻子关进了修道院，他本人则整天待在普列奥布拉任斯科耶村，同外国人厮混胡闹、酗酒取乐；纳尔瓦战败之后，他摘下教堂的大钟，用以浇铸大炮[38]。僧侣威吓说：这一切不会白白过去，不会有好结果的。所提出的问题由此也就得出了答案。最初，人们匆忙地猜想是德国人把沙皇教唆坏了；彼得的神经质和火爆脾气为这种猜测提供了佐证。"德国人弄昏了他的头：好的时候平安无事，而别的时候却暴跳如雷，大吼大叫。瞧，如今连上帝都遭到了攻击，连教堂的大钟都给摘掉了。"不仅如此，在外国人络绎不绝地涌入俄国和施加影响的压抑之下，人们的民族感情受到了伤害，也自然要表露出来。然而，这些都不能满意地解答主要的问题:这样一个中了邪的、毫不珍视人民习俗和信仰的沙皇怎么会出现在罗斯大地之上的呢。真令人难以置信。至此,传说的演变进入了第二阶段。对这个问题的解答采用的也是问题的形式:他是俄罗斯人吗?有人说,他是德国女人生的。另一些人附和道,对,是德国人拉斐尔特的孩子。就这样编造成了彼得是个僭称沙皇者的故事,说是皇后生了个女儿,偷偷用她调换来了一个德国男孩〔3г〕。一次,警察在莫斯科河边洗衣处偷听到这样一段政治对话:农民们被折磨得不堪忍受,都起来反对沙皇,他们恨恨地骂道:他算什么沙皇!他是非法的德国娘儿们生的孩子;他是掉换来的,是个弃婴;纳塔利娅·基里洛夫娜皇后常常痛打这个宝贝,常常对他说:你不是我的儿子,你是调包换来的;因此才命令他穿德国式衣装——由此可见,他是德国女人生的。从这一想象出发,传说不断扩大,把当时出现的种种现象按自己的需要加以编造。彼得的国外之行给传说的扩大提供了方向,使之更易于往下编。彼得开始推行革新措施,剃胡须,引进德国式衣装,放逐了自己的皇后叶夫多基娅·费奥多罗夫娜,娶了一个德国女人蒙索娃,命令人们吸该死的烟叶——这一切都是他从国外归来以后干出来的。彼得到异教徒那里去旅行成了人民大众发挥幻想能力的引路线索。俄国社会大约听到过一些谣传,据说,瑞典国王查理十二于1700年离开瑞典,去同彼得及其盟国作战的时候,他的妹妹乌尔里卡·埃列奥诺拉留在家中,后来,查理十二死后,他的妹妹继承了王位。同时,还有传闻,据说1697年瑞典当局在里加给彼得制造麻烦,不让他视察里加的防御工事。人民的幻想利用了这些传闻,根据谣言编造成整整一段故事。彼得到国外旅游——这是事实;但是,从国外回来的还是彼得吗?到1704年,回答这个问题的已经是编成的一个故事:皇上率领近臣到了国外,在德国各地旅游,来到玻璃王国[1](斯德哥尔摩)。德国土地上的这个玻璃王国由一个姑娘统治。女王凌辱了我国的君主,把他放到热锅上煎烤。从热锅上放下以后,又吩咐把他丢进监牢里。到了女王寿诞之日,王公大臣向她禀奏说:女王陛下,念在这个节日的份上,释放了这个君主吧。女王答道:你们去看看,他若是还活着,那么看在你们的面上,我就放了他。那些人看了一遍,回奏女王道:女王陛下,他还活受罪呢。"既然还在活受罪,你们就把他放出来吧。"于是,他们把他放出牢房,让他走了。他回到自己的大贵族那里,而这些人划着十字,做了个大木桶,上面钉满了铁钉。他们意欲把君主装进这个大桶。有个射击兵得知了这个阴谋,急忙跑来报告君主,说:沙皇陛下,请快快起床逃走吧,他们想害你,你还蒙在鼓里呢。于是,皇上连忙起床,跑了出去,而射击兵躺到他的位置上。大贵族来了,从床上抓起那个射击兵,塞进那只木桶,抛进大海去了。最初一个时期,传说没有结尾,不知道皇上的下落如何。后来,人们给传说安上了结尾,民间开始流传:这不是我们的皇上,是个德国鬼子;我们的皇上在德国人那里已被钉进木桶,扔到大海里去了。彼得逝世后不久,这个故事又变了:彼得活着时被看成已经死掉,而死后,人们却认为他复活了。新的版本说,过去在位的沙皇是个德国鬼子,真正的沙皇如今已经从德国的囚禁当中解救了出来,确切地说,是一个到玻璃王国经商的俄国商人运用机智的欺骗手段把他救了出来。最后,讲故事的人总要追加一句:"可是为什么直到今天还不见这位皇上回国来呢?"[3Ⅱ]

关于反基督沙皇的传说 关于彼得是僭称沙皇者的传说完全建

---

1 "玻璃"为斯德哥尔摩之误传。俄语中这两个单词的发音有些相似之处。——译者

立在苛捐杂税的主题之上,看来它形成于纳税阶层之间,尤其是在那些从前一直蠲免纳税,而这时被各种新捐税、新服役的谕旨深深刺痛的群众之间。另一个传说讲彼得是个反基督者,它产生于或者编造于受到尼康革新掀动的宗教界,其主题也全然是另外一些[3e]。阿列克谢沙皇时代便已开始了政府对祖国的宗教信仰和风俗习惯的纯洁性加以无法理解、漫无目的的干预。彼得的改造活动被人民视为这种干预的直接继续。外国的新式衣装,剃胡须,以及诸如此类的革新措施触及了古罗斯社会的宗教观。1699年年末,接着又发生了一件新鲜事,它比德国式衣装或烟草更令人担心不安:俄国的正教历法被改掉,命令从基督诞生之日起计年,而不再从创世时计算;庆祝新年之始已不再按教会惯例在9月1日,而像非正教徒一样,改在1月1日。这项革新已直接干预了教会制度。即使没有此事,人们早已被尼康时代的拉丁化弄得骚动不安了,如今他们更加惊惧慌乱,奋起捍卫旧的信仰。彼得时期,在警察机关和在街头巷尾往往出现非常奇怪的场面。1703年,有一次,一个下诺夫哥罗德的普通商人安德烈·伊万诺夫来到莫斯科告密,即秘密指控——你们猜,他告的是谁?——原来他告的竟是皇上本人。他控告说他——皇上破坏正教信仰,下令剃掉胡须,穿德国式服装,吸烟叶,而他——安德烈·伊万诺夫专程前来就是为了指控皇上的这些罪过[3*]。1705年[4],在雅罗斯拉夫尔,罗斯托夫都主教季米特里在一个礼拜天从大教堂回家途中遇见两个年纪还轻,但蓄有长须的人。他们问他该怎么办才好:有命令让把胡须剃掉,可是他们宁肯被砍头,也不愿剃掉胡须。都主教反问他们说:"能够再长出来的是被砍掉的头,还是剃掉的胡须?"都主教的家里聚集了很多优秀的公民,大家谈论关于胡须和关于剃掉胡须对拯救灵魂构成的威胁等问题,因为剃掉胡须就意味着失去形象,失去与上帝相像的模样。

学识渊博的都主教不得不动笔撰写一整篇论文，阐述人的形象和他与上帝相像的模样[4]。剃胡须的问题发展到群众开始宣传鼓动的地步：一些城市里暗中散发匿名信件，号召正教徒奋起为保卫胡须而斗争。比较[5]深谋远虑的人们不能满足于在愚昧无知的群众中广为流传的关于彼得是僭称沙皇者的传说，他们寻找他推行难以理解的和危险的革新有什么更深的根源[5]。彼得用一些诸如剃胡须之类的平凡小事和教堂的酗酒丑闻揭痛了良心有愧者的疮疤，引起一片惊恐万状的迷信议论：人们谈论起笃信宗教者面临的末日，最后的时刻，以及为了拯救灵魂必须自觉受苦等。这些议论都指向造成这一切的罪魁祸首，最后形成了关于反基督沙皇的传说。我们在1700年莫斯科发生的一起侦查案件里就可见到这个传说的苗头[6]。有一个姓塔利茨基的人，他会写书，可见他较有文化。他撰写了一本关于最后时刻和反基督者化身皇上扰乱人世的小册子在民间散发。塔波夫的高级僧正被这些小册子感动得垂泪不止，大贵族霍万斯基公爵则向塔利茨基涕泪交流地忏悔自己的行为，说他本来接到过一顶荆冠，可是他先是同意剃掉胡须，接着又接受担任酗酒最厉害的声名狼藉的教堂的都主教这个不严肃的决定，因而丢失了荆冠。但是[7*]，这个传说在奥洛涅茨和外奥涅加北部流传得格外广泛。这是受分裂教派破坏最严重的边远地方。远在阿列克谢沙皇在位时期就有很多笃信古老宗教的苦行僧逃往那里躲避迫害。到17世纪末，这些逃亡者凭着宗教狂热，在同异教教堂和反基督国家的斗争中制定了一种为笃信宗教而自觉受苦的可怕形式——集体自焚。仅据那个时代流传下来的一部旧教著作的统计，1675—1691年间自焚者即达两万人以上。荒僻的北方沿海地区到处是密布的森林，从罗斯中央地区传到这里的所有消息都歪曲得不成模样：备受惊吓的人们想入非非，把这些消息变成了魔怪狰狞的幻影。有一次，在奥洛涅茨县的一座乡间教堂中做完弥撒神甫和下级执事走出教堂，谈论起世上发生的事。下级执事说：如今命令编写编年史（纪年）须从基督诞生之时算起，服装要穿匈牙利式的。神甫补充道：我在乡下也听说过，大斋期那个礼拜要缩短，复活节后第一个星期过后开始全年的每礼拜三和礼拜五都得喝牛奶。下级执事认为拯救沿海地区众生的最后手段唯有自焚，因而说：等这些谕旨传到我们乡下教堂，等到人们逃进森林居住和自焚，我也随他们一起到森林去生活和自焚。神甫补充说：把我也带去吧，反正如今已经活到头了。这事发生在1704年。在这一年还有一个拉多加湖地区的射击兵从诺夫哥罗德回家途中遇见一个陌生的老人。老人对他讲了这样一段话：如今差役太多了，这还算什么基督教！如今的信仰完全两样：我手里有一些古书，而今天这些书在被烧毁。提到皇上时，老人接着说：他算得上我们基督教徒的什么皇上！他不是皇上，是个拉脱维亚人，他不守斋戒；他是个溜须拍马的人（骗子），是个反基督者，他是一个不洁的女子生的。他摇头晃脑，步履不稳，显然有魔鬼附体；他把射击军斩尽杀绝，因为射击军知道他信奉异教的底细，而射击军是真正的基督徒，不是异教徒；至于士兵们，他们全是异教徒，不守斋；如今全都变成了外国人，穿上了德国式衣装，戴上卷发（假发），胡须也剃掉了。这个射击兵出于军役的义务为皇上辩解，指出：彼得是沙皇，是沙皇血统的后裔。但是，老人反诘道：他的母亲难道是皇后？她是个异教徒，生下的全是女孩。这个老人是沿海地方的崇信旧教的教徒，躲在森林里避难。当问及老人从哪里来时，他答道：我是外奥涅加人，从森林里来；夏天没有道路通到我的住处，只是冬天有路，不过也只能滑雪。这个故事生动地揭示了北方沿海地区人们的情绪。1708年，在南方的别尔哥罗德县（库尔斯克省）也听到过这类传说。有两个神甫谈话，其中一个人说：天知道咱们国家出了什么事:苛捐杂税把咱们整个乌克兰都毁了,捐税的花样翻新,名目繁多,简直叫人难以想象。如今连咱们这些神职人员也逃不脱了,开始征收澡堂税、住房税、养蜂税,咱们祖祖辈辈根本没听说过这些。莫非咱们国家没有沙皇?这位神甫从教堂的祈祷书上读到过一份资料,说因不合体统的结合,行为不端的妻子和童贞可疑的处女将会生下一个但[1]的血统的反基督者。他反复琢磨什么是但的血统,反基督者生在什么地方,难道是在罗斯?一天,别尔哥罗德团退役准尉阿尼卡·阿基梅奇·波波夫来看望他。这是个残疾人,靠给人代写书信,教几个孩子识字来糊口。神甫把自己关于反基督者的疑惑向他提了出来:"如今咱们人世间日子真不好过呀。书上写着,不久但家族将有一个反基督者出世。"阿尼卡·阿基梅奇略一思索,答道:"反基督者已经出世了;在我们国家里统治天下的不是皇上,而是个反基督者;你要心中有数:但家族就是沙皇家族,要知道,皇上不是嫡出,而是庶生;那就是说,他是因不合体统的结合而出生的,因为只有第一个妻子才是合法的妻子"[7a]。关于反基督沙皇的传说就这样不胫而走了。

两种传说对于改革的意义 这两个传说自然使得人民大众对改革极其反感,从而严重影响了改革的成效。人民注意的不是改革家极力满足的改革利益,而是他们迷信的头脑将改革家的活动臆想成的那些反宗教、反人民的图谋。在这种糊涂愚昧的情绪影响下,改革在人民的心目中便成了异乎寻常的繁重负担和阴险图谋。人民大众中只有少数人亲眼见过沙皇是如何工作的,可是这些人只能螳臂当车,徒劳无益地对抗一下愚昧的传闻和评论。传流至今的还有另外一些传说,它们表明改革家以其个人品德和劳动工作给群众留下

---

1 据圣经《旧约》,"但"是雅各的12个儿子之一,但的一族在埃及繁衍。——译者

了多么有魅力的印象。奥洛涅茨边区的一个农民讲述过一个彼得的故事。他说到彼得怎样来到北方,怎样劳累。最后他这样结束了故事:真是个好样儿的沙皇!他没白吃面包,干得比庄稼汉还猛[7*]。但是,能得出这种印象的注定只有人民中的极少数人,他们或是曾经有幸目睹彼得工作的真实情况,或是能够透过残酷统治的外壳感受到他那些显得缺乏条理,有时轻率冒失的活动的内在精神力量。有一个聚敛官(伊万·菲利波夫)在呈递给彼得本人的条陈里对沙皇做了一个连历史学家都会自愧弗如的准确评价。他说:彼得具有"善于思考、永不满足的头脑",善于理解那些寻找"真理和为民请命"的人。但是,思想受到皮鞭和僧侣禁锢的大多数人却发挥他们的想象力,把彼得描绘成一个他们所能想到的最令人厌恶的形象。国家徭役赋税以及德国式的新事物激起了各阶层的普遍不满,这已是俄国的和外国的观察家众口一词谈论的事实。这些传说助长了这种不满,并且在道德上使其神圣化,以至于在彼得统治后期它发展到了无以复加的地步。然而,无人期望会爆发公开的起义,因为群龙无首,并且要考虑到当时人民大众的驯顺奴性。曾经有过的暴动战斗力早已在射击军、阿斯特拉罕、布拉温等前几次暴动中耗尽。人民大众如今把同政府当局的这场被解除了武装的诉讼提交给社会良知这个最高法庭。彼得[8]逝世后不久,分裂派射击军散布说:临终时,皇上讲到自己说:我本可再多活几年,可是世人都诅咒我。在民间谈话中根本没人提及彼得为人民谋求福利的宏图大志和进行的伟大劳动。改革像一阵雷霆万钧的急风暴雨掠过人民的头顶,它吓坏了所有的人。对于所有的人,它都是一个难解的谜[8]。

上层阶级 和改革家[9*]比较接近的社会上层阶级卷入改革也较深,因而能更好地理解改革的意义。改革使他们很愿意努力协助彼得实现他的意图。这些阶级同引起改革意愿的西欧世界已经有了千丝万缕的联系。由这些人士组成的政府，不管是否愿意，都必须维护彼得所创造的俄国在欧洲举足轻重的地位，而且为了顺利发展外交关系，同欧洲的文化联系也不能稍有减弱。这些阶级的社会和民族组成也朝着这个方向变化。莫斯科国原来的显贵在彼得执政时期仍留在政府内的只剩下极其有限的残余：戈利岑和多尔戈鲁基等家族的某些公爵，列普宁公爵、谢尔巴托夫公爵，以及舍列梅捷夫、戈洛温、布图尔林——这几乎是彼得时期著名活动家当中显赫的大贵族的全部代表。17世纪形成的统治阶级的核心由彼得堡上层贵族，或按彼得时期的说法，由宫廷显贵组成：普希金、托尔斯泰、别斯图热夫、沃伦斯基、孔德列夫、普列谢耶夫、诺沃西利采夫、沃耶伊科夫和许多别的家族。还有一些外省贵族源源不断地涌来补充这一核心，例如，属于此类的有阿列克谢沙皇时代的奥尔金-纳肖金、彼得时期的涅普柳耶夫。其中甚至还有出身"波兰破落贵族"和"低于波兰贵族"的阶层的人，诸如，纳雷什金、洛普欣、缅希科夫、佐托夫。最后，还有直接出身于奴仆的人，如库尔巴托夫、叶尔绍夫及其他聚敛官。1722年，有名望的商人斯特罗甘诺夫被册封为男爵。这些新人跻身官员行列，对统治阶级的戮力同心并无促进作用，然而在破坏统治阶级原有的系谱和道德成分的同时，终究给它带来了某种类似竞争的勃勃生气，大挫了大贵族们的骄矜气势和破除了衙门的因循守旧习气。与这些土生土长平步青云的新人并列，同时起着重要作用的还有很多外来人——异族人和外国人：沙菲罗夫男爵是一个被俘的犹太基督徒的儿子，其父被俘后曾在大贵族希特罗夫家中供人驱使，继而又在莫斯科商人的店铺里当过伙计；亚古任斯基，正如前文所说，是离开立陶宛的路德教会管风琴手的儿子，童年时放过猪；彼得堡警察总监杰维耶尔曾在葡萄牙海船当过少年见习水手，随船到荷兰时被彼得发现，受到重用；奥斯捷尔曼男爵是威斯特伐利亚的牧师之子；还有布留斯伯爵、亨宁将军、创建采矿工厂的工程师米尼希；接着还有叶卡捷琳娜一世的一长串亲戚当上了俄国权贵，各种各样的斯卡夫龙斯基、叶菲莫夫斯基、根德里科夫等，这些人都是好不容易从立陶宛农村找来的农民，他们在彼得堡加官晋爵，暴发致富了。外来人当中有许多文化修养高、树有丰功伟绩的人士，如布留斯、沙菲罗夫、奥斯捷尔曼等，他们无意割断新的祖国同西欧世界的联系，但是他们的文化修养和丰功伟绩却被俄国显贵中大多数愚昧无能、庸庸碌碌之辈视为眼中之钉、肉中之刺。

出国留学 最后，教育的萌芽也使最上层阶级或多或少同西欧世界发生了关系。在彼得统治的前期，当学校还为数寥寥的时候，获取教育的主要途径是大批派遣俄国贵族出国留学。某些自愿或奉命在欧洲游历的人已有家室，年龄较大，他们记载的国外观察所得表明这条教育途径困难重重，收效甚微。他们根底浅薄，态度冷淡，目瞪口呆地观看欧洲社会生活的习俗、制度和环境，分辨不清什么是文化奇迹，什么是骗人的幻术和不值一顾的事物。这些新鲜奇异的印象在他们头脑中并没有形成什么新的想法。例如，一位至今不知名的莫斯科重要公爵详尽地描写了他在阿姆斯特丹某个人家参加过的一次晚宴上侍女们如何脱得赤条条一丝不挂；在罗马参观圣彼得教堂时，他想不出更好的研究办法，只是用脚步测量了它的长度和宽度，至于教堂内部，只描写了墙上贴的印花壁纸。鲍·库拉金公爵在欧洲见过世面，曾在威尼斯学习，1705年到荷兰后，评论鹿特丹的伊拉斯谟纪念碑说："用铜铸了个男人像，手里拿着书，表示他学识很渊博，并且常常教育人们。铜像就是为了表示这些才铸成的。"在莱顿，他参观了比德洛教授（他把教授叫作贝德洛）

的解剖室,目睹教授怎样"拆卸"尸体,向大学生们"展示"尸体的一个个部分;他细看了收藏极为丰富的用香料防腐和"泡在酒精里"的标本[9a]。科学界进行的这种通过研究死亡探讨生命的全部工作促使这位俄国观察家向所有来到荷兰的人建议,一定不要错过参观莱顿的"尸体馆"的机会,这会带来"无穷乐趣"的[9*]。尽管根底浅薄,彼得对派遣留学生一事仍寄予厚望,认为被派出去的人能从国外学回同他本人第一次旅行时学到的一样多的有益知识。看来,他的确希望责成贵族们学会海军,认为国家最可靠的主要根基就在于海军,这是 1697 年同俄国驻荷兰使团有交往的人们的看法。从这一年起他便把成百名青年显贵驱赶出国学习航海科学。但是,海洋恰恰最令俄国贵族感到厌恶,所以他们从国外写信向亲人诉苦,请求对他们另派别的任务,哪怕安排他们当最低等的普通士兵,或者让他们学习"陆地上的科学"都行,只是别学航海。不过,随着时间的推移,国外学习的科目也逐渐增多了。涅普柳耶夫[10*]与自己的同胞不同,他聪明地利用了在国外学习的机会(1716—1720 年)。从他的札记里我们可以看出,当时的俄国人都在国外学了些什么,对那里的各种学科掌握得怎样。一批批清一色选自贵族的学生分散在欧洲的各个主要城市:威尼斯、佛罗伦萨、土伦、马赛、卡季克斯、巴黎、阿姆斯特丹、伦敦。他们在这些地方的学院里学习绘画艺术、船员业务、机械力学、航海学、工程学、炮兵学、制图、造船、引水业务、士兵的持枪操练、跳舞、击剑格斗、骑术、各种手艺——铜匠、木匠和造船匠等技术。他们逃学去游圣山、玩"多面堡"、到赌场妓馆鬼混,在那里寻衅斗殴、互相残杀;富人们学会了酗酒宴饮,挥金如土,囊中告罄时便变卖财物,甚至出让庄园,以免在国外陷入债务监狱;穷人们不能按时领到菲薄的薪饷,几乎饿得要死,有的人由于贫困不得不为外国人供职服役；总之，所有的人都没能很好地维护在欧洲取得的"优秀骑士"的声誉。这些本应传播西方文化的使者归国后，异国的习惯和对科学研究的印象，犹如薄薄一层旅途的尘土很轻易地就一扫而光了，带回来的是一种集外国坏毛病和本国恶习惯之大成的混合物，令外国人都感到吃惊。按一位外国观察者的说法，这种混合物只能导向精神的和肉体的堕落，使人极难怀有敬畏上帝之心，不容真正的美德占据一席之地。然而，终究还是有所收获的。彼得企图把贵族变成传播欧洲军事和海军技术的种子，可是，他不久便发现，这个阶层对各种技术掌握得都不好；俄国贵族当中很少有人成为工程师或者船长的，即使学成，也需付出巨大努力；况且获得的知识在国内也并非总能得到应用：缅希科夫在萨尔达姆同彼得一起攀爬过桅桁，学习过造桅杆，可是回国后却当上了与大海绝缘的内陆总督。但是，国外留学并非一无所获：强制学习虽然没有形成可观的科学知识储备，但终究使贵族习惯了学习过程，刺激起了某种程度的求知欲。贵族总还是学到了一些东西，尽管所学得的同派他们去掌握的并不符合一致[10a]。

报刊 彼得对国内的改革工具同样很关心。为此，首要的便是务必把俄国人从民族孤立之中解脱出来，把他们的眼界扩展到祖国范围之外。彼得认为达到这个目的所需的工具是报刊和剧院。奉他的旨意，自1703年1月起，莫斯科开始出版定期报刊——新闻报。每当国外邮件到达两三天后，或稍晚一些，就出版一期新闻报。每期一印张或数印张，版面为八开，以模糊不清的教会用铅字印刷，内容是刊登转述来自欧洲各都市外国报刊上的"文章"——通讯。俄国的消息，则奉命全由各个衙门提供给印刷该报的印刷所（在尼古拉街上）。报纸第一期曾由沙皇亲自修改，上面报道说："奉圣上旨意，莫斯科的学校（学院）将有所增加；将有45人听哲学课，他们业已修完辩证法课；数学领航（航运）学校中有300余名学生就读，他们将熟练掌握该门科学"；自11月24日起，迄12月24日止（1702年），莫斯科出生的男女人口共386人；另据"奥洛涅茨报道"，当地神父伊万·奥库洛夫招募近千名志愿人员，越过瑞典边界，击毙瑞典骑兵50人和步兵400人，烧毁近千户人家，并将战利品分给了自己的"士兵"，"神父军队"方面只有2名士兵负伤。莫斯科新闻报的读者读到的不仅有外国消息，也有转载外国报刊的俄国新闻。这些新闻都是一字不落地援引自外国报刊，未加润色，不必担心行政当局的追究。例如，在彼得堡建城之前的七个月，在该报第一期上刊登了来自其原址——涅瓦河上的宁尚茨堡的瑞典消息："我们在此地生活窘困不堪，因为莫斯科在此间的行动猖狂已极"，市民惊恐万状，纷纷携带细软财物逃往维堡去了。在1703年，莫斯科新闻报共出刊39期[106]。

剧院 阿列克谢[108]沙皇曾经试图在莫斯科建立一个宫廷剧院（见第五十三讲），意欲依靠邀来的外国剧团。这一尝试对于享受宫廷接待的少数社会人士的艺术鉴赏力究竟产生了多大影响，我不敢妄加评说。但是，莫斯科自有其培养舞台艺术鉴赏能力的场所，它们可以充作这种外来娱乐的民族支柱[108]。库拉金公爵写道，在当时的显贵人士家里，每逢圣诞节节期他们的奴仆就演出"各种滑稽可笑的故事"[10г]。莫斯科科学院排演宗教神秘剧，扮演者是"国家宠儿"，这是海报上对学院学生的称呼。这些学生或志愿，或被分派扮演这些戏剧的角色，他们的这个绰号说明在当时的学院学生当中有莫斯科官宦显贵的子弟。在北方战争的最初慌乱年代里，彼得从纳尔瓦败绩中刚刚恢复元气便着手操持在莫斯科建立公众剧院。1702年，一年花费5 000外国银币——约为现在的20 000卢布——的包银邀来一个德国巡回剧团。剧团由一位名叫昆施特的演员兼剧作家管理；团里还包括一些德国"大学生"。在红场为大众——"热心的观众"盖起了票价低廉的剧院"喜剧大厅"，或称"喜剧场"，每礼拜在那里演出两次。外务衙门的翻译们把昆施特剧团上演的剧本译成俄语，其中计有:《阿非利加西庇阿》，喜剧《唐彼得和唐扬（唐璜）》，悲剧《巴亚泽特和塔梅尔兰》，甚至还有莫里哀的《屈打成医》。戏剧里还从"清唱剧"借鉴了音乐成分，从歌剧里引进了咏叹调形式和喜剧成分，即每剧必有的民间戏剧丑角汉斯乌斯特。莫斯科衙门的翻译把这个德国民间戏剧的人物译为"兔油"。彼得一贯遵循不仅仅使用外国能工巧匠，而且要将其技术植入俄国的原则，所以责成昆施特传授俄国人"演剧学问"，要求他"尽心竭力，毫无保留"，为此，彼得从各衙门抽调来学艺的书吏不得不步行前去昆施特居住的外侨村。

学校 彼得从首次国外旅行中获得的十分强烈（如果不能说"最强烈"的话）的印象之一，似乎就是一种惊讶感：那里的人多么好学不倦，工作多么熟练啊，而工作之所以熟练，恰恰是因为好学不倦！看来，在这种印象影响之下，他头脑中形成了在俄国创办类似的综合性大学或工业学校的计划。归国后不久，他同牧首谈话时表示出对莫斯科科学院的不满，因为在那里很少有人学习，也没有必要的监督。他希望有一所学校能够"培养适合各种需要的人才，他们既能在教堂服务，在民事机关供职，又能指挥作战，具有建造知识和医疗技术"，使那些有意让自己子弟学习"自由学科"的父兄免于再去求助于外国人。但是，由于资金匮乏和准备不足，原来设想得广泛的高等学校计划如今变成了创立小型的基础学校或技术学校。18世纪初，彼得尚未意识到他即将开展的改革工作的规模究竟有多大，仅仅把它局限在当时刻不容缓的事务——战争和财政事务，因此他对国民教育的关心只是集中在建立这些学校上面。

库拉金公爵在其编年体的自传里历数诸如允准自由出境,"前往欧洲各国留学",开办大众剧院,出版第一份报纸等事的同时,还谈到建立了数学学校以及"其他学科和技艺的学校,例如,缝制礼帽,纺织呢料,熟制驼鹿皮,石膏雕塑,按建筑学建造宅邸厅堂"等〔10π〕。但是,军队和舰队的需要自然远远地超过了国民教育的一切要求。1698年,彼得在英国说服了亚伯丁大学教授法尔瓦松到俄国执教,于是他成了1701年在莫斯科苏哈列夫塔楼附近为贵族及官宦子弟开办的航海学校的教师。他是俄国数学和航海学教学的奠基人,后人曾评论他说,彼得时代几乎所有的俄国海员——从高级到低级,无一例外,尽皆出于他的门下。他率同另外两名英国人"一本正经地"按部就班进行教学;只是像学校校监库尔巴托夫所报告的那样,英国人有时候纵情饮酒或者酣睡过久,总之,他们不慌不忙,慢条斯理地工作,责骂那些"理解力强"、学习上走在前面的学生,说他们应该等待一下落在后面的同学。后来,法尔瓦松调转到1715年在彼得堡开办的海军学院任教。这所学院专为显赫贵族的子弟开办,用以"代替出国留学"。1711年,由冯·斯特劳斯中校担任"学监"、工程师利亚姆金上校执教的工程学校日益驰名遐迩,同时彼得堡也创建了一所炮兵学校〔10*〕。如果再考虑到莫斯科那所其神学教学大纲迎合神职人员教育需要的斯拉夫—希腊—拉丁学院的话,那么我们就可看到两所面向固定的社会阶层的高等学校和三所学科专门的学校,我们一共遇到5个名实不符的概念。无论正式的名称,还是我们按社会地位和学科的分类,都与这些学校的实际不符。这些学校尽皆是兼收并蓄、面向各个阶层的,而且学科都相当简单肤浅,仅用一些专业课程装点各自的教学大纲而已。在莫斯科航海学校里,奴仆的子弟与公爵们同窗共读。当时到处招募学生,犹如团队招募志愿兵一般,只求学校能满额即可。莫斯科工程学校共招收23名学生,彼得要求它把名额扩大至100人,甚至150人,但须遵守一个条件:其中贵族子弟出身的学生须占全数的三分之二。学校领导未能完成这项命令,于是接着下达了另一道怒气冲冲的新谕旨——从各种平民当中选拔学生,必须凑足缺少的77名,对宫廷侍臣的子弟以及拥有农民50户以上的首都贵族实行强制招收的办法。海军学校的人员组成和教学大纲更加清楚地反映出当时学校的这种性质。在这所原计划只招收贵族的专门技术学校里,252名学生当中出身贵族的仅有172名,其余的都是平民。高年级里讲授的是高等天文学、平面和球面航海学,而在低年级却有25名平民学习字母,2名贵族和25名平民学习日课经,1名贵族和10名平民学习圣诗集,8名平民学习写字。开展学校教育困难重重。尽管当时还没有受到章程和监督的限制,教与学却已经十分艰难。不过,沙皇虽然忙于战争,还是热心关怀办学之事。必备的教科书不足,或者书价异常昂贵。官办印书局,发行教科书的莫斯科印刷所在1711年从自己的校对员修士辅祭格尔曼手中买下一部"学校事业"急需的意大利语词典,书价合今天的17卢布50戈比。1714年,工程学校向印刷所订购30册几何书和83册正弦书。印刷所出售的几何书,每册价合我们今天的8卢布,至于正弦一书,他们答复说根本没有。很难设想应聘而来的外国教师用何种语言给刚刚接触外国语言的俄国学生上课。除此以外,还应考虑到教学方法。海军学院院长法国人C.伊列尔男爵,据学院总教官马特维耶夫伯爵反映,是一位对各门学科全都一窍不通的人。他对待学院学生态度粗暴,结果有一名学生径直投状给沙皇本人,指控院长当着全院师生捆他耳光,用棍子打他。在主管教育的机关里形成了一种与科学格格不入的,甚至敌视科学的气氛。我决心违反不使听众情绪低落这个教育学原则,向你们介绍一下彼得于1715年批准的海军学院工作细则的某些特点[11]。称为海军近卫军的该院学员每天清晨须集合在大厅里早祷,祈请上帝广施恩典,保佑沙皇陛下圣体健康,沙皇武装力量发展顺利,违者须受严惩。继而,每人皆应安坐在各自的位置上,"必须仪态大方,不许相互挑逗,违者须受严惩。"学生须聆听教授们向他们讲授的课程,对待教授们须保持应有的礼貌,违者须受严惩。教授们应殚精竭虑、循循善诱地教导海军近卫军,违者须受严惩。教授们不得"直接或间接"收受学生的任何财物,否则须按贿赂的四倍返还;如若重犯"此种罪过,违者须受体罚"。把教育青年变成驯兽的学校只能引起学员的厌恶,在他们身上培养起独特的反抗形式——逃走。这是学生和学校进行斗争的原始的、尚不完善的方法。从学校逃走和征兵时的逃亡,这已成为俄国国民教育和国家防务方面的慢性痼疾。政府不把学校教育当成社会的精神要求,而看作青年人为准备义务供职所必须履行的自然徭役。应聘而来的外国教师所用的语言难以理解,教科书内容简陋,但却难以弄到,当时的教学方法又不能引起学生的兴趣。除了这些以外,若再加上[12*]政府对教育所持的这种观点,那么学生逃走——当时的一种罢课形式——这个现象,尽管仍然不免令人沮丧,却是完全可以理解的了。当学校被看成军营或者衙署的预备班时,青年们也就把学校当成永远避之如虎的监狱和苦役所了。1722年,参政院向全民颁布了陛下的一道谕旨,其庄严隆重的程度只有宣布召开国家杜马的诏书才能与之相比。全俄皇帝陛下和专制君主的这道谕旨向全民宣告:隶属于彼得堡海军学院的莫斯科航海学校有127名学生逃跑,从而使学院的经费蒙受重大损失,因为这些学生都享受助学金,如今是在学校"生活多年之后席卷薪饷而逃。"谕旨委婉地邀请逃亡者在规定的时间以内返回学校,并威吓说,否则的话,对于贵族子弟——将处以罚金;对于士兵子弟——将处以更加严厉的"惩罚"。谕旨上附有逃亡者的名单,把他们当成值得全帝国注意的人物,谕告全国周知:逃亡者当中计有贵族子弟33人,其中包括 A. 维亚泽姆斯基公爵;其余的是雇佣骑兵、近卫军士兵和平民的子弟;此外还有大贵族的奴仆12人。由此可见,当时学校的组成成分包括了各个阶层。

格柳克中等学校 俄国学校教育的曙光就这样隐约可见了。在学校教育的进程中有一个独具特色的插曲——格柳克中等学校[12a]。格柳克是萨克森人,他是一位精力充沛的教育家和传教士,曾在德国的几所大学里受过良好的语文学和神学的教育。他作为牧师前来利夫兰的马林堡,学会了拉脱维亚语和俄语,以便把福音书直接从犹太文本和希腊文本为当地的拉脱维亚人译成拉脱维亚文,为居住东利夫兰的俄罗斯人把他们不十分熟悉的斯拉夫文本译成普通的俄语;他多方奔走,创办拉脱维亚学校和俄国学校,并且为后者把教科书翻译成俄语。1702年,俄军占领马林堡时,他被俘虏,接着被遣送到莫斯科[12*]。当时的莫斯科外事部门急需通事和翻译,通过各种途径寻觅这种人才,聘请外国人任职或者委托他们教给俄国人各种外语。例如,1701年,外侨村的学校校长什维梅尔应外务衙门之聘,担任翻译职务,并且受托向将在该衙门担任翻译的6名书吏子弟教授德语、法语和拉丁语。被安置在外侨村的格柳克牧师也接受了什维梅尔的几名学生,教给他们外语。但是,自从发现这位牧师不仅能够教授外语,而且还会"用各种语言讲授很多中学课程、数学和哲学学科"时,1705年在莫斯科的波克罗夫卡专门为他开办了一所完整的中等学校,文件上称之为"中学"。彼得[13*]很器重这位学识渊博的牧师。顺便提一句,当地居民称之为 schönes Mädchen von Marienburg(马林贝格的美丽姑娘),后来成为叶卡捷琳娜一世女皇的立窝尼亚农家姑娘曾在他家住过。为经办格柳克学校，专门拨款 3 000 卢布，折合我们今天的币值约为 2.5 万卢布。格柳克办学伊始，首先向俄国青年发出了辞藻华丽，内容诱人的号召，称青年为"柔软而可供任意塑造的胶泥"；号召书的开端写着："前程似锦，但还需要支撑和扶持的孩子们，你们好！"号召书上还印有学校的教学大纲及从国外聘来的教师名单：创办人志愿讲授地理、修身、政治、拉丁文修辞学及演讲术、笛卡儿哲学、法语、德语、拉丁语、希腊语、犹太语、锡尔语和迦勒底语、德法等国的舞蹈艺术和礼仪步态、有骑士风度的骑马术和驯马术。有些文件保留了下来，并且不久之前披露于世了，其中最早的可追溯到奉旨建校的 1705 年年初。根据这些文件可以给这个有趣的、然而为时短暂的普通教育学校编写出一部相当全面的历史。我只列举它的几个特点。按照谕旨，学校的宗旨是免费培养大贵族、侍臣、杜马成员、近臣以及各种官吏和商人的子弟，教授他们各种外语和"哲理思想"。格柳克为学校准备了俄文版的简明地理、俄语语法、路德派教义问答，用蹩脚的俄语诗歌转述的祈祷书[13a]，并且在教学中引进 17 世纪捷克教育学家夸美纽斯的平行对照研究语言的教程。这位教育学家的教程之中的《Orbis pictus》(《世界图解》)几乎是欧洲所有小学必用的教科书。1705 年格柳克逝世之后，学校的一位教师保斯·韦尔纳继任"校长"；但是，此人"举止嚣张，行为不端"，偷卖学校教科书以饱私囊，因此被学校解聘。格柳克曾授有全权邀请外国人担任教师，数量可视实际需要而定。1706 年，外国教师计有 10 人；他们住在学校的家具齐备的公家住宅里，形成一个伙食集体；格柳克的未亡人供应他们饮食，收取额外的酬金；除此以外，他们领取包括伙食在内的现金工薪，每年为 48 至 150 卢布（折合我们今天的 384 至 1 200 卢布）；即使如此，他们还全都请求加薪。此外，学校里还应该雇佣奴仆，饲养马匹。在格柳克那五光十色的教学大纲之中，实际上开设的只有拉丁语、德语、法语、意大利语和瑞典语；瑞典语老师兼授"历史"；如果有人有志于品尝"语文学家的珍馐美味"，格柳克的儿子还准备为他们讲授哲学；舞蹈大师朗博尔老师自愿讲授"体态健美术、德国和法国方式的体质增强术"。每个年级由三个班——初级、中级和高级班组成。许诺学生享受一项重要的优待：毕业之后"不强制其供职"，唯有学生有此愿望时，才按其社会地位和学识水平接纳其任职。学校被宣布为自由的：可以"志愿"报名入学。但是，古典意义的自由原则不久便被对学习的冷漠态度碰得粉碎：1706年，学校里仅有40名学生，教师们认为还可以增加300名。于是，尚未学习的纨绔子弟们——"高官显贵"的子弟接到谕旨，通知说：必须把他们"送往该学校，不得有任何规避行为，学习、食宿费用自理"。但是，这一措施并未能使学校学生达到所希望的名额。最初阶段，学生中还有巴里亚京斯基公爵、布图尔林公爵以及其他显贵人士的子弟自费学习；可是后来入学的都是些非名门望族的人，而且大半是"禀膳学员"，即享受官费的学生，官费数额折合我们今天的币值为90—300卢布。他们可能大部分是衙门官吏的子弟，参加学习完全是听命于他们父亲的上司。学生的成分十分复杂：其中可以见到没有领地的贵族、少校和上尉、士兵、工商业者等人的子弟，总之，都是一些不富足的人；例如，有一个学生住在斯列坚卡的某助祭家里，他同母亲在那里租赁了一个角落存身，而他的父亲是个士兵；"不领薪饷"的自费生仅是少数。1706年，规定的学生名额是100人，这些学生可领取"一定数量的薪饷"，而且随着升入高年级，其薪饷亦可增加，"为的是使学生更加愿意学习，并且尽量努力争取好成绩。"教师们为那些住得离学校很远的学生申请在校园内修建8—10所小房，用作宿舍。学生们被视为某种类型的学术团体；他们的集体呈文一直得到上司机关的重视。在衙署文牍当中，针对学校教学过程的指示不多；根据建立该校的谕旨，报名入学者可以任选"想学的学科"学习[13*]。可见[14]，即使那一时代，也熟悉了分科教学制的思想。这座学校不是一成不变的，它不是固定机构：它的学生逐渐星流云散，有的转入斯拉夫—希腊—拉丁学院；有的进入1707年建立在莫斯科亚乌扎河畔、由莱顿的著名教授的侄子比德洛博士领导的莫斯科军医院附属医科学校；某些人被派赴国外继续深造或者安排在莫斯科印刷所；许多地主子弟自作主张分头跑回农村，换言之，他们思念母亲和姊妹，逃跑回家了。1715年，留在该校的最后一批教师也被调往彼得堡去了，似乎是调入当时刚刚开办的海军学院。在此之后，格柳克学校往往被当作马林堡牧师的可笑举动来谈论，最后连彼得也发现该校无甚效果。格柳克中等学校是在我国兴办、开展我们所理解的世俗普通教育的第一次尝试。事实证明，这种想法还为时过早：当时需要的不是有文化教养的人，而是外务衙门的翻译，所以格柳克学校就变成了局限于培养外国代办的学校，正如鲍·库拉金公爵描述格柳克学校时的说法，它仅仅留下一个它是所"教授各种外语和骑马、击剑等骑士学科的学府"的模糊记忆而已[14]。这所学校停办之后，在莫斯科带有普遍教育性质的学校就只剩下希腊—拉丁学院一家了。然而这所学院的宗旨是满足教会需要，尽管它的人员组成包括各个阶层。不论瑞克驻办公使韦贝尔1716年到来时，格柳克学校已经不复存在，他对上述学院赞扬备至。当时该学院拥有400名学生，他们在向学识渊博的僧侣——"思想敏锐，聪明睿智的人们"学习。高年级学生中有一位公爵用拉丁语向韦贝尔致辞，讲得相当出色。诚然，这是他事先即已背诵得烂熟了的，里面充满了溢美之词。韦贝尔介绍的有关莫斯科数学学校的消息也很引人注意。据云，在那里执教的都是俄国人，其中只有一位主要教师例外，这是位出色地培养了很多年轻人的英国人[15]。这个人大概就是我们已经熟悉的爱丁堡的教授法尔瓦松。这足资说明，派人出国留学不完全是一无所获的，能向学校提供俄国教师就是留学的结果。但是，成绩确实来之不易，而且不无瑕疵。国外留学生的举止行为往往使派去监管他们的监督陷于无计可施的境地；在英国的学生闯了那么多祸，以至于不敢回国。1723年，向他们颁发了赞许的谕旨，请这些闯祸者放心大胆地回国，说他们的一切均已获得宽赦，皇上开恩，赦免了对他们的惩处，甚至还许诺奖赏给他们"薪饷和房屋"。

初级学校 首都学校的组成成分都包括各个阶层，在这里已经闪现出全民教育的思想[16]。这一思想萦绕在当时受到改革感染的人的头脑之中；只是很难肯定它是改革狂热的成果，还是实际上经过深思熟虑的切实可行的计划。波索什科夫承认，对所有农家子弟实行义务教育是可以做到的，而且可在一定的期限——三四年之内办到：由下级神职人员教他们识字，教他们读和写。初级国民学校的思想也引起了彼得本人的重视。莫斯科数学学校就旨在成为俄国实施初等教育的教师培训场所。1714年，当对贵族实行义务教育的谕旨颁布时，该校曾奉命向各省分派学生，令他们到各地的数学学校（或如当时的叫法算术学校）去"教育平民出身的青少年"。这种学校奉命建立在高级僧正的宅邸里或者著名的修道院内；教师每人可领得日薪10戈比银币——若折合我们今天的币值，每年为300卢布。事情进展得并不顺利：人们不肯送子弟到新学校上学；于是采取了强制手段来招收学生，把他们关押在监狱里，设置岗哨监视；6年之间很少有建立起这类学校的地方；经商的人上书参政院，呈请准许他们的子弟不学习算术，以免他们的子弟脱离父兄的行业；在派赴各省的47名教师当中有18人没有招收到学生，结果不得不怏怏而归；梁赞省的学校直到 1722 年才开办成功，它共招收 96 名学生，但 59 人逃走了。维亚特卡府军政长官恰达耶夫希望在自己的府里兴办算术学校，可是受到了来自教区当局和教会的阻挠。他派出府公署的士兵分赴全县各地招收学生。士兵们捕捉所有适合学习的人，把他们押送到维亚特卡去。然而，事情收效甚微。算术学校教学生识字、书写、算术和一部分几何：当时初级学校的教学大纲仅限于此。到彼得执政末期，这类学校已有近 50 所；它们兴办在很多省城里，但不是每省皆有。彼得没有能把学校办成全民性的：在学校里学习的即使不能说清一色，也必须说绝大多数是"秘书官和书吏们的子弟"，换言之，是注定今后须在衙门供职的青年。一般说来，国民教育推行得时断时续，全部仰仗像维亚特卡府军政长官那样个别的热心人偶然做出的努力。著名的聚敛官库尔巴托夫升任为阿尔汉格尔斯克省副省长之后，共招收 40 多名士兵的遗孤，兴办起一所学校，他教其中很多人识字，还想教他们算术和航海知识。家庭教育方面同样大都带有偶然性：我不止一次提到的库拉金于 1705 年让自己的子女学习德语，他用 100 卢布的薪金寻到了"师傅"。仅仅为了学习德语一门功课，他就花费了折合我们今天币值 800 卢布的巨款。适合干家庭教师这一行的还有被俘的瑞典军官：达官贵人们招聘他们教育自己的子弟，他们的教学成绩优于官办学校的教师。筹集教育经费犹如沿街乞讨，上帝注定多少，就只能拿到多少。

书籍；大型舞会；上流社会交际读本　同各院机关[17*]、中级和初级学校一样，新式衣装、假发、剪剃胡须等也是统一、广泛计划的组成部分。这个计划便是按照开化的人民的样板从内心到外表改变俄国人的面貌，使他们的外在仪表、管理制度、思维方法和社会生活本身的性质不仅不同欧洲世界相抵触，反而同其相接近，因为历史命运把俄国人民与欧洲世界联结到了一起。就这方面而言，这些表面看来并不重要的细节自有其意义存在。彼得强迫贵族学习技术学科，是想把他们造就成欧洲上流社会习俗礼仪输入俄国社会的媒介人。自1708年起，遵奉他的谕旨，凡是非宗教内容的书籍，都开始改用新的、"民用"铅字印刷。这种铅字的字体接近拉丁字母，而旧的教会斯拉夫—俄语字体都与希腊字体相似。用新字体印出的第一部书，众所周知，乃是《几何学。斯拉夫大地测量学》；这部书乃是直接按照经过彼得亲手修改，写满各种记号的手稿排印的，当时彼得还能忙里偷闲，得以干预书刊检查和校阅文稿等事[17a]。但是，还值得指出一点，第二部书是《妙语锦言集》。这是从德语翻译的一本尺牍，内收应付各种场合、写给不同人物的书信样本。还有一份印制的字母表，上面的新字体也是彼得亲笔修改的，他指示说："可用此字体印刷历史及工业书籍。"这样，印刷字体同衣装式样一样，也成了一定思想和知识体系的标志，成了一定世界观的象征。彼得执政期间，印出了不少翻译作品，内容繁杂不一，其中包括历史和工艺方面的书籍。彼得死后过了三四年，莫斯科书籍市场上还存有大量波兰书籍。印刷所提供了礼貌周到、体面大方的文体范本；警察局发布有关规矩得体的社会生活的命令，要求必须遵守。彼得堡警察总监捷维耶尔于1718年公布了关于大型舞会的命令，那是一种自由集会，规定晚上在名门府邸按一定规矩举办，由贵族、校级以上的高级官员、高级商人和主要技师参加[17б]。所谓的大型舞会，泛指的是交易所、俱乐部、友人招待会、跳舞晚会等。在大型舞会上谈论各种事务、议论新闻、玩牌、饮酒、跳舞。没有繁文缛节，无须迎送，也无须殷勤招待；每个人都可随意前来，享用主人置于案头的佳馐美酒，然后随意离去。违反规则，则施与惩罚：喝干烈性酒—鹰杯（一种刻有国徽的大酒杯），使该人成为大家取笑的对象。1717年，在彼得的命令下或批准下出版了翻译作品《青年正镜，或生活行为指南》。本书的思想非常诱人，它教导各种规则：在社交中如何把握自己方能在宫廷和上流社会取得效果。第一条总的规则说的是：不要像一个懒散地躺着晒太阳的乡下佬；使人成为贵族的不是光荣的姓氏和高贵的门第，而是装点贵族的端正庄重的行为和美德。这种美德有三：和蔼可亲，谦虚恭顺，彬彬有礼。修养提高了的青年贵族如果希望成为直接的宫廷侍臣，就应该学会尽量多的外语、骑术、舞蹈、击剑、雄辩术和博闻强记；应该善于进行高尚风雅的谈话，不向任何人流露自己的意向，以免他人抢先；应该勇敢无畏，一往直前：在宫廷中谁若是懦怯畏缩，他就得两手空空地离开宫廷。具备这些必要的品质可以实现贵族的生活目的——成为外表漂亮的上流社会的花花公子和宫廷中老谋深算的滑头。这本书正合读者的口味，大受欢迎：彼得生前，它就连续出了三版，在他死后又不止一次地再版。尽管这本书向俄国贵族青年提出的都是些难于掌握的要求，但却是有益的指导：不要在街头低头垂目地走路；不要斜眼看人；看人时要显得欢乐、愉快，要保持仪表堂堂；遇见熟人时，离三步远就应以优雅的姿势脱帽，走过去之后不应再回头观望；不许穿着皮靴跳舞；社交场合，不许在人面前吐痰，而应吐到背人处；在房间里和在教堂里不许用手帕大声擤鼻涕和打喷嚏；不许用手指挖鼻孔；不许用手擦嘴；就餐时不许用手支撑在桌面上；不许两手在席面上乱挥乱动；两脚不许乱摇乱晃；不得舔手指；不得啃骨头；不得用餐刀剔牙；不得搔头；不得像猪一样吧嗒着嘴吞吃食物；不咽下口里的食物不得说话，因为只有乡下佬才这样做。结尾处，该书列举了足以使名媛仕女炫耀的20种美德。"青年子弟"尤其喜爱的是这样一些忠告：互相之间切勿用俄语交谈，以防被奴仆听懂；同时，这样做还可以让人们把他们与不学无术的白痴区别开；不要与奴仆往来，对待奴仆不应信任，而应表示蔑视，采用一切手段贬低奴仆，使之驯服就范。这面德国贵族的《正镜》触动了俄国贵族情绪的主要神经。彼得是为全民的利益而工作，他并不顾及各种阶层的成见和愿望。在他逝世之后，事态的发展却向俄国上层社会提出了一项任务：怎样把改革家的所有工作成果转变成仅仅对一个统治阶层有利，尽可能鲜明地把这一阶层同其他阶级、同不学无术的白痴，特别是同农民和奴仆区分开来。所以这个本来微不足道的德国小册子就成了俄国贵族社会情感的培育者，这是不足为奇的[17B]。

统治阶级 在彼得时代受过的教育并没有教会统治阶级的人们以清晰的眼光看待他们如此积极热心参与其中的事业，他们对这项事业的本质的理解也比其他社会人士高明不了多少。这个阶级感受到了碰到他们头上的新出现的困难，但是，搜索枯肠，找不出消除这些困难的指导思想。他们无处获取这种思想：他们像自己的领袖一样，都是自学成材的事业家，只是才能有限。他们事先未经培训，而是在事业进行过程中边干边学的，因而不习惯深入考虑事业的总规划及其目的。如今他们感到自己加倍地自由自在。改革从他们身上连同旧的衣装一道剥掉了与旧衣装共生的旧习惯，使他们摆脱了古罗斯生活严格的清规戒律。这种解放对他们来说是道德上的巨大不幸，因为从前的清规戒律终归还能稍许控制他们的恶劣倾向；如今他们表现得放纵不羁，肆无忌惮[17*]。诸如下述这种令人难于置信的事只能用丧失脚下原有的根基来加以解释：我多次提及的库尔巴托夫本是舍列梅捷夫的家奴，1698年他随老爷在意大利旅游期间，竟然向教皇提出呈请，宣称他是天主教会的忠实儿子，请求按附上的书单供给他属于宗教教义内容的书籍。同时他还努力使教皇相信：在俄国传布天主教必定能获得成效。他建议教皇向俄国派遣博学之士，承诺为他们进入莫斯科名门贵族的家庭开辟门路。从[18]另一方面来看，这些人身不由己成为改革的合作者，从内心来说他们并不是改革的真诚信徒，与其说他们支持改革，毋宁说他们本人全赖改革的支持，因为改革使他们处于有利的地位[18]。彼得[19]为自己的俄罗斯祖国服务，尽管如此，却还不能说为彼得服务就是为俄国服务。祖国的思想对于彼得的奴仆们过于崇高，这不是提高他们的公民觉悟就能企及的。最贴近彼得的人并不是改革活动家，而是他个人的奴仆。彼得有时笞打他们，有时又准备把他们当成自己的合作者，借以减轻专制君主因孤独而感受到的苦闷。缅希科夫身为伊若拉领地的公爵，竟是胆大妄为，贪污盗窃的行家，而且还经常说谎骗人。他甚至无法洗刷掉造赝币者的恶名。托尔斯泰伯爵为人精细机敏，彼得本人都承认他的头脑灵活聪明。他巧于排难解纷，任何事情他都能翻云覆雨，颠倒黑白。阿普拉克辛伯爵是彼得的儿女亲家，他是旱地上的海军元帅，对海军事业一窍不通，连航海学的基础知识都一无所知，但是，他是最热情好客的主人，任何人都休想不喝醉就离开他的府邸；他是改革家豢养的百依百顺的奴仆，然而也是他改革事业暗藏的反对者，是对外国人势不两立的仇视者。奥斯捷尔曼先前本是男爵，后来才晋升为伯爵。他是威斯特伐利亚一个牧师的儿子，他早年曾给荷兰的海军中将当过侍仆，接近晚年时却当上了俄国的海军元帅；在安娜·利奥波尔多夫娜平庸地执政的年代里，他成了权势显赫，炙手可热的人物，人们半开玩笑地称他为"全俄沙皇"；他是奴颜婢膝、曲意逢迎的大外交家，他从来不能在仓促之间立即找到应答的话语，因而以高深莫测，喜怒不形于色著称；一旦被迫表态，他或者转瞬间猝发重病，随心所欲地呕吐不止或痛风病发作，或者开始信口胡诌，弄得连自己都不明白说的是什么——总之，这是个胆小如鼠，阴险诡诈之徒。最后，还有性如烈火的亚古任斯基，他一贯脾气暴躁，经常醉醺醺的，一碰见什么人便口出不逊，饱以老拳；他本来适合当流动剧团的一流悲剧角色，可是却荣任了至尊至贵的参政院总监。上面列举的便是彼得临终之际掌握着俄国命运的，最最举足轻重的人物。改革家刚刚逝世，他们就立即对俄国胡作非为起来。葬礼过后三个礼拜，1725年3月31日，亚古任斯基在夜里举行晚祷之际闯入彼得保罗大教堂，用手指着停放在教堂中央的彼得长眠的灵柩，大声指控缅希科夫公爵欺侮了他；翌日凌晨，彼得堡被可怕的警钟声惊醒；原来这是哀痛欲绝的未亡人——皇后对首都人民开的玩笑，因为时值4月1日愚人节〔19〕。改革家的严厉意志以一种共同事业的魔影把这些人联合在一起。但是，叶卡捷琳娜一世登上宝座，成为政权的偶像之后，他们觉得可以为所欲为，无拘无束了，于是便冷静地审视他们的相互关系，同时衡量了自己在被他们统治的国家里所处的地位：作为老朋友，他们却相互仇视，他们开始把俄国当成猎物，用之进行交易。若不给他们送礼行贿，任何重要事务也休想办成；他们每个人都规定有明确的价目，同时还有一个必须遵守的条件：不能让他们当中任何人知道别人得到多少钱。这是警察当道，告密盛行，暴虐专横，蔑视法制和人性，扼杀道德感的国家培养出来的真正的子弟。诸如彼得大帝的稍许年轻些的同时代人和宠儿阿尔捷米·沃伦斯基，这样杰出的干练人才当时竟然丝毫不认为告密有何羞耻之处。他们公开地，按审讯程序，通过当面对质来证实自己告密的内容，按沃伦斯基的说法，甚至不惜采用"其他伤天害理的手段"，本来这样做即使对于最低级的贵族，也是有失体面的；至于公开为自己辩护的告密者，他们"即使证实了自己告密的真实性，也将为自己感到卑鄙可耻"。对于彼得的事业，这些人既没有力量，也没有愿望去继承或者摧毁；他们只能败坏它。彼得时期，他们习惯于按照彼得的残酷指挥行事，因而一个个都好似杰出的人物；如今他们失去了扶持依靠，因而露出了平庸无能的本来面目，不再是什么先进人物了。有时，他们聚拢在一起商讨国家大事，可是知道自己若不在场俄国宫廷就寸步难行的奥斯捷尔曼却装腔作势，随便找一种政治病作遁词，不肯莅会，借以抬高自己的身价。那些掌握祖国命运的人们坐等片刻，各自喝上一杯，便分头打道回府，接着便跑到奥斯捷尔曼男爵身边去献媚讨好，以便驱散这位来自威斯特伐利亚的彼得堡梅菲斯托费尔[1]的恶劣心情。但是，对于奥斯捷尔曼，他们既不尊重他的聪明才智，又不推崇他的勤劳；相反，作为外国人，他们蔑视他；作为阴谋家，他们惧怕他；而作为竞争对手，他们又嫉恨他。彼得二世的岳父缅希科夫公爵和这位皇帝的恩师奥斯捷尔曼男爵在宫廷倾轧角逐中一直配合默契，上下其手；不料在一次友好谈话当中，二人竟然反目成仇了。公爵谩骂男爵，说他是个无神论者，他使年轻的皇上丧失了信仰上帝的良知，公爵用流放西伯利亚来威胁男爵。男爵勃然大怒，反唇相讥，对公爵说：他这个公爵无权把他这个男爵流放出去，而他这个男爵却有能力把他这个公爵处以五马分尸的极刑，因为他这个公爵完全是罪有应得。这些人没有深思改革的意义何在，然而对于改革中使他们及与其有关的社会各阶级有利可图的疏漏之处却异常敏感。这些阶级的人们善于利用彼得在取消对农奴制的最后一些限制时在立法上的疏忽，但是，他们却不愿意承担为此须负担的义务，他们尤其仇恨外国的科学以及外国的种种概念和习惯。涅普柳耶夫[20]说，当他和同伴们一道学成回国的时候，

1　"梅菲斯托费尔"是欧洲一些民间故事中的恶魔。——译者

他们不仅受到与他们门第相当的人们的嫉恨,而且因为他们身上反映出欧洲习惯,而遭到亲戚们的仇视,受到他们的"嬉笑怒骂,冷嘲热讽"。彼得死后的俄国,被缅希科夫称之为"未及竣工的大厦"。如今继续修建这座大厦却没有按照彼得的蓝图。在彼得的葬礼上费奥凡·普罗科波维奇为了安慰失去皇上的俄国人民,在其著名的训词里说,似乎改革家"把自己的精神留给了我们"。他这样说无疑是在心灵上犯下了一桩不小的罪过[20]。

第七十讲

1725—1762年时期——彼得逝世后的皇位继承问题——叶卡捷琳娜一世即位——彼得二世即位——此后的皇位更迭——近卫军和贵族——上层阶级的政治情绪——最高枢密院——德·米·戈利岑公爵——1730年的最高枢密大臣

1725—1762年时期 现在[1*]我来谈彼得逝世后发生的一系列事件。1725年至1762年这段时期是一个特殊时期，尽管国家生活的基础未变，在这一时期的国家生活中却出现了某些新的现象。改革家刚刚去世，这些现象就马上显现了出来，它们与改革家活动的某些后果紧密有关[1a]。上一讲很可能引起你们的惊讶：改革过程中创造出的改革手段竟然如此贫乏；彼得遴选的可委以继承其事业重任的人员竟然如此不可靠；在人民大众当中，甚至在上层社会当中他得到的对事业的同情支持竟然如此之少。凡此一切使我们难以希望在彼得死后他的改革事业会继续进行，并且会雷厉风行地按创始人意图将其最后完成；然而我们即将见到的种种现象却超出了我们所担心的最坏情况。不过，我们不必抢在事件发展的前面，在事件本身为自己作出判决之前预先对它们妄加评论。

皇位继承问题 首先，作为一个专制政权的国家，俄国皇位的命运对于事态的进展起着决定性的作用，而且这种作用是与改革家的精神和意图不相吻合的。有必要回顾一下彼得逝世后最高政权承袭的情况。彼得崩殂之际，皇室分裂成两大系统——皇帝系和沙皇系：前者是彼得皇帝的嫡系，后者是其兄伊凡沙皇的后裔。皇位从彼得一世转到了他的未亡人叶卡捷琳娜一世女皇手中；又从她转到了改革家的皇孙彼得二世手中；从彼得二世转给了彼得一世的侄女——伊凡沙皇的女儿，库尔兰公爵夫人安娜；从她又转给了她的外甥女安娜·利奥波多夫娜的婴儿伊凡·安东诺维奇（不伦瑞克公爵夫人安娜·利奥波尔多夫娜是安娜·伊凡诺夫娜的亲姐姐梅克伦堡公爵夫人叶卡捷琳娜·伊凡诺夫娜的女儿）；从被推翻的婴儿伊凡又转到了彼得一世的女儿伊丽莎白手中；由她传给她的外甥，即彼得一世另一个女儿荷尔斯泰因公爵夫人安娜的儿子——彼得三世；彼得三世被其妻叶卡捷琳娜二世推翻。也许任何一个国家的最高政权也从来没有像我国历史上这样曲曲折折地沿袭，原因是这些人取得政权的政治途径使其变得曲折多变：他们登上皇座都不是根据法律或习惯规定的办法，而是事出偶然，通过宫廷政变或者侍臣的阴谋诡计。造成这一切的过错全在改革家本人：正如我们看到的那样，他用亲自颁发的1722年2月5日法令改变了过去一贯通行的两种皇位继承办法——或者按照遗嘱，或者经过大会推举，而代之以在位皇上个人的挑选和任命[16]。这个遗患无穷的法令产生于皇朝祸不单行多灾多难之际。按照习惯和自然的办法，彼得死后其皇位应传给他前妻的儿子——皇太子阿列克谢。可是这位太子有毁灭父皇事业的危险。于是父皇为了拯救自己的事业而牺牲了自己的儿子，也牺牲了皇位继承的自然办法。彼得第二个妻子生育的儿子彼得和保罗幼年时便已夭折。留下的只有年幼的皇孙——死去的皇太子的骨血，这是为其生身之父的自然复仇者。皇祖父极有可能在他未及成年之前便崩逝，在此情况下，可能取得监护权的，也就是摄政权力的是两位祖母中的一位。其中一位是嫡祖母，娘家姓洛普欣娜的叶夫多基娅·费奥多洛夫娜，她是遭到遗弃、满腹怨恨的女人，当了修女又自行还俗，她仇视任何新政；另一位是庶祖母，她是被俄国人收养的外国人，出身于寒微的普通农家，在很多人眼中她是不合法的妻子，她一旦取得政权，必然会听任沙皇最亲近的宠臣和头号盗窃国库者缅希科夫公爵的摆布。当彼得从肩头卸下瑞典战争的重担，闲暇中展望自己帝国的未来时，他的心情如何是不难想象的。疲惫不堪，疾病缠身，加之意识到自己盛誉空前，威望昭著，彼得眼看着自己如今的情况乃是一天不如一天，他看到自己周围呈现一片空虚，事业没有根基，找不出可靠的人来继承皇位，不论在他那些了解改革价值的助手中间，还是在并不存在的基本法律里，也不论在人民大众本身中间，他都看不到改革的可靠支柱，因为他剥夺了人民长期以来表达自己意志的形式——缙绅会议，从而也就剥夺了他们自己的意志。彼得孤立无援地面对自己无边无涯的权力，习惯地从中寻觅出路，将其仅仅归结为指定政权的继承人这一点。彼得颁布2月5日法令无异于作茧自缚，很少见到有独裁者像他这样残酷地作法自毙。彼得曾在一道谕旨中说过，如果法令无人执行，那么它就是无用的一纸空文。2月5日法令正是这样的一纸空文，因为连立法者本人也没有执行它。在选择继承人方面，彼得年复一年地犹豫不决，直到临终前夕，已是丧失说话能力之际，他才勉强写下：把一切交给……至于交给什么人——这几个字，瘫软无力的手已经不能清楚无误地写出了。彼得对最高政权未能做出合理合法的安排，使自己的各个机构形同虚设，而这个法令也把他的王朝作为一个整体机构毁于一旦了：他留下了一个个有皇室血统的家人，但他们在王朝中并没有固定的地位。这样一来，皇位就只好交由偶然情况决定，成为听任偶然情况操纵的玩物了。从那时起，在几十年的过程中，没有一次皇位更迭不是伴随着混乱局面的，也许只有一次例外：每次新皇帝登基之前，都有一阵宫廷混乱，或者暗中钩心斗角，或者公开你抢我夺。因此，可以把从彼得逝世到叶卡捷琳娜二世即位这段时间称为宫廷政变时代。我国 18 世纪的宫廷政变有着十分重要的政治意义，这种意义远远超出了宫廷的范围，涉及了国家制度的根本。有一个特点鲜明地贯穿于这一系列政变之中，正是这个特点使政变有了上述的意义。当没有法律或者法律不起作用时，政治问题通常要由占优势的力量解决。在 18 世纪，我国的这种决定性力量乃是近卫军。它是彼得创建的正规军中享有特权的部分。安娜在位期间，除彼得的两个近卫团——普列奥布拉任斯科耶团和谢苗诺夫团以外，又增建了两个新团——伊兹梅洛夫斯科耶团和骑兵团。在上述时期，俄国任何一次皇位更迭几乎都离不开近卫军的干预；可以说，我国在这 37 年中，是近卫军组建了变换频繁的历届政府，早在叶卡捷琳娜一世执政期间，近卫军就已被外国使节理所当然地称之为亚内恰尔了。让我们简述一下这些政变。

叶卡捷琳娜一世即位　1725 年 1 月 28 日，彼得未及指定自己的继承人就去世了。然而，那些即将支配遗下的皇冠的人们却并非没有得到如何行事的指示。不管 2 月 5 日法令表述得多么模糊，如果把彼得对于皇位继承的部署同他基于同样考虑及依据下达的关于一子继承制的谕旨相对照，就可看出，该法令终究还是包括了他所作的说明。在上述谕旨里规定了不仅按照遗嘱，而且根据法律的皇位继承办法：即，若无子则由长女继承。但是，彼得的长女安娜在 1724 年同荷尔斯泰因公爵订婚时，即与未婚夫一起在婚约上信誓旦旦地表示：自己和子孙后代放弃继承俄国皇位的权利。这样，法定的继承权便转而归于彼得的次女伊丽莎白。可见，无论以什么为根据，都轮不到寡居的皇后来继承皇位：根据在 1714 年颁布的谕旨以及俄国自古以来沿用的继承法，寡居的母后受到子女供养，并且可以监护未成年的皇位继承人，但是不能继承皇位。然而，在履行这项法令时却出现了完全与之背离的情况。原因在于名门显贵的残余——戈利岑和多尔戈鲁基两个公爵家族恪守旧的皇位继承习惯法，只承认皇室中硕果仅存的男人——皇太子之子彼得亲王为合法继承人。可是彼得一世提拔起来的官宦显贵——缅希科夫、托尔斯泰及其他很多人都坚决反对这个继承人选，因为他们是阿列克谢皇太子的仇敌，其子一旦登极，他们连同叶卡捷琳娜本人都将面临巨大的灾祸。对于他们来说，问题不在于是否合理合法，而在于谁占上风：他们一旦失败，等待他们的便是流放或者鞭笞后的苦役；而叶卡捷琳娜及其女儿们则要被送进修道院。不知是出于对另一位祖母的嫡亲孙儿的恐惧，还是出于刚刚萌发的权力欲，反正叶卡捷琳娜想要亲自执政，而不是监护别人，因此她把自己的女儿们看作竞争对手。她催促身体逐日衰弱的沙皇把两个女儿嫁出去，目的就是及时把对手排挤出角逐场地。父亲认为她们既是欧洲强大的主宰者的女儿，外国使臣又赞誉她们艳丽绝世，聪明过人，是绝代美人，所以本想尽可能给她们找到烜赫体面的皇室配偶，于是把她们的肖像寄往凡尔赛和马德里，意欲把她们许配给最著名的纯血统王子，或是波兰的，或是西班牙的，或是普鲁士的。公主们的婚姻大事使彼得本来就难以解决的皇位继承问题更加复杂难办。当他的死期临近已是有目共睹之事时，缅希科夫和托尔斯泰为自己和叶卡捷琳娜开动了所有的宣传鼓动机器。首要的是争取军队，尤其是争取近卫军，而做到这一点并非难事：近卫军完全忠于自己的缔造者，对于随他一道行军作战的妻子也是爱戴的。尽管如此，对近卫军仍然许诺了金钱奖赏，减轻了服役重担，发放了欠支的薪饷，采取了种种预防措施[18]近卫军的军官们在向沙皇的遗体告别之后，被缅希科夫引去觐见皇后。他们声泪俱下地向她宣誓，说宁肯死在她的脚下，也不允许别人染指宝座。一切都策划得缜密周到，而竞争对手却无所作为，坐以待毙。1725年1月27日深夜，在彼得弥留之际，参政员们和其他高官显贵聚集宫廷之内，共商继承人大事。他们久久争辩，到处搜求那些足以表达生命垂危的皇上的意志之处，然而就是没有到能够找到这种意态的地方去寻找，不去翻阅2月5日法令。他们唤来办公厅秘书马卡洛夫，询问他是否有这方面的旨意，得到的回答是：没有。亲王一派的人向对方提出进行一笔交易：拥戴亲王登基，附带一个条件，在他成年之前由叶卡捷琳娜和参政院摄理朝政。但是巧于随机应变的托尔斯泰振振有词地一一予以批驳。辩论炽烈之际，不知怎么，会议大厅的角落里出现了近卫军的军官们，既不知他们奉何人之召而来，也不知他们此来的目的何在。他们犹如古希腊罗马戏剧中的合唱队一样，本身并不直接参与舞台上的演出，似乎只是在大声表达自己心头所思，他们公然对会议的进程大肆发表议论，露骨到了有失体统的地步，他们宣称：如果大贵族们胆敢反对他们的慈母叶卡捷琳娜，他们就打碎大贵族们的脑袋。突然，广场上鼓声大作：原来两个近卫军团全都持枪列队在皇宫前面，同样不知是什么人出于什么目的把他们从营房调到了此地。陆军院大臣列普宁公爵怒冲冲地质问："是谁胆敢不通过我就把部队调到这儿来？难道我不是元帅？"谢苗诺夫团指挥巴图尔林答复列普宁说，团队是他，巴图尔林，遵奉女皇懿旨调来的，所有的臣民都应服从女皇，同时他威严地补充说："连你也不例外。"在近卫军的插手之下，要找的皇上遗愿竟在1724年曾为叶卡捷琳娜举行过加冕典礼一事当中被全体一致地，毫无争议地找到了；根据2月5日法令，依据这一事件，叶卡捷琳娜被指定为皇位继承人；参政院拥戴她为独裁女皇〔1г〕。参政院〔1д〕按自己的解释援引这项法令，以自己的名义并以根本不曾参加参政员会议的正教院和将军团的名义颁发宣言，宣布叶卡捷琳娜登基。宣言没有把这一事件说成是参政员会议推选的结果，而是参政院所解释的已故皇上的意志的体现：是皇上恩准自己的妻子行过了加冕礼和涂油礼；而且为此布告全国，使全民周知，并且让全体人民忠于她这位全俄专制女皇。从前，在国家丧失君主的时候，一直把全俄缙绅会议看成是授予权力的根本来源，如今它却无人问津了：尽管彼得本人也是被类似缙绅会议的机构拥戴到皇位上的，但这种刚过不久的往事却变成了久已被人遗忘脑后的陈年旧事。彼得执政时期，人们回避谈论全俄缙绅会议，唯有古怪的波索什科夫曾提醒彼得召集各界人士协商，以便制定新的刑法典，但为时过晚[1ª]。在叶卡捷琳娜临朝的短暂时期内，政府一直优待和关怀近卫军。官办的报纸不止一次刊载政府如何关心近卫军的官方报道。在阅兵典礼上，女皇在御帐里给近卫军军官们亲赐美酒[1ᵉ]。在这种庇护之下，叶卡捷琳娜平安无事地，甚至可以说是愉快地当了两年多女皇。她很少料理她不甚了了的朝政，过着杂乱无章的生活，尽管体弱多病，过于肥胖，却惯于同近臣们彻夜饮宴，往往寻欢作乐到凌晨五点钟，荒废了国家管理。在国家管理方面，用一位使臣的说法，他们只考虑如何盗用财富。叶卡捷琳娜在临终那年恣意挥霍的钱财折合我们今天的钱竟多达 650 万卢布。与此同时，隐于幕后的不满者在秘密集会上却为未能继位的亲王的健康干杯痛饮，秘密警察局则每天都在绞死那些粗心大意的饶舌者[1*]。这类传闻不断地从彼得堡传往欧洲各国的宫廷里去[1*]。

彼得二世即位 彼得[2*]二世的即位是又一次宫廷阴谋酝酿的结果，其中同样不乏近卫军的插手干预。叶卡捷琳娜、缅希科夫以及其他亲信当然希望把皇位传给彼得女儿中的一个；但是，普遍的舆论却认为彼得大帝的唯一合法继承人是他的皇孙彼得亲王。这样，侄儿和姑母两派之间，彼得两个妻子的家族之间的内讧纷争势在一触即发。这种龃龉纷争历来是国内混乱的根源，在这方面沙皇宫廷表现得和农奴主庄园很相像。足智多谋的奥斯捷尔曼建议采用一种方法来调解彼此怒目而视的双方——让12岁的侄儿娶17岁的姑母伊丽莎白为妻，他为了给这种近亲结婚辩解，竟然不惜援引圣经上关于人类最初繁衍后代的传说，以至于连叶卡捷琳娜一世都感到羞愧难当，把这个方案遮掩了过去。驻俄国宫廷的各国外交家提出的和解办法要聪明些：要缅希科夫改变自己的派别，转而拥立皇孙并说服女皇册立亲王为皇位继承人，但有一项条件：亲王须娶缅希科夫的女儿为妻。缅希科夫的女儿比伊丽莎白姑母年轻两三岁[2a]，1727年，叶卡捷琳娜逝世前不久，病势已经危笃，为了确定她的继承人问题，宫廷内聚集了各个最高政府机构的成员——叶卡捷琳娜在位期间成立的最高枢密院、参政院、正教院等的成员，以及掌管各部院的大臣，应邀参加会议的还有近卫军的少校们，仿佛近卫军的军官是一个特殊的国家社团，若没有他们参加，就不能解决如此重大的问题。这个最高级会议坚决拥戴皇孙，没有同意彼得的两个女儿。叶卡捷琳娜极为勉强地同意册立皇孙为自己的继承人。据传闻，临终前的几天，叶卡捷琳娜曾经向缅希科夫坚决宣称：她希望把皇位传给女儿伊丽莎白。她只是在受到警告说如果这样做，将不能保证她平安无事地终老天年之后，才违心地向对方做了让步，死前不久才匆匆立下遗嘱。由伊丽莎白代替病势垂危的母亲签署的这份"遗嘱"应能调解开敌对的双方——彼得一世的两个家庭的亲信们。遗嘱规定皇位由四个人依次序继承，这四个人是：皇孙亲王、安娜和伊丽莎白两位公主与纳塔利娅郡主（彼得二世的姐姐）以及他们每个人的子孙"后裔"；如果前一个人没有后裔便死亡，那么轮到的人便可以继承其皇位。在皇位继承史上，这份遗嘱是一份毫无价值的文件：彼得二世不需它就已被公认为合法的皇位继承人；而在彼得二世之后，皇位的更迭顺序则是连最有远见的遗嘱也难以预料得到的。但是，这份遗嘱在俄国皇位继承法的历史上却占有它的位置，即使不能说它给皇位继承法提供了新的法规，至少可以说它使该法具有了新的倾向。这份遗嘱利用彼得一世的法令，目的在于填补这项法令造成的空白，为确立长期的法定的皇位继承办法做出了第一次尝试，试图建立真正的国家根本大法；遗嘱本身就把自己确立为永远行之有效的、永远不得废除的根本大法[2*]。因此，1727年5月7日，即在叶卡捷琳娜一世仙逝的第二天，在皇室和最高国家机构的庄严大会上宣读的这份遗嘱，可以看作是1797年4月5日制定的皇位继承法的前身[3]。对于俄国法制思想史来说，还应指出，起草叶卡捷琳娜一世这份遗嘱的是荷尔斯泰因公爵的大臣巴塞维茨，他当时正好在彼得堡。

此后的皇位更迭 1730年[4*]1月，当彼得二世身感风寒，病体垂危时，阿列克谢·多尔戈鲁基公爵及其子——小皇上的心腹伊万等宠臣们决心通过欺骗手段把政权掌握到自己手里。他们召开家族会议。会上，阿列克谢公爵建议采用伪造濒于死亡的皇上的遗嘱，假说皇上把最高权力传给他的未婚妻——即阿列克谢公爵的女儿叶卡捷琳娜公爵小姐。另一位多尔戈鲁基——身为元帅的瓦西里·弗拉基米罗维奇公爵比较聪明，他怀疑这种荒唐做法能否成功。阿列克谢公爵反驳说，相反，他完全相信事情定能成功。为了证明这种信心，他说："要知道，瓦西里公爵，你是普列奥布拉任斯科耶团的中校，伊万公爵——是少校。就是在谢苗诺夫团也不会有人反对此事。"[4a]这就是说，最接近皇上的宫廷显贵当时已经习惯于想到：任何重大政治事务也离不开近卫军的干预；相反，只要近卫军军官迅速表示支持，那么该事即可算成功在望。彼得二世殁后，最高枢密院突然不按任何顺序，也未经通知其他高级机构便拥立伊凡沙皇的女儿，寡居的库尔兰公爵夫人安娜登上皇座，但限制了她的权力。正如我们将要看到的那样，限制权力之事在近卫军军官和贵族的干预下失败了[4*]。安娜[5]被秘密刑庭的活动和俄国人民的10年沉默所麻痹，在她逝世前夕（1740年10月17日），她竟然任命比伦在皇位继承人——年仅两个月的婴儿成年之前摄理朝政，享有施行专制的全权。这是对俄国民族感情民族尊严的粗暴挑战，连比伦本人都为之感到不安。可是，安娜在临死前还在鼓励他说："不要怕。"[5]但是[6*]德国人在安娜执政期间实行的10年统治早已使俄罗斯人怨恨难平，那些人麇集在宝座周围，犹如围坐在饭罐旁的一群饿猫，一旦吃饱肚皮，无事可做，便开始互相撕咬。米尼希于1740年11月8日在摄政的比伦家接受宴请之后，亲切融洽地坐了一个晚上。可是，他却在当夜率领他任指挥官的普列奥布拉任斯科耶团的巡哨军官和士兵从床上拉起比伦，逮捕了他，而且士兵们狠狠揍了他一顿，用手帕堵住他的嘴，把他裹在被子里押到哨所，然后给他在睡衣外披上一件士兵的大衣，由那里送往冬宫，最后再从冬宫连同他的全家一起押往施吕瑟尔堡监禁。小皇上的母亲安娜·利奥波尔多夫娜宣布自己是国家统治者。此时政府已完全解体。奥斯捷尔曼采用阴谋诡计排挤掉了米尼希。安娜是位性情粗野的公主，她不修边幅，整天待在房间里，她和她的丈夫俄军大元帅不伦瑞克王子安东·乌尔里希水火不容，而她丈夫在思维能力方面也不甘落在妻子之后。彼得一世的女儿伊丽莎白公主趁政府软弱无力之机，利用自己受到的爱戴，尤其是近卫军官兵们的爱戴，于1741年11月24日深夜，率领普列奥布拉任斯科耶团的一连掷弹兵发动了一场典型的新政变[6a]。伊丽莎白热诚地向上帝祈祷，宣誓在她整个执政期间绝不签署死刑判决，然后在衣服外面套上护身铠甲，只是未戴头盔，未拿长矛，而是手执十字架；虽然没有奏乐，但是带着自己的老音乐教师施瓦茨，宛如新的战争女神帕拉斯一般，亲临普列奥布拉任斯科耶团的营房，提醒已经准备就绪的掷弹兵说她是什么人的女儿。她跪在地上，指着十字架对纷纷匍匐在地的掷弹兵们说："我发誓甘愿为你们而死。你们能发誓为我去死吗？"得到了肯定答复以后，她便率领他们来到冬宫，未遇任何抵抗就长驱直入到了女统治者安娜的寝宫，唤醒她说："该起床了，阿妹！"睡眼惺忪的安娜问道："怎么，这是您哪，夫人？！"说话间，便被这位公主亲手逮捕了。公主热烈地吻了几下被推翻的小皇上之后，便把他母亲押解回宫。小皇上的父亲在自己的卧室里也被惊醒，茫然失措地呆坐在床上；掷弹兵像一年前对付比伦一样，把他裹在被子里，弄到楼下，继妻子之后他也被送到了伊丽莎白的官邸。在那里还集中了已经崩溃的政府的要员，其中包括逮捕时遭到士兵毒打的米尼希和奥斯捷尔曼。之后，新女皇的拥戴者纷纷涌向她的左右，这些人早就急不可耐地等着加官晋爵，平步青云的时刻了。在人民群众和近卫军的欢呼声中，伊丽莎白当天就迁进了经过大清扫的冬宫。这场成功的夜晚神幻剧驱散了麇集在涅瓦河畔、染指彼得大帝遗留给自己帝国的最高政权的库尔兰、不伦瑞克的一伙[6]。伊丽莎白登基之后，爱国者敢于畅所欲言了。这时，教堂的布道者放心大胆地演讲，说德国统治者把彼得改造的俄国变成了商铺，甚至变成了匪窟盗穴。不管怎样，不伦瑞克-吕讷堡没有成为奠基俄国新王朝的始祖，反而从宝座上跌下成了俄国的阶下囚，把自己的位置让给了荷尔斯泰因-戈托普王朝。当时俄国的皇宫和要塞近在咫尺，二者相互支持，相互交换居住的人。伊丽莎白的继承人，她的外甥——荷尔斯泰因公爵彼得三世没有受到干扰就登上了宝座，但是半年以后就被他妻子率领近卫军团把他推翻了[6*]。

近卫军和贵族 这样[7*]，我再重复一句，自从彼得一世逝世，直到叶卡捷琳娜二世即位，历届政府的更迭几乎都是由近卫军操纵的[7a]，在近卫军的参与下，37年间宫廷内发生了五六次政变。彼得堡的近卫军营房乃是参政院和最高枢密院的竞争对手，是莫斯科国缙绅会议的继承者。近卫军团对解决皇位问题的这种干预造成了非常重要的政治后果；首先，它对近卫军本身的政治情绪大有影响。近卫军从前是缅希科夫，布图尔林等长官们手中的驯服工具，后来，它却想要成为推动事态发展的一支独立力量，主动地干预政治；宫廷政变成了它的预备政治学校。但是，当时的近卫军还不仅仅是俄国军队中脱离社会的享受特权的一个部分：它具有举足轻重的社会作用，是整整一个阶级的代表，因为这支近卫军几乎清一色由这个阶级的人组成。这个阶级的精华都在近卫军中服役，其中一些过去呈一盘散沙状态的阶层在彼得一世执政期间已结成一个整体，统称为贵族。根据彼得的法律，近卫军是这个阶级必须通过的军事学校。近卫军因参与宫廷事务而培养起的政治兴趣和向往并未局限于彼得堡营房之内，而是由那里扩展到城乡各个有贵族存在的角落。近卫军和居俄国社会首位的阶级之间的这种政治联系，以及由此可能产生的危险后果，当时彼得堡手握大权的人士对此都有强烈的感觉。女皇安娜殁后，比伦当上摄政之时，对这个用无耻手段窃得大权的库尔兰冒险分子的怨谤之词迅即在近卫军中传开。比伦抱怨近卫军桀骜难驯，骂他们是走狗，他认为万恶的根源就在于近卫军的阶级成分。他曾经气恼地说："为什么近卫军只从贵族当中征召士兵？可以把他们升为军官，调转到陆军各团去，再从普通百姓里征召近卫军，取代他们的位置。"[76]对被遣散到陆军各团去的担心使近卫军军人更加反对比伦，促使他们于1740年跟随米尼希采取了行动。因此，在宫廷政变之时及在其显而易见的影响之下，贵族的情绪发生了两大重要变化：（一）由于宫廷事态发展迫使近卫军扮演了并且也是它甘愿扮演的政治角色，在贵族中形成了一种追求自己在国内起作用的观点，这是以前在贵族身上不曾发现过的；（二）在这种观点及形成这种观点的环境影响下，贵族在国内的地位及其对社会上其他阶级的态度也都有所变化。

上层阶级的政治情绪 彼得的活动促使整个俄国社会的政治思想空前地活跃起来，并且日益增强。人们经历了许多出人意料的局势，遇到和接受了许多前所未见的现象，有许多未曾感受过的印象在思想上留下了印记，以至于连迟钝的头脑都开始思考：国内究竟发生了什么事。我在叙述彼得时代民间关于彼得的谈论时，曾经指出过最普通的人们对当时那些远远超出他们日常眼界之外的现象是如何热烈地纷纷议论的。但是，令人们普遍注目的怪现象在彼得殁后仍然屡有发生。古罗斯从来没有见过女人登上宝座，可是改革家谢世之后取得皇位的却是个女人，而且还是个来历不明的外国女人。这桩新闻使人民群众惶惑莫解，造成许多可悲复可笑的误解。例如，在向寡居的女皇宣誓效忠的时候，莫斯科某些头脑简单的人拒绝宣誓，说："既然女人当上了沙皇，那就让女人们去吻她的十字架吧。"政治思想的活跃应该最先和最强烈地表现在最高阶级贵族中间，因为作为政府惯用的工具，贵族比其他阶级更加接近国家大事。但是，这种活跃程度在该阶级的不同阶层反映得也不尽相同。被政府当局从穷乡僻壤地区的庄园残忍无情地驱赶进团队服役和进学校学习的普通贵族都在绞尽脑汁，想方设法摆脱服役和学习；高级阶层，尤其是政界人士，则开动脑筋，加紧考虑比较高尚的问题。在他们中间还残留有旧的大贵族显贵，他们形成一个由少数家族组成的相当紧密的集团。在这里一般的政治热情最后发展成为独特的政治纲领，形成了对国家应建立何种制度的相当明确的观点。

各种条件有助于贵族当中这个世代名门望族,官高爵显的阶层较早和较深地集中起政治思想。首先,源于17世纪的某些政治传统在这个阶层身上还未及消失。在17世纪莫斯科国的大贵族们曾作出过几次尝试,企图限制最高权力;其中在费奥多尔沙皇当政时期所作的一次尝试也功亏一篑(见第四十四讲),直到彼得逝世之后一些属于这类显贵的老人对此仍然记忆犹新。就连彼得本人也推行外省分权制,尽管这与彼得的一贯作风极不相像,但他在1708年建立起8个省级王国,由授有全权的外省省长管辖,他的这种做法只能使人复想起1681年大贵族们制定的设立名门出身的总督的计划,而彼得的专断和对门阀的蔑视也从另一角度加强了这种记忆[7в]。我们已经知道,17世纪最后几十年,尤其是纳塔利娅皇后执掌政权的时期,被同时代人称作最烜赫的名门望族开始衰败没落和出身"最低下、最寒微的贵族"开始飞黄腾达的时代。在彼得执政时,后者成了最重要的王公大臣,"国家大员"。对几十代名声烜赫的祖先熟悉得如数家珍的人们把旧贵和新贵对立起来,从而把记忆犹新的陈年往事传说轶闻变成了待以时日即可实现的明朗乐观的幻想。彼得一世手下那些编制计划的人未能明显地影响俄国社会的政治意识。他们的计划没有宣扬出去,他们主要是议论财政、工业、警务等实际问题,并不涉及国家制度的根本,从欧洲的章程法规当中,只选择"适宜于专制制度"的部分[7*]。彼得[8]一世时代积累了一些政治文献,既有编纂的,也有翻译的;既有印刷本,也有手抄本。但是,这些政治文献对俄国人的思想所起的作用也不应加以夸大。塔基谢夫鼓励阅读普芬道夫、胡果·格劳秀斯的著作,指责说不该让诸如霍布斯、洛克、博卡利尼这类有害作者的作品传播开来。博卡利尼是16—17世纪意大利的自由主义者和讽刺作家,他在著作里描写阿波罗和学者世擘组成帕耳那索斯法庭审判世界的统治者们时,讲到令主持审判的学者们大为恼怒的是所有君主都赞同那个承认自己仇视学问和教育的莫斯科国王子。费·普罗科波维奇在其《君主意志真诠》里阐述了对俄国读者无害的关于国家起源、统治方式、君主权力等西欧流行的政论思想。但是，尽管促使编写这部简明国家法百科全书的问题曾引起人们巨大的兴趣，但 4 年中间该书连 600 部都没有售出[8]。尽管[9*]波及的范围有限，但是上层阶级的政治情绪受到震动的主要原因是这个阶级的人士通过出国留学和参与外交活动最接近地认识了西欧各种政治制度和社会习俗。尽管俄国观察家对外国生活制度的理解还比较模糊，但他们终归不能不对其中某些部分感到惊奇并加以注意。俄国观察家动身出国时，头脑里装的是全部俄国生活方式培养起来的思想意识：如果没有教规教法的约束，没有警察的威吓，就根本不可能有什么道德观念，就根本不可能有什么社会秩序，可是彼得的一位得力助手托尔斯泰在日记里指出："威尼斯人"生活得很快乐，互相之间从不排挤压制，人人都不必对任何人任何事感到恐惧，每个人都可以按自己的意愿行事，想干什么就干什么；可是，他们生活得很安定，既不受他人欺侮凌辱，也无须负担沉重的赋税[9a]。彼得的另一位得力助手，他母后有文化的教育者之子马特维耶夫在法国目睹的事物更加令人瞠目结舌："任何高官显宦，即使对待王国中地位最低的人都没有丝毫理由和办法向其发泄怒火或者加以凌辱……国王，纵然是专制君主，除了普遍的赋税以外，也不能滥施强制手段，擅自从任何人身上索取什么，除非是论罪行罚，或者根据议会判定的事实来征收……他们的子弟（法国贵胄的子弟）无论从父母，还是从教师那里都不会受到因循守旧或冷酷无情的对待，而是被培育出直率的意志和勇敢的性格，毫不吃力地学习各种学科。"人们按照自己的意志生活，而不互相残害；王公显贵不敢欺压任何人，专制君主不经议会决定不能从臣民身上搜刮任何东西，贵胄子弟无须体罚便能卓有成效地学习——凡此一切对于当时莫斯科国的人士来说，都是不可思议的荒唐事，都是只能导致完全的无政府状态的因素。然而，所有这些不可思议的荒唐事都是俄国观察者亲眼目睹，都是日常生活中每天都遇到的寻常事实或规则，而违反这些规则会被看作丢脸的丑事[9б]。

最高枢密院　国内[9в]政治的回忆和国外的观察在统治集团中即使没有诱导出关于社会自由的思想，至少唤起了保障个人安全的意图[9в]。叶卡捷琳娜即位似乎是以可靠的机构来避免自己独断专行和巩固自己统治地位的有利时机。叶卡捷琳娜是由参政院在近卫军施加压力之下不十分合法地拥立的。彼得临终时，她在贴近皇位的臣僚中寻求支持，而这些人最为担心害怕的乃是缅希科夫的厚颜无耻行径会更加肆无忌惮，所以自从新皇登基的最初几天起就开始传说高官权贵们连续不断地聚会，参加者有戈利岑、多尔戈鲁基、列普宁、特鲁别茨科伊等公爵家族，阿普拉克辛伯爵家族。这些集会的目的，似乎是争取在管理国家方面能有较多的影响，使得女皇不经参政院的参与就不能决定任何事务。参政院本身感到自己就是政府，急于为自己准备可靠的支柱，于是彼得一死它便企图把指挥近卫军的大权掌握在自己手中。观察事物敏锐的法国大使坎普列顿早在1726年1月就向本国朝廷禀报过，说俄国大部分高官显贵都力求限制女皇的独裁专断权力；一些人期望以后能够在国家管理方面获得左右事务的权势，他们不再等待改革家的皇孙彼得亲王长大成人和临朝登基，意欲立即努力按英国的模式安排他[9г]。不过，叶卡捷琳娜的拥护者同样在思索着自卫的措施：远在1725年5月就有传闻，说可能要在女皇办公厅属下设立一个由她的非名门望族的亲密朋友组成、以缅希科夫为首的紧密的委员会。这个委员会凌驾于参政院之上，将决定最重要的大事[9д]。隶属办公厅的委员会确实设立了，只是其组成人员和性质有些不同。彼得生前未及挖通拉多加运河。1725年年末，负责挖掘运河的米尼希向参政院索要1.5万名士兵，以便完成这项工程。参政院内展开了炽烈的争论。缅希科夫表示反对米尼希的要求，认为这项工程有害无益，而且由士兵施工也不适合。其他人则坚持派遣士兵，认为这是完成彼得大帝临终嘱托的这项有益工程的最便宜的方法。当反对派的参政大臣尽情发泄完毕之后，缅希科夫站起身来，发表了出人意料的声明，从而结束了这场争论。他说不论参政院如何决定，反正按照女皇的旨意，今年一个士兵也不能派到运河上去。参政员们勃然大怒，怨言四起，令他们气恼难平的是：为什么缅希科夫公爵迫使他们徒劳无益地争辩了这么长时间，而不在一开始就发表这个声明；为什么唯有他一个人享有知道女皇旨意的特权。某些人威胁说，他们将不再到参政院供职。首都到处谣诼纷纷，说心怀不满的权贵们意欲拥立彼得亲王登基即位，不过要限制他的权力。托尔斯泰同心怀不满者达成交易，以之调解开双方的争吵，这场交易的结果便是1726年2月8日上谕命令成立的最高枢密院[9e]。设立这个机构是为了用来安慰那些被门第寒微的新贵排挤出最高统治的旧贵们受屈辱的感情。最高枢密院由6名成员组成：其中有5名——包括外国人奥斯捷尔曼在内——属于新贵（缅希科夫、托尔斯泰、戈洛夫金、阿普拉克辛），而第6位——吸收的是名门望族大贵族的最著名的代表德·米·戈利岑。根据2月8日的上谕，最高枢密院并不完全是新设的机构：它由一等、二等文官组成。他们作为"最高大臣"，即使没有这个机构，按其职务也要经常参与商讨重要的国务大事，而且他们全都是参政员，其中的三位——缅希科夫、阿普拉克辛和戈洛夫金还是三个主要院——陆军院、海军院和外交院的主管大臣。上谕消除了他们陷于这种"冗杂事务"的不便，把他们经常的

272 会议变成常设的衙署机关，并且解除了他们参政员的职务。最高枢密院成员向女皇提出了数点"意见"，这些意见经批准后就成了新机构的规程。参政院和各院都被置于最高枢密院的监督之下，然而这些机构仍然沿用各自的旧规章；只有旧规章不曾规定的或必须呈奏女皇决定的特殊重要事务，即要求确立新法的事务，参政院和各院才须在附上自己的意见后呈交最高枢密院。这就是说，参政院在现行法律的范围以内保留了行政权，但丧失了立法权。最高枢密院在女皇直接主持下，与最高政权不可分割地开展工作，它不是"特殊的院"；相反，似乎个人独裁的最高政权扩展成了院的形式。继而，规程中规定，任何上谕未经在最高枢密院"斟酌完善"，未经列入记录，未向女皇宣读并获"核准"之前，不得公布于众。下述两点体现了新机构的基本思想，至于其他的一切〔9※〕，仅仅是发展这一思想的技术性细节而已。这两点是：（一）最高政权按法律程序放弃了个人独断专行，以此排除了施展阴谋诡计、通过秘密途径接近最高政权、奸佞谗臣专横擅权、通过谄媚邀宠参与管理国家等现象；（二）把法律和针对当前事务发布的普通命令，以及一经更改便使管理办法失去法律性质的文件明确无误地区分开。如今任何重要大事也不能绕过最高枢密院径直禀奏给女皇，任何法律不经最高枢密院事先讨论和决定也不能颁布。驻俄国宫廷的外国使臣感到这个最高枢密院是向改变统治形式迈出的第一步。但是，改变的不是形式，而是统治的实质，是最高政权的性质：最高政权仍保留有自己的种种头衔封号，但是它已从个人意志变成了国家机构，而且，在某些文件上连专制女皇的头衔封号也不见了。然而，不知什么人觉察到事态的发展倾向，深感惊恐，于是第二年，即1727年发布的一道上谕表面上仿佛是在解释该机构的基本思想，但用一些补充说明，次要细节，甚至显然矛盾的说法使这个基本思想变得模糊不清了。例如，上谕中一方面命令说：凡属立法性质的事务皆须事先呈报给最高枢密院，以备讨论和允准，就此类事务不得接受任何人的"私下说项"；另一方面却顺便附带了一个说明："除非由朕下令接受某人私下的和特殊的呈请。"这个附带说明破坏了机构本身。但不管怎样，开端已经做出了；最高枢密院的作用似乎在日益增加：叶卡捷琳娜一世的遗嘱把它纳入了为幼小的皇位继承人摄政的组成部分之中，授予它以专制君主的全部权力[93]。然而，尽管最高枢密院拥有如此大的权力，但面对性格恶劣的小皇帝的乖僻任性和他的宠幸权臣的暴戾恣睢，事实上它全然软弱无力。叶卡捷琳娜一世时代呈现出的调整最高政权的需要，如今必须通过从名门望族的显贵当中选拔品行端正的人士来予以加强，而这类人士本来对彼得二世寄托着厚望，可是他们的期望落了空，这使得他们大为气恼。

德·米·戈利岑公爵 德·米·戈利岑公爵是名门望族显贵的坚韧不拔、见多识广的领袖。1697 年，尽管已年过 30，他仍然和一群俄国贵族青年一起被派往国外留学，先后到过意大利和其他国家[94]。他从西方回国时怀着对西方各国的制度和欧洲的政治书籍的浓厚兴趣，但与此同时，仍保留着对祖国古老传统的热爱。他在莫斯科郊外的阿尔汉格尔斯克村里建立了一座藏书丰富的图书馆，可是，1737 年，在他遭受流放之后，图书馆也被劫掠一空了。图书馆中除了俄国法律和历史记述等宝贵古籍以外，还收藏有近 6 000 册用各种语言写作的和译成俄语的历史、政治、哲学等类书籍。这里收集了 16、17 世纪和 18 世纪初期的从马基雅维里开始的所有欧洲政治思想家的多少有一些名气的著作，其中包括有 10 多种有关贵族的专著，还有 10 多种关于英国宪法的著述。这表明收藏家本人的思想倾向于何方，他对何种统治方式感兴趣。戈利岑在基辅任省长期间，曾经委托当地的学院把这批书中的若干部翻译成俄语。

在当时的政治学说当中，戈利岑特别注意以普芬道夫为首的唯理主义的道德学派。彼得同样很器重普芬道夫，他曾经下令翻译和印行过这位学者的《欧洲各国史导论》和关于人与公民义务的论文。为戈利岑译出的还有这位政论作者的其他作品以及胡果·格劳秀斯的论文《论战争与和平法》，但是，在译著中我们却见不到政论作者中唯物主义学派的首脑霍布斯的作品，以及洛克的著作《政府论》。戈利岑同彼得一样，认为比较容易理解，比较有教益的是道德学派创立的国家起源的理论，主张国家的起源并不像霍布斯所说的那样来自人人相互残杀的战争，而是出于个人对大家以及大家互相之间的依存需要。这种理论主张说，作为国家制度基础的不是权利，而是公民对国家和对同胞担负的义务。洛克同样如此，他那关于人民参与立法的民主主义学说不符合戈利岑公爵的大贵族观点。戈利岑是18世纪文化水平最高的俄国人之一。他劳心不已，其目标是把对祖国古老传统的热爱和莫斯科国大贵族的向往同西欧政治思想成果熔为一炉，形成完整的观点。但是，他无疑达到了当代俄国文化人士极少能够达到的成果——形成建立在政治自由的思想之上的政治信念。作为西欧科学和政治制度的推崇者，戈利岑不可能是彼得改革的原则上的反对者，因为彼得也是从西欧引进国家思想和机构的。可是，他不能容忍改革的手段和环境，改革家的活动方式以及他最亲近的助手们的行为作风，所以不肯与他们为伍。彼得尊重戈利岑，但不喜欢他的倔强、死板的性格。彼得在位期间，这位忠诚、能干、勤恳的基辅省省长勉勉强强才升任为参政员，然而他并没有得到很大的势力[9K]。戈利岑以极为忧郁的眼光看待彼得生前和死后在俄国发生的种种事件，一切都使他感到屈辱，因为这是对古老传统、制度，甚至是对礼仪的破坏。有两种政治痼疾不仅使戈利岑一人苦恼，特别是在最近，所有的人都受其折磨。这两种痼疾是：政权的行使不受法律的约束；孱弱而专断的政权为宠信所操纵。戈利岑的全部想法都集中在医治祖国的这两种痼疾之上[9*]。他[10]研究欧洲的各种国家机构，以便从中选择最适合俄国的机构，他经常就此同我们熟悉的菲克促膝探讨。他主观地或者在宗谱影响下形成了一种思想：唯有名门望族的权贵才有能力维持国内合理合法的制度。从这种思想出发，他选定了瑞典的贵族政体，并且决定把最高枢密院变成实现自己意图的据点[10]。

1730年的最高枢密大臣 1730年[11]1月18日深夜，在莫斯科的列福尔托沃宫里15岁的皇帝——改革家的皇孙彼得二世未及指定继承人便被天花夺去了生命[11]。随着[12*]他的死亡，王朝也至此中断，因为罗曼诺夫家族的男系至此已经后继无人了。与此同时，皇位继承仍旧没有牢固的法律标准，仍旧没有合法的继承人。彼得一世的法令含混不清，可以被人随意解释，况且连立法者本人也不曾执行过，如今它已经失去了法规的效力。至于叶卡捷琳娜的遗嘱，它作为有争议的文件，更加没有这种效力。为了使皇位不虚，反复考虑了整个皇族的现有成员，曾经列举出：当修女的皇后——彼得的第一个妻子，彼得的小女儿伊丽莎白，已故的大女儿安娜留下的年仅两岁的儿子——荷尔斯泰因公爵，伊凡沙皇的三个女儿。结果没有选中其中的任何人，在他们之中任何人的身上也找不出无可争议的获得皇位的权利：彼得一世的法令把王朝的一应概念和关系都弄得混淆不清了。这些候选者是否受到器重，乃是出于政治考虑，依据个人的或者家族的好感，而不是有何法律根据。在利益各异，众说纷纭的一片混乱之中，最高枢密院作为国家管理的领导者承担起了继承皇位一事的首倡职责。在彼得二世驾崩的当夜，最高枢密院立即就此事开会研究，决定翌日清晨召开国家全体高级官员大会，以便对这一重大事件作出决策。与此同时，最高枢密院为自己增补了几位成员：在原有的五名成员当中已有三位是名门贵族——德·米·戈利岑公爵和两位多尔戈鲁基公爵[12a]；如今又新邀请了另一位戈利岑——德米特里的兄弟——和另两位多尔戈鲁基。仅仅这两个名望最显赫的家族就占有6个名额，这使得由8名成员组成的最高枢密院的性质不仅仅是名门贵族的，而且简直可说是寡头垄断的了。在会议上议论了很多，很久，用费奥凡·普罗科波维奇的话说，"分歧很大"。彼得二世的第二个未婚妻的父亲——多尔戈鲁基公爵宣称：他的女儿有权即位，因为这似乎是她已故的未婚夫的遗嘱。他的说法以及另外一个人提出推选皇祖母继承的建议都被当作"不得体的"而遭到否决。于是，德·戈利岑公爵提高嗓音说，上帝惩罚俄国犯下的无限罪恶，尤其是惩罚照学外国的罪恶，夺去了他们寄托着全部希望的皇帝；他的早逝斩断了皇室的男系，这样，就只好转向老一代的女系，转向伊凡沙皇的女儿们，况且彼得一世的女儿们本身并没有权利登临皇位，因为她们都是私生女，都生在她们的父母结婚之前；至于叶卡捷琳娜的遗嘱，它没有丝毫意义，因为这个女人出身寒微、低贱，她本人就没有资格取得皇位，因而也无权支配皇位；不过，伊凡沙皇的长女梅克伦堡公爵夫人叶卡捷琳娜也不适宜，因为她是外国王子的妻子，而且她喜怒无常，行为乖戾；最合适的是第二位公主——寡居的库尔兰公爵夫人安娜，她的生母是出身古老名门世家的俄国人，她本人也具有临朝执政所需要的一切智慧和心灵的优良品德。"对，对！不必再议论不休了，我们推举安娜，"——最高枢密大臣们异口同声地喊起来[12*]。但是[13]，戈利岑在出人意料地推荐安娜之后，更加出人意料地补充说道："推举什么人，这是你们的自由；只是也应该让自己能放得开手脚啊。"一等文官戈洛夫金问道："怎么做，自己才能放得开手脚？"戈利岑解释说："放开手脚，为的是给自己增加些自由。"一位多尔戈鲁基反驳说："即使能成功,也维持不了多久。""不,一定能维持下去,"戈利岑坚持说。大家都心甘情愿地采纳了推举库尔兰公爵夫人的建议,但是对增加自由一事却缄口不言。戈利岑接着说道："随你们的意吧,只是必须把条款写出,寄给女皇陛下。"[13] 与此同时[14],在宫中另一个大厅里参政员和高级将领们在等待最高枢密大臣将要做出的决定。我们已经熟悉的原任参政院总监亚古任斯基把一位多尔戈鲁基引到一旁,向他道出了纯属戈利岑的思想："难道我们还得长期容忍随便被砍头吗?如今已是不容专制制度存在的时候了。"当最高枢密大臣走出大厅,宣布了拥立安娜为女皇的决定时,没有任何人表示反对,可是亚古任斯基仿佛偷听过戈利岑的话似的,跑到其中一位跟前哭喊着说,"我的老爷大人们啊!请尽量多给我们一些自由吧。"但是,这仅仅是装扮天真的把戏:亚古任斯基同大多数参政员一样,赞同最高枢密大臣们的选择,但是他们分头散去时仍不免怒火满腔。他们恼怒的是没有邀请他们参加会议。1月19日清晨,最高枢密院向聚集在克里姆林宫的正教院、参政院、将军团和其他高级官员宣布把俄国皇位委予安娜公主,并补充说,此事还要向聚集在此地的各级官员所代表的整个祖国征得同意。全体一致表示赞同。此外再没有向大会宣布任何别的事情。与此同时,当天便匆忙起草了限制女皇权力的条款,或称"即位条件",并且极其秘密地把它随信送往米塔瓦交付给安娜。女皇许诺自接受俄国皇冕之后终生不再结婚,无论生前还是死后都不指定皇位继承人,并且与由"八位大员"组成的最高枢密院一起统治国家,不经最高枢密院同意时,女皇:(一)不得宣战;(二)不得签订和约;(三)不得向臣民增加新的赋税负担;(四)不得封赏上校以上的官衔,"不得任命任何人从事显贵的事业",而近卫军和其他军队必须置于最高枢密院的统辖之下;(五)

不经法庭审理，不得剥夺贵族之生命、财产和荣誉称号；（六）不得赏赐世袭领地和村庄；（七）"未经与最高枢密院协商"，无论俄国人，还是外国人，都不得"提拔"到宫廷任职；（八）（未经最高枢密院同意）不得动用国库收入。在这些条款的后面，以女皇的口吻写着："朕躬一旦不履行、不遵守上述诺言，即可摘去朕头上之俄国皇冕。"然而，热心的亚古任斯基尽管在1月19日夜里曾经那样义愤填膺地反对专制制度，如今一见不容他进入最高枢密院，不禁怒火中烧。他暗中派人前去米塔瓦谒见安娜，提醒她说，在她本人尚未亲临莫斯科之前，万万不可完全轻信最高枢密院所派代表的话语；一应真相，一俟安娜抵达莫斯科便可知晓。安娜毫不犹豫地同意了所有的条件，并在上面签上名字，证明其有效无误："朕许诺无一例外地履行上述所有条款。安娜。"两三天之后，她决定动身前往莫斯科。行前，她要求最高枢密院派来的使者支付一万卢布，充作川资[14]。

第七十一讲

由于选举公爵夫人安娜即位而在贵族中引起的动荡——贵族的方案——德·戈利岑公爵的新计划——计划破产——破产的原因——1730年事件与过去的联系——安娜女皇及其宫廷——对外政策——反对德国人的运动

贵族中的动荡 最高枢密院[1*]选举公爵夫人安娜为女皇一事很快便尽人皆知,在莫斯科引起了非同一般的轰动。那天偶然的巧合使动荡具有全俄意义,而不仅仅是莫斯科的地方意义。原定于1月19日彼得二世迎娶多尔戈鲁卡娅公爵小姐。各军团及其将军和军官们来到了莫斯科等待参加宫廷的庆祝活动,许多外省贵族也来了。可是就在那一天皇帝却驾崩了。人们聚到一起本来是准备参加婚礼的,但却遇上了葬礼,并陷入了政治斗争的旋涡之中。最高枢密大臣们的图谋起初在社会上遭到小声的非议[1a]。密切注视事态发展并积极参与反对最高枢密大臣的活动的一位同时代人,诺夫哥罗德大主教费奥凡·普罗科波维奇在其笔记中生动地描写了运动的进程:"全城到处可见的悲惨情景变得可闻其声了:不管你走到哪里,不管你参加什么会,听到的没有别的,全是对那八个主谋者悲愤的指责;大家谴责他们胆大妄为、贪吃、贪权。"[16]聚集到莫斯科的贵族们分成小组,夜夜聚会,热烈议论,反对最高枢密大臣;据费奥凡估计约有500人在狂热地进行宣传鼓动。"贵族阶级中最著名的"领导者组成反对联盟,联盟中有两种意见:主张采取"果断"行动的一派想手持武器突然袭击最高枢密大臣,如果他们不肯放弃其图谋就将其全部打死;持"温和"意见的另一派则想要到最高枢密院去阐明,变更国家组成不是少数人的事,要是避开众人,甚至避开统治层人物而秘密行事:"那是令人不快和反感的。"[1*]但[2]费奥凡获悉反对派的势力由于内部矛盾而日益"明显地减弱了":其最弱的部分保守派千方百计想保存祖先的旧专制制度;而最强的部分自由派则同情最高枢密大臣的事业,只是因为最高枢密大臣们"未邀其入盟"而对他们极为不满。然而外国大使们发现即使在这自由派中观点也并不一致[2]。法国[3*]大使馆秘书马尼扬自莫斯科写信说:"此间在大街上和房舍里只听到关于英国宪法和英国议会权利的议论。"[3a]普鲁士大使马尔杰费尔德在致其宫廷的信函中写道:所有俄罗斯人,即贵族们,一般都希望自由,只是不能就自由的程度和限制专制制度的程度达成协议。"党派不计其数——西班牙大使德·利里阿1月从莫斯科写信说,——虽然暂时一切都很平静,但看来可能会爆发什么大事。"[36]首先,当然是转向西方——那里怎么样?那里的宪法就像珠宝店里的珠宝,一个比一个好,使人眼花缭乱,不知选哪个好。现在大家都在思考新的统治方式,我们在外国大使的紧急报告中可以读到:高官显贵和小贵族的计划各种各样,没完没了;大家都犹豫不决,不知为俄国选择什么样的统治方式才好:有的要像英国那样用议会权力来限制君主权,有的要像瑞典那样限制君权,有的要像波兰那样设立选举委员会,还有的希望建立没有君主的贵族共和国[3B]。在缺乏政治目测能力,不习惯测量政治距离的情况下,令人觉得从刑讯室到英国议会好像并不遥远。但是在这种意见分歧的情况下,大家眼前站着一个令人生畏的形象,迫使意见分歧的人们较紧密地靠拢在一起:那就是宠臣当道,那是骄纵肮脏的政权的通病。大使们看到多尔戈鲁基家族升迁后写道，俄国人害怕宠臣们权势强大，他们认为，在沙皇的专制统治下总会有宠臣来管辖他们，对他们横施暴虐，就像已故彼得二世在位时多尔戈鲁基家族所做的那样。这就是说，限制权力的想法作为对宠臣的预防手段贵族并没有加以反对。但是，最高枢密大臣的图谋却是想搞寡头政治，这使贵族们非常气愤，因为它是一种威胁，最高枢密院这帮横行霸道之徒的恣意妄为，有可能取代沙皇一个人的政权，以致有多少个最高枢密大臣，就有多少个霸王。按照叶卡捷琳娜时代的一位历史学家和政论家谢尔巴托夫公爵的说法，最高枢密大臣们自己"组成了一群君主来代替一个沙皇"〔3г〕。1730年〔3д〕人们就是这样看问题的。当时有一篇以一位普通小贵族致莫斯科某人函的形式到处流传的材料，在其中我们可以读到："在这里我们也听得到，为了在我国出现共和国你在干些什么和已经干成了什么〔3я〕。我对比甚为担心：上帝保佑，可别让十个飞扬跋扈、势力强大的家族取代一个专制君主之事发生！否则我们小贵族将完全陷入困境，不得不比先前更悲惨地在人前卑躬屈膝，向大家乞求恩典，而且又很难求到。"2月2日在最高枢密院的隆重会议上向参政院、正教院、将领们、各院院长和其他文官宣读了安娜签署的"即位条件"和一封似乎是她写的信，这时动荡达到了高潮。这封信自然是事先在莫斯科以她的名义准备好的，在信中她同意对她的推举，并称："为了俄国的利益，为了满足忠实臣民的愿望"，她写下了她想以什么手段来治理国家并且签了字。本来是作为选举安娜的必要条件而给她规定的义务，现在倒成了她为了国家利益而自愿作的牺牲了。这个露出马脚的阴谋诡计使与会者大为震惊。听了费奥凡·普罗科波维奇生动的描述，大家全都像可怜的小毛驴似的垂下了耳朵，低声交谈起来，但是无人敢作出愤怒的反应。最高枢密大臣们也彼此交头接耳，窃窃私语，并不时用尖刻的目光看看周围，假装连他们也对这种意外情况很惊讶。只有德·米·戈利岑公爵一人连喊带叫，"不厌其烦地"多次重复："看女皇多么仁慈，是上帝促使她写这信的，从今以后俄国将会繁荣昌盛。"但当大家都沉默不语时，他便用责备的口吻说："为什么谁都一言不发？请说一说，都在想些什么，即使没什么可说的，哪怕只是向女皇表示一下感谢也好啊。"最后，人群中有人结结巴巴地低声说："我不知道，我也感到很惊奇，为什么女皇会想到这么写。"[3e]但是这胆怯的声音没有引起反响。最后，有人准备了会议记录并建议大家签字，记录中写道：在听取女皇来函和诸条款之后，全体一致表示，"我等对女皇陛下的恩典甚为满意，并亲手签字画押"。这时，连可怜的毛驴们也失去了耐心，他们拒绝签字，声称过一天再做此事[3*]。大家[4]仿佛突然都变得苍老了，费奥凡讲："全都老态龙钟，心事重重。"就臣仆的感情而言，他们所受的打击太大了；谁也没有料想到会这样严厉地管束女皇。人们询问最高枢密大臣，今后将如何进行管理。戈利岑没有宣布说安娜本人在其信件和条款中对此已做了回答，她的意志不应再重新审核[4]；相反，他[5*]却建议出席者就此事各自写一个方案，第二天交上来。这样一来他把本来就藏得不严实的牌摊开了。在此之前，事情从表面上看好像还很得体：最高枢密院事实上仍然是唯一的最高行政管理机关，它选举安娜公主继承无嗣的皇位。旅长以上的所有高级官员被认为是人民的官方代表，按照普罗科波维奇的说法，"是整个祖国的代表人物"，他们一致赞同最高枢密院的选择。虽出意外，但却深得众望的被选出来的女皇宽宏大量，为祖国利益带来了彼得一世之后得以保全的祖先专制制度的旧东西，并在其亲笔签署的条款中指出了她想用什么方法进行其统治。大家没有把仁慈的恩赐看作买来的商品，而是满怀感恩之情接受了。可是戈利岑将这一恩赐抛了出来，让"旅长以上的"高级官员讨论，从而发现，那些条件并非女皇对人民宽宏大量的恩赐，而是她和最高枢密大臣幕后交易的结果。这出戏是在不稳的戏台上演出的：在伪装合法的情况下，演出了一场真正的、平常的宫廷骗局。而且调整个人最高权力之事已变得非常混乱复杂，扩展成为重新全面考虑国家机构的问题。戈利岑迫不得已或者说考虑不周的建议引起了强烈反响：人们议论纷纷，写字条，发表关于新的管理方式的口头声明，上校以上所有官员，甚至无官衔的贵族都以此来谴责最高枢密院[5a]。最高枢密大臣们不得不听取和阅读大量令其痛心的消息。骚乱发展到有可能造反的地步。最高枢密院想吓唬一下已经分散开的政治活动家，向他们提醒说，最高枢密院有统帅、密探和刑具来对付造反者。于是，反对派转入秘密活动：软弱的，按照普罗科波维奇的说法"实力薄弱的"，没有地位和社会联系的人们秘密集会，不敢在家里过夜，从一个熟人家跑到另一个熟人家，而且是在夜里，乔装打扮，匆匆跑过。

贵族的方案 号召官员们参加讨论问题使寡头政治的阴谋具有更为广阔的政治运动的外形。迄今为止，问题只是在政府圈子里打转：最高枢密院与最高机构——参政院、正教院、将领们和各院院长频繁接触。自从要大家呈递方案的时刻起，社会上有官衔的名门贵族和无官衔的贵族便都参与其事。政府机构的成员分散成若干小组，高官显爵和自己同一阶层的人聚在一起；意见书不是由政府机关递交的，也不是某个部门的同事们起草的，而是由思想观点一致的人递交的[56]。运动包含了新的利益。由各贵族小组呈递或正准备呈递给最高枢密院的意见、呈文和方案已知的有13份，在其末尾我们可以看到1千多个签名。其中只有塔季谢夫拟订并由参政院和将领们呈递的方案形成了完整的历史政治论文，其余的都是仓促拟订的，考虑得还不周密，也就是说，这里可以找到未加润色的、贵族政治情绪直率的表达。贵族的方案既不直接涉及限制安娜的诸条款，也不直接涉及选举安娜，并限制其权力之事，好像默认了已发生的事实。只有塔季谢夫作为一个历史政论家显示出对俄国历史很熟悉，作为一普芬道夫和沃尔夫道德说教派的追随者对西方政治文献很熟悉。他认为事关国家权力的一般原则，并证明，按俄国的现状而言专制制度管理对俄国是最为有利的，由于皇统中断，选举君主"按照自然法应当取得全体臣民的同意，臣民们可以个人直接表达其意志，也可以通过代理人表达"。塔季谢夫知道西方代表的两院制，而且可能还想起17世纪全俄缙绅会议的组成。他之所以气愤，与其说是由于对安娜权力的限制，毋宁说是由于少数人秘密地恣意妄为，从而践踏了全体贵族和其他官员的权利，他号召同道者尽最大可能维护这一权利[5B]。其他方案则比较粗糙，没有考虑到理论和最高当局的体制；他们将全部注意力都集中在两件事上，即最高管理机关和对贵族的最优惠待遇。这些方案未能清晰完整地勾画出该管理机关的全貌。"最高政府"，要么仍然是最高枢密院，要么由参政院充当。方案最关心的是这个政府的人数和成员的门第。它不应当像现在的最高枢密院那样由8个人的紧密小圈子组成。其中应当有11到30人；最要紧的是不能允许一个家族有两人以上参加，而1月19日最高枢密院作出推举安娜为女皇的重大决定的8位最高枢密大臣之中，竟有4位公爵来自多尔戈鲁基家族。这在小贵族看来显然像眼中之钉，是完全无法容忍的。整个最高管理机构应该[5г]由选举产生，而且应该是贵族的。贵族并不是一个完整的同一类人的阶级；其中有"名门望族"、名门显贵、"军事将领和文职大官"、高官显宦和小贵族之别。要从这几类人中选举最高枢密院、参政院成员、各院院长，甚至各省省长。这些人由将领和贵族来选举，按照某些方案，只能由"显贵者"会同最高枢密院和参政院一起选举。方案中的这种选举会议也就被称作上流社会会议；它被授予立法权，甚至授予立宪权；僧侣和商人们只参加制订国家改革计划中与他们有关的专门项目。在一些方案中表达了减轻农民捐税负担，亦即减轻贵族本人支付责任的愿望；但是没有一个贵族能够说出解放农奴的话——哪能顾到这个——哪怕说一说关于农奴主赋税徭役的法律定义呢。各方案最重要的部分是对贵族在服役和占有土地方面的优惠条件：规定服役期限，直接以军官身份去服役的权利，废除一子继承制，等等。用这些优惠条件将普通小贵族吸引到运动中来。事情是由名门望族或者高官显宦领导的。对各种统治方式漠不关心的小贵族没有单独行动，也没有组成特别的政治团体，而是聚集在向他们许诺诱人的优惠条件的重要"人物"周围，顺从地附和自己的领导者。他们大多是近卫军和普通陆军的军官，在队伍中早已习惯于服从自己的团长和将军等领导者：在各种方案下面签名的1 100人中有600多个是军官。所有的方案都是以下述思想为基础的：贵族是唯一有权的阶层，他们拥有民政权和政治权，在法律意义上是真正的人民，是一种独特的 pays legal（享有政治权利的人）；当局正是通过他们来统治国家的；其余的居民只是被统治的劳动群众，他们既为对他们的统治付款，又为劳动权付款；他们是国家的活工具。在我们所理解的意义上的人民在写方案的圈子里是不被理解或者不被承认的[5г]。

戈利岑公爵的新计划 当贵族在其方案中急于表明其阶层的愿望时，德·戈利岑公爵制订了真正宪法的计划并和最高枢密院进行了讨论。按照这一计划，女皇只能对其宫廷发号施令。最高政权属于最高枢密院，它由10名或12名最显贵的家族的成员组成；女皇在其中只有两票；最高枢密院领导所有的部队：一切都按照瑞典国务委员会在1719—1720年与议会贵族斗争时的成例行事。在戈利岑控制的最高枢密院下面还设置三个机构：（一）由36人组成的参政院，它预先讨论将由最高枢密院决定的一切事情；（二）由贵族选举产生的，由200人组成的贵族厅，它保护本阶层的权利，以防最高枢密院侵犯；（三）城市代表厅，它管理贸易和工业事务，并保护普通百姓的利益。这样，名门望族执掌政权，而贵族代表则与商人代表一样进行着自卫，并保护人民免受统治之害。这一计划并未扑灭火灾，而只是往贵族之火上再浇些大贵族之油而已。无奈的莫斯科大贵族的老堂吉诃德戈利岑公爵鉴于自己选定的女皇即将从米塔瓦前来，终于做出了让步，决定将他把持不放，任意支配的最高统治机关之门稍稍打开一点，甚至还准许某种类似于人民利益代表的东西进入其中，对于统治阶级而言，人民利益代表的思想是很难理解的。在他拟订的对女皇宣誓的形式中更广泛地照顾了社会各阶级的利益。即使在这里他也固执地坚持最高枢密院的贵族组成成分及其对立法权的垄断，但是对于僧侣、商人，尤其是对知名小贵族则慨然给予优惠条件和特权，他答应给所有贵族的权利，连贵族自己都未敢在方案中提出来，那就是完全免除义务服役并有权以军官身份志愿参加海、陆军以及近卫军。这种贵族阶层自由宪章是以贵族所特别希望的许诺结束的——不准地主的家仆和农民从事任何事业。这样就宣布了在政治上排斥彼得时代的农民波索什科夫和彼得大帝从大贵族家仆中提拔上来的许多行政和财政干练人员。

计划破产 排练得很拙劣，表演得更糟糕的戈利岑公爵的政治剧很快便收场了。政界的龃龉和近卫军的情绪鼓舞了那些迄今隐匿不露面或者假装追随反对派的反对限制女皇权力的人们。形成了一个特殊的派别，或者像费奥凡所说的"另一个团伙"，它也像别的派别那样是因利害关系一致而组成的：加入其中的有女皇的亲戚及他们的朋友，还有像切尔卡斯基公爵、特鲁别茨科伊公爵等因最高枢密院不让其加入而受了委屈的高官；追随他们的还有一些优柔寡断或漠不关心的人。这时，奥斯捷尔曼也活跃了起来：此前他一直抱病在家，完全在等死，而且已领了圣餐，差点没敷圣油，可是现在却成了新团伙的激励者。关系、利益和人物都已弄清楚了，要说服入伙者并不难，只要使他们相信，他们从专制独裁的女皇那里要比从专制的最高枢密院那里容易获得所希望的东西。奥斯捷尔曼以恢复最高统治机构意义上的参政院来安慰参政员们，以摆脱最高枢密大臣的指挥来安慰将军们和近卫军军人，以撤销最高枢密院来安慰所有的人。这一派的鼓吹者是费奥凡·普罗科波维奇：他竭尽全力在全莫斯科到处宣扬女君主受到最高枢密大臣们的虐待，紧盯着女君主的瓦·卢·多尔戈鲁基残酷地把她弄到"呼吸都感到困难"的地步。当这位大主教发现被他宣传鼓动起来的许多人"预谋做一件非常可怕的事情"时，连他自己对自己说教的成效也感到惊奇[5ª]。当安娜驶近莫斯科时，她立即感到自己脚下的基础十分稳固，这是一个不信神的德国人和一个主持神圣正教院的俄罗斯高级僧正的秘密宣传所营造的。所以她就勇敢地着手领导一场反对她本人、反对她在米塔瓦所做的诚挚诺言的政治阴谋。在莫斯科附近的弗谢斯维亚特村，她违背自己签署的即位条件，宣布自己是普列奥布拉任斯科耶团的中校和近卫重骑兵团的大尉，并亲自请该团官兵喝伏特加酒，官兵们非常高兴地接受了。还在安娜到达之前，近卫军军官曾公开说，他们宁愿做一个霸主帝王的奴隶，也不愿做好几个霸主帝王的奴隶[5e]。2月15日安娜隆重地进入莫斯科，当天，高官显宦就在圣母升天大教堂向女君主和"祖国"宣誓——她只是女君主，而不是专制独裁的女君主。最高枢密院的拥护者们没有觉察到在安娜身边酝酿的阴谋，他们兴高采烈，声称贵族阶层直接统治的时刻终于来到了；给女皇规定了年俸10万卢布，未经最高枢密院同意，不得从国库多领一个戈比，多领一个最不值钱的烟盒，而且即使经同意领取，亦须开具收据；一旦她违反本规定，哪怕是区区小事，也会立即将她送回库尔兰；至于把她奉为女君主，那也只是起初空口说说而已[5*]。但是最高枢密大臣们已不相信自己的事业能够成功，根据谣传，仿佛是他们自己建议安娜实行专制制度的。果然，2月25日，有参政员、将军和贵族等约800人在宫廷大厅向安娜呈递了呈文，请求成立一个委员会来审阅提交给最高枢密院的诸方案，以便确定适合全民的统治方式。女皇答应在自己的事情上充当最高枢密大臣和他们的政敌之间的调停人。有一位最高枢密大臣奏请安娜根据所订的即位条件事先与最高枢密院一起讨论呈文；但是安娜再次食言，立即签署了呈文。最高枢密大臣们都惊呆了。这时，突然响起了难以想象的吵闹声：这是情绪激昂的近卫军军官和其他贵族在争先恐后地喊叫："我们不要给女皇事先规定什么法律；她应当和以前所有的君主一样成为专制君主。"安娜试图制止喊叫的人，但是他们跪在她面前，发狂似地倾吐自己忠君保皇、为皇效命的决心，最后喊道："请吾皇颁旨，臣仆等会将反对陛下的恶棍的头颅奉献在陛下脚下。"同日，在最高枢密大臣也应邀参加的午宴之后，贵族又向安娜呈递了另一份由150人签名的请求，内中写道："最恭顺的奴仆"忠于陛下，恭请陛下仁慈为怀，接受陛下光荣的、值得称赞的祖先之专制制度，而将最高枢密院签署呈上之条款销毁。"怎么？"安娜假装一无所知，不胜惊异地问道，"难道这些条款不是根据全体人民的愿望制订的吗？"有人回答了"不是！""如此说来，你欺骗了我，瓦西里·卢基奇公爵！"安娜对多尔戈鲁基说。她命令将她在米塔瓦签署的即位条件拿来，并立即将其当众撕毁。按照一位外国大使的说法，最高枢密大臣们一直没敢作声，否则近卫军军官会把他们扔到窗外去的[53]。3月1日在各大小教堂里人们"重新"向已经成为专制女皇的安娜宣誓。臣民们尽情表达对女皇的忠心，神甫们也向女皇祝福。18世纪由最高枢密院掌控了4周时间的临时理事会所制造的俄罗斯贵族君主立宪制，在10天内就这样结束了。然而，努力恢复君主专制制度的贵族们并不拒绝参政：就在2月25日那次午宴后的请愿书中，他们请求裁撤最高枢密院，恢复由21人组成的参政院先前的职能，授权贵族投票选举参政院成员、各院院长以及各省省长，并按照午宴前的呈文确定未来的政体。假如这一请求受到重视，中央和省的行政机构就会像叶卡捷琳娜时代的县警察局长那样由选举的贵族代表组成。俄罗斯帝国并没有像费克所希望的那样成为"波兰和瑞典的姐妹"；因此，君主专制——贵族的俄罗斯便和共和制——贵族的波兰同时并存了[5*]。

破产的原因 当代观察家认为1730年事件是由于限制专制制度而在统治阶级内部，在世袭特权阶层和贵族之间引起的斗争；人民的其他阶级根本未参加此次运动：不能认为大主教费奥凡·普罗科波维奇到莫斯科贵族各家奔忙具有阶层的意义。但是，起初最高枢密院对其将做之事规定的范围太窄。其实，这并非由各阶层或人民的代表来限制专制制度，而仅仅由被召到最高当局之人和召来此人的机构共同行使最高当局的特权而已。最高当局[6*]改变了其组成成分或形式，不再是一人独裁，但仍保留原先对社会的态度。限制条款只给了一项居民自由权，就是这一项自由权也只给了一个阶级："不经法庭审理不得剥夺贵族之生命、财产和荣誉称号。"但是最高枢密大臣的条件对政治自由和社会参政却只字未提：国家由女皇和最高枢密院专制治理，而最高枢密院除了代表自己之外，不代表任何人：其成员有的是最高当局在被限权之前任命的，有的是在

1月19—20日的夜间会议上由枢密院自己邀请增补的。最高枢密院本想以后也如此行事，只是反对派迫使它答应召集百官来商讨管理国家的最佳体制，但也只是商讨而已。最高枢密大臣们根本不代表俄国的名门望族。大部分当时古老的望族：舍列梅捷夫家族、布图尔林家族、切尔卡斯基公爵家族、特鲁别茨科伊家族、库拉金家族、奥多耶夫斯基家族、巴里亚京斯基家族按照莫斯科家族谱系一点也不亚于多尔戈鲁基家族，而这些家族的成员是反对最高枢密院的。最高枢密大臣们甚至不能把同族人团结在自己周围：戈利岑家族和多尔戈鲁基家族的姓氏，也出现在反对派方案的签名中。这些反对派的名门望族是运动的核心，他们煽动小贵族，许以高官厚禄和土地，领导贵族小组，向他们口授呈递给最高枢密院的签呈。普通贵族在运动中并不是活动家，而是被推到前台的配角，是被用来壮大声势的。官阶表尚未来得及洗好家族系谱之牌，使官爵摆脱出身门第的桎梏。在这愚昧无知，贫穷没落，需要高官恩赐的贵族中，对出身阶层带着奴性习惯而景仰；对已出现的官爵奴仆般地崇敬，两者并存不悖。"小贵族奴性十足地服务于名门望族，千方百计执行其意志，为了发财以此种服务来谋取卫戍司令之职，为了沙皇的其他重大利益谋取指挥官之职。"彼得时代的计划制定者伊万·菲利波夫描述的普通贵族对名门望族的态度就是这样的，这种态度在彼得之后尚未及迅速改变。然而，小贵族的领头人也有身居高官，任政府机关要职者，职位最高的有参政员和将军们，后者不仅是一群将军，而且是一个特别机构，有一定编制和薪俸的总参谋部总咨询委员会。呈递给最高枢密院的第一份方案，也是反对立场最鲜明的方案正是由参政院和将军们拟定的。这就是说，在1730年的事件中，进行斗争的不是个人，也不是社会阶级，而是最高政府机关，不是旧的世袭名门望族与新的官吏之争，或二者与普通小贵族之争，而是参政院、正教院和将军们与攫取了最高独裁统治权的最高枢密院之争——总而言之，不是政府与社会为争夺政权而斗争，而是政府机关彼此之间为分权而斗争。然而，机构只不过是政府机器上的轮子，由政府或者社会的力量使其转动。最高枢密大臣们想使名门望族或者出身高贵之人成为这种力量；但是，他们的敌手也作如是想：名门望族和名门望族竞争[6a]。从实行分封制以来，统治阶级的组成已经错综复杂，难以辨认何人在何种程度上出身高贵，何人出身微贱。这个混合阶级所形成的社会力量因为没有社会机构可抓，如今就抓住现成的政府机构。由于按门第授官制度的废除和正规军的建立，军职阶级旧的军事家族谱系组织已被摧毁了，而彼得要吸收地方贵族阶层治国的尝试也没有成功。只有机构才能统一个人和阶级的不协调的利益和不明确的观点；被门第恩怨和个人敌意分开的最高枢密大臣们自己也不是凭贵族团结的感情，而是靠在最高枢密院中的同僚关系而行动的，他们即使不能同心，也应该协力。最后只有把最高政府机构转变为选举产生的社会机构，即代表机构才行。这一想法萦绕在当时人们的脑际。然而，无论是最高枢密大臣们（也许只有德·戈利岑一人除外）还是他们的敌手都不很了解代表制的本质及该体制中细节的协调；他们把从贵族阶级中选举理解为从偶尔来首都的贵族中招募。因此，无论是已确立的社会关系，还是占统治地位的政治概念都没有提供什么方法来解开利益冲突和隔阂争执的结子。问题是由近卫军机械的打击强行解决的。贵族近卫军按照自己的方式，兵营中的方式来理解当前发生的事：他们被怂恿为了大众之权去反对少数人专政，结果他们却为了一个人的专政而扑向了大众——没有把舵转对方向：在恢复君主专制之后再请求选举治理，这就意味着自欺欺人。翌日，在宣誓之后，专制君主安娜为满足一部分贵族的请求，组成了有21个成员的参政院,但那是她自己任命的,未经任何选举。这样,事情的进程就说明了其失败的主要原因[66]。首先,德·戈利岑公爵的意图本身既无内部力量,亦无外部支持。他不是用固定的法律来限制最高政权,而是用一个编制不稳,职能不固定的机关来限制;为了使该机关具有稳固性,戈利岑想使其成为世袭贵族的机关和堡垒,而世袭贵族作为一个阶级早已不复存在,只剩下一些涣散的,甚至彼此敌视的名门望族。戈利岑建立了由幻影限制的君主制。其次,最高枢密院及其一时得势,不得人心的成员顽固地把持着最高统治机构的专制权,把统治阶级的大部分人从自己身边推开,引起了有近卫军和贵族参加的反对派的反对,使事情反转过来,把关于限制专制的问题变成了反对其篡权的抗议。最后,反对派和最高枢密院成员的目标各不相同:最高枢密院想要限制君主专制,而不触动最高统治机构;反对派则要求改革这种统治机构,而不涉及君主专制或者对之避而不谈;近卫军和贵族则力求获得本阶层的优惠待遇,而对限制最高政权和改革统治机构之事持敌视态度或者漠不关心。在这种对立和政治上无准备的情况下,各反对派小组[6в]不可能制订出完整的和便于接受的国家制度的新方案,这说明普鲁士大使马尔杰费尔德的评论是有道理的,他认为尽管俄国人对自由议论纷纷,但他们并不懂得自由,也不会驾驭自由[6г]。戈利岑自己解释其事业失败的原因是他召来的合作者对此事业力不从心。戈利岑的话应该理解为他对自己的事业所作的结束语。君主专制恢复以后,他说:"宴会已准备好,但却发现应邀之人不配享此盛宴;我知道我将成为此事失败的牺牲品,牺牲就牺牲吧,我要为祖国受难,我原本就来日无多了,但那些迫使我哭泣的人将要比我哭得更久。"在这些话里,也包含着戈利岑本人对自己的批判:既然当了盛宴的主人,为什么要请那样的客人呢?或者说既然无人可请来做客,为什么要举行宴会呢？[6*]

与过去的联系　在戈利岑公爵的事业中，有两件事令人困惑不解：其一，为什么要选择无继承资格的人来当皇上；其二，为什么要假造一场选举活动，使选举条件变成了当选者自愿馈赠的礼物。这第一件事令人想起了瑞典的某些影响。安娜[7*]的登基有点像1719年查理十二世之妹乌尔里卡-埃列奥诺拉的即位：也是由于没有嫡系继承人（荷尔斯泰因公爵）而选举一位妇女，当选者的权力也受到限制；也是国家贵族委员会一再要求拥有全权；也是遭到了贵族的反抗。最后，俄国研究1730年事件的学者在瑞典历史学家的帮助下，指出在戈利岑所拟订的限制条款、宣誓计划和方案中有瑞典宪法影响的明显痕迹[7a]。然而，尽管情况有相似之处，但是条件远非相同。在选举安娜的时候，戈利岑记得并能够考虑到乌尔里卡-埃列奥诺拉当时的情况：那里成功了——为什么这里会不成功呢？瑞典事件树立的只能是令人鼓舞的范例，瑞典的法令和机构就是现成的样板和模式。但是，动机、利益和与之相应的策略却是本国的，不是外借的。这特别明显地表现在事情的另一个情节上。戈利岑为什么需要伪造选举文件呢？这里需要回顾一下俄国的过去。统治方式变换时的幕后阴谋活动在我国具有悠久而不光彩的历史。1730年已经不是第一次提出俄国国家制度的老的根本问题，即合理地确定最高政权的问题。这是由留里克王朝的结束所引起的，是历史的必然，而不是政治的需要。在1598年以前，莫斯科君主被视为大地之主，而非人民之主。在人民的法制观念中没有把人民当作国家联盟的想法；也不可能有人民自由的思想。教会教导说，任何政权皆由上帝所赐。而由于上帝的意志不属于任何法律定义的范围，因此其在人世间的体现便在权、法之外，在思想里呈现为纯粹的紊乱。从1598年起，俄国政治思想陷入巨大困难之中。教会关于政权的概念尚可勉强加诸世袭的君主——大地之主；然而，经选举产生的沙皇，即便是全国所选，也毕竟出自凡人之手，很难纳入上帝所赐政权的思想。政治情绪分裂为两类。人民群众由于不太理解从鲍里斯·戈杜诺夫起的沙皇为何物，所以关于沙皇政权保持着纯粹抽象的圣经的概念；但已经沦为农奴，以前只会逃避苛政压迫的人民群众在17世纪还学会了造大贵族和官吏的反。大贵族自己方面，在经历痛苦和对邻国制度的观察后也熟悉了关于协议决定沙皇的思想；但是，由于这种思想出自统治阶级，而不是出自统治阶级视为不可信任的人民群众，所以它总是力求以幕后交易的相同形式表现出来，并且事实上已两度表现出来。这种幕后交易的外在表现形式是自愿赠与政权，或者是削弱权柄。那些凭着感觉或者自觉地试图使国家摆脱最高政权的病态发展而自己陷入腹背受敌境地的人们也是以这种形式为出路的。1730年事件是政府的一小伙人在一定程度上掩蔽着搞交易强求自由的第7次尝试，是公开地在形式上限制政权的第4次试验。不公开地强求自由是因为在道义上不信任品质极差的政权，而且又害怕对统治阶级不信任的人民；由于统治阶级内部纷争的结果，这形式上的限制没有成功。

294　**安娜女皇及其宫廷**　1730年的运动对人民的自由来说简直没起一点作用。可能，它推动了贵族政治思想的发展。诚然，这一阶层中的政治骚动就是在最高枢密大臣们失败后也未停息；然而这种骚动在安娜临朝的影响下大大地减弱了，而且完全改变了方向。这一朝的统治是我国历史上黑暗的一页，这一页上最大的污点就是女皇本人。她身材高大、肥胖，面貌是一副男人相，很少女子气。她天生就冷酷无情，由于早寡和在库尔兰像俄国—普鲁士—波兰的玩物一样任人摆弄，经历了外交倾轧和宫廷风波，她变得更加冷酷无情。就是这样一个性情凶恶、知识贫乏的人在37岁的时候怀着迟到的对欢乐的强烈渴望来到了莫斯科。她偶然被选中,从米塔瓦的穷乡僻壤走出来,来到了不受监督的俄国政权的广阔天地。她寻欢作乐,尽情享受,她那豪华的排场,挥霍浪费和俗气使外国观察者不胜惊讶。她在日常生活中不能没有能说会道的丑角,她差不多在帝国的各个角落搜寻这种丑角:这些人以其喋喋不休的胡扯来淡化她那难耐的孤独感和必须对祖国处处戒备的疏远感,她最大的乐趣是侮辱人,欣赏对人的侮辱,拿别人的失误开心,然而她自己也常有失误,譬如有一次她吩咐组成11人的圣正教院,却要求大俄罗斯人和小俄罗斯人各一半。由于不信任俄罗斯人,安娜从米塔瓦,从德国各个角落弄来一群外国人来保卫自己的安全。德国人纷纷来到俄国,就像从破袋子里掉出来的垃圾,他们麇集于朝廷,围绕着宝座,攫取管理机关中所有的肥缺。这群乌合之众分属两个有势力的保护人,一个是"库尔兰的流氓"——比伦,据说他只会到处搜寻纯种狗;另一个是利夫兰的流氓——列文沃利德伯爵,他当过手艺人的帮手,他与比伦争宠,当上了总御马监,他为人虚伪,是个狂热的赌棍和受贿者。他的弟弟,另一个列文沃利德,是宫廷总管大臣,他常常在宫廷中组织豪华宴会,纵酒行乐,其恶劣程度甚至胜过其兄。这群人用压榨人民的不义之财吃得脑满肠肥,寻欢作乐,累倒方休。无怪乎在安娜时代宫廷的开销比彼得一世时代要多四五倍,而国家的收入不但没有增加,反而大为减少。大使们写道:"宫廷中的奢侈情况闻所未闻,而国库却空空如也,因此不向任何人付款。"同时行政管理毫无成效。最高枢密院被裁撤,就连增加了组成人员的参政院也未能保持先前的首要地位。1731年在参政院之上又设置由3人组成的内阁,这是奥斯捷尔曼的创造,他在内阁中大权在握,他那卑微的同僚切尔卡斯基公爵和一等文官戈洛夫金对他俯首帖耳,唯命是从。这个内阁不知是女皇的私人办公厅,还是对最高枢密院拙劣的模仿：它既讨论最重要的立法大事，也为宫廷订购兔子，翻阅为女皇购置花边的账单。内阁作为最高意志的直接执行者和不负担责任的机关，丧失了一切法律面貌，搞乱了政府机构的职权范围和公文处理程序，这说明其创立者别有用心，也说明当时的统治是多么黑暗。皇上的文告在人民面前变成了无耻地自吹自擂的海报和迫害俄罗斯显贵的手段。俄国最显要的达官贵人戈利岑家族和整个多尔戈鲁基家族或被处死刑，或被监禁，遭到了毁灭性的打击[76]。彼得二世时代关闭了的普列奥布拉任斯科耶衙门现在又恢复了秘密侦查办公厅，它不倦地工作，用告密和拷问来维护最高当局应有的尊严并保卫其安全；特务活动成了最受鼓励的为国家服务的行为。凡是看起来好像是危险的或不顺眼的人都被从社会中清除，连高级僧正也不能幸免；有一个神甫甚至被扎在尖桩上处死。大批大批的人被流放，流放经过精心策划，十分残酷。安娜在位时总共有2万多人被流放到西伯利亚，其中5 000多人下落不明，无影无踪。往往是把人流放了而在应该有记载的地方却并无任何记载，并且被流放者已被改名换姓了，对此甚至也不报告秘密办公厅：人已不知去向。其时，国民经济和国家经济遭到破坏，贸易萧条：辽阔的田地五六年都没有耕种；边省的居民忍受不了服军役之苦纷纷逃往国外，因此许多省份就像一些外国观察家所描写的那样，好像遭到了战争或瘟疫的破坏。国库收入的来源已极度枯竭，人民的支付能力微乎其微：1732年按预算应有高达250万卢布的关税和其他间接税的收入，可是仅征收到18.7万卢布[7B]。面对数百万欠税账目，比伦也目不暇接，眼花缭乱了。伴随着大自然给俄国带来的苦难——歉收、饥馑、疫病和火灾，还对人民进行了讨债围剿：装备了勒索队，给玩忽职守的地方行政长官戴上镣铐，使地主、村长在狱中挨饿致死，为逼债而拷打农民，他们的东西凡是能弄到手的全给卖掉。鞑靼入侵的惨剧又在重演,只不过这次来自本国的首都。全国哀鸿遍野。各个阶级的人民都在纷纷议论:比伦和米尼希攫取了大权,弄得大家全都没活路了,外国人在俄国掌握了一切;他们向穷苦的臣民横征暴敛,征收血泪赋税,用来大吃大喝,酗酒作乐;他们把俄罗斯农民看得连狗都不如;我们不可救药的国家啊!庄稼不长,因为国家是女人掌权;这个娘儿们当道如今大家过的是什么日子啊?人民对德国人的政府更加仇恨了[7],但是这个政府在俄国近卫军中有可靠的支柱。在女皇临朝的头一年便派遣由乌克兰小贵族民兵组成的第三步兵团来加强近卫军;仿照彼得一世旧团队的做法,新团以莫斯科近郊一个村庄的名字命名为伊兹梅洛夫斯科耶团,因为安娜以前喜欢在该村居住。前面提到的那个年轻的总御马监列文沃利德被任命为团长,他受命从利夫兰人、爱斯特兰人、库尔兰人及其他外籍人中招募该团的军官,顺便也招些俄国人。这已是对所有俄罗斯人的直接威胁,是对民族感情肆无忌惮的挑战。近卫军在外国势力的重压下为比伦分子效力,征收欠缴税款;近卫军军官成了勒索队的头子。彼得心血的结晶,他所建立的军队之花——近卫军的军人成了受外来无赖指挥的宪兵和麻利的刽子手。人民的软弱无力纵容了那些外来人,后者所制造的恐惧笼罩着忠诚的近卫军士兵。早在德国人猖獗之初,波兰大使有一次听到人们对德国人的议论就曾经向法国大使馆秘书表示担心:俄国人现在可别对德国人做出像伪德米特里时代他们对波兰人做的那种事来。马尼扬表示异议说:"请放心,那时他们没有近卫军。"贵族近卫军于1730年2月25日向女皇呈上了关于恢复君主专制制度的御状,同年4月4日近卫军军官参加了女皇为此所赐的豪华宴会,并享受到了与女皇共餐的荣幸。近卫军为自己所做的这两件事付出了昂贵的代价;德国人让这支近卫军看到了它所恢复的俄国君主专制制度到底是怎么回事。

对外政策 比伦及其亲信没有直接参加（说得确切些是没有公开参加）治理国家：他像个贼似的悄悄地在御座后面活动。高踞于比伦等一伙渺小人物之上的是国家真正的头领副一等文官奥斯捷尔曼和米尼希元帅。人们对他们的怨恨日益加剧，埋怨他们把内政搞得极糟，却用轰动一时的对外成功来加以掩盖，而来自米塔瓦的俄国女皇的德国人政府为了自身的安全甚至也必须维护其在俄国和欧洲的威信。这一点并不难做到，因为当时俄国仍拥有精锐的彼得军（它此时尚未完全瘫痪），政府又善于在互相敌对却又同样巴结俄国的法国和奥地利之间故作姿态。在奥斯捷尔曼和米尼希这样熟谙外交和军事艺术的人面前曾经出现过两次良机，他们原本可以用来证明他们处理事情要比俄国土生土长的粗人和懒汉高明多少。1733年波兰国王，彼得一世的同盟者，不太理智的奥古斯特二世驾崩，俄国应当支持其子争夺波兰王位，反对法国候选人老斯坦尼斯拉夫·列辛斯基。要是在1697年，在类似的情况下，只要把尚未装备好的俄国军队调到立陶宛边界就足以使这位奥古斯特二世战胜法国王子。现在却派了一支足有5万人的正规军开进波兰腹地，该军指挥官是一位优秀的外国将军，他不是德国人，而是苏格兰人列西，士兵都爱戴他。但是在彼得堡准备工作做得很差，而派来解决波兰问题的是奥斯捷尔曼的挚友，无赖，总御马监列文沃利德，他把斯坦尼斯拉夫藏身的但泽包围达四个半月之久，使俄国部队的处境极为艰难，亲自接替列西的米尼希竟然使8 000多名俄国士兵倒在了但泽城下。在俄国和波兰作战期间，奥斯捷尔曼的朋友奥地利人没有派遣一兵一卒去波兰援助同盟的俄国部队，而当法国向奥地利宣战争夺波兰并与盟国一起从其手中夺取了那波利、西西里、洛林以及几乎整个伦巴第时，拥有至高无上权力，享有荣誉的那位彼得堡外交家奥斯捷尔曼却派列西率领2万人的军队开往莱茵河，从而拯救了那可鄙的背叛的同盟者。由于波兰战争和1735年对克里米亚的袭击，开始了与土耳其的战争。原希望同波斯和奥地利结盟，轻易快捷地打一仗来吓唬一下土耳其人，以消除放弃彼得大帝在里海沿岸战果的不愉快的印象，制止土耳其干涉波兰事务，并摆脱1711年普鲁特条约的苛刻条件。米尼希身负各种高级军职，沽名钓誉之欲望甚炽，且耽于幻想，他也希望进行这场战争，以便使其在但泽城下有点失色的战斗荣光重放异彩。的确，俄国军队获得了赫赫战功：曾经3次毁灭性地直捣鞑靼主巢，到达此前不能穿过的克里米亚，攻克亚速、奥恰科夫，在1739年斯塔武恰内村胜利之后，占领了霍京、雅西，并在此庆祝了对摩尔达维亚公国的征服。战争英雄米尼希发挥了全部才智。由于土耳其战争，在布良斯克，在杰斯纳河上开办了造船厂，加速造船，船造好后经第聂伯河下到黑海，准备同土耳其作战。船造得很粗糙，因此战争结束后，这些船就被断定毫无用处了。然而，1737年在攻克奥恰科夫后，米尼希曾大言不惭地写道：他将炸毁第聂伯河中的石滩，于翌年率此区舰队出黑海，直奔德涅斯特河、多瑙河河口，然后到达君士坦丁堡[7л]。他期望所有土耳其基督教徒能像一个人似地奋起，那么只要派遣大约2万人乘俄国舰船在博斯普鲁斯登陆，那就可以迫使苏丹逃离伊斯坦布尔，但是所说的俄国舰船并不存在。1737年在涅米罗夫举行的奥俄土会议上，俄国曾向土耳其人要求从库班到多瑙河河口包括克里米亚在内的所有鞑靼土地，并要求摩尔达维亚和瓦拉几亚的独立。战争付出了惨重的代价：约有10万士兵在草原，在克里米亚，在土耳其的要塞附近阵亡，耗资达好几百万卢布；俄国向世界显示了其军队的勇敢所创造的奇迹，但是却以将事情交给敌对的法国驻君士坦丁堡大使维尔涅夫之手而告结束。据俄国驻办公使反映，该大使并非第一流有头脑之人。但他却漂亮地处理了俄国的利益，在贝尔格莱德签订了和约（1739年9月），俄国的一切努力、牺牲和胜利就以这样的结果告终：亚速让给俄国，但工事要拆除，俄国不能在黑海拥有军舰，甚至也不能拥有商船；苏丹拒绝承认俄国女皇的皇帝尊号。这就是组建布良斯克区舰队、远征克里米亚、袭击奥恰科夫、取得斯塔武恰内村的胜利以及米尼希急赴君士坦丁堡等等的结果。有人建议为了酬谢维尔涅夫对俄国的这些劳绩，要给他4万5千马克银币的期票，——不过，在全部事情结束之前，他对此慨慨地拒绝了——此外还建议授予他安德烈耶夫勋章，他的妻子则得到一枚钻石戒指。俄国曾不止一次地签订过令人难以忍受的和约；但是像1739年贝尔格莱德和约这样屈辱可笑的和约在它之前还不曾签订过，也许将来也不会签订。整个这种代价高昂的夸口都是当时彼得堡政府的头等人才，外交能手奥斯捷尔曼和军事专家米尼希率领他们的同伙和俄国同道者所为。然而他们对俄国的功绩却受到慨然给予的奖赏：例如奥斯捷尔曼因其直到海军元帅的各种职务而获得的钱不少于我们今天的10万卢布[7e]。

反对德国人的运动 10年间积聚起来的愤怒之火在缓慢地阴燃着。其所以没有炽烈地燃烧起来是由于对最高当局代表者习以为常的尊敬；由于1730年某些贵族的愿望得到了满足；还由于在政治上感到羞惭：这种枷锁是自己给自己戴上的。但是安娜之死使人们不再沉默，比伦侮辱性的摄政促使人们采取行动。近卫军喧嚷起来；军官们在街头与士兵相遇时，向他们大声抱怨说让比伦摄政未通过小皇帝的双亲，而士兵则责怪军官不发难。布罗夫岑大尉在瓦西里耶夫岛召集了一群士兵，与他们互诉对任命比伦为摄政王的悲愤之情。摄政王的追随者内阁大臣别斯图热夫-留明正好目睹这一情景，他把自己变成了一名警察，举着出鞘长剑去追赶布罗夫岑，后者好不容易才躲到米尼希家中。普斯托什金中校想起 1730 年,便怂恿包括近卫军军官在内的许多人以俄国贵族的名义递交一份呈文,呈请任命幼帝之父不伦瑞克王子为摄政王。普斯托什金曾想通过 1730 年的贵族领袖之一,内阁大臣切尔卡斯基公爵实现其请求。而后者却向比伦出卖了他。军官们议论摄政王时并未触及幼帝;士兵们则比较易于理解较朴素和较激进的关于皇位本身的想法:由不伦瑞克公爵之子为帝,不管谁当摄政王,统治权终归要落入德国人之手。御座上需要一个既不用摄政王,也不用德国人的人物[7*]。对[8*]德国人的愤怒激发了民族感情;在激情不满的政治情绪中这股新潮逐渐使人们的思想转向了彼得的女儿。近卫军士兵们向幼帝宣誓之后议论起了伊丽莎白公主。有一个近卫军军士对同事们说:"你们看冤不冤哪?彼得大帝在俄罗斯帝国得到了什么呀:皇帝的女儿伊丽莎白公主竟被抛在了一边。"各近卫军小组的激动情绪传给了与之有关的下层。当伊凡·安东诺维奇登基和比伦摄政的诏书送到施吕瑟尔堡拉多加运河办公室时,有一个文书正好有点醉。周围的人劝他整理一下衣冠好去宣誓,可他说:"我不去,我信赖伊丽莎白·彼得罗夫娜。"品级最低的官员也想有自己的政治观念。这样就酿成了 1741 年 11 月 25 日夜近卫军的政变,使彼得一世的女儿登上了皇位。这次政变还伴随着激烈的异乎寻常的爱国行动和因外国人统治而受侮辱的民族感情的狂热抒发:人们闯入德国人住的房子,甚至把一等文官奥斯捷尔曼和米尼希元帅本人也狠狠打了一顿。近卫军军官要求新女皇把俄国从德国人的桎梏中解放出来。她就将一些德国人解职。近卫军仍不满意,要求将所有德国人统统驱逐出境[8a]。在赴芬兰的军旅中(当时正同瑞典作战),在维堡附近的军营中,近卫军公开奋起造德国人的反,只是靠凯特将军之力才将造反镇压下去,他抓到碰上的第一个造反者就立即下令召唤神甫,准备枪毙该士兵[8*]。

第七十二讲

宫廷政变的时代意义——彼得一世之后的政府对其改革的态度——这些政府的软弱无力——农民问题——参政院总监阿尼西姆·马斯洛夫——贵族和农奴制——贵族供职的优惠条件：教育资格和供职期限——贵族土地所有制的巩固：废除一子继承制；贵族借贷银行；关于逃亡者的谕旨；扩大农奴制；贵族地产等级的清理——废除贵族义务兵役——农奴制的第三发展阶段——农奴制的实践

宫廷政变的时代意义 在安娜女皇及其幼小的继承人时代，俄国贵族社会的情绪发生了急遽的变化。我们已知的影响在俄国贵族社会中引起了政治骚动，将其注意力集中到了国家制度这个生疏的问题上。有些人从彼得的改革中醒悟过来，环顾四周，经过一定的思考，有了一个重大的发现：他们认识到尽管国家的法令极其繁多，但却完全没有法律。寻找合法性正是在意见分歧的情况下团结1730年斗争各方的需要。由于不善于用政策去吸引最高阶级，全民受到了比伦分子的惩罚；在缅希科夫和多尔戈鲁基家族当权时遭受了俄国的无法之治之后，在比伦和列文沃利德当权时又亲身体验了德国的无法之治。德国人的统治大大促进了俄国贵族社会在精神上的联合。这时出现了另一种需要，它没有对法律的需要那么复杂，但却包含了更为丰富的内容——民族的荣誉感和人民的怨恨情绪迸发出来了。此外，以祖先为荣的上层人物戈利岑公爵家族和多尔戈鲁基公爵家族已被外来人剪除了；幸免于难的名门望族把大贵族的傲气藏在心里，并且比较紧密地靠近小贵族群众，变成了一般的贵族。有一天早晨叶卡捷琳娜二世的秘书赫拉波维茨基和她谈到在伊丽莎白·彼得罗夫娜时代人们"对大贵族的畏惧"。叶卡捷琳娜一边修指甲，一边回答说："所有的刀子都钝了，不能砍杀了。"如果谈起已经消失的1730年大贵族的野心是否还有可能突然爆发，那么在伊丽莎白时代这种野心还有可能像做一个噩梦似地使人觉得惊慌，但是经过50多年之后，人们只会像提起一桩已经消失的不快之事那样付之一笑。外国的桎梏还消除了一种以前在崇拜改革家的人心中遏制了愤怒的民族感情的偏见。在彼得一世时代，外国人是积极为改革效劳的人，外国人的统治和改革运动是混杂在一起的；人们把民族政府和反动势力同返回到彼得以前的老传统等同起来。在彼得二世时把宫廷迁回莫斯科就意味着返回到莫斯科的黑暗年代：外国人和俄国拥护改革的人就是吃惊地这样理解的。"我不想像祖父那样去海上游荡"，彼得二世的这句话听起来很像一个完整的纲领，所以外国人说："看，小孙子很快就会把伟大祖父的伟大宏图化为乌有的。"[1]安娜临朝及其外甥女当政时的内外政策表明德国专家也会使彼得一世的事业陷于混乱，并不比俄国自学者逊色。但是，从法律上满足1730年贵族方案中所提出的重要需求和愿望未必不是平息政治风潮，安抚众人的手段：在职务上和在占有土地方面的优惠条件（我很快就要谈）把地主从团队和京城吸引到农奴制庄园，他们在那里悠闲自在，可以感受做俄国人的愉快并可培养民族感情。就这样，从彼得一世死后，俄国贵族阶层经历了许多重要时刻，或者说体验了多种情绪。事情始于企图以最显贵者组成的紧密委员会来限制最高政权；这一图谋引起了较为广泛的贵族界按宪法参加最高行政管理的尝试。贵族的寡头政治和小贵族的君主立宪都未获成功。这两次失败激发了贵族激昂的爱国精神，使这一阶层得以清醒地看待自己在国家中的地位：自己在祖国当家做主总比让外人来作威作福强。延续17年的政治动荡以惊慌不安，不习惯地议论欧洲宪法开始，转而以考虑祖国的实际情况和阶层的社会利益而告结束。对国家制度和社会制度来说，这场动荡并没有消失得无影无踪：在其直接或间接的影响下，贵族逐渐获得了新的职位和新的经济地位。其实，这种变化对18世纪的俄国国家和社会的历史也是很重要的。1730年人们的政治理想被时间驱散了，但是贵族近卫军在当时的事件中所起的政治作用在身后留下的印记，直到19世纪中叶也没有消除。

政府对改革的态度 由于近卫军的这种作用和彼得一世之后的历届政府所理解的国家需要，贵族的国家地位固定下来了[2]。令政府最感忧虑不安的是国家经济和国民经济的状况。彼得狂热的活动将过于繁重的负担强加给劳动人民，从而暂时掩盖了国力的极度虚弱[3]。外国大使们早在彼得死前一年多即已猜想到这种支付枯竭的窘境，他们写道，国家已无力再提供什么了，唯一还能够延续的财源只剩下不承认臣民有所有权的沙皇独裁政权[4]。彼得的近臣们只是在彼得死后才开始揭露彼得令劳动人民无限度工作的悲惨后果。不过，改革家刚一闭上眼睛，这些近臣们就开始谈的已经不是使人民不堪其苦的苛捐杂税，而是直接谈论国家面临灭亡的局势。参政院总监亚古任斯基紧急向女皇呈递了一份措辞激烈的奏章：他忧郁地描绘了连年歉收、饿殍遍野、横征暴敛、民不聊生以及大批百姓逃亡到波兰、顿河，甚至巴什基尔人地区的情景，奏折呈递者最后以下述不祥的警告结束了这幅全面衰落的图画："若长此下去，则每个俄国之子应满怀对受苦者同情之心进行思考，切勿使我光荣之国因管理不善、玩忽职守而致最后灭亡并陷于贫穷。"亚古任斯基提出的问题在新成立的最高枢密院里又进一步做了详细研究[5]。最高枢密大臣发表的意见都被纳入1727年1月9日女皇颁发的纲领性谕旨里。谕旨开头坚决而悲怆地声称，尽管彼得大帝殚精竭虑处理宗教事务与世俗事务，然而毫无结果，"诸事未能施行"，几乎各项事务都很糟糕，需要迅速予以改正[6]。看来对改革进行了全面审议，以便完成已开始进行之事，并改正已实行之事之缺点。最高枢密院讨论了谕旨中向其提出的问题和建议，接着颁布了一系列法令：决定减征人头税，将团队从永久驻扎地调出，使其驻扎在城市附近的村镇，为减少行政机关开支，决定裁撤工场手工业院，撤销参政院中呈诉官的职位，裁撤一些被认为是多余的办公机构以及客籍法院，而将一切征收与惩治事宜委诸军政长官与省长办理，并将市政公署也置于其管辖之下，"以便更好地保护工商居民"[7]。重新审议之事即限于此[8]。在1月9日的谕旨中还提出一个根本问题：由于税收常常欠缴，应如何征收直接税？是向所有登记在册的人征税，还是只向职工征税？是按农户、按驴马征税，还是按土地征税？就此问题上命立即由最高枢密院和参政院成员组成特别委员会，并让显要的和中等的贵族人士参加，该特别委员会应于1727年9月前讨论并决定这一问题。最高枢密院并未研究这一问题，而是将其提交特别委员会，而特别委员会什么也没有做，甚至也未开会[9]。彼得之后的几届政府顾不上根本问题，顾不上改革的方式和任务：他们只能勉强对付首先遇到的困难。彼得昂贵的新措施以长期赤字加重了旧的预算；为了平衡赤字而提高税额又增加了未缴税款，而征收这种欠税款又促使纳税人逃亡，这反过来又增加了缺额，维持了赤字[10]。改变过的机构未能从这种财政困境中摆脱出来；相反，却使出路更加难找。这些机构的办事能力如果说不比旧的衙门差，那也强不了多少。1726年参政院监察官在边省官方税收管理局里没有看到收支账簿，而是找到了乱扔在烂纸碎片里的几本笔记，从而发现了"不可思议的偷窃、攫取"官款之事，为此甚至决定绞死录事和司书。下属地方机构仿效中央当权者。人们长久地记得彼得一世很爱惜官款，1744年一个士兵曾夸张地说："他会为了几个戈比上吊的。"在彼得之后，财政报表制度更是每况愈下，甚至在坚称忠于乃父遗训的伊丽莎白当政时也是如此。1748年参政院好不容易才从度支院弄到1742年的收支一览表；然而此表与先前送来的不同，某些支出项目的差额竟达百万卢布。1749年为了从该度支院弄到1743—1747年度的收支一览表，参政院威胁度支院院长和官员说，要派一名士官带领若干士兵来监视他们，在他们改正过来之前，不让他们走出度支院[11]。在这样管理经济的情况下，政府有时不知道自己有多少钱，放在何处。1726年喀琅施塔得工程需要3万卢布。进行了探询，搜查了可能有钱的各个地方，最后在度支院找到2万卢布。支出部门财务总署办公厅到1748年积累的未付足款项有300多万，而到1761年竟达800万，对于所有来此要求支款者都回答说，由于国家收入严重不足，国家无处弄钱，无钱还账，要各省出钱毫无疑问也指望不上，因为各省也同样入不敷出。最高当局本身也是造成赤字的帮凶，伊丽莎白本人好像准备逃离俄国似的为自己积聚钱财，攫取国库的日常收入，而让大臣们自己想办法摆脱困境[12]。直接税枯竭使当局另找比较可靠的税源；这种税源在食盐和酒类的官家专卖中找到了。彼得时期积极能干的聚敛官杜撰者在伊丽莎白时期的参政员彼·伊·舒瓦洛夫伯爵身上复活了。舒瓦洛夫是财政家、法典编纂者、土地规划者、军事组织者、包税者、工程师和火炮专家，还是七年战争中大显神威的特制"秘密"榴弹炮的发明者。据说他对任何问题都能找到现成的答案，对任何困难，特别是财政困难，在口袋里都有深思熟虑的解决方案[13]。为了保证军队的给养，舒瓦洛夫提出了一个无穷无尽地增加国库收入的方法，这个方法是"一个完整的圆圈周而复始无穷的循环"。这个圆的无限性使国库能获得它所需要的任何数额，只要根据需要提高酒和食盐的价格就行，因为食盐是人人都需要的，连不纳税的人也不例外。酒的任何附加税都将由爱挥霍不爱攒钱的人来支付，不管酒贵酒贱他们反正会买酒喝把钱花光。盐价在各地差别很大，每普特为3—50戈比；平均21戈比，所获利润约75万卢布。官家在平均价格上增加14戈比，在各地按每普特35戈比的价格出售，按原先食盐消费量（约7百50万普特）计算，所获利润又增加100多万。舒瓦洛夫的方案在1750年被批准，而在1756年七年战争开始时又把盐价提高到50戈比。换算成我们的钱，每磅盐的价格不少于6戈比（现在为1戈比）。盐的利润增长了，但远没达到原来计算的数额，因为官盐的销售量在后来几年减少了大约100多万普特。居民或少吃盐，或者买私盐来弥补，因此盐税或者促使坏血病的发生，或者鼓励走私[14]。盐利的盈余转为人头税的减少，每人少征收2—5戈比。舒瓦洛夫因其方案而得到3万卢布的奖赏（合我们现在的钱20多万）。舒瓦洛夫的措施是在一定程度上重复1646年莫斯科的财政家们的尝试（第五十一讲），这一措施是与彼得财政政策背道而驰的转变，是恢复彼得以前间接税多于直接税的尝试。可是它加强了货币流通中的信贷成分，这却是完全符合改革家的政策精神的。1757年政府参与七年战争之后，看到其现有资财已完全耗尽，随时准备应付一切的舒瓦洛夫建议铸造比现在流通的铜币轻一半的小铜币，使国库在这项业务中得以节省350万卢布，而方案又以携带运送新铜币能减轻一半重量来安慰臣民[15]。但是，在彼得一世特别关注的国家建设方面，彼得之后的政府却未能履行其所提出的任务。在奥斯捷尔曼主持下的商业委员会曾同包收捐税和官家垄断进行过斗争,努力扩大自由贸易,整顿进出口,维持票据行市,制定票据章程,但是未能做很多事情。俄国商人自己出口的东西很少,对外贸易仍掌握在外国人手中,按照一位外国人的说法,外国人就是现在也和在彼得一世时代一样,像蚊子似的吸俄国人民的血,然后飞到外国去。彼得是多么努力使其军队穿上俄国的呢子军服啊!他为此给呢子工厂规定了最迟的期限,然而在他之后许多年,仍然不得不花费几十万卢布使用英国或普鲁士的制服呢料。从旧罗斯继承下来的并在彼得时期继续施行的关税和各种零星税收(约有17种)以及征税者无数次的刁难和营私舞弊都成了贸易的沉重负担。同一位舒瓦洛夫在1753年还建议裁撤内陆海关,取消其全部关税及其他杂税,并代之以增加进出口税(约900万卢布),即按进出口商品价格每卢布征收13戈比关税,取代以前的5戈比税。这样一来,税源便从一处挪到另一处,而国库却不受亏损。按舒瓦洛夫的计算,甚至还能为其多获利25万卢布。这一措施符合彼得的准则,即国库得利而又不增加人民的负担,不过彼得自己并未能很好地贯彻这一准则。出口的货物主要是俄国原料,这些商品几乎具有垄断性,只有俄国能出口。把这些原料加工成价格较高的工业品再出口会使出口税增加,又不易被察觉,也不会缩减出口,而俄国的供应者或生产者会摆脱繁重的捐税,需求也不会减少。这就是说,增加的出口税大部分落在外国消费者身上,而增加的进口税则由进口商品的主要定购者国库和富有阶级负担。这是在彼得之后六朝的统治期间最为成功,并且几乎是唯一成功的财政措施。然而,彼得的继任者们虽然表面上恭敬虔诚地纪念改革家,但他们在军事上却未能保持当年在波尔塔瓦和甘古特所达到的高度。同时代人和当时的文件都谈到彼得之后军队的衰败,军官团的低劣,队列、炮兵和工程的军事技术的衰落,以及如列西元帅所报告的[16]"各团值得同情的困难处境"和大量士兵逃离团队,大批农民为逃避服兵役而逃往国外[16]。只是七年战争才使陷于混乱状态的军队振作一些,七年战争对此军队来说成了像北方战争那样的代价高昂的学校。海军的遭遇更为悲惨:它一直受到极端的冷遇。彼得征集的有经验的海军军官和水兵的后备力量已经减少,没有得到更新,而是用步兵来补充缺额。约有30艘军舰在装点着海湾,那是准备接受检阅用的,此外已毫无用处;其中能够出海的不到10艘[17]。在安娜临朝之初,人们认为海军正在消亡;在1741年瑞典战争中没有一艘军舰能够开出港湾,而在1742年,匆忙装备起来的分舰队虽然在军舰数量上超过瑞典舰队,却不敢对它进行袭击[18]。

政府的软弱无力 在彼得之后的历届政府就是如此行事的。他们没有给自己提出一个基本的问题:对彼得的改革怎么办,是继续,还是取消。他们虽然不否定改革,但是不能将其全部完成,而只是根据自己当前的需要和偶然的想法做了部分改变,同时由于不会办事或粗心大意而使其主要部分瘫痪。"最高当局"不了解国内的情况,而是按照连一份清楚准确的统计表也不会编制的属下的指点摸索着缓步前进。叶卡捷琳娜一世的谕旨承认军政长官是闯入畜群的狼,但仍然让他们领导市政公署,还管法院和各种税收。在伊丽莎白临朝时颁布的1752年宣言豁免了从1724到1747年的250万人头税欠缴税额,向全民宣布,在收入和人口方面,全国"几乎超过先前的五分之一",故帝国已臻迄今未有之国泰民安之势,而1760年8月16日的谕旨则称国内有许多事令人感到遗憾,并严厉谴责参政院杂乱无章,对内部敌人惩办不力,该谕旨称法院和行政当局本应该负责与内部敌人做斗争,而所说的内部敌人首先乃是法官和行政官员自己。这道措辞激烈,辞藻华丽而冗长的谕旨责成作为最高法官的参政员"应视祖国为亲人,视廉洁为良友",但这道谕旨按法律而言却像美丽的彩云一样很快就消失得无影无踪了[19]。经常的亏空是唯一积极认真的监督者,是唤醒爱打瞌睡的政府的闹钟。它迫使上层统治者向下看,深入观察他们所管理的生活,于是善于观察之人在那里看见了一片混乱或者按照8月16日谕旨的说法"许多有害的情况";政府可以用10万多军队无私地支持欧洲的均势,但却找不到裁缝及时给这些军队缝制军服,而"为了于国有害的奢侈",裁缝却非常之多;俄国人为军队制造的车辆很少能到达目的地,而外国师傅又无钱可聘,因为满足自身最迫切的需求尚且缺钱;战时因部队开离了内地,内地的抢劫和农民起义就更加严重;参政院的命令从莫斯科到萨拉托夫差不多要用两个月的时间;为了遵照伊丽莎白女皇的要求将嗓音洪亮的辅祭们在大礼拜四之前及时从莫斯科送到彼得堡,需要暂时停止两个首都之间的一切驿路交通[20]。所有这一切证明当时外国观察家的意见是正确的,他们认为就本身的条件而言俄国比所有的欧洲国家都差,我们还可以补充一句,差的是文化条件,而不是自然条件。

农民问题 有识之士缜密地考虑了国家的状况之后,忐忑不安地把注意力停留在了农民身上。参政院总监亚古任斯基在彼得死后立即就率先谈到农民的贫穷状况;之后在最高枢密院里也热烈地议论起了缓和这种状况的必要性。"贫穷的农民"成了政府的流行用语。使政府真正关心的不是农民本身,而是他们的逃跑,由于他们的逃跑使政府失掉了新兵和纳税人。农民不仅一户一户地逃跑,而且整村整村地逃跑,有些庄园农民全都跑光了[21],从1719年到1727年逃亡农民差不多有20万——官方数字通常是大大少于实际数量的。逃跑的范围也逐渐扩大了:起先是农奴从一个地主家跑到另一个地主家,而如今则拥向顿河、乌拉尔和遥远的西伯利亚城市，拥向巴什基尔人驻地，分裂派驻地，甚至逃到国外，到波兰和摩尔达维亚。在叶卡捷琳娜一世临朝时的最高枢密院里曾经议论，如果这样下去势必无从征税，无从征兵，而在缅希科夫和其他大臣的奏报中则道出了无可争辩的真理：如果没有军队，国家便不能存在，因此需要照顾农民，因为士兵和农民就像灵魂和肉体一样密不可分，如果没有农民，也就不会有士兵。为了预防逃跑，减轻了人头税，蠲免了未缴税额；逃跑的人起先被送回原来的地方，后来除送回以外还处以体罚。可是这样也不行：送回的逃亡者又带着新的同伴逃走了，他们听说逃到草原或者波兰可以过自由自在的生活，于是就跟去了。除了逃跑以外，还有地主及其管家的专横激起的小规模的农民造反。伊丽莎白在位时期，农民，特别是修道院农民声势不大的地方性暴动到处都有[22]。派出了军队去镇压，可是，到底是军队打击暴动者还是被暴动者打击，这要看谁占上风。这还只是冒出的一些试探性的火焰，过了二三十年便会合成了普加乔夫的熊熊大火。警察措施无济于事，这暴露出无能的政府经常采用抱薪救火的手段——在试图消除灾祸后果之时却加强了灾祸的起因。比较习惯于思考的统治者们开始深入探究祸根。那时候在统治阶层的脑子里开始产生下述想法[23]，即纳税的人民并不单纯地是国家经济的役畜，他们希望成为国家同盟的合法的、有权利能力的成员，他们需要公正地确定其对国家的权利和义务。波索什科夫早就认为农民是国家的农民，他们只是被让给地主临时占有，波索什科夫还坚持农民对地主的关系应有立法的规范。早在彼得在位时期，在人民中就隐约出现了关于自由和保证合法权利的思想，这是改革使人们审视社会问题而引发的。例如，从此时流传下来一份关于"自由"的呈文，好像是一些大贵族的农奴呈给彼得状告那些公爵和大贵族的，说自己在他们家"好像在所多玛和蛾摩拉[1]中"似的受尽折磨；又如在彼得死后第二年最高枢密院曾议论过是否应该禁止自由贸易，因为"连商人也要求自由"。国库空虚和出现的新观念促使人们尝试重新处置农民问题，确切地说，重新处置农民权利的问题。舒瓦洛夫伯爵在其1753年的方案中解释内陆海关对农民和商人的危害时，曾补充说，"国家的主要力量蕴藏在缴纳人头税的人民之中"[24]。这就等于声明不纳赋税的阶级贵族和僧侣不是国家的主要力量，接着参政院赞许地通过了含有这一声明的方案，而最高当局亦表示赞同。可见，从上到下都准备从社会政治角度来看待农民问题，农民问题成了合法的社会改造任务。

阿尼西姆·马斯洛夫 早在舒瓦洛夫之前，阿尼西姆·马斯洛夫就已经为纳税的人民这一思想制定了实施条例和法律规范。阿尼西姆·马斯洛夫是出现在人民生活黑暗时代的国家干才之一，这些干才的出现并不是要帮助人们顺应这个时代，而是要帮助人们适应他们所生活在其中的国家。作为参政院的总监，马斯洛夫曾在其呈给安娜女皇和比伦的奏报中无情地揭露权势显赫的执政者和参政员本人闲散安逸，工作敷衍塞责，而他在接受了征收数百万欠缴税款的艰巨任务后，曾一再重复地讲述农民的贫穷状况。对于他那铁面无私、刚正不阿、大义凛然、坚持不懈的行为连女皇及其宠臣那样冷酷无情之人也都只得顺从。1734年马斯洛夫严令内阁给地主制定"规章"。"他们尚能维持的村子不管处于何种状况，一旦需要，应予救济。"但是马斯洛夫并不指望内阁能很快办成此事，他自己急忙编写了一份严厉的谕旨草案呈给安娜。这份谕旨草案不久前在档案中找到了。该草案把人头税欠缴税款的积累归罪于迫使农民拼命

---

1 "所多玛"和"蛾摩拉"是来自圣经传说的两个罪恶的城市之名。——译者

干活并加重其代役租的"没良心的地主";命令参政院认真讨论消除欠缴税款和减轻人头税的办法,规定农民代役租和为老爷干活的限度,谕旨草案还威胁参政院,若不迅速执行"这一有益的规章"将严惩不贷。农奴制立法规范这个引人注目的迫切问题就这样果断地提了出来,并且命令参政院召集适当数量的文武官员来讨论这一问题:好像马斯洛夫曾读过波索什科夫写的东西,后者曾向彼得提出过类似的建议(第六十三讲)。1730年贵族的方案颇有预见地回避了这一问题,只是希望能适当减轻农民的赋税。参政院变成了秘密的宅院,开过会,派了几个秘书去看望已经卧病在床但仍使人提心吊胆的总监,仿佛要使他安静下来。1735年马斯洛夫逝世,参政院这才松了一口气[25]。在马斯洛夫所拟的谕旨草案上保留着女皇秘书的标注:"待批。"问题就这样如石沉大海搁置了一百多年。我让你们的注意力停留在马斯洛夫身上是因为他是斯佩兰斯基、米柳金和其他国家干才的鼻祖,这些人曾以热爱人类的恢弘思想致力于解决农奴问题。

贵族和农奴制 马斯洛夫的草案被抛弃,因为国家已采取了另一条途径来解决农民问题。政府寻求的不是农奴关系的法律依据,而是能全额征收人头税的方法。在团队驻扎时实行的,由军官带领团队按土地征税的野蛮征税法只能使农民破产,把农民逼走,从而增加欠缴税款。我们看到,在叶卡捷琳娜一世临朝时,决定不让军队参与此事,而令军政长官负责收税;对此有人发表过意见:不应直接向农民征税,而应由"地主自己交纳"。但是,事情并未好转,各军政长官及其贪得无厌的小官吏并不比军队强。1730年安娜临朝时,又恢复了彼得时代的军事制度[26]。从过去不成功的经验中选择最方便的做法,终于在度支院的新章程(1731年6月23日)中规定了简便的收税办法:规定税收不再通过从县贵族中选出的地方官吏，而是每半年由地主本人或者其管家征收一次赋税（提前和按期征收）；不等接到通知，就送交军政长官。如有人不按时纳税，驻该地区的兵团就派遣讨伐队进入其村，向地主或其管家征收欠交的税款[27]。而认真负责的纳税人则成了热心效力的税务员。这种税收工作是政府加给地主们的新差事，以前的差事照旧：在世袭领地的审判，对自己农奴的警察监视，负责其准确无误地完税，以及在和外人的诉讼中为他们辩护等。现在县辖区警察局局长和地方长官集于地主一身，地主好像可以说是农奴的司法稽查官了。作为国家制度的占有农奴的权利并未因这一差事而扩大，它只是给主人的管理权力增添了内容，扩大了他作为警察代理人专横恣戾的空间[28]。继税收义务之后便是自然而然由此引出的另外一种义务。那些年连年歉收，1733年灾难尤其深重：年末农民们成群结队涌进城里，乞求施舍。1734年4月颁布谕旨，责成地主们在歉收年份养活自己的农民，借给他们种子，以免土地闲置[29]；同年又颁旨以残酷拷打和彻底破产威胁违抗4月谕旨者。把像人头税这样重要的财源交给地主使用，就必须防备使用者将其用尽。

贵族供职的优惠条件　　这样，极其严重的农民问题便从政府官员不太了解的社会政治之路转向财政警察之路，后者使贵族的地位而不是农民的地位发生了重大的变化。发生这种情况是因为在这个问题上国家的需要正好和贵族的追求不谋而合。因为团长及军事小分队，省长及军政长官根本当不好官家利益的帮手，官家正在给自己寻找可靠的地方工具。使地主成为这种帮手的思想也表现在委托他们向自己的农奴征收人头税，让他们在歉收年代把粮食借给农奴，也就是当农奴的经济保护人。各种情况促成了该阶层向农业和警察行业的转变。对于彼得一世来说，贵族的重要意义在于它是管理的工具，尤其重要的是贵族是军役阶级，它提供军官储备，贵族还是正规军团训练有素的干部和指挥官。贵族的经济地位之所以引起这位改革家的注意，仅仅是因为这一阶层对军事服役有用。在西班牙王位继承战和北方战争结束之后在西欧和俄国出现了暂时的平静，因此贵族服兵役之事对于政府就不那么重要了。但是，贵族作为占有土地的阶级，其意义在政府眼里却增长了，因为这时欠缴税款和农奴逃亡暴露了农民无依无靠，不堪苛捐杂税的境况，增强了对农村照管机构的需求。当时还存在一种占统治地位的观点，把地主看作其农奴的自然保护人；但为此需要使其成为本村全权的主人，还需要免除他的其他职责。因此，在彼得一世之后的立法中交替采用两种措施：一种是巩固贵族的土地所有权，另一种是减轻贵族的义务兵役。由于地主长期服役，不在家中，他们的农奴完全由军政长官和总管支使。1727年准许三分之二的贵族官兵不带薪俸回家休假，使他们得以整顿自己的村子，自然还要保护好村子，使其免遭各种"狼"的骚扰[30]。从1730年贵族提的方案中可以看出，无限期服役是他们非常沉重的负担，更何况一开始还得当普通士兵或水兵。1731年成立了贵族士官武备学校，开始住校生是200人，后增至360人，从该校去服役时可根据成绩直接晋升为军官或相应的文官。1736年12月31日的谕旨又限定贵族义务服役的期限为25年，如果父亲有两个或两个以上的儿子，可以留一个在家里经营家业，不送去服役[31]。这样，在贵族中除了文职人员和武职人员以外又产生了第三种专门的阶级：不在职的贵族当家人阶级；不过，负有军役义务的人按照法律从20岁开始服役，他以后还能退役做一个完全合格的当家人。对农村的向往如此强烈，在土耳其战争结束时（1739），服役期满的贵族纷纷申请退役，人数之多使各团军官的定员有倒空的危险，这样，对1736年的法律不得不另作解释，以便将其废除[32]。

贵族土地所有制的巩固：废除一子继承制 贵族供职的优惠条件使贵族有了闲暇时间从事农业经营，此外，地主还把一种比较坚定的关于自己对村庄有何法律关系的观点带回了村里。我们看到（见第六十二讲），贵族曾一度把一子继承制的谕旨看作对他们的赏赐，使庄园成为其所有者可继承的财产，只是这强加给贵族的继承制实际上却成了贵族的负担。安娜女皇满足了贵族在1730年表达的愿望，废除了这一制度，为苛求的贵族诠释1714年的谕旨提供了法律依据。1714年关于一子继承制的那道谕旨没有带来立法者预期的好结果，而是产生了许多困难，引起贵族家庭可怕的纷争，闹到弑父的地步。贵族阶层想尽办法努力避开那道谕旨，可是那些办法只会使贵族经济破产。缺乏资金的父亲们为了保障每个子女分家后的生活，生前便变卖了自己的部分庄园，在遗嘱中写着臆造的债务留给继承遗产的那个儿子去偿还。该继承者为了偿还债务便把父亲的部分庄园卖给异族。或者立遗嘱人仔细研究了法律，以为粮食和牲畜是动产，他们把庄园遗赠给一个儿子，而把农具等资产分给其余的孩子；继承了遗产的儿子不知如何处置不带农具的土地，而他的兄弟姐妹们则不知道没有土地到哪里去使用农具。根据参政院关于一子继承制诸多不便的奏折，1731年3月17日的谕旨废除了这一制度，同时谕令将庄园和封地统一命名为世袭领地不动产，并按照法典"人人平等"的准则，将此不动产分给子女[33]。这样以前是领地的有人居住的大量国有土地现在便无偿地永远划归私人所有了，而以前难得来到自己领地上的地主现在获得了世袭领地主的地位，开始感到自己是那里的全权主人了。

贵族借贷银行 但是，地主刚着手恢复本人不在时荒废的家业，便碰上了一大堆困难：流动资金不足，地界讼争不断，土地被占，农奴逃亡，与农奴发生法律纠纷等，而最大的困难是自己的无知。法律尽力向地主伸出援助之手。在私人贷款高利率（达20%）的情况下，奉1753年5月7日谕旨于1754年开办了国家贵族银行，基本资本为75万卢布（约合今天的500万卢布），取自舒瓦洛夫的酒利润；地主可用庄园不动产作抵押一次贷款达1万卢布，利息为6%，3年还清[34]。

总清丈 为了整顿被历代法律和不明智的实践弄得混乱不堪的贵族土地的地界，决定遵照1754年5月13日土地测量指令对土地进行总清丈，派出了由校官和尉官及大地测量专家组成的土地测量队，按照严格的规章检查占有权和占有的不动产契照，消灭耕地杂乱交错现象，划分共有别墅的界线等[35]。但是从莫斯科省开始的土地测量捅了贵族的蚂蚁窝，激起了占有者激烈的对抗，引起他们之间无数的争讼，最后只得暂时停止。

关于逃亡者的谕旨 农民的逃亡严重地破坏了国家经济，也严重地破坏了地主经济：这是条长鞭，政府和土地占有者自己都因为专横和不理智而受到了它的惩罚。司法部门堆满了起诉逃亡者的诉状，其档案室里则放满了关于逃亡者的谕旨。参政院不会或者不想制定方便的诉讼程序来办理这些案件。旧法典规定按1620—1640年的税册和人口调查册寻找和引渡逃亡者。在科洛姆纳县的一个村子里1627年的税册上登记着一名逃亡者西多罗夫。过了一百年，该村地主的密探在沃罗涅日草原的某地捉住了一个姓西多罗夫的农民，便把他作为逃亡者的后代送上法庭。法官问他是不是1627年的西多罗夫的后裔。他由于害怕便说是，这样便把他交给了原告。但是同村的邻居家按同一税册也有个逃亡的西多罗夫：邻居揪住刚刚被带来的这个人，又把他送上了法庭。在法庭上这位农民不知道自己将归谁所有，对法官同样的问话回答说，他也是这个西多罗夫的后裔。因他"出尔反尔"对他进行了拷问：你可得正确无误地了解自己的家谱[36]。1754年由于女皇的坚持,参政院终于决定根据第一次丁籍调查的花名册确定逃亡者,但不追溯到1719年以前。比普通贵族地位高的名门望族往往从普通贵族那里夺走农民,藏在自己村中,这特别明显地加快了普通贵族因农民逃亡的破产。彼得一世在位时,这些望族还惧怕圣旨,1722年曾谕令送回被夺走的农民,违者严惩不贷,并处以巨额罚款(使用一个逃跑的农民每年的罚款约合今天的400卢布),这些人吓得请求团长将被他们抢光的贵族从团里派往首都与其私了,以免他们控告[37]。彼得一世之后,高官显贵搞窝藏犯罪的活动胆子就大了。

扩大农奴制 在立法整顿和巩固土地所有制和农奴所有制的同时,也扩大了农奴制本身。不过,这里法律只阐明实际做法,很少提供新的法规,而地主作为税务官和农民经济的监护人像蜘蛛织网似地编织实际做法。下列圣旨增加了地主的司法警察权:1736年5月6日的圣旨授权地主确定对农民逃亡的处罚尺度,1758年5月2日的圣旨责成(说得更准确些是授权)地主监督自己农奴的行为举止,最后,1760年12月13日的圣旨规定地主有权将农奴流放到西伯利亚去定居算作当兵,而后来(奉1765年谕旨)甚至有权"因其莽撞"而送去做苦工[38]。与此同时,法律使农奴越来越失去个性,抹掉了他们身上有权利能力人的最后的特征。地主把他们作为活的商品买卖,不仅不带土地把他们卖给各种身份的人去当兵,而且把他们和家人活活拆开;志愿报名当兵这个摆脱奴役的唯一合法出路现在也封死了,农奴不能出具担保,也不能被担保;最后,在叶卡捷琳娜二世临朝之初,农奴丧失了控告老爷的权利。地主和像参政院这样的社会建设者可以认为所有这些重要的权利和特权都是贵族阶层的特权,并在这个意义上行使这些特权。但是法规由法律工作室制定出来开始在实际生活中普遍使用时,便获得了另外的现实意义,这种意义往往不取决于立法者的原意,是立法者所没有预见到的。生活就这样自行解释法律,修改法律,以此来自我保护,以避开没有远见的当局过于自信的监护。实际上阶层的这些特权本来是政府的权力,甚至与土地所有权无关,因为这些特权也落到宫廷农民和官家农民的管理者身上,贵族财产权本身被这些权力融合了,公民权的制度变成了国家制度。这一转变表明政府用农奴制扫除了社会上的杂乱阶级:例如:1729年和1752年谕令将逃亡者、流浪者和无处所的教徒送交同意为其缴纳人头税的地主,由其支配。在把农奴制扩大到拥有警方权力的时候,立法者产生了必须保证正确利用如此广泛的权力的思想,但是后来又放弃了这一思想。他们曾在义务教育中寻求这种保证。为此要求贵族以坚韧不拔的精神来对待教育,贵族在完成这一义务方面是不容姑息的。上武备学校并非必须,而且它也不可能接收所有的贵族少年。对未能入武备学校者,1737年的谕旨规定了学习义务制度。孩子从7岁起到宣令局长或省长那里登记,然后他们被送去上初等学校,贫穷者带"薪"上学,士兵的孩子上学可领到薪俸[39]。在家学习的人需要在年满12岁、16岁和20岁时分三次到校接受教育,此时要进行一系列的考试,先考读、写能力,然后考神学、算术和几何,最后考筑城学、地理和历史。此后便派他们去服役,可按照其学习成绩而或快或慢地晋升官级;如未通过第二次考试,则被送去当水兵,不予提升。被父亲留在家中经营家业的少年也须参加头两次考试。谕旨中谈到农业主懂得算术和几何的必要性,那些不肯用功学习这种并不难学却很有用的学科的人也不可能经营好家庭经济。

对农奴制的垄断 在17世纪,占有土地和农奴的权利属于"为祖国"服务的所有军役人员,不分其官阶大小。在废除门阀制度之后编制的军役人员名单,即所谓的贵族的家谱,规定了世袭军役阶层的姓氏构成，这一阶层在彼得一世在位时获得贵族称号，并被授予个人占有土地和农奴的权利。赏赐领地的停止、世袭贵族服役期满获得尉官军衔、非世袭领地和世袭领地的混淆、奴隶和农奴的混淆、工厂农民的出现以及彼得一世其他的阶层立法措施等搞乱了已确立的关于贵族成分的概念，和关于有居民的个人土地所有权权限的概念。当时，重要的政府权力被当作阶层的诱人特权，因此很有必要对贵族的成分和权限下个准确的定义。但是立法者并未就此制定固定的法规——时而想把农奴制看作国库的财源，时而又想把它看作阶层的特权：1739年立法禁止无村落者获得农奴，而在1743年丁籍调查的指令中，则允许缴纳人头税者把农奴登记入册当兵和当下士。积累了前后矛盾的谕旨，加之枢密院对谕旨的任意解释和拙劣的实施把事情搞得更乱了。这样，一些谕旨准许城镇居民占有家奴，另一些谕旨则禁止蓄奴。有些城镇蓄奴者因交不起人头税而请求上面收回他们的家奴，可是参政院援引允许蓄奴的谕旨，拒绝了他们的请求，把允许变成了命令，把权利变成了义务[40]。在1730年的贵族方案中曾提到必须确定贵族阶层的准确特征和拥有其权利的条件，编制新的贵族名册，即一种"真正"贵族的审定本。下列三类没有贵族称号的人以不同程度的合法性或多或少享有占有农奴和土地的权利：（一）大贵族家的人身不自由的仆人、高级僧正的和修道院的奴仆；（二）应缴人头税的自由人、商人、城镇农民和官家农民，独院农户、半贵族和半农民都归入此类；（三）服役期满未晋升到校官，而后来获得个人贵族称号的军役人员。一系列谕旨（1730年、1740年、1758年的谕旨以及1754年的土地测量须知）颁发后，这三类人一个接一个都被剥夺了获得有居民的土地和无地农权的权利，而已获得的土地则应在规定期限内售出。这样一来，世袭贵族在法律上就和曾经与之有共同之处或共享特权的阶级分离开了，世袭贵族就垄断了占有农奴和土地的权利。为了巩固这种特殊地位和这种垄断，1761年下令编写新的贵族家谱，谁要列入贵族名单，就必须提供贵族权证明。立法就这样关怀备至地保护贵族家谱的纯洁性；但是这种关怀既没有增加贵族家谱的完整性，也没有增加贵族道德的完整性。古老的、世袭的贵族高傲地斜眼看待赏赐的和因功擢升的新贵族。法律支持同父异母兄弟长幼有别，有利于年长者。1754年的土地测量须知规定服役期满的贵族可将土地登记在其生来就有校官军阶的孩子名下；但是1760年的谕旨规定从事文职而晋升为校级军官的非贵族不能与贵族中真正服兵役者相提并论，因而他们也不应拥有自己的村庄[41]。后来的法律又解释了这道谕旨，规定文职人员可被授予贵族权利的官阶要比武职人员高。非贵族主要通过文职途径努力挤进贵族阶层，因为文职工作比较轻松，而且有利可图。

关于贵族特权的公告 这样，在30年的过程中（1730—1760年），世袭贵族获得了一系列占有农奴和土地的优惠和特权，即：（一）巩固按世袭领地权可自由支配的不动产；（二）对农奴制的阶层垄断；（三）扩大地主对农奴的司法警察权力，直至有严厉的刑事处分权；（四）有权不带土地出卖农奴，也包括农民；（五）简化侦缉逃亡者的手续；（六）以不动产作抵押可获得国家的低息贷款。所有这些特权使世袭贵族与社会上其他阶级相比在司法上处于非常特殊的地位，在精神上与其他阶级非常疏远。同时，由于贵族被赐予按受教育程度直接以军官身份服兵役的权利，并且规定了义务服役的期限，贵族的差役逐渐减轻了。这些财产权和服役的优惠最后以解除贵族的义务服役告终。在伊丽莎白具有爱国精神的统治时期，侍驾在侧的是世袭贵族和哥萨克出身的俄罗斯人，他们并不赞同1730年大贵族的图谋，但却热忱地保护着自己出生的或像养子似的安身的贵族阶层的利益。最初在德·米·戈利岑公爵头脑里形成的彻底解除贵族义务服役的想法在这些人中间增强了。伊丽莎白的外甥、被她指定为皇位继承人的荷尔斯泰因亲王经常与这些人来往，还在姨母生前他就能领会这种爱国思想。在以彼得三世的称号即位后，这一圈子里的人——他宠姬的父亲罗曼·沃龙佐夫以及其他民族自由主义者，按照同时代人的说法，不断地向他"念叨"解除贵族服役之事。1762年2月18日关于赐给"全俄罗斯贵族特权和自由"的公告满足了这一愿望[42]。下面就是这份粗鲁、傲慢、官腔十足、文理不通的文件的内容：所有在某处供职的贵族，可继续供职，时间多长，悉听自愿，只是军人在战争期间或战前3个月，不得申请退伍。不在职的贵族可以离开俄国到其他欧洲国家去，甚至可为其他欧洲君主效劳，回到祖国后仍可带着在国外因功而晋升的官阶被接纳；只是"在需要时"，每个人必须应政府之召立即回国。保留当局在"特殊需要时"召唤贵族供职之权。学习的义务亦未取消：贵族可让自己的孩子在俄国的学校学习，或者在别的欧洲国家学习，或者在家里按严格的规矩学习，"以便在我们的威慑之下谁也不敢不让自己的孩子学习体面贵族所需要的学科"。公告间接地但严厉地敦促贵族去服役：希望贵族不要逃避服役，而要忠实地继续服役；对那些不在任何地方供职，不让自己的孩子为了祖国的利益而去学习任何学科的贵族，公告命令祖国的真正儿子们"要将其作为玩忽职守者，鄙视他们，贬低他们，不许他们入宫，不许他们参加公共集会"。不难理解公告的基本思想是：想把法律所规定的义务变为国家体面和社会良心的要求，如不予履行，将会受到舆论的谴责。但是按照公告中这一思想的合乎逻辑的发展，那么可以说，它使贵族有权做一个不正派的人，只不过在宫廷和社会活动中略受限制而已。公告免除了贵族长期承担的与各种利益交织在一起的义务,但却没有就执行此公告的程序和公告可能造成的后果给予任何深思熟虑的实际指示。不难理解,贵族阶层在受到这一新的恩典时的心情〔43〕。同时代人〔44〕博洛托夫在其非常有趣的笔记中写道:"我无法表达此文件使我们亲爱祖国的所有贵族心中感到多么满意,这简直难以描述。大家高兴得几乎跳了起来,感谢君主的隆恩,也赞美君主愿意在此谕旨上签字的时刻。"一位诗人,贵族勒热夫斯基就此事写了一首赞美诗,其中赞美皇帝说:

他给了俄罗斯自由,给了俄罗斯幸福〔44〕。

第三农奴制 1762年2月18日的公告免除了贵族的义务服役,但对源于服役的贵族农奴制却未置一词。按照历史逻辑或社会正义的要求,次日,即2月19日,就应该接着废除农奴制;农奴制确实在次日废除了,只是在过了99年之后[1]。贵族的国家地位在法律上荒谬的变化进程就以这样反常的立法结束了:随着这一阶层服役义务的减轻,以这些义务为基础的占有权却逐渐扩大了。法律使农奴制进入从第一次丁籍调查即已开始准备的第三发展阶段:在法典实施前是农民经地主同意而个人承担合同义务,在法典时代这种义务转变为农民在私有者的土地上完成世代相传的国家赋役,以保证军役阶级能完成其军役任务。随着贵族义务服役的取消,农奴受到的奴役已处于难下法学定义的阶段。它丧失了政治上使人谅解的理由,成了无因之果,成了历史打造的事实。在农奴制的这一阶段,农奴受奴役的处境在法律上和经济上相当混乱。农奴与其他纳

---

1 此处指《1861年2月19日法令》,沙皇政府根据该法令进行了废除农奴制的改革。——译者

税阶级一起以人头税的形式向国家缴纳经常税,以供养军队。农奴劳动的绝大部分以货币代役租、劳役地租和实物税的形式给地主带来利益。这一部分由只有在想象中才能分开的两项组成:(一)即使不是农奴,农民也得交的份地租金和因经济上得到帮助而交的钱;(二)专门向农奴征收的供养地主的经常税,地主职责所在,需特殊开销。司法警察权力是地主认真履行其职责的辅助手段,这些职责是在撤销义务服役前就责成地主承担的,即向农奴征收人头税和在歉收年份在经济上给他们帮助。在赐给贵族自由,将事业从军事政治方面转到警察监督方面的时候,国家和贵族之间瓜分了农奴:国家将自己对农奴人身及其劳动的权利让给贵族阶层,贵族保证代农奴缴纳人头税并关照其经济,使作为财源的土地能维持生产。按照1734年谕旨的表述:"不得使土地闲置。"同样的权利和委托也赐给了管理宫廷和教会农奴的管家。这样,为了每年342.5万卢布的税款,据第二次丁籍调查(1742—1747年)占纳税居民总数不少于73%的近490万农奴便交给了私人和私人机构进行司法警察管辖。不管这种监督机制可能有什么样的法律定义,在实践中随着农奴人身及其劳动变为贵族收入的特权,这种监督机制很像贵族阶层世袭的包税制。因此,为了区别于前两种类型的农奴制(个人合同制和世袭军役制),可以把这第三种类型的农奴制称为包税制或者警察监督制。带有农民的教会土地很快便国有化了。第三农奴制的性质充分、鲜明地显示在地主的土地上,根据第二次丁籍调查,在地主土地上约有350万农奴,占帝国农业人口的一半以上,即54%。在这一农奴制中合理性更不如前两种农奴制。法律和实践,即当局的姑息纵容,连法典所保存下来的那些对农奴人身及其劳动的微弱的保证也都磨灭干净了,在原来的基础上又增加了新的舞弊行为。随意迁移农民,任意赏赐有居民的领地,甚至任凭受赏赐者选择庄园，因征收人头税而使大批无法安置之人、流浪汉、无住处的东正教徒等人沦为农奴，在第一次丁籍调查时把农民的耕地与老爷的耕地混在一起，把征收的土地税转嫁给农奴，这使农民及其赋役按土地分配的标准极难制定；相反，扩大老爷的耕地，使农民丧失土地则非常容易，最后还有容许零星出售无土地的农民——所有这一切都把农奴问题引入了完全错误的方向。17世纪土地所有者力求使家仆定居务农变为农民，混合奴役的形式。第一次丁籍调查把所有不纳税的农奴都和农民一样列入交纳人头税者之列，从而确认了这种混合形式。彼得一世之后的政府和贵族开始利用这种蓄意加强人民劳动的做法把农奴制的农民变为纳税的奴隶。这样就形成了欧洲最坏的农奴受奴役的形式——农奴不是像西方那样依附于土地，甚至也不是像我国法典时代那样依附于阶层，而是依附于地主个人，完全听任地主摆布。这样，当我国的农奴制失去了存在的历史性的理由的时候——恰恰就是在这个时候，我国却开始加紧巩固农奴制。它是从国家和贵族两方面进行的。政府从前对贵族很严厉，把他们视为对自己有义务的奴仆，而现在却努力善待他们，把他们看作自己派往他们村子里去维护秩序的自由代表。只有对比才能揭示在七八十年的过程中在贵族概念中完成的转变。在索菲娅公主摄政期间，瓦·瓦·戈利岑公爵认为通过法律途径把农民耕种的土地让给他们从而解放农民是可能的。他的本家后代，伏尔泰的朋友德·阿·戈利岑曾想率先垂范，解放农民并赐给他们财产。人们这样理解这位有自由思想的公爵，仿佛他主张将农民耕种的土地让给农民。1770年公爵抱屈地为自己辩解说，他从未有过那种荒诞的想法："土地属于我们，如果从我们手里夺走，那是极不公平的，是令人发指的。"关于赐给农民财产，他指的只是农民个人的解放，即"他们的财产归他们个人所有"，他们有权拥有动产，允许买得起土地的人购置土地[45]。显然，1731年把以前所赐的非世袭领地改为世袭领地的谕旨改变了地主对自己土地的观点，而1762年2月18日的公告则又巩固了这一改变了的观点。先前地主从远方的军团或者办公处得知，他的土地是有限的，受到限制的，有条件的不动产。贵族的义务服役被免除后，农奴制的起源和意义也被忘却了。地主握有司法警察权力，他们置身于自己的庄园，行使无人监督的权力，习惯于把占有的庄园看作自己的国土，把居民看作自己的"臣民"，政府文件就教他们这样来称呼自己的农奴。政府能够料想到地主自己的利益会迫使他们去关怀自己的农民，关心自己的家业，以便使之保持支付能力，这种能力的减弱会痛打到地主头上，因为地主负责代自己的农民纳税。服役是否使地主做好准备去经营农业——对这个问题看来政府很少担心。不过，1730年在贵族中间曾经流露过下述担心："卑微的贵族"，劣等贵族共有5万多人，他们从军队被放回家，反正不会习惯靠自己的劳动，靠土地养活自己，他们大部人会去干抢劫的勾当，并把自己的家作为贼窝。

农奴制的实践 第三发展阶段的农奴制与其说是农奴制，不如说是尚未合法化的事实。谕旨只描绘了一个总的轮廓，实践按自己的方式填补了其中立法的空白。但是当局曾试图用法律的规范来巩固这种实践。我们已知的1754年成立的法典编纂委员会除了上面提到的刑法典外，还编纂了关于司法制度和诉讼程序的章程草案和关于财产的规章草案。在新法典编好的第三部分也透露出统治阶层对农奴制的观点，这是实践的基础。在法典中甚至没有关于农村纳税阶级的专门章节；他们在关于土地占有者阶层的各章中不是被看作社会的阶层，而只是在不动产和课税的条款中提及。家仆和农奴在法律上是彼此没有任何区别的阶层，说得确切些，农奴也就是奴隶，只是不是地主家里的奴隶。在草案中写道："贵族无例外地对自己的仆人和农民及其财产拥有全权,只是不得剥夺其生命,不得用鞭笞惩处或对其刑讯拷问。贵族可随意转让自己的农奴,支配他们的劳动和人身,包括批准他们娶妻和嫁人",以及"施加除上述惩罚之外的任何惩罚"。1742年参政院认为有必要进行第二次丁籍调查,顺便可借以制止"擅自调动"农奴。而章程草案授权地主可任意调动农民,不受任何限制或政府部门的阻止,仅仅"为了自己获得更多的利益",而丝毫不考虑移居农民的利益。关于农奴法定赋役的思想根本看不出来。贵族享有解放其农奴,使之"永远自由"的权利,可带走孩子或者不带孩子,就是说使一家人分开;但是行使这一权利困难重重,不能大力施行。草案充满了对农奴个人的不信任和轻视。农奴被看作时刻准备逃跑或犯罪的奴隶,受到密切监视,仅仅在这方面农奴才是法典编纂者特别注意的对象。草案中关于逃亡者的部分属于最详尽的一些篇章之列。对其他农民,宫廷农民和国家农民的态度也是这样。这种国家制度的学校教育只能培养出普加乔夫式的人物或者俯首听命的劳动者。按照草案,俄国是古希腊罗马型或东方型的地道的奴隶占有制王国。俄国采取这种制度的时代,丹麦和奥地利已在着手解决农奴问题,甚至在容克地主的普鲁士,政府亦在考虑采取措施防止地主对农奴任意妄为。这样,俄国甚至落在了中欧国家的后面,其差距是整个农奴制时期,这个历史时期在我国持续了两个半世纪之久。

第七十三讲

18世纪中叶的俄国——彼得大帝头几位继任者临朝时期彼得大帝改革之命运——伊丽莎白女皇——彼得三世皇帝

18世纪中叶的俄国 在[1*]彼得大帝死后37年的过程中六代皇帝的统治足以说明彼得大帝的改革事业在其身后的命运如何。即使他本人得以目睹他死后的这种发展情况,大概也无法从中辨认出自己的事业来了。他虽然行为专断,但作为国家的化身,他常把自己的意志和人民的意志等同起来,所以他比他所有的前辈都更加清楚地认识到只有人民的利益才是政府真正的和唯一的目的。在彼得大帝之后,国家和人民的联系,无论是法律上的还是道义上的,都一一中断了。这期间国家的观念也逐渐淡漠了,只是在政府的公文中留下一些空话。一个曾经是世界上最突出的君主专制帝国竟陷入了没有法定王朝的境地,只有行将绝灭的皇室某些无足轻重的残余;帝位的继承并非依继承法行事;国家局限于宫廷之内,其主人频繁更迭,且往往出自偶然;名门望族和高官贵爵组成的统治阶级乃是乌合之众,而帝王本人却全无实权,且每分钟都有可能被人随意处置;宫廷之中阴谋迭出,倾轧不断,近卫军频频出动,警察刑讯逼供——这就是当时国家政治生活的全部内容;对专横跋扈恣意妄为的普遍恐惧压制和扑灭了任何法制感;这种种现象引起了驻俄国宫廷的外国使节的注意。他们写道,这里的一切每分钟都在变化,一谈国事,任何人都会连自己的影子都害怕,任何人对任何事物都毫无把握和信心，也不知道该向哪位神灵祈祷。在当时的统治圈内有思想的人寥若晨星，他们明白国家的处境岌岌可危，因为国家不是靠法制支撑，而是凭当时的事态和机械的凑合来维持，一旦受到来自内部或外部的第一个打击就会分崩离析，轰然垮台。他们感到有必要建立牢固的法律基础来维持秩序，有必要使政府接近被统治的社会。伊·伊·舒瓦洛夫向伊丽莎白女皇呈上了一份名为"关于基本法"的草案，彼·伊·舒瓦洛夫伯爵向参政院呈交了一份为了国家利益而"自由了解舆论"的草案；但是这种草案的下场却是永远搁置在参政院的档案库里[1a]。不仅像建立基本法这样困难的立法之事政府无力办理，就连要对上一世纪沙皇阿列克谢在任时尚能勉强制定颁发的规章和谕旨进行简单的整理，现在这个能够利用西欧科学手段的政府也无能为力。从 1700 年起就勉为其难，挣扎着开始了制定新法典的工作，为此先后组建了跨部门的或只属于一个部门的委员会，有的委员会全由官员组成，有的还吸收某些阶层的代表参加；按照奥斯捷尔曼的建议，甚至曾将俄国法律法典的全部编纂工作委托给了一位德国人。有一次，在 1754 年 3 月 11 日，参政院举行隆重会议，有各院和办公厅的成员参加，女皇亦出席了。会上讨论了诉讼程序中可怕的混乱现象。一贯机智的彼·伊·舒瓦洛夫伯爵阐明只有法律汇编才能使大家摆脱困境，而这种汇编又无从编起，因为虽然有很多谕旨，却并没有对大家来说都清楚明白的法律本身。伊丽莎白女皇对她的忠臣们未能做到公正裁判表示遗憾，她接着说首先必须制定清晰的法律，然后又推断说风俗习惯会随着时间的推移而改变，因此法律的内容也必须有所改变，最后她指出没有一个人能详细了解全部谕旨，"除非他具有安琪儿的才能"。说完这些话，伊丽莎白女皇起身离去了，而参政院就决定着手编制明白易懂的法律，这些法律已经编了 80 年，但还没有编成[16]。不过,就在那时,为这项工作在参政院下面组织了一个委员会,还吸收了一位"科学院的教授"参加。该委员会用了一年多时间编好了两卷汇编,但发现其法学意义不大,质量不高,所以未能印行。我们这里这个时代的所有政府都以统治者对人们拥有无限权力为特色。在这种政治制度下,人们胆小怕事,软弱无力。这是东方—亚洲体制结构的国家通常的特征,即使装上了欧式门面也无济于事。同样的特征在彼得大帝留待其继任者完成的另一项任务中也表现了出来。这项任务就是确定各阶层间的关系。在这里,彼得大帝在国家赋税徭役方面并不是没有平等意图的。他曾将某些专门阶级的赋税徭役分摊给几个阶级承担,例如,他将纳税义务派给各种奴隶,而服兵役则甚至成为一切阶层的义务。这种普遍承担赋税徭役的做法随着时间的推移也必须建立在社会各阶级权利平等的基础之上。要做到这种平等,首先必须从下面对农民的赋税徭役立法,尤其要对农奴向农奴主缴纳实物钱款和服劳役立法。这个问题还在彼得大帝在位时民间就有议论,波索什科夫的文章中曾提到此事,叶卡捷琳娜一世在位时最高枢密院中就曾讨论过,安娜在位时也在内阁讨论过,在这个问题上,参政院总监马斯洛夫成了不知疲倦的农民需要的辩护者,这个问题曾经使高官们动了一番脑筋,然后就烟消云散了,正如关于社会根本改革的一切问题在彼得大帝之后全都不了了之一样。亚古任斯基上奏叶卡捷琳娜一世称:"大多数问题只是在关于这种或那种需要的谈话中被人带着遗憾和忧伤偶尔提及,而没有人热心地直接付出自己的劳动"[18]。在政府软弱无能的情况下,事态就按照占优势的力量所引导的方向自然发展。如果绝对权力拥有者的个人品质不能证明他会正确行使该权力,那么这种绝对权力通常就会被其周围的人们或某个社会阶级所利用,而且这种绝对权力的拥有者会惧怕那些人,需要从他们那里寻求支持。我们这里种种情况就使得以近卫军为首的贵族变成了这样的一股势力。贵族们获得了特权，舒适地在他们乡村的家中住着，有权利或者有可能向农奴们任意发号施令，任意支配农奴的人身和他们的劳动而不受任何监督。庄园里贵族与农民的这种接近给17世纪就已在法律土壤上开始的那种道德异化过程注入了极具腐蚀性的浊流，那种异化逐渐扩大，横亘在老爷们和平民百姓之间，消磨我们社会生活的活力，一直传到我们这个时代，而且还会继续传下去，超过所有现在活着的人们的寿命。同时社会的组成失去了其组成成分之间的平衡。按照第二次丁籍调查（1742—1747年），当时俄国包括西伯利亚在内的12个省约有666万纳税人。普鲁士驻俄国宫廷使团秘书福克罗特在彼得大帝死后13年写的《俄国札记》中提供了安娜在位末期俄国社会不纳赋税阶级的有关数据，看来这些数据来自官方的资料。根据他提供的资料，不计新加入的外省，在帝国的主要地区世袭贵族男女总计将近50万，官吏，非世袭贵族达20万，白衣修士和黑衣修士加上白衣修士的家属达30万人[1г]。当然，这些资料只是近似值，远非精确的数据。如果将这些不纳赋税的阶级的数据和第二次丁籍调查中得出的按人头计算的税额相对照，我们就会发现，100个纳税人，不论是城市的还是乡村的，要直接或间接供养15个不纳税的男女[1*]。如果我们将压在纳税人肩上的这种供养享特权者的重担和127年之后俄国欧洲部分43个俄罗斯居民占大多数的省份（不包括波罗的海东部沿海、维斯瓦河沿岸和立陶宛诸省，也不包括芬兰和比萨拉比亚地区）中同样的阶级之间的数字对比关系相比较，我们就会更明显地感觉到这种负担是何等沉重。100个男性纳税人摊上不纳税的男女人数为：

	1742—1747 年	1867 年
世袭贵族	7.5	1.5
非世袭贵族和公职人员	3.0	1.0
神职人员	4.5	2.3

19世纪的俄国本土不能列入特权阶级人数很少的国家：例如，1867年俄国信奉东正教的省份的神职人员是维斯瓦河沿岸信奉天主教诸省的6倍，也差不多是波罗的海东部沿岸信奉新教诸省的6倍。然而，人民生活的自然发展反抗国家强制性的社会工作，使纳税人供养的享受特权者的数量已减去了三分之二。劳动人民这么长时间为上层阶级超负荷地工作而他们积攒的文化成果却如此贫乏，其原因是可以理解的，甚至是可以感觉到的。由于1762年2月18日颁发的法令对农奴不公，负担分配不平衡，这种沉重负担就更加加重了。以前要农奴和其他纳税阶级负担军队、官吏和神职人员的借口是维护国家安全，内部秩序和神职的需要。除此之外，农奴还要给他们的地主补交其服义务兵役的费用，而这样的地主及其家属100个男性农奴至少要负担14人（据第二次丁籍调查，不算圣彼得堡省，50万男女贵族由344.9万地主的农奴负担）。可是，贵族的义务兵役取消之后，他们的农奴却仍然要继续用自己的无偿劳动供养这些贵族，而且同时还要和其他纳税阶级分担供养另外三个不纳税阶级的退休人员的费用，这又该用什么作借口呢？农奴的过度负担有两个现象可以说明。第一次和第二次丁籍调查之间纳税的居民数增长18%强；但这增长数在各纳税阶级之间分布极不均衡。在城市居民增长24%强，官农增长数甚至不低于46%之时，农奴人数却只增长了将近12%；出现这种现象的主要原因只能是农奴不堪其艰苦处境而大量逃亡。另一现象是农奴暴动的加剧。人民群众对使其成为牺牲品的社会不公极其敏感。伊丽莎白女皇在位时总的情况还差强人意，农奴中局部爆发的怒火还没有燃成熊熊烈焰，在伊丽莎

白逝世后，2月18日的宣言一经公布，立刻就烽烟四起，以至于叶卡捷琳娜二世刚登上皇位就不得不镇压地主的农民和修道院的农民达10万人，镇压工厂的农奴工人达5万人。

彼得大帝改革之命运 彼得大帝不仅把自己的精力投入到他的改革活动中去，而且还向改革活动中注入了一系列的思想，诸如国家的概念应该是怎样的，科学作为国家的工具应怎样看待等，他还提出了一系列的任务，有些是继承前人的，有些则是他首创的。这些思想和任务自然而然地形成了相当宏大的纲领。彼得想使自己的人民变得既富裕又有知识。为此，他想借助于知识将人民的劳动提高到国家需要的水平，如有可能，则提高到西欧的水平，通过获得波罗的海沿岸地区打开自由地直接走向西方市场的通道，再利用有影响的国际形势保证自己的国家能和西方交往，而技术和文化资源则源源不断地从西方流入本国。他清楚地意识到他并没有完成这一纲领。他确实使他的国家变得比较强大，比较富有了，但他并没有使人民富起来，也没有使他们更有知识。所以，在1721年庆祝与瑞典缔结和约时，他对参政院说，以后的事情在于采取减轻人民负担的措施。军事财政的改革是实行了，接着就该借助社会力量进行旨在加强国家生产力的社会经济改革。他甚至开始准备这样做了：他把政治、军事和金融事务托付给由来自社会各阶层，甚至来自不同民族的内行专家组成的官僚制度的中央管理机构来管理，他试图把国民经济和国民公用事业方面的事务移交给地方管理机构负责，使该机构具有社会性质，他还号召贵族和上等商人两个阶层积极参加社会活动。但事情并没有进展：彼得大帝死后工业并没有明显的成绩，外贸和以前一样仍然入超，而且掌握在外国人手中；国内贸易则下降了，这是由于勒索欠缴的税款，甚而至于查抄商户，没收其财物等不明智的做法而从内部破坏的结果；很多人放弃了商业，指望以此来作为不偿付所欠税款的理由。据第二次丁籍调查，城市人口在全部纳税人口中所占比例仍然停留在区区3%。管理机构的改建完全没有按彼得给它提出的双重任务的精神来进行。该机构在武装方面得到了加强，以前对外保卫国家安全的军队现在开始把战线转向国内，它使近卫军去支持把政权看作掠获物的政府，让军队去征收赋税，去和抢劫、农民逃亡和暴乱做斗争。中央管理机构按社会构成不是贵族的，按业务素质也不是官僚的：执掌中央管理机构的是知名贵族和一些得到晋升的平民知识分子。除极少数例外，二者都是临时安排的行政官员，当时人们的评论是他们对自己的事业都不甚了了。参政院本身就不止一次因不善于办事又粗心大意而受到圣上的申斥；作为该管理机构的最高领导者，参政院无论如何也无法从其安排的下属人员那里获得27年来（1730—1756年）详细的收支、结余和欠税的总账。地方管理机构也进行了改革，在叶卡捷琳娜一世临朝时隶属于省长和军政长官的市政府，伊丽莎白又使其恢复了以前的职能；但是省长管辖的贵族省政务委员会还在彼得一世在位时就让位于"地方委员"了，后者是由各县的贵族选举的。彼得一世去世后贵族参加地方管理受到更大的限制，他们分散在各自的庄园，这些地主庄园成了农奴制司法警察部门的中心。这样，贵族省、县的社会没有得到加强而是先后分裂为若干庄园大宅。当贵族阶级的高官显贵在中央居高临下，发号施令之时，中下层的贵族却蛰居于外省，处在农奴制的底层。不过，也曾出现过一种想法，想让这些庄园村落的首领们重新融入各阶层的社会，使其势力超越庄园村落的樊篱：1761年参政院授权地主从自己的群体中选出市军政长官，他们最好在市郊拥有村庄。这样，贵族选出的代表就成了皇家的官员，他们和选任的贵族院共同执掌政权。大约就在同一时间，正在编纂新法典的法典编纂委员会筹划贵族的什么

"各府地方自治代表大会",不过没来得及制定有关条例。与此同时在政府方面已有一个全面安排贵族参加管理机构的计划,旨在消除培养出来的行政人员和法官的缺点。彼·伊·舒瓦洛夫伯爵对当时那些身居政府要职,掌管各种事务,善于即兴发挥的要员们的评论说明他比许多人都明白"无能的执政者"造成的危害。1754年,他向参政院呈递了一份关于保护人民的长篇条陈,详尽阐述了如何"培训省、府和市的管理机构的官员,并通过培训将官员选入主要的政府机构"。地区管理机构应该成为"年轻人研习俄罗斯法学的学校"。因此在省级机构中应从贵族中选出"士官生",令其从研究最低级官员的工作开始,逐步按成绩提升为秘书、军政长官、省公署参事,直到省长,而此后可升到中央管理机构的最高等级。舒瓦洛夫的计划只是彼得一世思想的实施方案,彼得一世也曾从贵族子弟中选出士官生,安排在各院之下培养他们从政,并规定秘书只能从贵族中产生。这是他手头现成的行政材料;但他并没有打算让贵族来垄断民政官职,相反,他想用晋升平民知识分子来充实贵族。舒瓦洛夫的贵族大人们恢复了旧的莫斯科阶层官僚型的管理机构,建立了从贵族中产生官员的取之不尽的苗圃,因而在先前的田赋之上又增加了供养这一阶层官员的赋税。这项计划的依据不可能在彼得一世的措施中找到,而在要求恢复安娜专制制度的贵族呈文中却有授权贵族取代中央和地方最高职位的内容。那个时代的混乱中发生的所有重大事件总是在关于贵族的某些措施、计划和方案中为自己寻找有法律依据的适当形式:这就是贵族执政的开始。这个事实是彼得一世的改革在他逝世后急剧转折的迹象之一:旨在借助欧洲文化提高人民劳动生产率的事业变成了国家和警察对人民本身更加残酷的剥削和奴役。彼得曾幻想能靠贵族把欧洲文化引入俄国社会,但那个阶层却充当了这一转折的工具。很难说伊丽莎白时代的人们是否感觉到了他们并不是在按照改革家所指出的道路前进。但伊丽莎白时代的作家基里尔·拉祖莫夫斯基伯爵这位宠臣之兄，知识渊博的人，稍后借机表达了这种感受。1770年，当著名的教会雄辩家普拉东在彼得保罗大教堂就切斯梅湾海战胜利一事讲道时，女皇及宫廷官员亦在场，他一边讲一边装腔作势地从讲道台上走了下来，用手中的权杖敲了一下彼得大帝的棺材，呼唤他起来看一看自己心爱的发明，看一看舰队，在大家都很高兴的情况下，拉祖莫夫斯基和善地对身边的人悄声说："干什么喊他？他要是真起来了，那咱们全都得受罚。"事情是这样的，正是频频宣称其父遗训如何如何神圣的伊丽莎白造成了当时的局面，促使此前一直都是政府管理社会的惯用工具的贵族阶层产生了自己利用政府来统治社会的愿望。

伊丽莎白女皇 伊丽莎白女皇从1741年11月25日至1761年12月25日在位共20年[2e]。她在位时并非没有争得荣誉，甚至并非没有带来益处。其青年时期不足为训。彼得无人照管的第二个家庭中孩子最早学会说的单词是爹爹、妈妈、士兵，公主在这样的家庭中既不能学到严格的规矩，也没有获得愉快的回忆，而母亲则急于尽早将女儿们嫁出去，以免她们在父亲去世时成为继承王位的竞争者。长大了一些，伊丽莎白好像是一位在女仆居住的房间中接受教育的小姐。她一辈子都不想知道什么时候应该起床，穿衣，吃饭，就寝。女仆的婚礼总使她特别开心：她亲自给新娘戴上花冠，然后从门后欣赏参加婚礼的客人们如何寻欢作乐。在待人接物方面她有时过于单纯亲切，有时又因为一点小事就勃然大怒，用最不恰当的话语谩骂，也不管对方是仆役奴才还是宫廷显贵。女官和宫女遇上这种情况则更加遭殃。伊丽莎白处在两股逆向的文化潮流之间，她在欧洲新风尚和笃信宗教的俄国老规矩中接受教育。两者都在她身上留下了印记,她善于将两者的概念和品味融会于自己一身。她在晚祷之后就去参加舞会,从舞会又赶去做晨祷,虔诚地尊重俄国教堂的圣物和仪式,她从巴黎订购描述凡尔赛宫廷宴会和汇演的资料,她酷爱法国戏剧,她细致入微地了解俄国菜肴美味的秘密。她是听取她忏悔的神甫杜比扬斯基的顺从忏悔者,也是法国舞蹈教师朗博尔听话的学生,她在宫中严格持斋,所以讲究饮食的一等文官阿·彼·别斯图热夫-留明只有经君士坦丁堡牧首批准才被允许不吃蘑菇做的菜。跳起法国小步舞和俄罗斯舞来整个帝国都没人能比得上女皇。美感使她心中升腾起温暖的宗教情绪。她有可能做世界上各种各样人物的新娘,从法国国王到她自己的侄子。是比伦在安娜女皇当政时把她从修道院和公爵的萨克先—科堡—迈宁根的穷乡僻壤救出来的,后来她把自己的心交给了宫廷唱诗班的一位歌手切尔尼戈夫的哥萨克,从此宫廷变成了音乐厅:雇来了一些小俄罗斯唱诗班歌手和意大利歌唱家,为了不破坏艺术印象的完整性,这些人一起又唱日祷赞美诗,又唱歌剧。伊丽莎白性格和生活方式中愉快的或出人意料的种种矛盾可以用她所受教育的二重性来解释。她身材高大,但匀称秀美,美丽的圆脸总是容光焕发,光彩照人,她活泼愉快,总爱对镜自我欣赏,也喜欢给别人留下深刻的印象。她知道自己穿上男式西装特别合适,所以常在宫廷里组织不戴面具的化装舞会,规定男子必须穿上宽大的裙子,一身女装打扮才能前来参加,太太们则穿宫廷的男装。在彼得一世所有的男女继任者中她是最合法的一位,但她登上皇位却借助于叛乱的近卫军的刺刀。她继承了她伟大的父亲充沛的精力,在24小时内组建了宫廷,并用两昼夜的时间从莫斯科沿当时的道路驰抵圣彼得堡,而且足额支付了筋疲力尽的马匹的费用。性情温顺、无忧无虑的伊丽莎白在位期间有将近一半的时间不得不忙于战事。她战胜了当时首屈一指的军事统帅弗里德里希二世，攻占了柏林，在措恩多夫和库纳斯多夫战场上歼敌无数。但自从索菲娅公主摄政以来，在罗斯国的生活还从来没有这样轻松过，而且1762年以前没有哪一朝沙皇能在身后留下如此美好的回忆。在两场使西欧疲惫不堪的大规模同盟战争期间，拥有30万军队的伊丽莎白似乎能成为欧洲命运的主宰；欧洲地图就放在她面前任凭她使用，但她难得对地图看上一眼，她一直都相信能走陆路到达英国，而正是她创办了俄国第一所真正的大学——莫斯科大学。伊丽莎白慵懒任性，害怕一切严肃的思想，厌恶一切正事，她不能深入了解当时欧洲复杂的国际关系，不能理解自己的一等文官别斯图热夫-留明的外交手腕。但是她却在自己的内室中建立起了一个由女门客、善于讲故事的女人和长舌妇们构成的特殊的政治性小圈子，为首的是利害一致的私人内阁，内阁总理是马夫拉·叶戈罗夫娜·舒瓦洛娃，我们早已熟悉的发明家和方案制定者彼·伊·舒瓦洛夫的妻子，其成员有安娜·卡尔洛夫娜·沃龙佐娃，她娘家姓斯卡夫龙斯卡娅，是女皇的亲戚，还有一个叫伊丽莎白·伊万诺夫娜的，人们干脆就叫她外交大臣；一位同时代人评论说："所有的公文都是通过她递交给女皇的。"这内阁所干的事就是吹牛拍马，拨弄是非，进谗言，耍诡计，朝臣间互相陷害。这使女皇非常愉快。这就是当时的"社会环境"，从这里分授官衔和肥缺，在这里完成政府大事。这些内阁事务和庆祝宴会交替进行。伊丽莎白从小就耽于幻想，还在当公主的时候，有一次正当她入迷地出神之际签署了一份经济文件，她本应签上自己的名字，却写上了"火焰"二字。登上皇位之后，她要把自己少女时的幻想变成神奇的现实：看戏之后还要进行无休止的晚间娱乐活动、一次次做娱乐性的旅行、在宫中接待客人、举行舞会和化装舞会，流光溢彩，令人目眩，穷奢极侈，令人作呕。有时整个宫廷变成了剧院休息室，一天又一天谈论的尽是法国喜剧、意大利喜歌剧和剧团老板洛卡吉利、谈论幕间剧等。但是，宫中的居住者离开豪华的大厅回到自己的居室却是另一番景象，那些居室惊人地窄小、简陋、邋遢：房门关不上，窗户漏风，护墙板上淌水，房间特别潮湿；亲王夫人叶卡捷琳娜的卧室中壁炉有很宽的裂缝；在附近一间不大的房间里挤住着17名下人；家具陈设少得可怜，需要时得把镜子、被褥、桌椅等从一个宫殿搬运到另一个宫殿中去，有时甚至要从圣彼得堡搬运到莫斯科，有的撞坏了，有的折了腿，也就这样摆放在临时使用的地方。伊丽莎白是在金碧辉煌的贫穷之中生活和统治；她死后在衣柜中留下1.5万套衣服，两大箱丝袜，成堆的欠账单和没有建完的巨大的冬宫。从1755年至1761年建造冬宫所耗费用合现在的钱1 000多万卢布。她在死前不久很想到冬宫去住一阵，可是她白白张罗着让建筑师拉斯特列利加快速度，哪怕只把她自己要住的房间装修完毕也好。法国的服饰用品商店有时拒绝将最新式样的商品赊给俄国宫廷。尽管如此，她和她的库尔兰前辈不同，在她身上，深藏在偏见、坏习惯和低俗的品味等外表之下，还有另外一个形象，有时这个形象会突然表露出来，例如：在取得皇位前她曾发誓对任何人都不处以死刑；1744年5月17日的谕旨实现了这一承诺，果真在俄国废除了死刑；她不批准1754年法典编纂委员会制定，参政院已表赞同的法典中残酷的刑法部分，因为其中有变相的死刑；她不批准正教院要求女皇撤销上述誓言而提出的无耻的多次申请；当该正教院利用手腕强行通过了不公正的决定时，她竟会为此而哭泣[2*]。伊丽莎白[3*]是一位聪明善良的18世纪俄国贵妇人，只是她条理不清，而且刚愎自用。按照俄国的习俗，许多人当她在世时责骂她，同样按照俄国的习俗，所有的人在她去世时都悲伤哭泣。

彼得三世皇帝　没有为她哭泣的只有一个人，因为他不是俄国人，也不会哭泣：这是她指定的皇位继承者——伊丽莎白女皇身后留下的一切不愉快的事情中最不愉快的一桩。这位继承人是伊丽莎白姐姐的儿子，他出生后不久他母亲就去世了。他是荷尔斯泰因公爵，在俄国历史上以彼得三世的名号著称。由于奇怪的偶然性作弄，18世纪初叶两位最大的敌手在这位亲王身上完成了他们死后的和解：彼得三世是彼得一世的外孙，是瑞典国王查理十二世姐姐的孙子。因此，荷尔斯泰因小公国的这位封建主面临着严重的危险：他可能成为瑞典和俄国两大皇位的继承人。起初他是被当作瑞典皇位继承人培养的，强迫他学习路德教教理问答，学习瑞典语以及拉丁语语法。但伊丽莎白登基后希望他能继承她父亲的宗脉，所以命令科尔夫少校无论如何要把她外甥从基尔弄到彼得堡来。在这里荷尔斯泰因公爵卡尔-彼得-乌尔里希被改变成了彼得·费奥多罗维奇亲王，并且被迫学习俄语和东正教教理问答。但是大自然却没有像命运那样对他垂青：他虽然是两个异国大皇位可能的继承人，但按其自身的能力他甚至不配登上自己那小公国的御座。他生来瘦弱，长大了依然身单力薄，而且庸碌无能。除了天赋极差之外，荷尔斯泰因荒谬的教育又使他深受其害[3a]。彼得很早就父母双亡，在荷尔斯泰因接受了非常糟糕的教育，负责的那位近臣不学无术，对这位王子非常粗暴，常对他施加侮辱性的有害健康的处罚，甚至还鞭打他。彼得在各方面都显得卑微猥琐，拘谨腼腆，还养成了粗俗的趣味和不良的习惯。他变得容易生气，好争吵，固执和虚伪。他还有撒谎的坏习惯，怀着毫不掩饰的兴趣相信自己杜撰的一切。而在俄国他又学会了豪饮。在荷尔斯泰因对他的教育是如此糟糕，以至于他14岁来到俄国时完全是个无知之徒，他的无知甚至令伊丽莎白女皇都大为惊讶。环境和教育计划的迅速改变，最后把他那本来就不很健全的头脑给弄糊涂了。彼得被迫一会儿学这，一会儿学那，互相之间既无联系也无顺序，结果他什么也没有学会，而荷尔斯泰因和俄国之间情况的差异，对基尔和彼得堡的茫然无知使他完全不想去理解周围的一切。他的智力停止发展要早于他的躯体停止发育。到了成年男子的年龄他仍然停留在童年，人是长大了，却没有成熟。他的思维方式和行为方式给人留下的印象是出奇的轻率鲁莽和有头无尾。他以孩童的眼光去看待严肃的事物，而以成熟男子的严肃态度去对待孩童的游戏。他像是一个把自己想象为成年人的孩子；事实上他是个永远长不大的成年人。他在俄国结婚以后，仍然不能舍弃自己喜爱的那些玩具娃娃，宫廷中的来访者曾不止一次地见到过那些玩具。按照世袭领地，他是普鲁士的邻居，他对弗里德里希二世的战争荣誉和战略天才非常入迷。但是他那头脑的容量太小，任何巨大的理想要放进去必须先打碎成玩具那样的小东西才行，所以对尚武的浓厚兴趣只引导他滑稽地模仿普鲁士英雄，简单地玩弄一些玩具小兵。他不了解也不想了解俄国军队，因为真正的活的士兵对他来说太大了，所以他派人为他制作了许多玩具小兵，有腊的、铅的和木头的，他把这些小兵摆在自己办公室的几张桌子上，还安放了一些装置，弄得如果拉一下顺着桌子伸展的细绳，就会发出一些声音，这样彼得感到就像是移动的火炮在开火。有时在休假日他把仆人们集合到一起，自己穿上漂亮的将军服，对自己的玩具军队进行检阅，他一面拽着细绳，一面倾听连续射击的声音[36]。有一次叶卡捷琳娜走到丈夫那里，眼前的情景使她大吃一惊：从天花板垂下来的绳子上挂着一只大老鼠。叶卡捷琳娜问他这是什么意思，他说那只老鼠潜入桌上硬纸板做的堡垒，吃掉了两个淀粉做的士兵，犯了按军法应处以极刑的刑事罪。罪犯被抓住了送交战地军事法庭，被判处死刑，所以被吊死。伊丽莎白对外甥的性格和行为感到非常绝望，她和他在一起待不到一刻钟就会感到悲伤、愤怒甚至厌恶。女皇在自己的房间里谈到他时常常泪流满面，抱怨上帝给了她这样一位继承人。在她笃信上帝的语言中常常会蹦出一些亵渎上帝的话语，诸如："该死的外甥"，"我的外甥是个废物，让他见鬼去吧！"叶卡捷琳娜在自己的笔记中就是这样记载的。用她的话来说，宫中普遍认为伊丽莎白在其生命的尽头如果有人向她建议将她外甥送出俄国，而把外甥6岁的儿子巴维尔定为继承人，那她很可能会同意的；但是想出这一步的宠臣们没敢对他这样做，而是按照宫廷里的规矩转而向这位未来的皇帝阿谀奉承，以求受到宠爱。

姨母虽然对他做了那样危险的评价，这个善恶概念不分的人还是反常地登上了俄国的皇位，他连想都没想过自己曾经避开了一场大祸。即使当上了皇帝，由教育和环境所造成的思想和兴趣的狭隘委琐却依然如故。他那荷尔斯泰因式有限的智力无论如何也不可能扩展到与他意外获得的帝国那辽阔无边的版图相适应的程度。相反，彼得身居俄国皇位时比在家时更加显出荷尔斯泰因人的特点。他天生的一种品质这时开始特别强烈地表现出来：这就是与他轻率冒失，对事物漠不关心的特点相结合在一起的怯懦。他对俄国的一切都害怕，他称俄国为万恶的国家，他不止一次地表示确信自己早晚会惨死在俄国，可是他却没有做任何努力去熟悉俄国，亲近俄国，他在俄国回避一切，没有去了解任何事物[38]；俄国使他害怕，就像孩子独自在空荡荡的大房间里感到害怕一样。他凭着自己的兴趣和恐惧，找了一些连彼得一世在位时都从未见过的不三不四的人安排在自己周围，组成了自己的小天地，他就躲在这里努力避开使他害怕的俄国。他从各国招兵组建了特种荷尔斯泰因近卫军，就是不招自己的俄国臣民；有时大部分成员是普鲁士军队的中士和下士，按达什科娃公爵夫人的说法，是"由外国笨蛋的儿子们组成的一帮歹徒"。由于彼得把弗里德里希二世的军队当作自己的榜样，他努力学习普鲁士士兵的行为举止和习惯，开始大量抽烟，过量喝酒，认为不这样就不能成为"真正威武的军官"。彼得登基之后很少到晚上还保持清醒，他坐到桌前时通常都有点醉。在他那荷尔斯泰因小集团里每天都举行小型宴会，有时晚上还有一些走南闯北的彗星式人物，外来的女歌手和女演员来参加。根据在近处见到过这位皇帝的博洛托夫证明，在这伙人中间皇帝常常"胡言乱语，胡说八道"，使得忠心耿耿的臣子们在外国使臣面前羞愧难当，心痛不已：有时他突然开始阐述不可能实现的改革计划，有时又无中生有振振有词地瞎编他如何向基尔附近茨冈人宿营地胜利进军，有时又在闲谈中随便泄露某种重要的外交机密[3Γ]。不幸得很，皇帝感到自己爱好拉小提琴，认为自己真是个技艺高超的艺人，并且断定自己具有了不起的演喜剧的天才，因为他早就能灵巧地扮出各种可笑的鬼脸，他在教堂里滑稽地摹仿神甫的举止表情，他故意将宫中的鞠躬礼改成法国的屈膝礼，为的是以后能表演上了年纪的宫廷贵妇如何笨拙地行少女的屈膝礼。彼得曾向一位妇人做多种鬼脸让她高兴，这位聪明的妇人对他的评价是他完全不像个国君[3Д]。他在位期间曾颁发过几道重要的有实际意义的谕旨，比如关于废除秘密办公厅的谕旨、关于禁止追捕分裂教派，准许逃亡国外的分裂派教徒回到俄罗斯的谕旨。促成这些谕旨颁发的并不是防备被人告密或者容许宗教信仰自由的抽象原则，而是彼得的近臣沃龙佐夫家族、舒瓦洛夫家族等人为了使自己摆脱困境所作的实际盘算，他们是想利用沙皇的恩惠来巩固皇帝的声誉。出自同样的意图还颁发了贵族自由的谕旨。但是彼得本人却很少关心自己的处境，不久他的行为举止就使得社会上怨声载道。他好像故意努力使各阶级都仇视他，首当其冲的是宗教界。他并不隐瞒他鄙视东正教的教堂仪式，反而神

气十足地加以炫耀,公开刺激俄国人的宗教感情,在宫廷教堂中正
进行祈祷仪式时他接见大使,就像在自己的房间里一样来回走动,
他大声讲话,对高级神职人员伸舌头。有一次在圣三主日当大家都
跪下时他却大声笑着走出了教堂。诺夫哥罗德大主教,正教院主持
季米特里·谢切诺夫接到谕令要"清洗俄国教堂",就是说除了圣
像和圣母像,其余的东西全都要拿走,俄国神甫要剃光胡子,穿上
路德派新教牧师那样的服装[3e]。这些谕令后来暂缓执行,但是宗
教界和社会上已深受惊扰:残暴之人正在逼近!彼得三世要将教会
的不动产国有化,黑衣修士对此特别愤怒。管理他们的经济院以前
属正教院管辖,现在直接隶属于参政院,还有命令将教堂的全部土
地连同修道院和高级僧正的所有土地全都交给耕种这些土地的农
民,而从教堂世袭领地的收入中拨出有限的定员薪额来维持教堂机
构[3ж]。这一措施彼得三世没来得及实施,但已给人留下了印象。
近卫军是俄国社会中必须慎重对待的很自信的一个部分,他们受到
刺激而忿忿不平则要危险得多。彼得从登上皇位起就想方设法吹嘘
自己对弗里德里希二世无限崇拜。他十分虔诚地当众亲吻这位外国
国王的半身雕像,在宫中一次盛大宴会上他又当众跪在这位国王的
画像前。他一登基就穿上普鲁士制服,还经常佩戴普鲁士勋章。花
哨的像古希腊罗马式的普鲁士紧身制服也引入了俄国近卫军,取
代了彼得一世规定的宽松的深绿色长外衣。彼得三世自认为是弗里
德里希的军事学徒,他把最严格的纪律也引入了有点骄纵的俄国军
队,要军队每天都进行操练。任何官阶任何年龄的人都不能免于
参加步法操练。那些久未涉足练兵场且身患痛风病的高官们也不得
不参加普鲁士军官军事芭蕾舞式的机械的军事训练,做出军事条例
规定的各种动作。陆军元帅,参政院前总监尼基塔·特鲁别茨科伊
公爵是个老头,他在近卫军中的军衔是中校,他也必须和士兵们一

样参加学习和操练步法。同时代人对时代的巨变和这种做法都感到十分惊奇,按博洛托夫的说法,如今不管有病没病,是否年老,都要亲自和年轻人一起在行列中抬起腿来操练步法,并且也要和士兵们一样老老实实地在泥浆污淖中登踏折腾。更令人感到屈辱的是彼得三世在各方面都偏爱拼凑到一起的荷尔斯泰因近卫军而贬低俄国近卫军,称后者为走狗。在俄国的外交政策中当家做主的是普鲁士公使,此人在彼得的宫廷中也对一切都发号施令。彼得在即位前是普鲁士的报信人,在七年战争中他曾不止一次地将有关俄国军队的消息传递给弗里德里希二世,他登上俄国皇位后则成了普鲁士忠心耿耿的大臣。在民族尊严遭受侮辱而激起的愤怒情绪面前又重新出现了第二次比伦苛政可恶的怪影。比伦还威胁说要将近卫军分解为若干军团,人们对此的担心使上述情绪更加激化。此外,全社会都感觉到了政府的行动摇摆不定变化无常,缺乏统一的思想和明确的方向。大家都看到了政府机关的衰败。所有这一切引起了一片怨恨之声,它从高层往下传播,很快就成为全民的怨声。人们开口说话了,好像没有感觉到警察的威胁。人们在街上公开地大声表达自己的不满,丝毫不怕会遭到皇帝的责备[33]。怨声不知不觉地形成了军事密谋,而密谋终于导致了新的政变[3*]。

第七十四讲

1762年6月28日的政变

政变[1*] 活动是以皇后的名义进行的，她当时已经赢得了普遍的赞誉，尤其受到近卫军团队的拥戴。皇帝和妻子相处得很不好，他曾经威胁说要和她离婚，甚至要把她送到修道院去囚禁起来，而把他喜爱的女人，一等文官沃龙佐夫伯爵的侄女取而代之。叶卡捷琳娜很长时间以来都对他敬而远之，对自己的处境总是默默忍受，从不和不满朝政的人们直接交往。但是，是彼得本人促使她采取了行动。皇帝的倒行逆施令俄国人痛心疾首，忍无可忍，使全民的怨声公开爆发：皇帝竟和在伊丽莎白时期因俄国的胜利而悲观绝望的那位弗里德里希签订了和约（1762年4月24日）。现在皇帝不仅不要战争赢得的成果，而且还拒绝接受弗里德里希自己让出的土地，拒绝接受东普鲁士；他不仅签订了和约，还将自己的军队归并到普鲁士军队中去，以便和奥地利人作战，而曾几何时，奥地利乃是俄国的盟友！博洛托夫说俄国人十分气恼懊丧，恨得把牙齿咬得咯咯作响[1a]。为庆祝这一和平条约的签订，于6月9日举行了盛大的宴会，宴会上皇帝为皇室祝酒。叶卡捷琳娜坐着饮尽了自己那杯酒。皇帝责问她为什么不站起来，她回答说她认为没有这个必要，因为整个皇室包括皇帝、她本人和他们的儿子，皇位继承人。"那我叔父荷尔斯泰因王子们呢？"彼得反驳道，他当即命令站在他椅子后面的侍从将军古多维奇到叶卡捷琳娜面前去骂她，但又怕古多维奇在转达时把不敬之词说得比较委婉,彼得就隔着桌子自己大声叫骂起来。皇后哭了。当晚彼得下令将她逮捕,不过由于无意中看到这一场面的彼得的一位叔父说情而没有执行。从这时起叶卡捷琳娜开始比较注意听取朋友们关于密谋起事的建议了,这些人从伊丽莎白逝世就和她交上了朋友。彼得堡上层社会许多人都同情这件事,其中大部分人亲身遭受过彼得的侮辱。伊丽莎白时代的外交大臣,皇位继承人巴维尔亲王的老师尼基塔·帕宁伯爵就是其中之一;还有一位19岁的贵妇达什科娃公爵夫人,她是宠臣的妹妹,她通过丈夫与近卫军有千丝万缕的联系。对这件事同情的还有诺夫哥罗德大主教季米特里·谢切诺夫,他由于自己的身份关系当然不能直接参加政治密谋。悄悄地越来越多地帮助这项事业的有小俄罗斯盖特曼,科学院院长基里尔·拉祖莫夫斯基伯爵,此人十分富有,在其领导的伊兹梅洛夫斯科耶近卫军团中因其慷慨而特别受人爱戴。真正精于此道的是近卫军的青年军官们,普列奥布拉任斯科耶团的帕谢克和布列季欣,伊兹梅洛夫斯科耶近卫军团的拉孙斯基和罗斯拉夫列夫兄弟,骑兵近卫军的希特罗沃和士官波将金[16]。这些军官围绕的中心人物是奥尔洛夫兄弟全家,其中最突出的有两位:格里戈里和阿列克谢。他俩身材魁梧,膂力过人,长相俊美,举止轻佻,勇敢无畏,能不惜牺牲平息彼得堡城郊酗酒滋事和打架斗殴事件。在所有团队中他俩都以当时近卫军青年的偶像而著称。哥哥格里戈里是炮兵军官,早已和皇后有交往,不过隐蔽得很巧妙。密谋者分成四队,各队都有专人领导,他们不止一次聚集在一起开会议事。不过,并没有举行秘密的仪式,也没有召开正式的会议,没有精心安排宣传手段,也没有悄悄制订详细的行动计划。本来这些都没有必要:近卫军早就受到一系列宫廷政变的训练,完全不需要为这种事做特殊的准备,只要有一位大家拥戴的人物,就随时可以以他的名义发动团队。政变前夜,叶卡捷琳娜计算自己这边约有近卫军军官40人,近卫军士兵上万人[1*]。政变[2]并非意外之事:大家都在等待它的到来。还在政变之前一个星期,在越来越剧烈的骚动中,首都街上就有百姓和近卫军在成群结队地走动,同时几乎明目张胆地"骂"皇帝。敏感的观众则数着钟点等待政变爆发。自然也有人向彼得告密,但那一位仍然快快乐乐,无忧无虑,不懂得事态的严重性,对一切都漠不关心,继续在奥拉宁鲍姆寻欢作乐,而没有采取任何预防措施,更有甚者,他本人就像是反对自己的积极的密谋者,亲自把阴燃着的火煽旺。彼得结束了一场对俄国无益的战争就开始着手另一场更加无益的战争,他和丹麦断交,以迫使丹麦归还其从荷尔斯泰因夺走的石勒苏益格。彼得在军事上要将俄罗斯帝国的兵力运往小国丹麦以恢复其祖国荷尔斯泰因的完整性,同时他在俄国则为良心自由而斗争。6月25日他向正教院颁旨,规定基督教各派地位平等,大家都不必进行戒斋,对违反第7条戒律的罪孽不予判罪,"因为连基督都不判罪",将所有修道院的农民都收归国有;谕旨在最后要求正教院毋庸置疑地执行皇帝的全部措施。彼得怪诞的谕旨促使人们相信最不可思议的传闻:有人说他想让所有的宫廷贵妇都和丈夫离婚,让她们按自己的选择另行婚配,为了做出榜样,他要和自己的妻子离婚,娶伊丽莎白·伏龙佐娃为妻,人们说这种事情真是有可能发生的。由此不难理解为什么人们心中一致认为无论如何要摆脱这样的专制独裁者。大家只是在等待有利的时机,而彼得自己以丹麦战争将这个时机给准备就绪了[2]。近卫军[3*]正痛苦地等待出国远征的命令,所以帕宁认为君主到彼得堡送行正是政变的好时机。但一个偶然的情况使它提前爆发了。有个惊慌失措的普列奥布拉任斯科耶团的军曹跌跌撞撞地跑到帕谢克家问他是否很快就要推翻皇帝了,并带来消息说皇后已经亡故了：这个士兵的惊慌是谣言引起的，而关于叶卡捷琳娜的谣言正是密谋者们自己散布的。帕谢克对军曹说根本就没有这么一回事，然后就把他轰走了。那人又跑到另一位军官那里述说了同样的内容，还说他报告过帕谢克了。那位军官未参与密谋，他将听到的情况报告了上司，这样，在6月27日帕谢克被捕了。他的被捕惊动了所有的密谋者，因为他们怕被捕者在拷问之下有可能出卖他们。当夜大家决定派阿列克谢·奥尔洛夫到彼得戈夫去请正住在那里等待皇帝命名日（6月29日）的叶卡捷琳娜。6月28日拂晓阿·奥尔洛夫跑进叶卡捷琳娜的卧室说帕谢克被捕了。叶卡捷琳娜随便穿了件衣服就和女官一起坐上奥尔洛夫的四轮轿式马车，奥尔洛夫则坐到赶车人的座位上，驱车直奔伊兹梅洛沃团。早有准备的士兵听到敲鼓声都跑到广场上，他们立即宣誓，同时亲吻皇后的手足和连衣裙[3a]。团长基·拉祖莫夫斯基伯爵本人也到场了。带着大家宣誓的神甫然后手执十字架走在前面，一行人来到了谢苗诺夫斯科耶团，在那里重复了同样的仪式。叶卡捷琳娜率领着这两个团，还有跟随的成群百姓，来到喀山大教堂，在这里做祷告，宣告她为君主专制制度的女皇。她从教堂出来到新落成的冬宫，见到参政院和正教院已经集合在那里，他们毫不犹豫地与她会合并向她宣誓效忠。参加此项行动的还有骑兵近卫军和普列奥布拉任斯科耶团的官兵，以及陆军的若干部队，共有1.4万多人围绕着皇宫，兴高采烈地向视察各团的叶卡捷琳娜欢呼致敬，成群的百姓也随声附和。此时皇宫已对大众开放，所有来到皇宫的人，无论是官员还是百姓，全都毫无异议，毫不犹豫地宣誓效忠于女皇[36]。一切进展得自然而然，好像有一只无形的大手早就把一切都安排好了，使大家取得了一致意见，并且及时发出了通告。叶卡捷琳娜本人看到大家都那样亲切地拥戴她，争着和她握手的情景，把这万众一心的盛况解释为运动的人民性；所有的人都是自愿参加的，每个人都感到自己是独立自主的活动家，而不是警察操纵的傀儡，也不是好奇的旁观者。这时匆匆地拟就了简短的文告，向人民散发，文告宣布按照全体臣民公开真诚的愿望，女皇正式登基，她将保护俄国东正教会，卫护俄罗斯胜利的荣誉，并整肃国内被破坏的秩序。6月28日晚，叶卡捷琳娜身穿近卫军彼得式的制服，头戴饰有绿色橡树枝的宽边帽，长发披肩，骑着马和同样穿着制服的达什科娃公爵夫人并辔而行，率领团队向彼得戈夫进发[3*]，因为[4]皇帝原定那天要带着随员从奥拉宁鲍姆到那里去，在叶卡捷琳娜原来住的蒙普列济尔宫设宴。彼得带领宫廷人众来到蒙普列济尔，却发现那里空无一人，找遍整个花园，哪儿也找不到叶卡捷琳娜的身影！后来得知皇后一早就悄悄去了彼得堡。大家全都茫然不知所措。有三位高官，包括一等文官沃龙佐夫，猜到了是怎么回事，自告奋勇去彼得堡了解情况，去责备皇后，让她良心发现。事后叶卡捷琳娜对很多人说，此三人当时甚至受命在必要时将她处死。这几位探听消息的人到了彼得堡也向女皇宣誓效忠，并未返回复命[4]。彼得戈夫方面[5*]从彼得堡得到了某些消息之后着手将侍从和骠骑兵派往通向首都的各条道路，并草拟命令，提出建议，商讨该如何行动。后来决定夺取喀琅施塔得，以便利用海军力量从那里向首都运动。但是当皇帝带着随员接近要塞时，要塞里传出话来说如果他再不离开就要向他射击了。米尼希劝皇帝跳上岸或者游到雷瓦尔，从那里再去波美拉尼亚，当个境外俄军的首领，但是他不敢，他躲在大桡战船的最底层，在随行的宫廷贵妇们的号哭声中往回开到奥拉宁鲍姆。想和女皇谈判的尝试未能成功；和平相处分享政权的建议又无回音。这时彼得被迫亲手抄写并签署叶卡捷琳娜派人给他送来的退位诏，宣布"自愿"宣誓退位。叶卡捷琳娜在6月29日晨和自己的团队一起占领了彼得戈夫，彼得任由人们把他从奥拉宁鲍姆送往彼得戈夫，押送者一路上费了很大的劲才挡开激愤的士兵把他护住[5a]。在彼得戈夫的行宫中他因惊吓过度昏了过去。过了些时候帕宁来了，彼得扑上去抓住他的双手，求他说情允许他把他特别珍爱的四样东西留在身边：一把小提琴、一条可爱的狗、一个家僮，还有伊丽莎白·伏龙佐娃。他获准保留前三样，而伊丽莎白·伏龙佐娃则被送往莫斯科，嫁给了波利扬斯基。彼得是俄国皇座上偶然的过客，他像流星一样闪过俄国政治的穹苍，让所有的人都困惑不解他为什么会在那里出现。废帝被放逐到罗普沙，那是以前伊丽莎白女皇赐给他的庄园，而叶卡捷琳娜则在翌日隆重地进入了彼得堡。就这样结束了这次革命。这是我们已知的革命中最愉快最温和的一次，没有流一滴血，是真正贵妇式的革命。但是它却耗费了很多美酒：在叶卡捷琳娜进入首都那天，6月30日，所有酒店都向军队开放；士兵和他们的妻子在狂喜中将成桶的伏特加、啤酒、蜜酒、香槟拖出来倒入双耳木桶、小桶和任何到手的容器之中。三年过后参政院还在审理彼得堡酒商提出的案子，他们要求"为在女皇陛下顺利登基时士兵们和其他人从他们那里陆续取走的葡萄酒等饮料给他们支付报酬[5*]"。

6月28日的事件是18世纪一系列宫廷政变中最后的一次，它和其他各次政变不尽相同。它是借助近卫军完成的，但首都居民公开表示的同情也支持了这次政变，从而使它具有人民性的色彩。此外，它还具有完全不同的政治性质。在1725、1730和1741年，近卫军以此人或彼人的名义建立或恢复大家熟悉的最高政权，近卫军领导是将该人作为最高政权的合法继承人推举上台的。而在1762年，叶卡捷琳娜却以独立自主的政治力量出现，而且这力量不像以前那样是保守的，而是革命的，她打倒了自己在不久以前曾宣誓效忠的最高政权的合法继承人。除了满怀愤慨的民族感情之外，她还自豪地认为她能给祖国建立起自己的政府，虽不合法，但能比合法的更好地理解和维护祖国的利益。事后不久，叶卡捷琳娜在解释近卫军在政变中的热情时写道，连地位最低的近卫军士兵也把她的事业看作是自己亲手完成的事业。为回报近卫军这种革命性的忠诚，叶卡捷琳娜急忙宣称：篡位能成为国泰民安的可靠保证。当政变引起的运动平静下来的时候，彼得堡街头充满爱国热情的狂欢活动还在进行，此时公布了一份庄严的文件，阐述所完成的事件的意义。7月6日又颁布了"详尽的"第二份宣言。这份宣言既宣告夺权无罪，又做了忏悔，既揭露了被推翻的统治者，又提出了完整的政治纲领。宣言毫不留情地公开揭露了前皇帝无耻的罪行和罪恶阴谋，按宣言的说法，这些罪行和阴谋势必导致暴动、弑君、国家灭亡。鉴于国家正面临毁灭的危险，听取"来自人民的卓越的忠臣们的意见"，女皇或者为亲爱的祖国而牺牲，或者为祖国避免灭亡的危险而献身。谈到被推翻的皇帝，宣言揭露和抨击的不是不幸的偶然性，而是俄国国家制度本身。宣言称，"如果国君不具备善良仁爱的品质对其权力加以控制，那么专制独裁乃是一种罪过，它往往是引起许多致命后果的直接原因"。俄国的政权从来没有从皇位的高度向人民这样公开地郑重说明这一可悲的真理：君王高踞的国家大厦之巅时刻会因其结构不牢固而摧毁整座大厦。为防止这一灾祸，女皇"特别庄严郑重地"以其帝皇之言保证使国家的建制合法化，使之"传诸后代"也要确保帝国和君主专制政权的完整性，将祖国忠诚的仆人们"从忧郁苦闷和备受凌辱的境况中"解救出来。

即使是这场如此欢快如此齐心协力地进行的政变也有一个不必要的可悲结尾。在罗普沙，彼得被安置在一间房间里，不仅不准去花园，也不准上阳台。宫殿周围有近卫军警卫队把守。派来看管这个囚犯的人对他很粗暴；但主监督官阿列克谢·奥尔洛夫对他还比较温和亲切，陪他说话，和他玩牌，还借钱给他。彼得刚到罗普沙就生病。就在签发宣言的7月6日晚上，叶卡捷琳娜收到阿·奥尔洛夫在惊慌中勉强写成的一张字条。可以看懂的只有一点：当天彼得坐在桌旁和人谈话时与其中一人发生争执；奥尔洛夫和别人一起上前要将他俩拉开，但动作过于笨拙，身体虚弱的囚犯居然死了。"我们还没来得及把他俩拉开，他就已经过世了；我们自己也不记得自己干了什么事。"拿叶卡捷琳娜的话来说，她对彼得的死感到难过，甚至震惊。但是，过了一个月她写道："必须直截了当——不应该对我产生怀疑。"紧接着7月6日的庄严宣言，7月7日在各教堂又宣读了另一份悲伤的宣言，宣布前皇帝因严重的腹绞痛病逝，要大家"不记前仇"为拯救长眠者的灵魂而祈祷。他被直接运到亚历山大·涅夫斯基大修道院，草草埋葬在前统治者安娜·利奥波尔多夫娜旁边。整个参政院都请求叶卡捷琳娜不要出席葬礼。

述评 读着[6*]7月6日的宣言，我们感到自己正处在俄国生活重要的大转变时期。这份宣言预示着将会出现一个新的迄未完成的事物，即会出现一个合理的国家。我们稍稍回顾一下[6a]，就可以看到以前很少有人想要建立这样的国家。有时也曾闪现过这种思想，但很快就熄灭了。我们看到在16世纪末之前俄罗斯国还是以世袭领地制为基础，在这种制度下，国家不是人民的联盟，而是君主世代相传的财产，臣民只知道自己有义务，而没有法律保障的权利。混乱时代似乎应该为国家清除掉这种制度的最后残余：人民用自己的力量从混乱中走出来，选择了新的朝代，这个朝代不像前朝那样建设国家，也不能把国家称作自己的世袭领地；人民显示出自己有能力成为国家建设的积极参加者，而不再是单纯的建筑材料。的确，我们看到在混乱时代之后在莫斯科的国家生活中出现了两股潮流，其中一股在国土上给自己冲刷出一条新的河道，而另一股则流向已被废弃的官僚的渠道之中。新的一股水流随着离其源头愈来愈远，就逐渐倾向于旧的那股水流，到17世纪末终于和它合流了。先前世袭领地的概念和习惯又和新朝代一起复活了。新朝代的创始者在其政府文件中力图向人民表示他认为自己并不是人民推举的人，而是沙皇费奥多尔的侄子，其政权的真正基础就在于这种宗亲关系。混乱时代所激起的人民的独立性的确体现在各阶层的全俄缙绅会议中；但与此同时，作为其自然基础的地方自治却削弱了，而且全俄缙绅会议本身也没有形成稳固的常设机构，很快就丧失了最初各阶层参加的代表性，最后它僵化了，被彼得大帝的改革风暴扫除了。

彼得一世根据自己的理解和意愿走近了合理国家的思想：他看到国家的目的在于大众的幸福，人民的福祉，而不在于王朝的利益，而达到这目的的手段在于法律制度，在于严格保护"公民权和政治权"，他认为自己的政权并不是自己继承的私有财产，而是沙皇的职责，他认为自己的活动是为国家服务。但是环境和习惯妨碍他把自己的事业推进到与自己的理解和意愿完全一致的程度。环境迫使他在政治方面比在权利方面做更多的工作，而他又从他的前人那里继承了两点有害的成见：他相信政权的创造性威力无边，确信人民的力量和人民的忍受能力取之不尽，用之不竭。无论任何人的权利，无论人民的什么牺牲都不会使她趑趄不前。他虽然成了具有欧洲精神的改革家，但他身上仍保留着莫斯科彼得之前沙皇的许多特征，他既不考虑人民的法制意识，也不考虑人民的心理状态，而希望能够像改变衣服款式或呢绒幅宽那样轻而易举地彻底根除千百年的老习惯，建立起新的概念，他用强制手段引进一切，甚至强求公众表现出主动性，就这样，他将合法的秩序建立在公众无权的基础之上，因此，在他的合法的国家中虽然有政权和法律，却没有与之并存的使大众活跃的因素，没有自由人，没有公民。

彼得大帝未能使其国家的思想在人民的意识中得到巩固，在他之后，这种思想在政府官员的头脑中也熄灭了。彼得的合法继承者，他的孙子和女儿对他的国家思想是无法理解的。其他几次改朝换代把意想不到的统治者推上了皇位，甚至还包括异族人，他们不仅不把俄罗斯看作他们的世袭领地，甚至也不把她看作自己的祖国。国家局限于宫廷之中。保卫政权的政府甚至不是本朝的财富，而只是夺得之物，政府不会在人民面前证明其正确合理，他们不需要人民的拥护，只需要军警的支持。

一次次宫廷政变、恩宠与惩罚的浊浪的冲击，使皇座的周围逐渐形成了类似于统治阶级的群体，其社会成分形形色色，但其概念与风尚却属于同一模式。这只是新的军役阶级的一个阶层，他们早在莫斯科国王世袭领地主的宫廷中就在大贵族的指挥下行动。在伊凡雷帝特辖军团中这一阶级获得了鲜明的政治色彩，它作为警察卫护团旨在反对大贵族和地方上的叛乱。在17世纪，它的上层，首都的贵族，吸收了大贵族的残余，取代了大贵族在统治机构中的地位。彼得大帝在位期间，这股上层力量被改组成了近卫军，并且加上了一些外国人，此外，他们还受命充当西方文化和军事技术的传播者。国家慷慨地对贵族的行政和军事功绩大加奖赏，增加了人民的赋税负担以供养贵族，将大量的国家土地分给他们，甚至将三分之二的农业人口变成了他们的农奴。最后，在彼得死后，整个贵族阶级通过近卫军一而再地组成具有偶然性的政府，为自己推卸掉服役的义务，获取新的权利，从而成为统治阶层，将管理职能和国民经济两者都抓在自己手中。就这样形成了这个代代相传的阶层，它只是按国家的需要和偶然受到的影响改头换面而已。到叶卡捷琳娜登基之时，这个阶层成了政治意义上的人民，而且在其协助之下，彼得一世几位继任者原先的宫廷国家终于取得了社会阶层—贵族国家的形式。至于法制的人民国家则要到以后才会出现，而且是很长时间以后[6*]。

注　释

瓦·奥·克柳切夫斯基的《俄国史教程》第四卷叙述的是17世纪末至18世纪中叶的俄国历史，即彼得大帝及其最近的几位继任者执政时期到1762年宫廷政变和叶卡捷琳娜二世登基为止的历史。不难发现，克柳切夫斯基把第四卷中所讲的各种事件纳入了资产阶级历史学家传统的帝王统治的框架——从彼得大帝独立统治到叶卡捷琳娜二世的统治。按照克柳切夫斯基的分期法，这一时期的事件和发展过程乃是"俄国史第四时期"，或俄罗斯"近代史"的组成部分，按时序，这一时期包括从17世纪初到19世纪中叶的时间。

《教程》第四卷，是作者于1909年付印问世的。与前几卷不同，本卷有很大一部分是作者在付印之前重新撰写的。因此，书中更加明显地反映出"国家学派"所固有的唯心主义观点，这些观点在克柳切夫斯基生前最后几年的著作里表现得尤为突出。第四卷讲述的几乎完全是彼得大帝的活动和他在统治期间所进行的改革（第五十九讲至第六十九讲）。在阐述1725—1762年的事件时，作者主要想探讨18世纪头25年的改革在后来的命运。

革命前许多历史学家持有这样的观点：把彼得一世最近的几位继任者当政时期的俄国历史看作是向叶卡捷琳娜二世朝代过渡的独特时期，他们有时把1725—1762年间的俄国史称为彼得一世继任者当政时期的俄国史。克柳切夫斯基对18世纪初的改革所作的唯心主义解释，还表现在这种解释与彼得一世所受的教育直接联系在一起。正因如此，克柳切夫斯基才这样注意彼得一世的童年和青年时代，注意他度过童年和青年的环境、生活方式、习惯爱好等，尤其注意彼得一世作为一个人、作为沙皇、继而作为皇帝和权力无边的俄罗斯君主的内心矛盾。对彼得一世的这种性格描述笔调鲜明，令人难以忘怀，成为作者阐释改革的独特背景。

类似的历史叙述方法并非偶然，克柳切夫斯基在实质上背离了谢·米·索洛维约夫关于"改革时代"的论点：索洛维约夫认为这一时代与17世纪的俄国历史紧密相连。按索洛维约夫的观点，在17世纪的俄国仅仅表现出了"改革国家的精神"——人民认识到了自身的贫困，认识到必须首先改革经济。"人民已愤然而起，准备上路，但是，他们还在等待什么人，他们在等待领袖——领袖终于出现了。"这位领袖就是彼得大帝，"最伟大的历史活动家"，"历史发展的推动者"，"人民事业的领袖"。[1]

瓦·奥·克柳切夫斯基对18世纪初改革的评价则完全两样。早在《教程》第三卷中克柳切夫斯基就强调，在17纪后半叶即已存在了具体的"改革纲领"，而且这个纲领在某些方面甚至比彼得大帝所做到的还要前进一步。这就难怪克柳切夫斯基在《教程》第四卷里援引了雅·费·多尔戈鲁基公爵对比阿列克谢·米哈伊洛维奇和彼得大帝二人活动的言论，特别强调了阿列克谢·米哈伊洛维奇活动的正确方面。克柳切夫斯基对彼得大帝本人个性意义的问题也理解得与众不同。他写道："……如果对彼得大帝的事业既不加以夸大，也不予以贬低，那就可以这样来表述它的意义；改革本身产生于掌握政权的人本能地感到的国家和人民的迫切需要，这位掌权者头脑敏锐、性格坚强、才能出众，这些优秀品质和谐地汇集于特别幸运的杰出人物之一身。而这种人物由于尚属未知原因偶尔出现在人间。"[2] 克柳切夫斯基一方面否定谢·米·索洛维约夫所写的彼得大帝负有的特殊"历史使命"，另一方面却同贵族和资产阶级历史学其他代表人物一样，把推行改革归结为彼得大帝的个人活动。克柳切夫斯基没有揭示旨在加强贵族作用和部分商人作用的彼得大帝改革的阶级实质。

对于实现"国家迫切需要"，克柳切夫斯基的理解也是独特的和矛盾的。他认为彼得大帝改革的实现不是靠按部就班地贯彻各种措施，而完全是起因于外部的情况，首先是对外政策的任务，具体地说，就是伟大的北方战争。克柳切夫斯基写道，彼得大帝只是做了时机暗示给他的事，全然不用为事先的筹划和长远的计划操心。"战争引导着他，直到逝世之前一直推动着他进行改革。""改革措施一个接着一个，其顺序按战争所强加的要求而定。"[3]

1 谢·米·索洛维约夫，《俄国史——自远古起》，"社会利益"出版社，第三册，圣彼得堡，1055栏；《文集》，圣彼得堡，1910年，1001、1593、980、993栏。
2 瓦·奥·克柳切夫斯基，《文集》，第三卷，莫斯科，1957年，第363、364页；参见前文第44、45、208、220页。
3 参见前文，第207、62页。

对于18世纪初的改革性质的这种极端错误的观点反映在《教程》第四卷的整个结构上。按克柳切夫斯基的想法，彼得大帝要实现他从最近的前辈继承来的"纲领"，需要有一些具体的条件，最重要的条件就是战争。[1]这样，克柳切夫斯基使国家内部发展受制约于外部因素，在叙述过程中使一切国家改革和变化都取决于战争时期环境和要求所产生的需要。正因如此，据克柳切夫斯基的看法，军事改革"给整个俄国社会的精神的和社会的结构留下的印记过于明显和深刻"。[2]军事改革导致了统治阶级——贵族内部的变化，加速了"强化国库资金收入"的措施，首先是使农民农奴化和加重财政压迫。其表现之一是推行人头税。按克留柳切夫斯基的看法，行政改革以及稍后的地方和中央管理机构的改组，"具有准备性的目的——创造顺利实现其他改革所必需的总的条件"，其他改革即军事改革和财政改革。外省改革似乎同样完全是为了充实国库的目的。[3]

对18世纪初的改革做类似的解释就导致了克柳切夫斯基主要仅透过政府改革这一透镜来看国内社会经济生活中出现的变化。诚然，他花费了整整一讲（见第六十四讲）来阐述18世纪头25年俄国生产力的发展，但基本上是站在唯心主义立场上。克柳切夫斯基写道："彼得找到了广泛发展事业的计划和资金……国内生产力的预先高涨乃是国库殷实的必不可少的条件，这一思想便成了彼得经济政策的基础。他为自己规定的任务是以最好的技术手段和生产工具武装人民的劳动，把新的手工业纳入国民经济运转。"[4]因此，克柳切夫斯基把彼得大帝的活动看作是"对工业的国库温室培育"，一方面，他以各种指示加以指导，另一方面，则通过政府给厂主各种特权、优惠和专利加以鼓励。这种片面的方法论上的错误观点，也是整个俄国历史学所共有的观点，这部分地说明了对此问题的研究极不深刻的原因。[5]

这种观点导致的结果便是，不是生产力决定18世纪初俄罗斯的国家和阶级的结构，相反，却成了国家的活动决定了生产力的发展。所以克柳切夫斯基强调，"国民经济的改革变成了财政改革，它所取得的成就仅仅是财

1　参见前文，第49、50页。
2　瓦·奥·克柳切夫斯基，《文集》，第三卷，莫斯科，1957年，第70页。
3　参见前文，第147、160页。
4　参见前文，第107、108页。
5　亚·阿法纳西耶夫的旧作《彼得大帝时期的国民经济》（载于《现代人》，1847年，第6、7期）是一个例外。

政的，而不是国民经济的。"[1]

实际上，正如苏联历史学家所阐明的那样，18世纪头25年的改革是在国家生产力上升，手工业进一步与农业分离和发展成小商品生产，建立工场手工业生产，形成全俄市场等条件下实现的。国家在封建农奴制统治下出现了资本主义的生产关系。[2]因此，彼得大帝的封建农奴主政府一方面巩固统治阶级——贵族的地位，首先是巩固土地封建所有制（1714年颁发的有关一子继承制法令），另一方面，它同时也迎合新生的资产阶级。

克柳切夫斯基不同意广泛流行于俄国贵族和资产阶级历史学界的一种意见，即彼得大帝的所有改革都是从西欧引进和盲目模仿西欧。克柳切夫斯基则相反，在《教程》第四卷里他不止一次强调，尽管彼得大帝醉心于西欧的风俗习惯、道德风尚、规矩制度，而且经常不加批判地对待它们，但是就总体而言他还是清醒的，是不相信它们的："在彼得大帝眼中，接近欧洲只是一种达到目的的手段，而不是目的本身……他希望的不是从西方引进那里现成的技术成果，而是掌握技术，将这些产业连同其主要的机械和技术知识一起移植到俄罗斯来。"[3]克柳切夫斯基指出，彼得大帝渴望培训技术干部，重视在俄国工作的外国专家的作用，重视到国外学习进修和建立学校网络的作用。然而，他对这种活动的结果有些悲观失望，部分地认为俄国贵族国外之行带回祖国的主要是"外国的坏毛病与本国的恶习惯的混合物"。[4]

克柳切夫斯基对彼得大帝的活动及其推行的改革所做的总的评价远非无条件的理想化和一味赞扬。他尖锐地否定推行改革所使用的专制暴虐的方法，否定把专制看作政治原则的做法。与此同时，克柳切夫斯基承认彼得大帝施行的旨在发展俄罗斯的改革所具有的进步性，甚至把它比作帮助新播作物发芽的春季大雷雨，他恶毒地嘲笑尼·米·卡拉姆津和其他"俄

---

1 参见前文，第215页。
2 参见鲍·鲍·卡芬豪斯，《18世纪20年代俄国内贸地理学和地区经济专业化》，载《地理问题》（《论文集》，第20期），莫斯科，1950年；E. U. 藻泽尔斯卡雅，《彼得大帝时期的工场手工业》，莫斯科—列宁格勒，1947年；作者同前，《18世纪头25年莫斯科轻工业的发展》，莫斯科，1953年；A. A. 沙皮罗，《彼得大帝时期的农民商业和农民承包业》，载《历史学报》，1948年，第27期等等。
3 参见前文，第214、215页。
4 参见前文，第237、238页。

罗斯爱国者",因为这些人抱怨说,彼得大帝破坏了古罗斯的基础。[1]克柳切夫斯基远远不能理解社会经济形态以及社会经济发展的各个阶段,然而他正确地看出,在18世纪初俄国的社会制度与17世纪相比,并没有发生原则性的变化。与此同时,他觉察出了18世纪头25年改革的矛盾性。克柳切夫斯基写道:"彼得大帝所完成的改革,其直接目的并不是改组制度,无论政治的、社会的还是道德的制度……他(指彼得大帝。——编者)既没有触动被《国民会议法典》奠定的社会制度基础,也没有触及按义务制划分的阶层等级制度,更没有碰到农奴制度。"但是,"他希望用政权的急风暴雨唤醒被奴役社会的主动精神,通过奴隶主贵族把欧洲科学移植进俄罗斯。"[2]

克柳切夫斯基千方百计地强调彼得大帝力求创造"共同的福利",但是他同其他资产阶级历史学家一样,看不到彼得大帝改革的阶级基础,看不到集权主义的确定,强大的中央集权的贵族官僚机关的建立,都是贵族阶级利益使然,而彼得大帝的全部活动都首先是为了贵族和商人阶层的利益。由此产生了他的这样一个论断:彼得大帝的合作者"不是改革活动家,而只是他的宫廷奴仆",[3]他无疑夸大了统治阶级对改革的消极态度或反抗。资产阶级局限性使克柳切夫斯基不能看到阶级斗争的经常不断的表现,而这在18世纪初的俄国史上是非常典型的。[4]他写道关于人民力量"过分紧张",但是,他把所有的人民运动都看成彼得大帝前的旧罗斯反对改革的斗争,他不能透过表面原因(诸如各种赋税的增加、粗暴地推广生活的新举措、滥用权力等)看出最基本的——农奴制压迫和封建剥削的加强,因为所有改革措施都是在这种条件下实施的。

不过,瓦·奥·克柳切夫斯基对18世纪初俄国史的一系列个别问题的阐述却是正确的。例如,他正确地指出了官僚阶层的产生和机关的中央集

---

1 参见前文,第203、222页。
2 参见前文,第212、220、221页。
3 参见前文,第253页。
4 参见 В. И. 列别杰夫,《1705—1706年阿斯特拉罕起义》,《国立莫斯科波将金师范学院学报》,第二卷第一分册,1941年;作者同前,《布拉文起义(1707—1708)》,莫斯科—列宁格勒,1931年;作者同前,《巴什基尔起义(1705—1711)》,《历史学报》,莫斯科,1937年,第一期;Н. С. 查果夫,《布拉文起义(1707—1708)》,莫斯科,1934年;Н. Б. 戈利科娃,《18世纪头25年俄罗斯的政治进程(根据普列奥布拉任斯科耶衙门的资料)》,莫斯科,1957年等等。

权化等过程，这些部分地反映在17世纪的大贵族杜马和各个衙门的被消灭，以及代之以官僚机关——参政院和各院等方面。克柳切夫斯基还正确地指出了国家财政体系的重大变化——直接税超过了间接税，指出这主要是推行人头税的结果。第四卷中讲述彼得大帝执政时期贵族阶级里的和教会地位的变化，描述宫廷生活的场景，叙述个别大臣之间的相互关系等的各讲也十分精彩。

《俄国史教程》第四卷的最后五讲（第七十讲至七十四讲）讲述的是从彼得大帝逝世到叶卡捷琳娜二世即位这一时期，或如瓦·奥·克柳切夫斯基所写，"1725—1762时代"。作者概述了发生在18世纪第二个25年间的大量的宫廷政变之后，得出结论说：自彼得大帝逝世至叶卡捷琳娜二世登基，几乎所有政府的更迭都出于近卫军之手。[1]由于当时在近卫军里服役的是贵族的全部精华，克柳切夫斯基认为，贵族因宫廷政变及自己在其中所起的作用"对自己在国家中的地位"形成了一种"苛求的观点，而这是从前不曾出现的"，"在这一观点和形成它的环境的作用下，贵族在国内的地位改变了，他们对其他社会阶级的态度也改变了。"[2]据他的看法，贵族近卫军的武装部队——这才是决定1725—1762年俄罗斯命运的力量。克柳切夫斯基对"宫廷政变"时代的各种事件做这样的解释，却只字未提社会经济的发展乃是贵族政治作用提高的前提。造成这种情况的不仅有对18世纪第二个25年俄罗斯的社会经济历史的许多问题研究不够，而且还有逐渐加强的对历史进程做反动唯心主义理解的倾向。这种倾向对于1905—1907年革命之后的瓦·奥·克柳切夫斯基的观点来说是非常典型的。

苏联历史学家的著作揭示了18世纪第二个25年的俄罗斯社会和经济发展的基本现象。[3]在这个阶段，开始发展的资本主义生产关系和封建农奴

1　参见前文，第266页。
2　参见前文，第267页。
3　И. В. 梅舍林，《18世纪和19世纪前半叶莫斯科省农民的纺织工业》，莫斯科—列宁格勒，1950年；С. Г. 斯特鲁米林，《苏联的黑色冶金史》，第一卷，莫斯科，1954年；Н. И. 帕甫连柯，《18世纪前半叶俄罗斯冶金工业的发展》，莫斯科，1953年；卡芬豪斯，《18—19世纪杰米多夫家族经济史》，第一卷，莫斯科—列宁格勒，1949年；К. П. 舍佩托夫，《舍列梅捷夫领地上农奴的权利》（1708—1885），莫斯科，1957年；С. И. 沃尔科夫，《18世纪中期莫斯科郊外的宫廷农民》，《历史学报》，1955年，第五十三期等等。

制统治制度之间的矛盾不可避免。这些现象与劳动的社会分工的加强、各地区的产业专业化等密切相连。出现几十个新的冶金工厂,既有官办的,也有私营的;还有大量商人经营的纺织手工业工场。工商业的发展促进了商人阶层的经济和政治地位的加强。

地主经济的强化导致对农民剥削的加剧,从而引起农民反对自己老爷的阶级斗争尖锐化。普通贵族和世袭的豪门权贵的阶级利益一致的基础是,他们共同争取加强农奴制压迫和控制被剥削农民服从自己。应该从这里寻找18世纪历次宫廷政变如此轻易发生的原因。这是个别的贵族和世袭豪门权贵之间争夺政权的斗争。弗·伊·列宁写道:"让我们以过去的农奴制贵族社会为例。那时,若说到把政权从一小撮贵族或封建主手中夺下,交与另一小撮,这类政变轻易到了可笑的程度。"[1]

在《教程》第四卷里,瓦·奥·克柳切夫斯基十分注意社会政治改革的规划和在18世纪第二个25年中政权新机关的建立。据瓦·奥·克柳切夫斯基的看法,根据1726年2月8日上谕建立的最高枢密院已成了旧的王公大臣的机关,而枢密大臣和显贵人士的思想领袖乃是德·米·戈利岑公爵。作者在自己的《教程》里用相当多的篇幅叙述了这位聪明多智、富有教养的达官贵人的活动;枢密大臣们制定"即位条件"(即对安娜·伊凡诺夫娜即位提出的条件)的一段历史在《教程》中讲述得非常详尽。德·米·戈利岑企图以大贵族的最高枢密院的意志限制独裁统治,但这一企图失败了。瓦·奥,克柳切夫斯基把失败的原因归结为贵族的坚决立场,因为贵族在1730年各种事件进行过程中支持安娜·伊凡诺夫娜的独裁政权。对"即位条件"、小贵族的方案和1730年事件的分析,是《教程》第四卷最精彩的篇章。

克柳切夫斯基用最黯淡的色彩和最辛辣的笔触描写了女皇安娜·伊凡诺夫娜统治时期和"比伦苛政"时期波罗的海沿海地区男爵们的强霸势力。他写道:"德国人纷纷来到俄国,就像破袋子里掉出来的垃圾,他们麇集于朝廷,围绕着宝座,攫取管理机关中的所有肥缺。"[2]

在总结"宫廷政变时代"(第七十二讲)时,瓦·奥·克柳切夫斯基主要着重讲述了贵族地位的种种变化。

对于18世纪第二个25年的农民问题,他则是站在历史学的"国家主

---

[1] 《列宁全集》,第二十三卷,第397页。
[2] 《列宁全集》,第二十三卷,第294页。

导方向"的立场来加以观察。他的意见是,政府"寻求的不是农奴制的法律依据,而是征收人头税欠款的办法"[1];决定政府的农奴制政策的似乎不是地主的阶级利益,而是国家的国库收入需要。与此同时,在描述加强农奴制的具体条件时,作者本人也强调农民的沉重处境。克柳切夫斯基公正地指出贵族的阶层权利和特权的增加。他写道:"彼得大帝之后,在立法上交替着实行两类措施:一类是巩固贵族的土地所有制,另一类则是减轻贵族的义务服役。"[2] 但是,他的看法是,这标志着"贵族掌权的开始"。而一事实乃是彼得大帝逝世后从他的改革急转直下的转变迹象之一:"旨在以欧洲文明手段提高人民劳动生产率的事业变成了加强国库的剥削和对人民本身的警察奴役。"[3] 这样,克柳切夫斯基对彼得大帝改革的唯心主义理解又加上了对18世纪第二个25年的错误评价:他把这一时期评价为国内全面低落时期,是彼得大帝改革之后的贵族的反动。然而,对这一时期社会经济和政治历史的研究表明,尽管作为彼得大帝执政时期巩固贵族的统治地位的后果,农奴制得到了加强,俄罗斯仍然沿着新生的资本主义生产方式萌芽发展的道路缓慢地但还是向前行进着。

在《教程》第四卷的最后几个部分,瓦·奥·克柳切夫斯基用完美的文学形式鲜明地刻画了几个人物:伊丽莎白·彼得洛夫娜——"在18世纪刚愎自用的俄国贵妇",彼得三世"盘踞俄罗斯王座上的忠诚的普鲁士大臣",从而揭示了1762年5月28日政变的局势,而政变的结果便是叶卡捷琳娜二世取得了政权。

* * *

瓦·奥·克柳切夫斯基在准备把《教程》第四卷付印之前,广泛使用了谢·米·索洛维约夫的总结性著作《俄国史——自远古起》的资料,以及 П. Н. 米柳科夫、А. 阿法纳西耶夫、Н. Г. 乌斯特里亚洛夫、В. А. 比利巴索夫和其他19世纪研究者的专著。与此同时,他广征博引,大量引用了发表于《俄罗斯帝国法典全书》中的文件,外国使节的通信,尤其是18世纪的回忆录文献(热利亚布日斯基、涅普柳耶夫、纳尔托夫、福克罗特、曼施泰因、库拉金、波罗申、叶卡捷琳娜二世、Г. 杰尔查文、韦贝尔等人

---

[1]《列宁全集》,第二十三卷,第314页。
[2] 参见前文,第316页。
[3] 参见前文,第338页。

的札记）。

＊　　　　　＊　　　　　＊

作为《俄国史教程》第四卷文本基础的是保存于苏联科学院历史研究所手稿文档部的草稿笔记（克柳切夫斯基第一卷宗夹），[1] 从第 143 页起，至第 442 页止（即到笔记最后一页）。如果说最初这本笔记似乎是连接从 19 世纪 80 年代《俄国近代史》教程讲义（B. 瑟索耶夫的讲义，B. 瑟索耶夫、Я. 巴尔斯科夫和"叶·阿·"的石版讲稿）摘入《教程》的各个片断的环节，那么，大约从第六十一讲开始，克柳切夫斯基则参考经过重大修改和补充的 19 世纪 80 年代的讲义，重新修订了文稿。这样，从第六十一讲起，《教程》第四卷的文稿几乎全部都见于草稿笔记（除了保存在第十卷宗夹的第六十八讲以及手稿排印本的一些插入段落）。在草稿笔记的空白处标明了大量引文来源以及文本个别部分的写作时间。从这些说明里可以看出，瓦·奥·克柳切夫斯基加工《教程》第四卷的草稿文字是从 1907 年 8 月到 1909 年 12 月。

在苏联科学院历史研究所手稿文档部的克柳切夫斯基档里（第三卷宗夹）还保留有《教程》第四卷的排印稿，当然不完整（共 129 打字页，用纸为 28×22.5cm 的大幅开张），上面有瓦·奥·克柳切夫斯基亲自做的大量修改。作者插进了一些讲义内容，在空白处标有"星号"，并注明资料来源。页码是这样排的：468—479（第六十讲末尾），47—245（第六十一——六十八讲），246—281（第六十九讲）。最后一讲是根据发表于《俄罗斯思想》（1909 年，第一期，第 1—24 页）的论文《彼得大帝逝世时期的俄国社会》（排印本）写成的。后面还保存有第 261—308 页（第七十一—八十一讲）和第 366—370 页（第四卷末尾，以缩写形式纳入了第七十四讲）。瓦·奥·克柳切夫斯基在排印本所写的一些主要的插入段落，将在后面的注释里指出。

第四卷的最初几讲在很大程度上是以瓦·瑟索耶夫在 19 世纪 80 年代末所作的《俄国近代史》课大学生笔记为基础写成的。[2] 这一笔记的不完整版本保存在苏联科学院历史研究所手稿文档部的克柳切夫斯基档内（第二十卷宗夹）。笔记共 117 张（幅面为 17.5×22cm），所标页码为第 337—572 页

1　有关这一笔记，参见瓦·奥·克柳切夫斯基《文集》，第三卷，第 372 页。

2　该笔记写于 1887 年以后（笔记中提到了这一年出版的《彼得大帝书信和文件集》第一卷）。笔记撰写者是根据瓦·奥·克柳切夫斯基在其草稿笔记里大量引用的脚注确定的。

（从《教程》第三卷最后一讲的结尾几行开始，到评述安娜·伊凡诺夫娜统治时期止）。这一笔记远比瑟索耶夫于1888年出版的《俄国近代史》石印本要丰富和广泛。笔记的空白处标有大量资料来源注解；笔记原文上保留有克柳切夫斯基所作的修改，这是他在准备把《教程》第四卷付印时作出的。[1]

在国立列宁图书馆的克柳切夫斯基文档里保留有瑟索耶夫笔记的一些片断（第609—657页），内容是对伊丽莎白、彼得三世和叶卡捷琳娜二世等几届政府的评述。这些片断乃是《教程》第四卷相应章节的基础（国立列宁图书馆，克柳切夫斯基文档，第七卷宗夹，第一卷宗）。这些片断同样有着作者大量的修改和引文出处的注解。

在准备编写《俄国史教程》第四卷时，瓦·奥·克柳切夫斯基广泛使用了《俄国近代史教程》石印本。这个课本是他1882—1883年在莫斯科大学讲课时使用过，并由亚·列·巴尔斯科夫记录下来的。在石印之前，这份记录经瓦·奥·克柳切夫斯基更改和校勘过（参见：国立列宁图书馆，克柳切夫斯基文档，第九卷宗夹）。在写作《教程》第四卷时，克柳切夫斯基曾使用过的石印本的前半部，现保存在列宁格勒（苏联科学院历史研究所列宁格勒分所，档案部，克柳切夫斯基文档，第三卷宗）。而第二部分（自第129页起），现在国立列宁图书馆手稿部（克柳切夫斯基文档，第四卷宗夹，第二卷宗）。与《教程》第四卷题材有关的是从第93页到204页的文字。在石印本的空白处有大量的资料出处的注解和问题的文献目录；石印本的文字有很多修改之处，可以看到作者为出版排印本《教程》所作的校勘工作的痕迹。[2]

---

[1] 笔记上有下列标题："彼得大帝（1672—1725）；彼得生平简述；彼得的改革活动；改革的计划和顺序；彼得大帝的性格；1. 对外政策；2. 行政改革；军事改革；阶层改革；彼得大帝的财政措施；彼得大帝的改革活动的意义和性质；人民对彼得大帝及其改革的态度；宫廷政变时代（1725—1762）。"

[2] 与《教程》第四卷有关的石印本部分的标题是："彼得大帝生平概述；彼得大帝改革活动综述；研究的次序；军事改革；发展工业的措施：1. 招聘外国技师；2. 派遣俄罗斯人到国外学习技术；3. 政府宣传；4. 给予工业家以优惠和特权；阶层改革：1. 贵族；2. 农民和第一次丁籍调查；彼得大帝的行政改革；行政改革与其他改革的联系；中央机关；外省机关；行政改革的意义；财政；彼得大帝活动的意义和性质；彼得大帝逝世后俄罗斯的状况；人民对彼得大帝及其改革的态度；最高阶级的状况和性质；彼得大帝逝世后的宫廷政变；宫廷政变的后果；彼得大帝之后旧权贵和贵族的政治情绪；贵族的服役制和土地所有制情况的变化；彼得三世和1762年政变。"

瓦·瑟索耶夫记录的《俄国近代史》教程的石印本（莫斯科，1888年），瓦·奥·克柳切夫斯基几乎没有使用。[1]

用于《教程》第四卷的草稿资料全都收集于苏联科学院历史研究所手稿文档部的克柳切夫斯基文档，第十卷宗夹里（共有 230 张以上）。这里可以找到作者亲笔写的第四十八讲草稿，这一讲叙述的是彼得大帝改革的意义。还可以看到对《教程》正文所作的大量补充的最早草稿（其中有一部分没有纳入排印本），从文献和资料所作的摘录，对 18 世纪头 25 年历史的个别问题和对彼得大帝活动的见解，为《教程》第四卷所作的插入段落，成文于 19 世纪 70—90 年代的几讲有关彼得大帝的讲义等。所有这些资料对于研究瓦·奥·克柳切夫斯基的创作思想和方法很有意义，可以看出，他为了《教程》的最后定稿付出了巨大的劳动。

本书编纂者在介绍正文及其各种异文，以及指出资料来源和参考书目时，遵循的仍是在瓦·奥·克柳切夫斯基的《俄国史教程》第一卷和第二卷注释里阐述的原则。

*　　　　　*　　　　　*

整理付印《俄国史教程》第四卷全文和编写此书的注释，都是由 B. A. 亚历山德罗夫和 A. A. 季明完成的。地名索引由 M. Ф. 基施金编写，而编写人名索引的是 B. B. 斯坦科夫斯卡娅。

第五十九讲

〔1*—1*〕 作者准备把《教程》第四卷付印时使用的正文主要是依据经过重新校订的大学生听克柳切夫斯基讲课时所作的笔记。这份笔记是 B. 瑟索耶夫于 19 世纪 80 年代末，90 年代初记录的（下文简称瑟索耶夫笔记）。

在瑟索耶夫笔记里此处接着有一段被作者省略的话：

"从那时起，旧礼仪派分子为之奋起的骚动、分裂运动和古罗斯的习

---

1 与《俄国史教程》第四卷题材有关的是第 121—174 页。这部分的标题是："彼得大帝（1672—1682—1728）；彼得大帝生平概述（北方战争之前）；彼得大帝的性格；彼得大帝改革活动综述；研究的顺序；军事改革；农民和第一次丁籍调查；发展工业的措施；管理结构的变化；城市自治；财政；第四阶段的第二期（1725—1796）；宫廷政变时代（1725—1762）；贵族的服役和土地占有情况的变化；彼得三世和叶卡捷琳娜二世即位。"

俗规矩——这些概念在他的回忆中就不可分地联系到了一起；这一组想象与其说是种种概念的逻辑组合，不如说是各种令人神经紧张的、病态的震动之不可分开的结合（他不能把其中一个与另一个分隔开）。骚动——这是分裂运动，分裂运动——这是古罗斯的习俗规矩，因此古罗斯的习俗规矩——就是骚动。"

〔1ª〕 接着，在瑟索耶夫笔记里有一段在《教程》第四卷付印时被作者删去了的话："阿列克谢·米哈伊洛维奇沙皇曾两次结婚：先是与玛利娅·伊里尼奇娜·米洛斯拉夫斯卡娅结为夫妇，后来又娶了纳塔利娅·基里洛夫娜·纳雷什金娜。他非常爱自己的两位妻子，上帝也保佑他两次的家庭幸福；当时，几乎每年都有使者骑马驰往各个城市，传达谕旨，诏令各地居民、工商农户等举办感恩祈祷，为阿列克谢皇太子、为伊凡皇太子或为彼得皇太子祈祷，或者为费奥多西娅公主、伊琳娜公主或索菲娅公主祈祷。"

〔1ᵇ—1ᵇ〕 在瑟索耶夫笔记里代替这段文字的是作者在付印《教程》第四卷时删掉的一段话："……在家里她的教导者是阿尔塔蒙·谢尔盖耶维奇·马特维耶夫。他从前是射击兵的首脑，即射击兵的团长，后来他成了大贵族，接替奥尔金—纳肖金管理外事衙门，他和自己的前任一样，也是位改革路线的温和、热心的贯彻者。"

〔1ª〕 在瑟索耶夫笔记里接着有一段被作者付印《教程》第四卷时删去了的话：

"宫廷世界分成了两个敌对的派别，因为每位皇后都把自己的亲朋好友招纳进了宫廷里面。"

〔1ᵉ〕 谢·米·索洛维约夫，《俄国史——自远古起》（下文简称索洛维约夫《俄国史》）。第十三卷，第四版，莫斯科，1883年，第219—223页。

〔1ᵃ〕《米勒评克列克申的著作——彼得大帝史》[彼·尼·克列克申，《彼得大帝……功业简述》（下文简称克列克申），第19及以后几页，载于И.П. 萨哈洛夫出版的《俄国名人传》，圣彼得堡，1841年]；彼得·别卡尔斯基，《彼得堡科学院史》，第一卷，圣彼得堡，1870年，第343—344页。

〔1ᵉ〕 在瑟索耶夫笔记里接着有一段被作者付印《教程》第四卷时删去了的话：

"在后者所写的一封信里有一个有关一双苦修姐妹的典型事迹。阿瓦库姆一方面鼓励自己和其他人要耐心忍受迫害，但另一方面，却对自己说出一段无与伦比的话:'你这个疯子!快些振作起来,当着众人的面高声向天父之子耶稣忏悔吧。躲藏逃避够了,另一次这样的时机你是再也等不到的;天国自行向你俯就,可是你却犹豫不决,一再向后拖延。你看看吧,女贵族费奥多西娅·普洛科彼耶夫娜·莫罗佐娃和她的妹妹叶夫道吉娅是多么伟大的中流砥柱:全世界都配不上她们。真令人敬佩不已:她拥有 8 000 名农民,仅一个家庭养殖场就值 20 多万卢布(换言之,约有 300 万卢布),可是,如今她们睡的不是镀金的软床,而是被锁禁在土牢里。她们在坐牢,在为正教受罪。她们就在那个牢狱里死去了。'"Н. Г. 乌斯特里亚洛夫,《彼得大帝执政史》(下文简称乌斯特里亚洛夫),第一卷,圣彼得堡,1858 年,第 52、283 页,注释 59。

〔1*〕(克列克申,第 20 页)。

〔1³〕Г. К. 科托希欣,《论阿列克谢·米哈伊洛维奇在位时期的俄罗斯》(下文简称科托希欣),第二版,圣彼得堡,1859 年,第 14 页。

〔1"〕(克列克申,第 21 页)。

〔2—2〕作者付印《教程》第四卷时加入的这段文字是以草稿笔记为依据的。

〔3*—3*〕作者付印《教程》第四卷时加入的这段文字是以经过重新校勘的瑟索耶夫笔记为依据的。

〔3ª〕《ф. А. 库拉金公爵档案》(下文简称库拉金),第一卷,圣彼得堡,1890 年,第 53 页。

〔4*—4*〕作者付印《教程》第四卷时加入的这段文字是以草稿笔记为依据的。

〔4ª〕《彼得大帝档案文件摘抄汇编》,В. Г. 叶西波夫等编,(下文简称叶西波夫),第一卷,莫斯科,1872 年,第 6 页;库拉金,第一卷,第 57、65 页。

〔5—5〕作者付印《教程》第四卷时加入的这段文字是以经过重新校勘的瑟索耶夫笔记为依据的。叶西波夫,第 136 页;乌斯特里亚洛夫,第二卷,圣彼得堡,1858 年,第 24、327—331 页;库拉金,第一卷,第 76 页。

〔6*—6*〕作者付印《教程》第四卷时加入的这段文字是以草稿笔记为依据的。

〔6ª〕在瑟索耶夫笔记里这段文字后还有一段被作者付印《教程》第四卷时删去了的话:"在少年军里采用了所有的外国军衔:士兵、士官、军曹、

尉官、校官等等（这是扮演外国编制的正规军队的游戏）。正是这些少年军成了未来的正规近卫团的骨干。"

〔6⁶〕 安阿·马特维耶夫，《札记》（下文简称马特维耶夫），载于 И. П. 萨哈洛夫出版的《俄国名人传》，圣彼得堡，1841 年，第 48 页。

〔7—7〕 作者付印《教程》第四卷时加入的这段文字是以瑟索耶夫笔记和巴尔斯科夫的石印本为依据的。在瑟索耶夫笔记里接着这段文字的另一些话被作者付印《教程》第四卷时删去了："据说，是一件平凡小事点燃了彼得大帝对船舶的热爱激情。当他在莫斯科郊外的伊兹梅洛沃村，在他祖父尼基塔·伊万诺维奇·罗曼诺夫——著名的倾慕西方的人——的库房里找到一艘被遗弃的、已经半腐烂的英国小艇时，这种激情突然迸发出充满灵感的火花，照亮了他。但是对航海的热情在彼得大帝身上产生得要早许多，也平凡得多，可以说，平淡无奇。保留到我们今天的有整整一份关于造船和在亚乌扎河上修建一座小城，此城后来得名普列斯堡的卷宗。这份卷宗开始于 1685 年 2 月，而彼得大帝带领基梅尔曼访问伊兹梅洛沃村不可能早于 1688 年年初。然而，从这份卷宗可以看出，早在 1686 年夏，即已订购木板，以便在普列奥布拉任斯科耶村的湖上修建游戏用船只。从宫廷杂记里可以看到，1687 年，即在祖父库房里发现丢弃的小艇——俄国舰队之祖的一年或一年多以前，彼得大帝从兵器署领取了'小型舰船'。看来，这就是他父亲的舰船模型，它们是阿列克谢沙皇在位期间从国外招聘来的以布特勒为首的造船技师修造的。众所周知，阿列克谢沙皇政府非常关心舰队之事，造船的想法可以说是遗传给彼得大帝的一种传统。这个传统牢牢地扎根于教育彼得大帝成长的人们中间。这一传统相当'不经意地'把彼得大帝引导到第二次求学，而这是从前的皇太子未曾体验过的。"

〔8—8〕 作者付印《教程》第四卷时加入的这一段文字是以草稿笔记为依据的；库拉金，第一卷，第 65 页。

〔9—9〕 作者付印《教程》第四卷时加入的这一段文字是以瑟索耶夫笔记为依据的；叶西波夫，第 139 页；乌斯特里雅洛夫，第二卷，第 18、19 页。

〔10—10〕 作者付印《教程》第四卷时加入的这一段文字，代替了瑟索耶夫笔记原有的相应的一段话："这是荷兰木匠弗朗茨·基梅尔曼，他是阿列克谢沙皇在位期间修造'奥廖尔号'舰船的那批人中仅存的一个……

"……很难说，产生这种文理不通现象是由于什么原因。最大的可能是过早地中断了与佐托夫的学习，而基梅尔曼对数学（了解得）也马马虎虎。在笔记中有一些带解答的算术题；写下这些题的或者是老师，或者是彼得本人。在这里我们首先可以看出，彼得是如何吃力地掌握数学的术语：加法，被叫作'架法'，乘法，被叫作'升法'。例如，下面是彼得典型的正字法错误，他在解释一道算题时，亲笔写道：'你若想升一个大数，把它放在上面，把想用来升它的那个数写在下面'。彼得把'射击'一词写成'射器'。其次，基梅尔曼本人在算乘法题时，也不止一次犯错误，例如：

$$
\begin{array}{r}
4325 \\
\times\ 205 \\
\hline
25625 \\
0000 \\
8650 \\
\hline
890625
\end{array}
$$

"

——乌斯特里亚洛夫，第二卷，附录 No3（第 439 页）；索洛维约夫，《俄国史》，第十四卷，第四版，莫斯科，1890 年，第 345 页，注释 71。

〔11*—11*〕 作者付印《教程》第四卷时加入的这段文字是以瑟索耶夫笔记为依据的。接着在瑟索耶夫笔记里有一段被作者删去的话："（基梅尔曼）在彼得对舰队极其关心之际，唤起了他早年因从武器署领来的父亲的小舰船而产生的渴望航海的激情。这一激情导致彼得先是在佩列亚斯拉夫湖上建造船舶，后来又在白海海滨阿尔汉格尔斯克城外造船。彼得就这样完成了从前那些皇太子所未曾体验过的第二次学业，不过，暂时是在小书吏的指导下完成学业的。"克列克申，第 89 及以后几页。

〔11ª〕 在瑟索耶夫笔记里接着还有一段被作者付印《教程》第四卷时删去的话："……在一位临时安排的教师的指导下。也是在那些笔记里我们可以看到彼得亲笔解答的一些相当复杂的枪炮学、几何学和筑城学的课题。"

〔11ᵇ〕 巴尔斯科夫的石印本的文字与此相同，但接着有一段话："乌斯特里亚洛夫说，当他这位 16 岁的青年把充满灵感的目光投向半腐烂的小艇的那一分钟，乃是他一生中许多创造时刻中的最为光辉灿烂的。"（参见乌斯特里亚洛夫，第二卷，第 26 页）

〔12—12〕 作者付印《教程》第四卷时加入的这段文字是以巴尔斯科夫的石印本为依据的；叶西波夫，第 80、347 页。

〔13*—13*〕 作者付印《教程》第四卷时加入的这段文字是以瑟索耶夫

〔13ª〕 在瑟索耶夫笔记里接着还有一段被作者付印《教程》第四卷时删去的话:"……这是他以前的儿童室里拿出的。16岁之前他就是没有计划、无人指导地与其他宫廷奴仆用这些玩具游戏。舶来的玩具导致他重新学习,恢复中断了的学业,但这已经是朝另一个方向,在另一种指导下的学习:取代佐托夫位置的是受过教育的荷兰人基梅尔曼。彼得跟他学习古罗斯不曾有过的新学科。但是,这些学科的内容与从前的截然不同;它们给彼得的道德成长留下了一个空白。不过,这个空白从前的学科同样不能填补。"

〔13⁶〕 在瑟索耶夫笔记里接着还有一段被作者付印《教程》第四卷时删去了的文字:"正因如此,在概念结构上出现了深刻的差异:从前时代的皇太子们从教育中得出的概念,和如今彼得沙皇得出的概念完全不同。这些概念的作用鲜明地影响到彼得的活动和他为自己创造的环境本身。"

〔13ᵇ〕 在瑟索耶夫笔记里接着还有一段被作者付印《教程》第四卷时删去了的文字:"游戏和新学科扩大了彼得在普列奥布拉任斯科耶组织的最初的同伴队伍,一些来自外侨区的流浪汉也加入了家中马夫和炮手的行列之中了。"

〔14*—14*〕 作者付印《教程》第四卷时加入的这段文字是以草稿笔记为依据,并部分参用了瑟索耶夫笔记。

〔14ª〕 库拉金,第一卷,第49、56、63、64页。

〔14⁶〕 И. А. 热利亚布日斯基,《札记》(下文简称热利亚布日斯基),载于 И. П. 萨哈洛夫出版的《俄国名人传》,圣彼得堡,1840年,第7—9、17页。

〔14ᵇ〕 库拉金,第一卷,第65页;И. Г. 福克罗特,《彼得大帝时期的俄罗斯》(下文简称福克罗特),载于《俄罗斯历史和古文物学会读物》(下文简称历古学会),莫斯科,1874年,第二卷,第四部分,第24页。

〔15〕 乌斯特里亚洛夫,第四卷,第一册,圣彼得堡,1863年,第217、575、577页。

〔16*—16*〕 作者付印《教程》第四卷时加入的这段文字是以草稿笔记为依据的,并部分参用了瑟索耶夫笔记和巴尔斯科夫的石印本。

〔16ª〕 库拉金,第一卷,第66页。

〔16⁶〕 库拉金,第一卷,第67页。

〔16ᴮ〕 在瑟索耶夫笔记里接着还有一段被作者付印《教程》第四卷时删去了的话："彼得非常希望到国外去，以便亲眼看看那里军事和工业技术的奇迹。他对这些技术知之不详，都是得自外侨区的军官和水兵。彼得到国外去是为了补充在国内得到的知识。"

〔16ᴦ〕 在瑟索耶夫笔记里接着还有一段被作者付印《教程》第四卷时删去了的话："……秘密使命在于（盗窃西欧的科学），探听到最优秀的一切，为自己借鉴到或诱取到有益的一切。我无法更好地表述彼得在指令中所作的教导。这是真正的盗取西方科学的冒险（实地勘察）。"

〔16ᴬ〕《彼得大帝书信和文件集》（下文简称《书信文件》），第一卷，圣彼得堡，1887年，No. 129、140。

〔16ᴱ〕 库拉金，第一卷，第255页；《书信文件》，第一卷，No. 138。

〔17*—17*〕 作者付印《教程》第四卷时加入的这段文字是以瑟索耶夫笔记及补插的文字为依据的。

〔17ᴬ〕 索洛维约夫，《俄国史》，第十四卷。第233—237页。

〔17ᴮ〕 乌斯特里亚洛夫，第三卷，圣彼得堡，1858年，第589和以后几页，以及附录No9;φ. 图曼斯基，《反映俄国皇帝彼得大帝生平和业绩全貌的各种札记和文献汇编》，第三部，圣彼得堡，1787年，第54和以后几页；《纳尔托夫讲述的彼得大帝故事轶闻》（下文简称纳尔托夫），圣彼得堡，1891年，No. 6。

〔17ᴮ〕 С. Н. 舒宾斯基，《历史概述和故事》，圣彼得堡，1893年，第20—30页。

〔18—18〕 作者付印《教程》第四卷时加入的这段文字是以巴尔斯科夫的石印本为依据的。

〔19—19〕 作者付印《教程》第四卷时加入的这段文字是以瑟索耶夫笔记为依据的。

〔20—20〕 作者付印《教程》第四卷时加入的这段文字是以巴尔斯科夫的石印本为依据的。

第六十讲

〔1*—1*〕 作者付印《教程》第四卷时加入的这段文字是以本讲的草稿异文为依据的。该异文写于19世纪70年代末，现保存在科学院历史研究

所档案馆，克柳切夫斯基，第十卷宗夹（下文简称70年代异文）。

〔1ª〕 索洛维约夫，《俄国史》，第十七卷，第三版，莫斯科，1883年，第75页。

〔1б〕《低级侍从别尔赫戈利茨日记》（下文简称别尔赫戈利茨），第二册，莫斯科，1858年，第83页。

〔1в〕 别尔赫戈利茨，第二册，第176页；米·包鲁坚斯基，《彼得大帝在巴黎》，载于《俄罗斯档案》，1865年，No.2，第82—84栏。

〔1г〕 别尔赫戈利茨，第二册，第43页。

〔1д〕 纳尔托夫，第52页（No.79），第45页（No.60）。

〔2—2〕 作者付印《教程》第四卷时加入的这段文字是以瑟索耶夫笔记为依据的。

〔3—3〕 作者付印《教程》第四卷时加入的这段文字是以他本人的论文《在臣属中间的彼得大帝》为依据的（下文简称克柳切夫斯基，《彼得大帝》）。此文发表于《大众杂志》，圣彼得堡，1901年。No.1，第67、68页；纳尔托夫，第53页（No.80）；М.М.谢尔巴托夫，《文集》（下文简称谢尔巴托夫），第二卷，圣彼得堡，1898年，第160、161栏。

〔4*—4*〕 作者付印《教程》第四卷时加入的这段文字是以70年代异文为依据的。

〔4ª〕 И.И.涅普柳耶夫，《札记》（下文简称涅普柳耶夫），圣彼得堡，1893年，第102—107页。

〔4б〕 别尔赫戈利茨，第一册，莫斯科，1857年，第72页；索洛维约夫，《俄国史》，第十四卷，第262页。

〔4в〕 别尔赫戈利茨，第一册，第58、59页。

〔4г〕 别尔赫戈利茨，第一册，第166页。

〔5〕 别尔赫戈利茨，第二册，第49页；库拉金，第一卷，第71—73页；И.Г.科尔布，《莫斯科维亚旅行日记》（下文简称科尔布），圣彼得堡，1906年，第127、150页。

〔6*—6*〕 作者付印《教程》第四卷时加入的这段文字是以巴尔斯科夫的石印本及其在1907年10月所作的补充为依据的。

在此石印本里接着还有一段被作者删去的话："……（嘲笑）教会等级，而通常教会如同地狱警察一般令人惧怕，同时人们从来也不把他们当作良心牧师加以尊敬。这些头戴黑色或白色僧帽的奴才没有当众高声反抗对他们的嘲笑，也就是说妥协了，但是他们没有辩解，只是诅咒自己的存在。"

〔6ª〕 在巴尔斯科夫的石印本里接着有一段被作者付印《教程》第四卷时删去的话："彼得是笃信上帝的人，同时代人证实，他尊重自己的教堂，准确无误地履行教堂的所有仪式，尽管不遵守斋戒期，然而他这是求得东方大主教允准的。"

〔7*—7*〕 作者付印《教程》第四卷时加入的这段文字是以70年代异文为依据的。

〔7ª〕 别尔赫戈利茨，第一册，第132、133页。

〔8—8〕 作者付印《教程》第四卷时加入的这段文字是以巴尔斯科夫的石印本及其在1907年10月所作的补充为依据的。

〔9—9〕 作者付印《教程》第四卷时加入的这段文字是以他的论文《彼得大帝》为依据的。本文载于《大众杂志》，1901年，No.3，第329—331页；В. Н. 塔基谢夫，《自远古起的俄罗斯历史》（下文简称塔基谢夫，《历史》），第一卷，第一册，莫斯科，1768年，第17—19页；谢尔巴托夫，第160、161页。

〔10—10〕 作者付印《教程》第四卷时加入的这段文字是以巴尔斯科夫的石印本及其在1907年10月所作的补充为依据的。

〔11*—11*〕 作者付印《教程》第四卷时加入的这段文字是以70年代异文为依据的。

〔11ª〕 瑟索耶夫笔记的文字与此相同，但接着还有一段话没有收入《教程》第四卷："一般说来，彼得处理不好要求具有细腻道德感情的那些关系。"

〔11ᵇ〕 瑟索耶夫的石印本的文字与此相同，但接着还有一段话没有收入《教程》第四卷："他的祖先积累了政治的和物资的财富，但不知如何使用它们；彼得则把积累的财富投入使用，尽他所理解的那样造福于自己的国家。"

第六十一讲

〔1—1〕 作者付印《教程》第四卷时加入的这段文字是以草稿笔记为依据的。

〔2*—2*〕 作者付印《教程》第四卷时加入的这段文字是以瑟索耶夫笔

记为依据的。在瑟索耶夫笔记里接着还有一段被作者付印《教程》第四卷时删去的话："战线从南方转向西北方,对于彼得来说,这首先是为了改革国家军事力量所必须。老套的军事作战方法,拿来对付克里米亚的鞑靼人还算马虎可以,但是,为了战胜瑞典,就必须按欧洲的样式建立军队。这样,由于主要战场从南方转向西北方,才产生了军事改革的必要性。"

〔2ª〕 接着,在瑟索耶夫笔记里还有一段被作者付印《教程》第四卷时删去的文字:"这时,当同瑞典和土耳其的冲突日益频繁之际,莫斯科政府逐渐决定与波兰接近,以便用联合力量对抗瑞典和土耳其。这一转折反映在奥尔金-纳肖金的外交观点上,不久就取得了实际的结果。"

〔2ᵇ〕 接着,在瑟索耶夫笔记里还有一段被作者付印《教程》第四卷时删去的文字:"这是莫斯科国第一次介入西欧国际关系。"

〔3*—3*〕 作者付印《教程》第四卷时加入的这段文字是以草稿笔记为依据的。接着,在瑟索耶夫笔记里还有一段被作者付印《教程》第四卷时删去的文字:"但是,这里也蕴藏着困难的源泉,而这些困难阻碍了为之付出了许多牺牲的事业。掌权的上司过高地估计了人民的忍受力,对自己的行动方式却掂量不够。旷日持久的战争加重着负担,而战争中的政府采取的措施则激怒了人民。战争重担,征兵服役,新的税赋和徭役引起了各种各样的逃避现象,迫使大批人逃亡到自由的哥萨克草原。驱赶人们到远方为官家劳作,蓄大胡子和穿旧式服装受到迫害,德国人蜂拥而来,作威作福,来自上峰的各种严厉管制和约束——凡此一切引起了反对大贵族、公爵,以及沙皇本人的怨恨,谣言蜂起,纷纷议论,说出现了一个新的渎神教派,必须奋起保卫真正的基督教,反抗迫害基督教的恶徒。这种来自国外和国内的双重压力恰在战争的决定性关头激起了人民怒火的爆发。在战争最关键的时刻掀起了人民的骚乱。"

"1705年,当彼得把军队集中在西方,集结在立陶宛,以便支持被推翻的国王奥古斯特二世和反击查理十二世来势汹汹的进军时,在阿斯特拉罕掀起了为捍卫俄罗斯式大胡子和俄罗斯式衣装的暴动,起因是督军和德国人出身的其他官长的倒行逆施,特别是推行剃剪胡须和更改服装对人们滥施嘲弄:每逢节假日在教堂进口和在大街上不管男人,还是女人,身上的俄罗斯式衣服都被剪短剪破,弄得人几乎全身裸露,而有胡须的人们则被剃剪掉胡须,正像阿斯特拉罕人控告的那样,是'连皮带肉'地剪。尤其令人激动不安的是,谣传说,即将下令要人们向一些'木偶神像'顶礼膜拜（实际上他们误把外国人和俄国官员放置假发的木楦子当成了神像），要把俄国姑娘嫁给从喀山派来的外国人。为了防止这种不幸发生，在阿斯特拉罕一个礼拜天就有一百对新人结婚。就在这些婚礼后的夜晚开始了暴动。鼓动者是分裂派教徒和射击兵，因为这些射击兵对于 1698 年残酷镇压他们弟兄之事记忆犹新。彼得也没有忘记自己早年的印象：他对阿斯特拉罕暴乱极其震恐不安，甚至为莫斯科担心，于是，为防万一下令把公款运出首都或埋藏在什么地方。舍列梅捷夫奉命率领部队从利夫兰开拔到伏尔加河河口，而这支部队是西部战线极端需要的。对人民情绪的蔑视一变而成了过分的恐惧。彼得甚至派人去见阿斯特拉罕人，许诺说，只要交出肇事首脑，即可获得赦免。后来，读到他们阐述暴动原因的请罪书后，便下达了无条件的赦免令，禁止用任何做法再次激怒肇事首脑，只要他们不再顽固到底，可以不抓捕他们。暴动没有广泛漫延，但仍有人在顽抗。于是，舍列梅捷夫攻占了阿斯特拉罕，自己的部队连死带伤，共损失 73 人；而暴动参加者在莫斯科死于刑讯和被处决的共计 365 人。暴动者对彼得的反应：……（舍列梅捷夫对暴动者的说法……社会上层和下层之间形成了一道不可逾越的鸿沟。）"亦见索洛维约夫，《俄国史》，第十五卷，第三版，莫斯科，1881 年，第 126—140 页。

〔3ª〕 热利亚布日斯基，第 78 页。

〔4*—4*〕 作者加入《教程》第四卷排印本的文字。

〔4ª〕 库拉金，第一卷，第 303 页。

〔5*—5*〕 作者付印《教程》第四卷时加入的这段文字是以草稿笔记为依据的。

〔5ª〕 索洛维约夫，《俄国史》，第十五卷，第 218 页。

〔5⁶〕 接着，在草稿笔记里还有一段被作者付印《教程》第四卷时删去了的文字："查理从格罗德诺-莫吉廖夫到波尔塔瓦的整个进军完全是愚蠢透顶的行动。这是上天赐给彼得的机会，这一次他干得虽然忙乱，但没有自行其是。"

〔5ᴮ〕 索洛维约夫，《俄国史》，第十五卷，第 334、335 页。

〔5ᴦ〕 索洛维约夫，《俄国史》，第十七卷，第 56、57 页。

〔5ᴬ〕《俄罗斯帝国法典全书》（下文简称法典全书），第三卷，No. 1675；第四卷，No. 2218；《彼得书信和文件集》，第二卷，圣彼得堡，1889 年，No. 404，第 3、322 页。

〔5°〕 参见 П. 米柳科夫，《18世纪头25年俄罗斯的国民经济和彼得大帝的改革》(下文简称米柳科夫，《国民经济》)，圣彼得堡，1892年，第238—243页。

〔6〕 在"改革的进程和联系"及"研究顺序"等节的文字后，有作者对自己的著作《俄国史简明参考书》所作的脚注(下文简称克柳切夫斯基，《参考书》)，第三版，莫斯科，1903年，第123和以后几页。

〔7—7〕 作者付印《教程》第四卷时加入的这段文字是以草稿笔记为依据的。

〔8—8〕 作者付印《教程》第四卷时加入的这段文字是以巴尔斯科夫的石印本为依据的。

〔9—9〕 作者付印《教程》第四卷时加入的这段文字是以草稿笔记为依据的。与这段文字有关的还有作者的一个注解草稿："射击兵步兵被消灭。到90年代普列奥布拉任斯科耶和谢苗诺夫两个少年军团队成为正式兵团。据科尔布说，在1694年每团各有8000人。通过1700年的征兵，扩展为32个团，各有1000人，确切些说，共33个团，其中29个是新的，其余是旧兵团。彼得时期征集的都是有服兵役义务的人。1713年3月4日上谕——每50家征集一人。1700年的军队是奉1699年11月27日的上谕组建的，共33个团。"《法典全书》，第四卷，No. 2319；第五卷，No. 2650；科尔布，第208页(参见《科尔布日记》，黑海古罗斯历史研究分所出版，1867年，第三卷，第四部分，第246页)；《曼施泰因的俄罗斯札记》(下文简称曼施泰因)，圣彼得堡，1875年，第312页；米柳科夫，《国民经济》，第139、141、166页；А. В. 罗曼诺维奇-斯拉瓦金斯基，《从18世纪初至农奴制改革时期的俄罗斯贵族》(下文简称罗曼诺维奇-斯拉瓦金斯基)，圣彼得堡，1870年，第121页。

〔10〕 在草稿笔记里接着是一段被作者付印《教程》第四卷时更换了的文字："……显然这是在费奥多尔在位和索菲娅执政时期。公爵所说的'头脑不清'的人可能是指身体孱弱的费奥多尔的宠臣们，像亚速科夫和利哈乔夫之流。这些人在宫廷阴谋中全然不顾国防的安全。有一些供词可以证实多尔戈鲁基公爵的评语。1695年派往亚速海的军团，其组成是：只有四个正规步兵团，两个由少年军团队改建的近卫团——普列奥布拉任斯科耶团和谢苗诺夫团，以及两个莫斯科'精选团'(后来它们被命名为列福尔特团和布特尔斯基团)，与它们会合的还有数量不多的外省步兵团。这两个

按外国编制组建的莫斯科精选团还是在米哈伊尔在位末期建立的,从那时起一直保持着常备的正规团队的性质。莫斯科精选团起着骨干的作用,战争时期可以扩展为整整几个军团,确切些说,是几个师。彼得恰好看到这支已经瓦解的军队正在整编。科托希欣写道,在和平年代里步兵团和雇佣骑兵团都被遣散回家,'而一旦需要时,便命令他们在莫斯科集中或仍按从前的期限服役。'(下文简称科托希欣,第110页)。"

〔11*—11*〕 作者付印《教程》第四卷时加入的这段文字是以草稿笔记和部分以巴尔斯科夫的石印本为依据的。

〔11ª〕 科尔布,第209、210页;Ф. Х. 韦贝尔《札记》(下文简称韦贝尔),载于《俄罗斯档案》,1872年,No. 5,第1114、1115栏。

〔11б〕 库拉金,第一卷,第273页。

〔11в〕 库拉金,第一卷,第274页。

〔11г〕 韦贝尔,第1115栏;《1700年2月的上谕》,索洛维约夫,《俄国史》,第十五卷,第86页。

〔11д〕 "据曼施泰因说,所有的团,包括近卫团和地方军在内,共计155个,人数为19.6万人",曼施泰因,第314页;И. И. 戈利科夫,《俄罗斯的英明改造者,彼得大帝的功业》(下文简称戈利科夫),第十三卷,第二版,莫斯科,1840年,第652、658页;索洛维约夫,《俄国史》,第十八卷,第三版,莫斯科,1884年,第162页。

〔11е〕 库拉金,第一卷,第262页。

〔11ж〕 《法典全书》,第四卷,No. 2456;第六卷,No. 3937(第五章,第550页);戈利科夫,第十三卷,第651、652页;К. А. 涅沃林,《全集》(下文简称涅沃林)第六卷,圣彼得堡,1859年,第225页。

〔11з〕 戈利科夫,第十三卷,第686、690等页;米柳科夫,《国民经济》,第150、160、188—190页。

第六十二讲

〔1*—1*〕 作者付印《教程》第四卷时加入的这段文字是以草稿笔记,以及排印本的附记为依据的。这个附记是:"彼得的军事改革如果不是因为它在整个俄国的社会制度方面留下了过于鲜明的烙印的话,那么,它就会只是俄国军事史上的一个特殊事例而已。军事改革把一件具有双重意义的大事

向前推进，它要求筹集资金以供给经过改革的武装力量——陆军和海军，并要求制定特别措施来维持正规军体制。新兵招募制把兵役义务扩展到过去不服役的各个阶层，使新军队的组成成分包括所有的阶层。以前在军队中人数最多的是贵族，但是当经过改革的军队中有了自己的奴仆和农奴参加进来以后，贵族不得不处于新的服役地位。这种地位从16世纪起早就随着事态的进展而逐渐形成了。禁卫军便是贵族第一次公开担任的政治角色；他们成为针对非直辖区，首先是针对大贵族的警察机关。在混乱时代贵族支持自己的沙皇鲍里斯·戈杜诺夫，废黜了大贵族的沙皇瓦西里·叔伊斯基，按1611年6月30日地方自治当局的裁决，他们在莫斯科城外营地里宣布贵族并不是整个地方的代表，而是真正的'整个地方'，他们置社会的其他阶级于不顾。"再往下的文字的来源出处为（E.A.，第33页）。

〔1ª〕 库拉金，第一卷，第64页；《侦破费·沙克洛维特及其同伙案件纪实》，第一卷，圣彼得堡，1884年，第229栏。

〔2—2〕 作者付印《教程》第四卷时加入的这段文字是以草稿笔记为依据的。在草稿笔记里接着还有一段文字被作者删去了："在人民教育事业中他最不能指望的就是神职人员，特别是大俄罗斯的僧侣，不管是掌权的，还是普通的，这些僧侣赖以为生的就是人民的迷信陈见和他们自己的愚昧无知。"再往下的文字的来源出处为（E.A.，第34页）。

〔3〕《伊万·波索什科夫文集》（下文简称波索什科夫），第一卷，莫斯科，1842年，第286—288页。

〔4*—4*〕 作者付印《教程》第四卷时加入的这段文字是以草稿笔记为依据的。再往下的文字的来源出处为（E.A.，第3—38页）。《特殊部门》，俄国历史学会文集（下文简称历史学会），第十一卷，第413页（No. CCXCI）。

〔4ª〕 科托希欣，第21页。

〔4ᵇ〕 乌斯特里亚洛夫，第四卷，第二册，第468页。

〔4ᴴ〕 И.Е.扎别林，《俄国古物和历史研究经验》，第二部，莫斯科，1873年，第182—185页。

〔5—5〕 作者付印《教程》第四卷时加入的这段文字是以草稿笔记为依据的。这里有作者的一个注解："再往下简直就不用誊清E.A.的原文"，这大约是指接下去的文字而言。

〔6〕 库拉金，第一卷，第269页。

〔7〕《法典全书》，第四卷，No. 2494；第五卷，No. 2845；第六卷，No. 3874。

〔8〕波索什科夫，第一卷，第90—95页。

〔9〕《法典全书》，第五卷，No. 2762、2778；索洛维约夫，《俄国史》第十六卷，第三版，莫斯科，1882年，第180页。

〔10〕《法典全书》，第七卷，No. 4326。

〔11—11〕 作者付印《教程》第四卷时加入的这段文字是以巴尔斯科夫的石印本为依据的。

〔12〕《法典全书》，第五卷，No. 2775、3006（第206页）；索洛维约夫，《俄国史》，第十八卷，第138页；Г. Р. 杰尔查文，《札记》（下文简称杰尔查文），莫斯科，1860年，第18页。

〔13〕《法典全书》，第六卷，No. 3896（第499页）。

〔14*—14*〕 作者付印《教程》第四卷时加入的这段文字是以巴尔斯科夫的石印本为依据的。

〔14ª〕《法典全书》，第六卷，No. 3705；索洛维约夫，《俄国史》，第十六卷，第179、180页。

〔14б〕《法典全书》，第六卷，No. 3890。

〔14в〕 福克罗特，第113页。

〔15*—15*〕 作者付印《教程》第四卷时加入的这段文字是以草稿笔记为依据的。

〔15ª〕 索洛维约夫，《俄国史》，第九卷，第四版，莫斯科，1885年，第313、314页。

〔15б—15б〕 作者付印《教程》第四卷时加入的这段文字是以瑟索耶夫的石印本为依据的。

〔15в〕 在草稿笔记里接着还有一段被作者付印《教程》第四卷时删去了的文字："在17世纪，法令和实践相当荒谬地规定了定额的农奴制，同样相当荒谬地动摇了地主所有制的基础本身。这种农奴制不是把耕种土地的农民直接固定在土地上，而是依附在土地所有者身上。由此出现了法律的麻烦：倘若领地转卖与他人之手，那么，农奴应归何人所有——归新地主，还是归先前的主人及其继承人？我们已经知道实践是如何解决这些难题的：以领地的实际继承办法来扩大支配所赐领地的权利。即按照习惯处理……"

〔15г〕《法典全书》，第二卷，No. 1070；《1684年3月21日上谕》。

〔15ᵃ〕 在草稿笔记里接着还有一段被作者付印《教程》第四卷时删去了的话:"……降低了轮到的家族服役的能力。

后来对3月20日法令又增加了一个消除向领地征兵的混乱现象的新条款。向领地征兵的办法是把远处团队和近处警察队伍按地域分布,从前的贵族民军就是由这两种队伍组成的。如今他们已被军队的和卫戍部队的正规团队所代替。在这些团队里服役的是志愿兵和由各个阶级征集来的人,这些团队已经没有任何地域意义。"

〔15ᵉ〕《法典全书》,第五卷,No. 2789;索洛维约夫,《俄国史》,第十六卷,第177和以后几页。

〔15*〕《法典全书》,第七卷,No. 4722;波索什科夫,第一卷,第191、192页。

"波索什科夫说的不是那些在1714年'条款'下达前的为几个继承人所有的产业(共有林场)(试比较:《法典全书》,第七卷,第493页)。"

第六十三讲

〔1—1〕 作者付印《教程》第四卷时加入的这段文字是以草稿笔记为依据的。巴尔斯科夫石印本的附记:"彼得执政期间的农民,1698年:加价取消,赎金加倍;与1683年相比 (Ц. Д. 别利亚耶夫,《俄罗斯的农民》,莫斯科,1860年,第196—198页);1705年4月30日:逃亡者处以死刑;1707年2月16日:在半年内交还逃亡者,否则剥夺领地(?);1721、1722、1723年:自20至60岁的成年逃亡者处以100卢布以下的罚金,接纳逃亡者——处以没收财产、到战船服劳役、苦役劳动;1724年:实行身份证制度,代替自行谋生证明;1719—1724年间第一次丁籍调查后逃亡者约为20万人。" К. П. 波别道诺斯采夫,《历史研究和论文集》,圣彼得堡,1876年,第129—136、141、142、160页。

〔2—2〕 作者加入《教程》第四卷排印本的文字。

〔3*—3*〕 作者付印《教程》第四卷时加入的这段文字是以草稿笔记为依据的。末尾处有一注解:"日记,第12页。"

〔3ᵃ〕 库拉金,第一卷,第259、262页。

〔3ᵇ〕 "庄园内奴仆也须服役纳税,射击兵的粮饷按1678年登记册向庄园奴仆和工商业者征收。"《历史文献》,第五卷,圣彼得堡,1842年,No.

29；《古文献考察队文献集》，第四卷，圣彼得堡，1836年，No.299。

〔3ª〕《法典全书》，第五卷，No.3245（第597页）。

〔3ʳ〕《流浪者和退休僧侣人头税名册》；《法典全书》，第六卷，No.3932。

〔3ª〕 在草稿笔记里接着有一段被作者付印《教程》第四卷时删去了的话："两年（1722和1723）内，各团队不仅没有分散，甚至没有按其交纳人头税的地区登记。"

〔3°〕 瓦·奥·克柳切夫斯基，《俄国的人头税和奴仆的废除》，载于《俄罗斯思想》，第五册，莫斯科，1886年，第118页。

〔3*〕 在草稿笔记里接着有一段被作者付印《教程》第四卷时删去了的话："如果阿拉克切耶夫伯爵听到团队分散驻扎和纳入地方管理体制的制度，而且影响如此之大，那么，他会感到这种制度在精神上与他的军屯思想有某种相似之处，这没有什么奇怪的。"

〔3³〕《法典全书》，第四卷，No.1747；第六卷，No.3754，3757。

〔3ʰ〕 在瓦·奥·克柳切夫斯基的《术语辞典资料》（现保存在科学院历史研究所手稿部，克柳切夫斯基文档，卷宗9）里有一个片段（约为1879年），标题是《彼得时期的农奴制》，他写道："地主的权力可分解为两个部分，即政府的和经济的。这两种成分相应地符合土地拥有者对于被固定于土地之上的农民的双重作用。地主对于农民是：（一）管理者，因为政府授权让他监管农民；（二）土地拥有者，他担负着服役的义务，所以他可使用固定于这片土地上的农民的义务劳动。

"从第一种作用导出他审判和惩罚农民的权力；从第二种作用——摊派给农民劳役和地租的权力。这两种权力都要受到法律的限制。由此产生一个观点：不仅农民的劳动，就是他们的人身也是领主的财产：这种观点从叶卡捷琳娜二世起就得到支持，它得到的某些阐明，但与其说是女皇的法律明文宣布，不如说是这些法律的言外之意。乱用农奴主的权利不必担负责任，这不是因为女皇不会使他们感到恐惧，而是因为她默许了滥用职权的既成事实。

"女皇可被称为农奴制的罪魁祸首，这不是因为她创造了农奴制，而是因为农奴制原先是以国家临时需要为借口的、动摇不定的事实，而在她执政时期却变成了无条件的法定制度，从一个国家制度的和国家经济的问题变成了农业的地主经济的问题。

"这个问题从国家权利的领域转入了公民权利的领域。"

〔3ᴋ〕《法典全书》，第七卷，No.4533（第317、318页）。

〔4*—4*〕 作者付印《教程》第四卷时加入的这段文字是以草稿笔记为依据的。

〔4ª〕 波索什科夫，第一卷，第183—190页。

〔4⁶〕 韦贝尔，第1111栏。

〔4ᴮ〕《法典全书》，第六卷，No.3770。

〔5—5〕 作者付印《教程》第四卷时加入的这段文字是以巴尔斯科夫的石印本为依据的。

〔6—6〕 作者付印《教程》第四卷时加入的这段文字是以草稿笔记为依据的。

〔7*—7*〕 作者付印《教程》第四卷加入的这段文字是以巴尔斯科夫的石印本为依据的。

〔7ª〕 波索什科夫，第一卷，第187页。

第六十四讲

〔1—1〕 作者付印《教程》第四卷时加入的这段文字是以草稿笔记为依据的，并部分使用了巴尔斯科夫的石印本。

〔2*—2*〕 作者付印《教程》第四卷时加入的这段文字是以重新校勘的巴尔斯科夫的石印本为依据的。

〔2ª〕《镰刀改进技术》，《法典全书》，第六卷，No.3781。

〔2⁶〕 波索什科夫，第一卷，第149页。

〔2ᴮ〕 阿·阿法纳西耶夫，《彼得大帝时期的国民经济》（下文简称阿法纳西耶夫），载于《现代人》，1847年，No.6、第二分册，第79、80页。

〔3*—3*〕 作者付印《教程》第四卷时加入的这段文字是以草稿笔记为依据的。

〔3ª〕《法典全书》，第七卷，No.4379（第180页）。

〔3⁶〕《法典全书》，第六卷，No.3781。

〔3ᴮ〕《法典全书》，第七卷，No.4345（第150页）。

〔4*—4*〕 作者付印《教程》第四卷时加入的这段文字是以重新校勘的巴尔斯科夫的石印本为依据的。

〔4ᵃ〕《法典全书》，第四卷，No. 2467（第 779 页）；第七卷，No. 4345（第 151 页）；阿法纳西耶夫，载于《现代人》，1847 年，No. 6，第二分册，第 92 页（注释 1）。

〔4⁶〕 库拉金，第一卷，第 269 页。

〔5*—5*〕 作者付印《教程》第四卷时加入的这段文字是以草稿笔记为依据的。

〔5ᵃ〕《法典全书》，第六卷，No. 3781；第七卷，No. 4345、4378、4381；阿法纳西耶夫，载于《现代人》，1847 年，No. 6，第二分册，第 77 页；No. 7，第二分册，第 38 页。

〔5⁶〕 波索斯科夫，第一卷，第 112—116、122 页。

〔5ᴨ〕《法典全书》，第五卷，No. 2789。

〔5ᵣ〕 在草稿笔记里接着还有一段被作者付印《教程》第四卷时删去了的话："……一个半世纪之后，它成了黑色旗帜的座右铭……"

〔5ᴧ〕 波索斯科夫，第一卷，第 148 页。

〔5ᵉ〕 杰·弗莱彻，《关于俄国》，К. М. 奥博连斯基译，第 41 页；В. 克列斯季宁，《阿尔罕格尔斯克城简史》，圣彼得堡，1792 年，第 8、9 页。

〔5ж〕《法典全书》第三卷，No. 1706；И. Н. 菲尔索夫，《18 世纪前半叶俄国的工商业公司》，喀山，1896 年，第 21 页。

〔6—6〕 作者加入《教程》第四卷排印手稿的文字；《法典全书》，第七卷，No. 4378（第 169、170 页）。

〔7—7〕 作者付印《教程》第四卷时加入的这段文字是以草稿笔记为依据的；《法典全书》，第五卷，No. 3306、3313、3336；第六卷，No. 3710、4055、3808；第七卷，No. 4346。

〔8*—8*〕 作者付印《教程》第四卷时加入的这段文字是以重新校勘的巴尔斯科夫的石印本为依据的。

〔8ᵃ〕《法典全书》，第六卷，No. 3711、4055；第七卷，No. 4378（第 169 页）；阿法纳西耶夫，载于《现代人》，1847 年，No. 7，第二分册，第 13 页。

〔9*—9*〕 作者付印《教程》第四卷时加入的这段文字是以草稿笔记为依据的，并有几段排印手稿的插语。

〔9ᵃ〕 波索斯科夫，第一卷，第 121、122 页；福克罗特，第 74 页；索洛维约夫，《俄国史》，第十六卷，第 227 页；阿法纳西耶夫，载于《现代

人》,1847年,No.6,第二分册,第120—122页;No.7,第二分册,第66页。

〔9⁶〕 阿法纳西耶夫,载于《现代人》,1847年,No.7,第二分册,第73页。

〔9ᵃ〕 韦贝尔,第1111栏。

〔10—10〕 作者付印《教程》第四卷时加入的这段文字是以草稿笔记为依据的(日记,第13页)。

〔11*—11*〕 作者付印《教程》第四卷时加入的这段文字是以草稿笔记为依据的;克柳切夫斯基,《参考书》,第132页。

〔11ᵃ〕 戈利科夫,第十三卷,第626页。

〔12—12〕 作者付印《教程》第四卷时加入的这段文字是以草稿笔记为依据的。

〔13〕 阿法纳西耶夫,载于《现代人》,1847年,No.7,第二分册,第36页。

〔14*—14*〕 作者付印《教程》第四卷时加入的这段文字是以草稿笔记为依据的;克柳切夫斯基,《参考书》,第133、134页。

〔14ᵃ〕 《临时绕行道路》;《法典全书》,第四卷,No.2309;福克罗特,第82页;索洛维约夫,《俄国史》,第十六卷,第186、187页。

〔15—15〕 作者付印《教程》第四卷时加入的这段文字是以草稿笔记为依据的;索洛维约夫,《俄国史》,第十六卷,第189页。

〔16—16〕 作者加入《教程》第四卷排印本的文字。

〔17—17〕 作者付印《教程》第四卷时加入的这段文字是以草稿笔记为依据的。

第六十五讲

〔1—1〕 作者付印《教程》第四卷时加入的这段文字是以草稿笔记为依据的。

〔2*—2*〕 作者复印《教程》第四卷时加入的这段文字是以草稿笔记为依据的。在草稿笔记里接着还有一段被作者删去的话:"莫斯科的旧税制因征税过重而崩溃了。"

〔2ᵃ〕 《彼得大帝执政时期金币和银币的数量》;M.扎布洛茨基,《古罗

斯的宝物》，圣彼得堡，1854年，第16页，注释12。

〔2⁶〕 "在1712年为3098131卢布"；《法典全书》，第四卷 No. 2525。

〔2ᴴ〕 米柳科夫，《国民经济》，第381页。

〔2ᴦ〕 米柳科夫，《国民经济》，第236、237页。

〔2ᴬ〕 《法典全书》，第五卷，No. 3380；第六卷，No. 3901（据1722年资料——有888284户）；索洛维约夫，《俄国史》，第十八卷，第160页。

〔2ᵉ〕 《法典全书》，第五卷，No. 2798（第99页）；米柳科夫，《国民经济》，第268、269页。

〔3—3〕 作者加入《教程》第四卷排印本的文字。

〔4*—4*〕 作者付印《教程》第四卷时加入的这段文字是以草稿笔记为依据的。在草稿笔记里接着还有一段被作者删去了的话："库拉金公爵在自己的编年自传里，在1703和1704年处带着一种无动于衷的心态历数了种种新税收的灾难：'同一年建立了收税局。'20年后，波索斯科夫激动悲怆地写道：'如今巧立名目的人……聚敛官把总的搜刮增加到了三倍，对小业主和小手工作坊主尤甚。'"库拉金，第一卷，第266—268页；波索斯科夫，第一卷，第219、220页。

〔4ᵃ〕 库拉金，第一卷，第258、266、267、270页。

〔5*—5*〕 作者加入《教程》第四卷排印本的文字，使用了大量草稿笔记的资料。

〔5ᵃ〕 "磨碎的金钱和铲土的痛苦。"《法典全书》，第四卷，No. 2016。

〔5⁶〕 在草稿笔记里接着还有一段被作者删去的话："从私人所有者手中夺下所有的旅店和渔场，交给承包人或国库，宣布矿藏为国有财产，任何人都可以找矿，甚至可以在别人的领地上开采，只需向土地所有者交纳32%的盈利。"

〔5ᴮ〕 在一张单页纸上写有对这段文字的插语，可能写于1908年："他（彼得）的第一个追求是人民劳动的数量，在这方面他每走一步都要问，还可以向什么人征税？在提高人民劳动质量方面，他关心的问题是：是否还有什么可以加工，可以利用？农业院对国家进行了全面研究（阿法纳西耶夫，载于《现代人》，1647年，No. 6，第二分册，第9页）。彼得在这里的行动就像一位真正的税务检察官，结果他恰恰在这方面担当了社会改革者。所取得的成就要比预定的目标广泛。可以想象，意志力比动脑筋更重要的任何一种强有力的活动都会有这种特点。"

〔5ᴦ〕《法典全书》，第四卷，No. 2015；第六卷，No. 4041；库拉金，第一卷，第257、274页；历史学会，第二卷，No. CCCXLII（第457页）。

〔5ᴬ〕 库拉金，第一卷，第266、268页。

〔5ᴱ〕《法典全书》，第七卷，No. 4220（第60页）。

〔5*〕《法典全书》，第四卷，No. 1886；库拉金，第一卷，第259页。

〔5ᴶ〕《法典全书》，第四卷，No. 2014；索洛维约夫，《俄国史》，第十六卷，第15页。

〔5ᴎ〕 米柳科夫，《国民经济》，第219页。

〔5ᴷ〕 库拉金，第一卷，第265页。

〔6*—6*〕 作者付印《教程》第四卷时加入的这段文字是以草稿笔记为依据的。

〔6ᵃ〕 米柳科夫，《国民经济》，第219页（注释3）。

〔6ᵇ〕 历史学会，第二卷，No. CXCIII；米柳科夫，《国民经济》，第516页。

〔6ᴮ〕 历史学会，第二卷，No. CCIV。

〔6ᴦ〕《法典全书》，第五卷，No. 3245。

〔6ᴬ〕 试比较："1724年每户交纳二卢布。乌斯秋日纳。"米柳科夫，《国民经济》，第286页。

〔6ᴱ〕 波索什科夫，第一卷，第185页。

〔6*〕 曼施泰因，第296页。

〔7—7〕 作者加入《教程》第四卷排印本的文字。

〔8*—8*〕 作者付印《教程》第四卷时加入的这段文字是以草稿笔记为依据的。

〔8ᵃ〕 韦贝尔，第1135栏；"加上每户交纳的16卢布税款"，库拉金，第一卷，第277页。

〔8ᵇ〕 试比较：米柳科夫，《国民经济》，第664页。

〔8ᴮ〕《法典全书》，第五卷，No. 3466（第765页）。

〔8ᴦ〕 韦贝尔，第1125、1126栏。

〔8ᴬ〕 韦贝尔，第1134—1136栏；库拉金，第一卷，第64页；波索什科夫，第一卷，第87、162、163页。

〔8ᴱ〕 韦贝尔，第1134栏。

〔9—9〕 作者加入《教程》第四卷排印本的文字。

〔10—10〕 作者付印《教程》第四卷时加入的这段文字是以草稿笔记为依据的。

第六十六讲

〔1*—1*〕 作者付印《教程》第四卷时加入的这段文字是以草稿笔记为依据的。

〔1ª〕 索洛维约夫,《俄国史》,第十六卷,第14页;库拉金,第一卷,第65页。

〔1ᵇ〕 瓦·奥·克柳切夫斯基,《古罗斯的大贵族杜马》(下文简称克柳切夫斯基,《大贵族杜马》),第三版,莫斯科,1902年,第449—451页。

〔1ᵛ〕《君主、沙皇、大公伊凡·瓦西里耶维奇的法典》,第二版,莫斯科,1786年,第137页;米柳科夫,《国民经济》,第117页。

〔1ᵍ〕《法典全书》,第三卷,No. 1674、1675。

〔1ᵈ〕 米柳科夫,《国民经济》,第118和以后几页。

〔1ᵉ〕《法典全书》,第四卷,No. 1900;涅沃林,第六卷,第238页。

〔1ᵉ*〕《从1680年起》;米柳科夫,《国民经济》,第88页。

〔1ᶻ〕《法典全书》,第三卷,No. 1718、1697、1704;索洛维约夫,《俄国史》,第十四卷,第282页;历史学会,第十一卷,No. XXX。

〔1ᴎ〕《44%》;米柳科夫,《国民经济》,第124、158页。

〔1ᵏ〕 米柳科夫,《国民经济》,第360页。

〔2—2〕 作者付印《教程》第四卷时加入的这段文字是以第十卷宗夹资料为依据的。

〔3*—3*〕 作者付印《教程》第四卷时加入的这段文字是以草稿笔记为依据的。在草稿笔记里接着有一段被作者删去的话:"他本人也就这个题目片鳞只爪地收集意见和情报;向他提供了各院的计划草案,早在1712年他就考虑建立度支院,因为他看到在贸易上外国人比俄国人优越。"

〔3ª〕"外省与外省分支机构的联系。省长的俸禄",《法典全书》,第四卷,No. 2218;第五卷,No. 2879;П. 伊万诺夫,《国家职官档案概述》,莫斯科,1842年,第71—92页;米柳科夫,《国民经济》第371、372页。

〔3ᵇ〕 米柳科夫,《国民经济》,第398、399页。

〔3ᵛ〕《按瑞典机构的模式在各省设置的职位表》。

〔3ʳ〕《法典全书》，第五卷，No. 2673、2879；涅沃林，第六卷，第242、243页；M. 姆罗切克-德罗兹多夫斯基，《18世纪俄国的外省机构》，第一册，莫斯科，1875年，第61页；米柳科夫，《国民经济》，第511页。

〔3ˢ〕 博戈斯洛夫斯基，《彼得大帝的外省改革》(下文简称博戈斯洛夫斯基)，莫斯科，1902年，第48页。

〔3ᵉ〕《法典全书》，第七卷，No. 5056。

〔3ˣ〕《法典全书》，第五卷，No. 2879。

〔3ʸ〕 米柳科夫，《国民经济》，第434、442和以后几页。

〔3ᶻ〕《法典全书》，第四卷，No. 2321、2342（§3, "参政院的外省科"）、2459、2481；第五卷，No. 2673、3264；索洛维约夫，《俄国史》，第十六卷，第43、44页；米柳科夫，《国民经济》，第457页（"参政院迁往彼得堡"）。

〔3ᵏ〕《法典全书》，第五卷，No. 3264；历史学会，第十一卷，No. CXCIII；涅沃林，第六卷，第216页；库拉金，第一卷，第261页。

〔3ᵃ〕《参政院中的近卫军军官》；《法典全书》，第六卷，No. 3721。

〔3ᵐ〕 在草稿笔记里接着有一段被作者付印《教程》第四卷时删去了的话："都是一些偶然建立的，杂乱无章的办事处、办公厅、委员会，但这些都不是中央管理机关（米柳科夫，《国民经济》，第419页，注释2）。这种政府体制有两个缺点：没有最高的监督和缺少上级的指挥，而在当时这两种职能都属于立法问题。在那几年彼得根本顾不上一贯的政治标准：只顾着能够及时干成当前的事务，解决刻不容缓的需要，用敏锐和严厉的目光威吓盗窃国库的巨贼大盗，以便威慑小偷小盗。这两个缺点都来源于第三个缺点，也是最基本的缺点——没有政府。"

〔3ⁿ〕 在草稿笔记里接着还有一段被作者付印《教程》第四卷时删去了的话："要知道，不能把偶然召开和偶然组成的国家参政员大会称作政府。正是管理机关的这些缺点，确切些说，这些管理的需要决定了参政院的管辖范围、性质和组成。"

〔3°〕《法典全书》，第五卷，No. 3133；索洛维约夫，《俄国史》，第十六卷，第43、156和以后几页；C. 彼得洛夫斯基，《彼得大帝在位期间的参政院》(下文简称彼得洛夫斯基)，莫斯科，1875年，第50、59页。

〔3ᵖ〕 在草稿笔记里接着还有一段被作者付印《教程》第四卷时删去了的话："但是，让参政院成为司法和国家经济的维护者，赋予它指挥和监督

司法、财政、军事经济、征兵、票据、赎金，以及大部分不能纳入最高管理机关职权范围、属于实践性质的事务的重任，彼得是希望把参政院变成国家思想的阐释者和推行者，变成人民政治意识的指导者。1713年下达给参政院的一道综合性上谕（《法典全书》，第五卷，No. 2673）讲到了各种事务，其中也讲到建立省政务委员会，命令向全国宣布：所有蓄意罪犯和国家利益损害者均处以死刑，'绝不宽恕'，并没收其全部财产。而且，上谕还补充说：'为此，必须要让人民明白，究竟什么是国家利益，至于一般的罪过，仍按从前那样处以罚款，交由参政院审理'。但是，就连像阐释新的、最重的惩罚标准这样重大的事务也自然而然地落到了参政院的头上，从而把参政院变成了一所独特的负责推行国家法制路线的人民的大学校。很难说，这是否是一个普通的幻想。在彼得的头脑里常常会有这类幻想产生，他不惯于深思熟虑人民意识发展的条件，或者在他头脑里又产生了一个有着更广泛作用的想法，他意欲在建立各院时把这种作用赋予参政院。"

〔3ᵖ〕《法典全书》，第四卷，No. 2459。

〔3ᶜ〕《法典全书》，第四卷，No. 2331；第五卷，No. 3211、3479；第六卷，No. 3718（第323页，第2栏）。

〔3ᵀ〕在草稿笔记里接着有一段文字："除了告密和秘密查访官员们的职务犯罪以外，还担负着侦探'那些没有控告者的民间案件'的检查官义务。"《法典全书》，第五卷，No. 2786、3479（§5）。

〔3ʸ〕在巴尔斯科夫的石印本里接着有一段没有被作者收入《教程》第四卷的插语："在彼得执政时期告密成了法制和秩序的最强有力的捍卫工具：告密者密告衙门里的贪官，另一个告密者向省长密告前一个告密者，而第三个告密者又向官阶更高的人物密告这些省长，这样一直密告到真实的密告得到君主开恩赐予的赏金，而把进行不真实密告的官阶最高的告密者押上断头台为止，就像加加林公爵的下场。"《法典全书》，第四卷，No. 2028，（§5）；第六卷，No. 3984。

〔3ᶲ〕Ю. ф. 萨马林，《文集》，第五卷；《斯特凡·亚沃尔斯基和费奥凡·普罗科波维奇》，莫斯科，1880年，第293页；H. C. 吉洪拉沃夫，《文集》，第二卷；《18世纪莫斯科的自由思想者和斯特凡·亚沃尔斯基》，莫斯科，1898年，第185—189页；《法典全书》，第六卷，No. 3718（第323页）。

〔3ˣ〕《法典全书》，第六卷，No. 3870。

〔3ᵘ〕《法典全书》，第五卷，No. 2726；第六卷，No. 3510。

〔3ᵘ〕"奉上谕密告者——是检察院和密探警察局,而教堂——是警察机关";《法典全书》,第六卷,No.3870、4050。

〔4—4〕 作者付印《教程》第四卷时加入的这段文字是以巴尔斯科夫的石印本为依据的。

〔5*—5*〕 作者付印《教程》第四卷时加入的这段文字是以草稿笔记为依据的。

〔5ª〕 "(柳别拉斯)坚持必须不照搬瑞典的样板,而要重新加以改造,使之适合'俄国的条件'";《法典全书》,第五卷,No.3197;《幻想》,索洛维约夫,《俄国史》,第十六卷,第349页(注释169)。

〔5⁶〕《法典全书》,第五卷,No.3255;涅沃林,第六卷,第218页;索洛维约夫,《俄国史》,第十六卷,第168、169页。

〔5ᴮ〕"它下辖大理院":《法典全书》,第五卷,No.3290。

〔5ᴦ〕 在草稿笔记里接着有一段被作者付印《教程》第四卷时删去了的插语:"院和衙门的另一个不同之处在于它根据事务的本质及其相似之处有系统地划分主管部门。"

〔5ᴰ〕《法典全书》,第五卷,No.3464;第六卷,No.3877。

〔5ᴱ〕《法典全书》,第五卷,No.3128;历史学会,第十一卷,No.CXCIX;索洛维约夫,《俄国史》,第十六卷,第169页。

第六十七讲

〔1*—1*〕 作者付印《教程》第四卷时加入的这段文字是以草稿笔记为依据的。

〔1ª〕 在草稿笔记里接着有一段被作者付印《教程》第四卷时删去了的话:"他很久以来就考虑建立一个机构,使这个机构能成为国家思想的最高阐述者和贯彻者,成为人民政治意识的指导者。1713年的一道上谕(《法典全书》,第五卷,No.2673)命令向全国宣布:将对蓄意的'罪犯和国家利益损害者'施以最严厉的惩罚,并补充说,'为此必须解释清楚到底什么是国家利益,以便人们能够理解,而普通的罪过交由参政院审理,仍按从前那样处以罚款'。这就是说,无论旧的罚款,还是新的惩罚,似乎都不是维护国家利益的足够的手段:于是产生了一种想法,应该建立一个什么机构,让它教导所有的人明白这些国家利益。似乎是一个推行国家法制路线的大

学校。"(参见第 66 讲注释 3ⁿ，第 385 页)。

〔1⁶〕《法典全书》，第六卷，No. 3512、4000。

〔2—2〕 作者加入《教程》第四卷排印本的文字。

〔3*—3*〕 作者付印《教程》第四卷时加入的这段文字是以草稿笔记为依据的。

〔3ª〕 在草稿笔记里接着有一段被作者付印《教程》第四卷时删去了的话："于 1722 年写给正教院的一封坦率的信更加清晰地揭示了彼得最近几年形成的政府观点。"《法典全书》，第六卷，No. 3534（第四章）、4051。

〔3⁶〕《法典全书》，第五卷，No. 3128、3129、2673、2785；第六卷，No. 3877、4011。

〔4—4〕 作者加入《教程》第四卷排印本的文字，并使用了草稿笔记。

〔5*—5*〕 作者付印《教程》第四卷时加入的这段文字是以草稿笔记为依据的。

〔5ª〕《法典全书》，第五卷，No. 2957；彼得洛夫斯基，第 159 页；尼·彼·帕夫洛夫—西尔万斯基《彼得大帝同时代人笔记中的改革草案》（下文简称帕夫洛夫—西尔万斯基），圣彼得堡，1897 年，第 56 页。

〔5⁶〕《法典全书》，第六卷，No. 3519、3721、3877、3978、3979；彼得洛夫斯基，第 157、170 页；戈利科夫，第十三卷，第 348 页。

〔5ⁿ〕《法典全书》，第五卷，No. 3261（§5）；第六卷，No. 3877、3900、3968、3972、3978；索洛维约夫《俄国史》，第十八卷，第 138 页；彼得洛夫斯基，第 189、217 页。

〔5ᵣ〕 索洛维约夫《俄国史》，第十六卷，第 216—220 页。

〔5ᴨ〕《法典全书》，第五卷，No. 3—244。

〔5ᵉ〕 "核对"；米柳可夫，《国民经济》，第 631、624 页。

〔5ж〕《法典全书》，第五卷，No. 3380；博戈斯洛夫斯基，第 129 页。

〔5³〕 博戈斯洛夫斯基，第 145—150 页；波索什科夫，第一卷，第 106 页。

〔5ᴎ〕 博戈斯洛夫斯基，第 424、425 页。

〔5ᴋ〕《法典全书》，第五卷，No. 3269；第六卷，No. 3935；博戈斯洛夫斯基，第 186 页。

〔5ᴫ〕《法典全书》，第六卷，No. 3608；索洛维约夫，《俄国史》，第十八卷，第 159 页。

〔5ᴍ〕《法典全书》，第六卷，No. 3520、3690、3708；第七卷，No. 4624（§15、16、19、25）；索洛维约夫，《俄国史》，第十六卷，第209、210、220、221页；第十八卷，第177—179页。

〔6—6〕作者加入《教程》第四卷排印本的文字。

〔7*—7*〕作者付印《教程》第四卷时加入的这段文字是以草稿笔记为依据的，并稍许使用了巴尔斯科夫的石印本。

〔7ᵃ〕《法典全书》，第五卷，No. 2673。

〔7ᵇ〕《法典全书》，第五卷，No. 3208；第七卷，No. 4447、4449。

〔7ᵛ〕伊·基里洛夫，《大俄罗斯帝国的繁荣状况》，莫斯科，1831年。

〔7ᴦ〕库拉金，第一卷，第76页；福克罗特，第34页；索洛维约夫，《俄国史》，第十六卷，第159—161、169—171、222和以后几页；第十八卷，第141、144、151、152页。

〔7ᴅ〕索洛维约夫，《俄国史》，第十八卷，第166、179页。

〔8—8〕作者加入《教程》第四卷排印本的文字。

第六十八讲

〔1—1〕作者付印《教程》第四卷时加入的这段文字是以巴尔斯科夫的石印本为依据的。

〔2*—2*〕作者付印《教程》第四卷时加入的这段文字是以他在19世纪90年代使用过的讲稿为依据的。该讲稿现保存在苏联科学院历史研究所档案库，克柳切夫斯基文档，第十夹（下文简称90年代讲稿）。

〔2ᵃ〕索洛维约夫，《俄国史》，第十八卷，第245页。

〔2ᵇ〕索洛维约夫，《俄国史》，第十八卷，第259页。

〔3*—3*〕作者付印《教程》第四卷时加入的这段文字是以付印时对90年代讲稿所加的插语为依据的。

〔3ᵃ〕谢尔巴托夫，第150和以后几栏。

〔3ᵇ〕《达什科娃公爵夫人日记》（下文简称《达什科娃日记》），圣彼得堡，1907年，第161—163页；H. M. 卡拉姆津，《文集》，第四卷，莫斯科，1803年，第286—288页；A. H. 佩平，《亚历山大一世执政时期俄国的社会运动》，圣彼得堡，1900年，附录，第488—490页。

〔4—4〕作者付印《教程》第四卷时加入的这段文字是以90年代讲稿

为依据的。

〔5—5〕 作者付印《教程》第四卷时加入的这段文字是以他在付印时对 90 年代讲稿所加的插语为依据的。

〔6*—6*〕 作者付印《教程》第四卷时加入的这段文字是以 90 年代讲稿为依据的,并部分使用了巴尔斯科夫的石印本。末尾注有引文出处:瑟索耶夫,第 523 页;巴尔斯科夫,第 167 页。

〔6ª〕 索洛维约夫,《俄国史》,第十八卷,第 244—259 页。

〔6б〕 涅普柳耶夫,第 122 页;索洛维约夫,《俄国史》,第十八卷,第 261 页。

〔7—7〕 作者付印《教程》第四卷时加入的这段文字是以他在付印时对 90 年代讲稿所加的插语为依据的。

〔8〕 谢尔巴托夫,第 13—22 栏。

〔9—9〕 作者付印《教程》第四卷时加入的这段文字是以他在付印时对 90 年代讲稿所加的插语为依据的。

〔10*—10*〕 作者付印《教程》第四卷时加入的这段文字是以 90 年代讲稿为依据的。

〔10ª〕《1715 年 10 月(或 4 月)27 日彼得给皇太子阿列克谢的信》(载于第八集)。

〔10б〕《书信和文件集》,第一卷,No. 129、140、181。

〔10в〕 索洛维约夫,《俄国史》,第十八卷,第 258 页。

〔10г〕 作者加入《教程》第四卷排印本的文字;波索什科夫,第一卷,第 3 页。

〔11*—11*〕 作者付印《教程》第四卷时加入的这段文字是以作者对 90 年代讲稿所加的插语为依据的,这段插语使用了巴尔斯科夫的石印本和瑟索耶夫笔记的资料。

〔11ª〕 索洛维约夫,《俄国史》,第十六卷,第 203 页。

〔12*—12*〕 作者付印《教程》第四卷时加入的这段文字是以他在付印时对 90 年代讲稿所加的插语为依据的。

〔12ª〕 索洛维约夫,《俄国史》,第十五卷,第 120 和以后几页。

〔12б〕《法典全书》,第四卷,No. 1741、1887、1999;第六卷,No. 3944;第七卷,No. 4596。

〔12в—12в〕 作者加入《教程》第四卷排印本的文字。

〔12ʳ〕 谢尔巴托夫,第 23—50 栏。

第六十九讲

〔1—1〕 作者付印《教程》第四卷时加入的这段文字是以草稿笔记为依据的。

〔2*—2*〕 作者付印《教程》第四卷时加入的这段文字是以草稿笔记为依据的。

〔2ª〕 索洛维约夫,《俄国史》,第十八卷,第 112 页。

〔3*—3*〕 作者付印《教程》第四卷时加入的这段文字是以瑟索耶夫笔记为依据的。

〔3ª〕 索洛维约夫,《俄国史》,第十六卷,第 32 页。

〔3ᵇ〕 在瑟索耶夫笔记里接着还有一段被作者删去了的话:"人民要求个人的政权和个人的责任,人民不懂什么政治计划,他们把所有的政治议论都与新人联系在一起,而不是与政治形象联系在一起。"

〔3ᵛ〕 "从所有的教堂和修道院征集来的大钟重量的四分之一,禁止在没有上谕时浇铸任何大钟和小钟";库拉金,第一卷,第 261 页。

〔3ᵍ〕 索洛维约夫,《俄国史》,第十五卷,第 143 页。

〔3ᵈ〕 索洛维约夫,《俄国史》,第十八卷,第 268、269 页。

〔3ᵉ〕 菲里波夫,第 162 页。

〔4—4〕 作者付印《教程》第四卷时加入的这段文字是以他在付印时对瑟索耶夫笔记所加的插语为依据的;索洛维约夫,《俄国史》,第十六卷,第 28 页。

〔5—5〕 作者付印《教程》第四卷时加入的这段文字是以瑟索耶夫笔记为依据的;在瑟索耶夫笔记里接着还有一段被作者删去了的话:"关于彼得是反基督者的传说由此逐渐扩展开来。我们在一个发生在 1704 年的侦讯案件里就听到了这个传说。不难猜出这个传说产生在罗斯的哪些角落里……。"

〔6〕 索洛维约夫,《俄国史》,第十五卷,第 117、118 页。

〔7*—7*〕 作者付印《教程》第四卷时加入的这段文字是以瑟索耶夫笔记为依据的。

〔7ª〕《法典全书》,第六卷,No. 3870;第七卷;No. 4196(§7);索洛维约夫,《俄国史》,第十六卷,第 31、32 页;第十七卷,第 212 页。

〔8—8〕 作者付印《教程》第四卷时加入的这段文字是以瑟索耶夫笔记为依据的。在瑟索耶夫笔记里接着还有一段被作者删去了的话:"人们对她不仅不理解,而且认为不理解她乃是自己的宗教义务,甚至对她不予考虑。这就是社会上层与群众之间的分歧的最初形态,而这种分歧在18世纪初即可看到了。"

〔9*—9*〕 作者付印《教程》第四卷时加入的这段文字是以草稿笔记为依据的。

〔9ª〕 库拉金,第一卷,第131、136、140—142页。

〔10*—10*〕 作者付印《教程》第四卷时加入的这段文字是以草稿笔记为依据的。

〔10ª〕 在草稿笔记里接着有一段被作者删去了的话:"后来人们错误地指责彼得,说他认为:为了接受教育,不须让青年人在国内先受到良好教养,只要把他们派到国外去就足够了。事实上他不仅要求采取国内的手段来教育青年人,而且希望他们的父辈也处于尊重知识的氛围,好让孩子们乐于学习。为此必须使俄罗斯人摆脱民族孤立状态,使他们的目光扩大到祖国以外去,让他们了解天底下别人都在干些什么,人们是如何把有趣的和理智的事物结合在一起的。彼得本人尽力唤起人们对技术(知识)的兴趣,使其不只是局限在军事方面。"

〔10ᵇ〕《彼得大帝时期的报纸》,第一分册,莫斯科,1903年,第3页。

〔10ᵛ〕 在草稿笔记里代替这段文字的是:"阿列克谢沙皇的宫廷剧院引起人们效仿,而古老的圣诞游乐供人民玩赏……。"

〔10ᵍ〕 库拉金,第一卷,第73页。

〔10ᵈ〕 库拉金,第一卷,第268页;在草稿笔记里接着有一段被作者删去了的话:"尽管军事上令人惊恐不安,彼得似乎仍急于实现他从国外得到的最强烈的改革想法。"

〔11〕 作者在草稿笔记里写下的这一附记大概与本段文字有关:"1715年海军学院的指令(《法典全书》,第五卷,No. 2937)对当时的教育事业完成了金镶玉嵌的工作,指令威胁说,对学院里那些不认真负责的教授将施以体罚。"

〔12*—12*〕 作者付印《教程》第四卷时加入的这段文字是以草稿笔记为依据的。

〔12ª〕 П. 佩卡尔斯基,《彼得大帝在位时期俄国的科学和文学》(下文

简称佩卡尔斯基),第一卷,圣彼得堡,1862年,第121—132页。

〔13*—13*〕 作者付印《教程》第四卷时加入的这段文字是以草稿笔记为依据的。

〔13ª〕 曼施泰因,第306页。

〔14—14〕 作者付印《教程》第四卷时加入的这段文字是以他在付印时所写的插语为依据的。这段插语现保存在第十卷宗夹;曼施泰因,第306页;库拉金,第一卷,第269页(奉彼得上谕。1703—1704)。

〔15〕 韦贝尔,载于《俄罗斯档案》,1872年,No. 7—8,第1361栏。

〔16〕 帕夫洛夫-西尔万斯基,第60—61页;索洛维约夫,《俄国史》,第十八卷,第190页。

〔17*—17*〕 作者付印《教程》第四卷时加入的这段文字是以草稿笔记为依据的,并部分使用了巴尔斯科夫的石印本。

〔17ª〕 佩卡尔斯基,第275页。

〔17ᵇ〕 《法典全书》,第五卷,No. 3246。

〔17ᵛ〕 巴尔斯科夫的石印本里的一段记载:"1724年彼得吩咐正教院为他翻译当时著名的政论家普芬道夫的论文:《论人和公民的职责》。见波利卡尔波夫的《俄国史》。"索洛维约夫,《俄国史》,第十六卷,第20、276—281页。

〔18—18〕 作者付印《教程》第四卷时加入的这段文字是以草稿笔记为依据的。在草稿笔记里接着还有一段被作者删去了的话:"但是,彼得逝世后他们没有兴趣按彼得指引的方向完成他的事业,因为按这个方向需要做大量技术工作,而他们之中技术人员越来越少,大批出现的是政客。这些政客希望的不是继承他的事业,而是按自己所属阶级的兴趣和利益部分地修正改革。"

〔19—19〕 作者付印《教程》第四卷时加入的这段文字是以对草稿笔记所加的插语为依据的;其中部分文字是在印刷过程中加入的。

〔20—20〕 作者付印《教程》第四卷时加入的这段文字是以草稿笔记为依据的;瑟索耶夫,第十八卷,第271页;涅普柳耶夫,第96页。

第七十讲

〔1*—1*〕 作者付印《教程》第四卷时加入的这段文字是以草稿笔记为

依据的。

〔1ª〕 在草稿笔记里接着有一段作者部分依据瑟索耶夫笔记所写但被他删去了的话："彼得引进到俄国很多新事物，但这些新事物本身既没有改变国家生活的基础，也没有改变国家生活的方向。莫斯科国政治秩序的基础是把特殊的国家义务和权利在各个阶层之间分配（克柳切夫斯基，《参考书》，第118页）。每个阶层都承担自己的为国家服役的义务。彼得没有撤销，也没有减轻这些阶层服役，相反，给其中某些阶层又加上了一些新的特殊义务（如贵族和僧侣要接受义务的学校教育），而另一些义务却扩大到从前不曾承担它们的阶级身上。（如奴仆和自由人须交纳人头税，所有人皆须服兵役，包括征募国有农奴和私人农奴，有选择地征收僧侣的子弟。）

"由于这种把一个阶层的某些特殊的义务扩大到几个阶层的做法，就开始形成了所有阶层共同的国家义务，它们代替了先前的阶层义务。先前的阶层义务和权利使各个阶层处于封闭的社会状态，割断了他们的共同合作的活动。彼得逝世后出现的新潮流就在于某些阶层的权利扩大到先前不享有它们的阶级身上，而从某些阶层身上免去了它们独有的特殊义务。俄国社会的制度就这样从两方面发生了变化：一方面，各个阶层各自独立，解除了特殊的义务；另一方面，通过把某些一个阶层的权利扩大到几个阶级的身上使各个阶层等同起来。这两方面的变化为各个阶层相互接近和共同活动提供了条件。这一双重的过程要一直持续到1861年和1864年改革使其最终完成为止。

"这一过程的第一阶段在于几个上层阶层解除了劳动的义务，而这种劳动义务过去乃是他们每个阶层为了国家的福利必须担承的，也可以说这种劳动义务把阶层里每个成员都固定在他与生俱来的状态中。这种国家对各个阶层的解脱自社会的上层开始，（从）贵族开始。贵族被解除了自己从前的阶层义务，而且不仅保留了所有从前的权利，进而又获得了一些新的权利，后来这些权利也扩大（到了）其他阶层的身上。

"我们现在应该研究这一变化发生的环境和促进变化实现的条件。"

〔1⁶〕《法典全书》，第六卷，No.3893；历史学会，第十五卷，第237页。

〔1ᴮ〕"许诺发给近卫军官现钱。"索洛维约夫，《俄国史》，第十八卷，第264—267页。

〔1ʳ〕《1724年叶卡捷琳娜的加冕礼》；谢尔巴托夫，第43、44、169栏；历史学会，第十五卷，第254页。

〔1ª—1ª〕这一段文字和第259页上的文字是作者依据草稿笔记的缩写文字写成的:"这样,参政院已不再是阐释者,而是2月5日条令的重新解释者:它把这一条令用于不合适的情况,承认叶卡捷琳娜的加冕是任命她为皇位继承人的举措。参政院以自己对法律的解释篡改了法律本身,并为自己取得了立法的权力,推举皇帝的权力(成了独特的法律解释者,参政院有此权力,但是,它把自己变成决定国家体制的基本问题的立法会议,这个全权它却没有从任何人那里得到过:面对濒于死亡的彼得,它毕竟不能认为这次它可以取代皇帝的职权。不管它如何解释法律,推选继承人终究不是它的事)。实际上这是曾经有过的往事的重演:国家没有了皇帝。在类似的情况下要到缙绅会议上寻找法律根据;彼得本人就是被会议推选上宝座的,尽管那个会议只是个缙绅会议的具有讽刺意味的仿制品。按照标准仿制终究还算是承认标准的力量。如今,不久前的往事变成了被人遗忘的陈年老账。在彼得执政时期不主张谈论缙绅会议,只有不识时务的波索什科夫向彼得为时过晚地提醒召集所有的成员编纂新法典(波索什科夫,第一卷,第76页)。但是,推选叶卡捷琳娜之后,参政员们却不敢带着窃取的推选权面对人民,仍以被他们破坏了的2月5日的法令和已故皇帝的意志为掩护,说他们在加冕一事中发现了彼得的意志,而实际上加冕根本没有这种意思。在宣言里,参政院以自己的名义和根本不曾参加推选的正教院和将军团的名义向全民宣布作为新举措的彼得的意志——由叶卡捷琳娜即位执政,要求全体人民忠诚地为新任女皇效力。问题不在于法律,也不在于逝世皇帝的意志。执政的阶级分裂了:名门望族的旧显贵戈利岑、多尔戈鲁基、列普宁等公爵坚持把最高政权移交给王朝的唯一男性代表,按照古俄罗斯的依次向下的顺序,移交给改革家的年方10岁的孙儿——彼得·阿列克谢耶维奇亲王。但是,非名门望族的新贵们,改革家最亲近的合作者缅希科夫、托尔斯泰、亚古任斯基、阿普拉克辛和其他很多人则坚决反对皇孙,因为皇孙执政,势必严重威胁到他们,以及叶卡捷琳娜本人和她的女儿们:年幼的皇孙的拥护者们将会以他的名义实行统治,不会宽恕他父亲的敌人——判决皇太子死刑的委员会成员们,也不会重视先皇的第二个妻子,在他们眼中,她是不合法的妻子,而她的女儿们是这桩不体面婚姻生下的。对于缅希科夫等人来说,问题不在于权利和法律,而在于谁能够占据上风,谁能够掌握政权和谁将被流放,或被送到苦役所去挨皮鞭抽打。因此他们采取阴谋、狡辩等一切手段,以便证实叶卡捷琳娜即位

的权力和益处：自卫的本能使玩弄法律和狡辩掩饰的技巧更加高超。"

〔1°〕 在草稿笔记里接着还有一段被作者删去了的话："叶卡捷琳娜一世即位是一个重大的不正常的事件，后来不止一次重又发生，而且愈演愈烈；改革家为了防止外部力量侵犯和为了国家的内部福利而积累的物资的和文化的财富，如今既未用于前者，也未用于后者，竟花费在维持首都幕后激烈展开的个人或党派之间的争权夺利上了。"

〔1*〕 历史学会，第六十四卷，第105页；另第十五卷，第348—350页；第六十三卷，第75、76页。

〔2*—2*〕 作者付印《教程》第四卷时加入的这段文字是以第十夹的资料为依据的。

〔2ᵃ〕 索洛维约夫，《俄国史》，第十九卷，第四版，莫斯科，1893年，第92、93页；历史学会，第六十四卷，第517（及522、523、529—530）、583、584页。

〔3〕《法典全书》，第七卷，No. 5007；第二十四卷，No. 17910。

〔4*—4*〕 作者付印《教程》第四卷时加入的这段文字是以草稿笔记为依据的，在草稿笔记里包含有经过重新校订的瑟索耶夫笔记的文字。

〔4ᵃ〕 索洛维约夫，《俄国史》，第十九卷，第234页。

〔5—5〕 作者对《教程》第四卷排印本所加的文字。

〔6*—6*〕 作者付印《教程》第四卷时加入的这段文字是以草稿笔记为依据的。

〔6ᵃ〕 索洛维约夫，《俄国史》，第二十一卷，莫斯科，1861年，第150页。

〔6ᵇ〕 索洛维约夫，《俄国史》，第二十一卷，第134、138页。

〔7*—7*〕 作者付印《教程》第四卷时加入的这段文字是以草稿笔记为依据的，在草稿笔记里包含有经过重新校订的瑟索耶夫笔记和巴尔斯科夫的石印本的文字。

〔7ᵃ〕 巴尔斯科夫的石印本里的注释："1740年在彼得堡附近修建的近卫军营房使政变的势头缓解了些。"曼施泰因，第188页。

〔7ᵇ〕 索洛维约夫，《俄国史》，第二十一卷，第25页。

〔7ᵛ〕 克柳切夫斯基，《大贵族杜马》，第三版，莫斯科，1902年，第495、496页；库拉金，第一卷，第64页。

〔8—8〕 作者加入《教程》第四卷排印本的文字；B. H. 塔吉谢夫，

《论科学和学校的益处》,黑海古罗斯历史研究分所,莫斯科,1887年,第一册,第一分册,54、117页;塔吉谢夫,《俄国史》,第一卷,第527页。

〔9*—9*〕 作者付印《教程》第四卷时加入的这段文字是以草稿笔记为依据的。

〔9ª〕《御前大臣 П. A. 托尔斯泰旅行记》,载于《俄罗斯档案》,1888年,No. 4,第547页。

〔9⁶〕 在草稿笔记里接着有一段被作者删去了的话:"这一切如何变得可能和那里的秩序靠什么维持?

"政治回忆,对自己国内的和外国的当前生活的观察(正是这些回忆和观察产生了这些问题)开始形成了对外国制度与我国制度不同的原因的思索,并且加以猜测,因为不同之处来源于那里的生活基础和我们的不同(历史学会,第五十八卷,第17、64、102、105页);在那里——是法制,在这里——是随心所欲,除非是过于疲劳或对付不了什么人,随心所欲才让位给法制(历史学会,第十五卷,第260页)。这种猜测不是彼得那一代人的新发现:科托希欣的同时代人便已熟悉它了,科托希欣解释禁止青年人前去国外的原因正是父辈的担心,认为子女们尝到了那里自由的甜头后,不肯再回家来(科托希欣,第43页)。彼得之后统治阶级的人们首先考虑的是自己,他们对自由的模糊、抽象的思索变成了向往具体地保护自己免受随心所欲的祸害和用可靠的法律巩固自己在管理机构中的地位向往,这是没有什么异乎寻常的。叶卡捷琳娜一世不是位凶狠的女人,但她忍受不了缅希科夫在她面前施展的种种卑鄙无耻的行为,在她执政期间终于有了机会……。"

〔9ᴮ—9ᴮ〕 在草稿笔记里代替这段文字的是:"彼得随心所欲,蔑视门第——这些都是受到对往事的政治回忆的感染,被在国外观察的意义和目的所引发的。"

〔9ᴦ〕 历史学会,第六十四卷,第199、200页。

〔9ᴅ〕 历史学会,第五十八卷,第247页。

〔9ᴇ〕《法典全书》,第七卷,No. 4830。

〔9ж〕 在草稿笔记里接着还有一段被作者删去了的话:"……关于将参政院划分为若干厅的立法倡议,关于新机构与参政院及各院的关系……。"

〔9³〕 在草稿笔记里接着还有一段被作者删去了的话:"人们在期待,希望旧显贵能在今后战胜最高当局,确立起类似英国那样的统治形式。这

些猜测之所以近乎真实，是因为目前最高枢密院虽然还不能为旧显贵所用，旧显贵仅能向最高枢密院打进去一个自己人，但是新贵们的头面人物却自己以内讧为自己的敌人扫清着道路：缅希科夫扳倒了托尔斯泰，而在彼得二世执政时期多尔戈鲁基一家击溃了缅希科夫本人。"

〔9"〕 Д. А. 科尔萨科夫，《安娜·伊凡诺夫娜登基》（下文简称科尔萨科夫），喀山，1880 年，第 37 页。

〔9ᴷ〕 在草稿笔记里接着还有一段被作者删去了的话："然而，引导他行动的不是个人的不满，不是因虚荣心久久不能满足而产生的愤懑情感；他已有 67 岁高龄，加以他有着那样的政治概念，这样，能够促使他更加强烈行动的只有俄罗斯国内总的事态所激起的冲动。"

〔10—10〕 作者加入《教程》第四卷排印本的一段文字，用以代替删去了的草稿笔记里这样一段文字："但是，他对这种冲动及其目的理解得很清楚，甚至比衡量自己拥有的资金还清楚。他可能会想，他的冲动会得到很多人的赞同，得到所有组成当时俄国领导阶层的人士的支持，可能会考虑到叶卡捷琳娜登基的成功，而此举比他所筹划的事更加冒险得多，最后，可能相信他紧紧抓住不放的最高枢密院的至高无上、早已习以为常的权威。很难说他在多大程度上指望自己的大贵族同伙，不过，他应该比任何人都更清楚地了解这些人。但是，不论他有过什么打算，事态的发展使这些打算全都落了空。"

〔11—11〕 作者付印《教程》第四卷时加入的这段文字是以草稿笔记为依据的。

〔12*—12*〕 作者加入《教程》第四卷排印本的一段文字，用以取代被作者删去了的草稿笔记里的话："按照叶卡捷琳娜一世的遗嘱，当彼得二世逝世时，如果既没有后裔，又没有指定王位继承人，那么，王位就传予彼得一世的长女安娜，然后依次向下传给她的"后裔"；安娜的情况如予彼得二世相同，则传予次女伊丽莎白，然后依次向下传位；遗嘱中写明，最高枢密院尽管拥有独裁的权力，却无权改变这一王位继承次序。但是，这一"遗嘱"是对 1722 年 2 月 5 日法令的背离，该法令，可以说，没有规定任何政治代替者，仅指定了最近的一位继承人，并未规定以后的。而且叶卡捷琳娜的遗嘱，正如我已说过的那样，犯了背叛誓言的罪过。安娜公主与自己的未婚夫在婚约上发誓说自己和自己的后代放弃俄国王位。这样，如今按法律即位的顺序在彼得一世死后便轮到了伊丽莎白公主。最高枢密院，

和1725年的参政院一样，着手争当王位的替代者，其权力要比1725年的参政院更大，至少表面上如此，它可以就以叶卡捷琳娜的那份遗嘱为依据，指出该遗嘱在彼得二世成年之前授予它等同于最高的权力，把自己看作已故皇帝的临时代替者。戈利岑相当突然地向枢密院提议推选彼得一世的侄女，库尔兰公爵的未亡人安娜·伊凡诺夫娜，从而绕过了彼得长女，荷尔斯泰因公爵夫人安娜的儿子，甚至绕过了依法最近的和无可争辩的继承人伊丽莎白，更不必说安娜·伊凡诺夫娜的亲姐姐梅克伦堡公爵夫人叶卡捷琳娜了（历史学会，第十五卷，第402、403页）。最高枢密院的组成人员对戈利岑是有利的：彼得二世逝世时枢密院由五人组成，他们是一等文官戈洛夫金、副一等文官奥斯捷尔曼、两位多尔戈鲁基和戈利岑本人。在讨论彼得二世死后的继承人的会议上又邀请了另两位多尔戈鲁基和戈利岑的弟弟，元帅米哈伊尔公爵参加。这位元帅唯自己的哥哥之命是听，他对此事起着举足轻重的作用，因为他是乌克兰军队最受爱戴的司令，而这支军队公认为是近卫军的对抗力量。最高枢密院的八名成员中有六名属于旧权贵。在会议上德·戈利岑否定了彼得二世有利于其未婚妻的遗嘱，说这份遗嘱是伪造的；否定了推选被迫当修女的老祖母——彼得大帝的第一位妻子做女皇的提议，理由是她只不过是皇帝的未亡人而已；他认为梅克伦堡公爵夫人也不合适，因为她的丈夫是个疯子……（戈利岑评论安娜·伊凡诺夫娜）……说她是位聪明的女人，在库尔兰国人人对她满意，况且她是皇宝长门的代表，由于次门断绝，她有权继承王位。戈利岑所说的并不真诚，他并未说出自己的真实想法，希望即使没有他的话语和评价，别人也会明白。"

〔12ª〕 科尔萨科夫，第3和以后几页；谢尔巴托夫，第181—184栏。

〔13—13〕 作者付印《教程》第四卷时加入的这段文字是以草稿笔记为依据的，在草稿笔记里包含有经过重新校订的巴尔斯科夫的石印本的文字。

〔14—14〕 作者付印《教程》第四卷加入的这段文字是以草稿笔记为依据的。

第七十一讲

〔1*—1*〕 作者付印《教程》第四卷时加入的这段文字是以草稿笔记为依据的，并部分依据了巴尔斯科夫的石印本。在草稿笔记里接着还有一段

被作者删去了的话:"旁观者似乎觉得小贵族反对派并不带有反动的性质,他们的活动并不是为了君主专制独裁政治。外国的大使们得出的就是这种印象。"

〔1^a〕 谢尔巴托夫,第184、185等栏。

〔1^6〕《唐·利利斯基和别尔维克斯基的札记》,附录(下文简称普罗科波维奇),圣彼得堡,1845年,第198页。

〔2—2〕 作者加入《教程》第四卷排印本的文字;普罗科波维奇,第199、200页。

〔3*—3*〕 作者付印《教程》第四卷时加入的这段文字是以草稿笔记为依据的。

〔3^a〕 在草稿笔记里接着还有一段被作者删去了的话:"对于所希望的自由,其范围究竟应该多大,派性使大家的意见产生了分歧。派性乃是人们思想不成熟的迹象,人们还不惯于思考这类事物,还未及培养成总的观点。因此一切都变得不确定,不牢固。"

〔3^6〕 历史学会,第十五卷,第414页;《德·利里阿公爵寄往西班牙的有关俄罗斯的信件》(下文简称德·利里阿),载于《18世纪》,历史论文集,П. 巴尔捷涅夫出版,第三册,莫斯科,1869年,第35页。克柳切夫斯基错误地指出,德·利里阿写此信是在1月份,实际上是在2月初。

〔3^B〕 在草稿笔记里接着还有一段被作者删去了的话:"在这方面显示出了我们政治思想的另一个特点,不知何时它才能去掉。这个特点就是刚刚一见到自由的一丝光亮,就迷惑得晕头转向,似乎离开了地面,腾云驾雾起来。"

〔3^г〕 谢尔巴托夫,第182栏。

〔3^д—3^д〕 在草稿笔记里代替这段文字的是:"……看过这一案件的还有当时贵族最著名的代表(索洛维约夫,《俄国史》,第十九卷,第243页)阿尔乔米·沃伦斯基。沃伦斯基是一位聪明,有才能的人。当时他在喀山当省长。他接到莫斯科寄来的有关上层大臣的消息,曾经写信作答。这是一整篇抨击性论文,或者是报纸的社论,痛苦地抱怨我们的各个上层阶级缺少政治意识和公民的高尚情操,普通贵族完全粗野成性,文章没有掩饰贵族面对农民和奴仆所怀有的极端恐怖的心情。然而,我们在信中也可读到:'在这里我们也听得到,为了在我国出现共和国(这是当时对君主立宪制的说法)。你处正在干些什么和已经干成了什么……。'"

〔3°〕 普罗科波维奇，第 204、205 等页；索洛维约夫，《俄国史》，第十九卷，第 247 页。

〔4—4〕 作者加入《教程》第四卷排印本的文字；普罗科波维奇，第 206 页。

〔5*—5*〕 作者付印《教程》第四卷时加入的这段文字是以草稿笔记为依据的。在草稿笔记里接着还有一段被作者删去了的话："然而，即使不这样，由于俄罗斯与共和制的贵族波兰相邻，时过不久即可取得专制贵族波兰的面貌，在吞没了这个邻居的大部分之后，会把波兰变成比以前更加贵族化的国家。

"原因和失败：1730 年，问题并不像人们感觉的那样在于人民的自由——无论是政治自由，还是公民自由，也不像乍看这一运动而不止一次得到的那种印象。自由，乃是人民所处的一种状态，在这种状态下，人民的全部生产力可以不受限制地展现出来，人民的法定利益可以理所当然地得到保护，迫切的社会需求可以得到满足。这样理解自由的，或许只有德·米·戈利岑公爵一个人，在当时的整个俄罗斯他唯一无二。贵族和执政的僧侣们牢牢地把半数以上的俄罗斯农业居民控制在农奴制的枷锁之中，他们的头脑里怎么能得进去人民自由的想法呢？假如德·米·戈利岑公爵的举措能够成功，假如他能够成为最高枢密院的灵魂和领导者，那么他可能会提出解放农奴的问题。他的堂兄瓦·瓦·戈利岑公爵在索菲娅执政时期就曾经考虑过这个问题；他的弟弟外交官德·阿·戈利岑公爵在叶卡捷琳娜二世即位之初也认为这是可能的；解放的思想在戈利岑公爵的家族氛围内传播着。但是，这种思想甚至对那些上层大臣都是格格不入的：就以几位多尔戈鲁基公爵为例，在年幼的皇帝彼得二世时期他们利用受到的宠信，总是从宫中顺手牵羊地捞取各种财物——从宝石到猎狗，无所不拿，像他们这种人如何能有这种思想呢？推动 1730 年事态发展的不是政治自由的思想，而是比较的低级的、微末的动因。最高枢密院为了少数几个权贵家族的利益意欲限制个人的最高权力；元老官僚大臣们为了官阶升迁企图限制最高枢密院；小贵族们则为了得到优惠，想要限制元老大臣和显贵家族的官僚。在政治观点如此不同的情况下，各方面的利益根本不可能取得统一：能够默默地联合这些离心观点的唯一事物——在当时还不敢公然说出——就是终于捕捉到的树林里的熊——俄罗斯农民。然而，这三个阶层的人可以说是头脑空空地开始活动的，缺少应有的准备：无论包括德·米·戈利岑在内的上层大臣，还是参政院和将军团，还是普通的小贵族，他们全都没有准备好能为所有人接受的国家建制计划，自然，这三种人当中任何人在皇位交替之际的混乱时期，在深更半夜的秘密会议上，在阶级的小圈子的造谣诽谤、蜚短流长的气氛中当然制订不出这种计划。最后，利益的不同和思想上没有准备使这场事件表现为大贵族所玩弄的政治游戏，以至于使其他社会阶层望而却步，不肯靠拢，无动于衷地在一旁观看这些老爷们如何狗咬狗，打成一团。在这样的社会里戈利岑公爵若不想毁掉自己，就不能直截了当地、公开地推进事业；与最高枢密院保持和谐一致极其困难，如若让这些垂涎已久的王公大臣进入枢密院，那么分裂就不可避免。于是戈利岑公爵决定预先暗暗地束缚住米塔瓦的手脚，然后把女皇似乎自愿自我限制的行为作为既成事实推向全社会。枢密大臣就这样亲自向对手解释了自己的行动方式，使之抱有一线希望，以为只要取得米塔瓦的同意，即可立即向建议全体官兵讨论如何才能更好地组成国家的管理机构。所阐述的失败原因与深刻的社会转折密切相关，与莫斯科的大贵族的覆灭密切相关。大贵族的覆灭开始于混乱时期，甚至还要早些，从伊凡雷帝的削藩制即已开始，于1682年以门阀制度被撤销而彻底告终。随着大贵族家族特权的毁灭和政治上的衰落，贵族崛起并取代了大贵族的地位。他们是普通的军役人员，从前是在大贵族的指挥下行动的。如今官阶表把他们与大贵族剩余的显贵混合在一起了，用功绩代替了门阀出身，用服役的官阶代替了家族的渊源，而彼得的军营把贵族本身的各个阶层团结成为一个服役的阶层。但是，尽管在服役方面达到了等同，可是并没有实现这两个阶层精神上的同化，利益和概念方面的统一，这种差异在1730年事件中暴露了出来。

"1730年运动乍看上去可能令人感到，而且不止一次令人感到，这是事关社会自由的事件：显贵家族的人们企图限制专制统治，但贵族群众为了贵族的阶层平等奋起反对大贵族的寡头政体，从而摧毁了枢密大臣的事业，如果更深入地观察这些事件，即可看出（在最高枢密院的意图中）并没有把最高政权，把专制制度作为国家制度加以限制的打算，而仅仅是希望限制个人的专制统治。"

〔5ᵃ〕 索洛维约夫，《俄国史》，第十九卷，第250和以后几页；科尔萨科夫，第120和以后几页。

〔5ᵇ〕 在草稿笔记里接着还有一段被作者删去了的话："运动的实质也

随之改变了。枢密大臣原想为了政治自由完成这项限制最高政权的事业;小贵族却把问题引上了另一条轨道。"

〔5ᵇ〕 塔吉谢夫写于安娜女皇在位期间的两篇札记;《晨》,文学作品集,莫斯科,1859年,第370页。

〔5ᶜ—5ᶜ〕 作者加入的文字,用以代替草稿笔记里的一段被作者删去了的文字:"……选举的:最高政府机构的成员,不管是最高枢密院,或是执政的参政院——这全无区别,各院院长,甚至外省省长,皆须由贵族和将军团选举,即由军人和文职人员,也就是仍由那些贵族推选,只不过是身居高官的贵族而已。这些人组成了方案中所谓的社会,普通百姓。(П. М. 柳科夫,《枢密大臣和小贵族》,论文和专著集,摘自《俄国知识分子史》,第二版,圣彼得堡,1903年,第35页)社会,人民,在我们的词汇中这些词是:商人、手工业者、农民,而在当时贵族的政治意识中,就像私人土地主庄园里的生产工具、用来挤奶的牛和剪毛的羊的意思一样(这个贵族社会不明白或者不承认,只把人民看作是被统治的,因而也就是纳税的群众),甚至节日里也从不让他们上餐桌。在当时的欧洲即使在奴仆的住处也未必能找到比这更低下的社会意识了。贵族——虽不是统治的阶级,但却是享有全权的执政的阶级,是一种独特的 pays legal(享有政治权利的人),若译成当时俄国法律界的语言,就是社会上'发号施令的'官员。这一社会阶级拥有立法甚至立宪的权力。有一个方案建议,从贵族中推选一个由20—30人组成的委员会来筹划新的国家体制;从神职人员、军人阶级和商人中选出的代表,只在出现涉及他们的专门问题时才应邀出席委员会会议。假如这个筹划委员会不是从汇集在莫斯科的贵族中选拔,而是在各地方按阶层选举,那么普加乔夫就会早出现44年,砍下的农奴主的脑袋也会多达四倍。这是一个不惯于思索,也不瞻望未来的不明智的阶层在它所需要的一场赌博中打出的一张王牌。"

〔5ᵈ〕 普罗科波维奇,第214、215页。

〔5ᵉ〕 德·利里阿,第36页。

〔5*〕 在草稿笔记里接着还有一段被作者删去了的话:"但是,在安娜周围又有新的阴谋在活动,最高枢密院在帮助她,许诺给将军团和贵族无数政治好处,并许诺扩大最高枢密院的编制,然而既没有让任何一个出身显贵门第的人物和在莫斯科到处钻营、凶狠污蔑枢密大臣的有势力的利欲熏心者,也没有让切尔卡斯基公爵或特鲁别茨科伊公爵进入最高枢密院。"

索洛维约夫,《俄国史》,第十九卷,第262、263页。

〔5³〕 德·利里阿,第56页。

〔6*—6*〕 作者付印《教程》第四卷时加入的这段文字是以草稿笔记为依据的。

〔6ᵃ〕 科尔萨科夫,第165、185页。

〔6⁶〕 被作者删去了的写在一张单页纸上的插语与这段文字有关:

"1. 执政阶级内部不和。这并非什么人造成,而是枢密大臣本身草率提出有关最高枢密院的作用和组成的问题而引发的。

"2. 由于执政阶级在政治上不成熟,不善于制定统一的、能为所有人理解和接受的新国家机构的计划。

"3. 对吸收普通的近卫军贵族参与此事考虑不周,而他们因缺乏政治意识和出于阶层利己主义扭曲了运动。"

〔6ᴮ〕 在草稿笔记里接着还有一段被作者删去了的话:"……对西方各国的体制不甚了了,对自己祖国的生活条件又不惯于思考,(他们)对政治的理解相当贫乏,所以没有能力制定出统一、合理、可以指望有一定的稳定性和得到广大社会各个阶层满意的新国家机构的计划。"

〔6ᴦ〕 科尔萨科夫,第194页。

〔7*—7*〕 作者付印《教程》第四卷时加入的这段文字是以草稿笔记为依据的。

〔7ᵃ〕《科尔萨科夫和米柳科夫》(指的是前述这两位作者的著作)。

〔7⁶〕 "В. М. 多尔戈鲁基勉强会写字";М. Н. 隆吉诺夫,《诺维科夫和莫斯科的马丁派神秘教徒》,莫斯科,1867年,161页;谢尔巴托夫,第190、191栏。

〔7ᴮ〕 在草稿笔记里接着还有一段被作者删去了的话:"从1720年到1732年,欠税额已累积到700万卢布以上,这个数字几乎等于整整一年的收入。"索洛维约夫,《俄国史》,第二十卷,第181、182页。

〔7ᴦ〕 索洛维约夫,《俄国史》,第二十卷,第406、407页。

〔7ᴨ〕 索洛维约夫,《俄国史》,第二十卷,第416、417页。

〔7ᵉ〕 作者删去的这个段落可能和本章节有关:"对外政策对国内政策的影响。彼得使俄罗斯在欧洲处于举足轻重的地位,从而使自己的继承人担负起一系列外交任务,而完成这些任务是维持这种地位所必需的,特别是这样一些任务:保卫从瑞典手中夺来的省份,在波兰保持对俄罗斯有利

的无政府状态,保护波兰的东正教徒,联合奥地利共同对土耳其斗争,在黑海北部海岸立稳脚跟。彼得的男女继承人的历届政府不管情愿与否,都必须关心俄罗斯已取得的地位和解决与之相关联的任务,这样才能巩固他们偶然得到的政权。但是,为了成功地推行对外政策,国内事务也必须进行得差强人意,因为俄罗斯的外部敌人——瑞典和法国总是利用内部事务的紊乱来给俄罗斯的统治者制造麻烦。彼得逝世后接替他的历届政府尽管对管理准备不足,能力有限,不管他们距离自己的伟大榜样多远,不管他们如何爱用彼得的纲领掩饰自己的行动(自己的考虑不周),他们个人的利己主义和自我保护的本能至少促使他们避免犯严重的错误,控制自己的更具诱惑力的本能发作,遇到失败时总算能为前者辩解,对后者也能体面地加以掩饰。这样,彼得对于历届政府的表现虽犯有很多过错,但是,历届政府行动得比它们想要行动的要好些,确切些说,它们没有做很多它们想要做的事,为此俄罗斯还是应该感谢彼得的。彼得即使在死后仍然敏锐地注视着自己的继任者,如同他生前注视执行者一样。他以此部分地赎过了他在王位继承法上所犯的罪过,纠正了自己家庭关系的不幸。"

〔8*—8*〕 作者付印《教程》第四卷时加入的这段文字是以瑟索耶夫笔记为依据的(笔记里这一章节没有保存下来),该笔记与巴尔斯科夫的石印本近似。

〔8ª〕 曼施泰因,第 250、251、256 页。

第七十二讲

第 72 讲的全部文字都是作者付印《教程》第四卷时以草稿笔记为依据写成的,例外的只有下面指出的一个章节。

〔1〕 历史学会,第六十六卷,第 4 页;《A. B. 赫拉波维茨基回忆录》,黑海古罗斯历史研究分所,1862 年,第二卷,第二分册,第 12 页;或见《俄罗斯档案》,1901 年,No. 5,第 8 页。

〔2〕 在草稿笔记里接着还有一段被作者付印《教程》第四卷时删去了的话:"全国的需要的利益和上层向往的利益是如此不同,它们只在一点上取得了一致,那就是给贵族的特权和优惠附加上当时的政府认为对国家有利的一些作用。对俄国事务感兴趣的外国人担心一个问题:在彼得逝世后俄罗斯会不会仍按着他指引的道路前进,还是转过头去倒退?由于利益

不同，彼得逝世的消息使一些人惊慌不安，而另一些人却兴高采烈；例如，正像普鲁士公使报告的那样，在沙皇宫廷里，大家高兴得几乎全都喝得醺醺大醉。这些外国人观察着首都的俄国生活动荡不定的表面，认为在这个每天都有意想不到的事发生、宝座上的和围绕着宝座的人物和相互关系迅速更迭变化的国度里什么事都可能出现。若把眼光向下面看，他们就可能看到，那里虽然每时每刻也都在变化，却什么事也没有发生。"

〔3〕 在草稿笔记里接着还有一段被作者付印《教程》第四卷时删去了的话："彼得希望国内的工业和对外贸易成功地发展，来自间接税的收入（国民经济的周转）有所增长，但这些希望未能按预期的效果实现。国家收入的主要来源仍旧是直接税，即人头税，而人头税完全超出了偿付能力，例如1724年未能缴足的税款就几乎达到应缴人头税的五分之一。"

〔4〕 历史学会，第十五卷，第225、227页。

〔5〕《П. И. 亚古任斯基论俄罗斯现状的札记》，黑海古罗斯历史研究分所，1860年，第四卷，第四分册，第269—273页；索洛维约夫，《俄国史》，第十八卷，第281、293页。

〔6〕 在草稿笔记里接着还有一段被作者付印《教程》第四卷时删去了的话："这道上谕旨在让枢密院注意基于他的意见而下达的一系列有关国家体制各个方面的命令，这些方面是：军队和舰队的给养，直接税的体系，改变彼得推行的分驻团队的做法，改组、简化地方机构和法庭，并降低它们的收费，调整财政会计和监督。"

〔7〕《科学院文集》，第九卷，第108页。

〔8〕 在草稿笔记里接着还有一段被作者付印《教程》第四卷时删去了的话："对待改革的类似态度以后也表现过不止一次。彼得之后多次更迭的政府既无能将他的事业完成到底，也不能把他的事业整体上废弃掉。"

〔9〕 在草稿笔记里接着还有一段被作者付印《教程》第四卷时删去了的话："他们置思想和原则于不顾，只知道自己的需要和危险，在需要和危险的压力下，他们可能部分改变改革，至于朝这个或那个方向，全无所谓。他们原想连这也不做，袖起双手，什么也不干，只去享用彼得创造的地位所带来的好处。但是，彼得的改革中有一个特点，它经常不断地给昏昏欲睡的政府以刺激性的推动（索洛维约夫，《俄国史》，第十八卷，第303—305页）改革是人民现有的分散力量——无论是精神力量，还是物资力量——所不能承担的。为了成功地进行和完成改革，彼得和他的几位女

继承人无论事业，还是办事人员都嫌不足。彼得迫不得已吃力地使自己落后的国家跻身先进国家之列，只能把自己的力量集中在维护外部安全和内部秩序的最主要支柱上面，即集中在军队、舰队、管理机构等上面。但是他既没有时间，也没有技能来改进那些小型的社会生产力，而这些社会生产力却能让国家对外拥有威力，使内部稳固坚强。彼得从上面改造了国家，却把新建筑留在了旧的已经腐烂了的基础之上。在价值昂贵的复杂工程中却缺少某些细小的、但必不可少的工具；1727年，必须赶铸200万枚铜币；但是在莫斯科的造币厂既没有完好无损的天平，也没有冶炼用的鼓风机，以至于不得不到土拉的铁工厂去取。矿务总局竟然不会制造准确的天平砝码。"索洛维约夫，《俄国史》，第十八卷，第300页。

〔10〕 在草稿笔记里接着还有一段被作者付印《教程》第四卷时删去了的话："征收人头税的第一年，没有收足的几近100万，比应收的款数少五分之一弱；第二年，1725年的前8个月收到的只微微超过半数；从1720年起，12年里海关和其他税收机构（人头税除外）的欠缴税款总额已达700万之多，这个数字几乎等于国库一整年的收入，如果再加上人头税欠款，显然超过了这个数字。"索洛维约夫，《俄国史》，第十八卷，第279页；第二十卷，第185页。

〔11〕 索洛维约夫，《俄国史》，第二十一卷，第186页；第二十二卷，莫斯科，1872年，第231、232页；第二十三卷，第三版，莫斯科，第14页。

〔12〕 在草稿笔记里接着还有一段被作者复印《教程》第四卷时删去了的话："1749年春，财政总署办公厅甚至没有钱供舰队出海；不得不从造币厂的周转资金中挪用。"

〔13〕 在草稿笔记里接着还有一段被作者付印《教程》第四卷时删去了的话："他喜欢数字精确，1757年他向参政院报告，他以自己的发明在7 402年之中为国库赚得利润15 671 171卢布53戈比，后来他把这个数字扩大到近2 100百万。"索洛维约夫，《俄国史》，第二十二卷，附录，第4页；第二十四卷，第二版，莫斯科，1882年，第167页。

〔14〕 索洛维约夫，《俄国史》，第二十二卷，第180—182页；第二十四卷，第96页；第二十五卷，莫斯科，1875年，第10页。

〔15〕 索洛维约夫，《俄国史》，第二十三卷，第208页；第二十四卷，第166页。

〔16—16〕 在草稿笔记里代替这段文字的是被作者付印《教程》第四卷时删去了的一段话:"正如1732年米尼希所写的那样,……(关于)他们的落后性,对欧洲军队的优秀制度和手段不熟悉,关于把大量士兵浪费在非行伍事务上,尤其是浪费在为军官个人服务上的现象,关于破坏性的和不明智的征兵制度,关于对兵役的厌恶,士兵被迫成千上万地逃离各团,而农民躲避征兵,逃亡境外,人数多得使很多省份仿佛兵燹或瘟疫过后,人烟断绝。"索洛维约夫,《俄国史》,第二十卷,第178页。

〔17〕 在草稿笔记里接着还有一段被作者付印《教程》第四卷时删去了的话:"某些人甚至和缅希科夫公爵一同认为,最好把俄国人不会操纵的战列舰完全丢弃,只留下大桡战船。"

〔18〕 曼施泰因,第254、274、275页。

〔19〕 索洛维约夫,《俄国史》,第二十三卷,第135页;第二十四卷,第341、342页;《法典全书》,第十五卷,No. 11092。

〔20〕 索洛维约夫,《俄国史》,第二十四卷,第98、99、340、341页。

〔21〕 索洛维约夫,《俄国史》,第二十一卷,第187、190、191页。

〔22〕 索洛维约夫,《俄国史》,第十八卷,第294—297页;第二十卷,第208页;第二十四卷,第99页。

〔23〕 在草稿笔记里接着还有一段被作者付印《教程》第四卷时删去了的话:"……谈起人民,不仅把他们当作纳税和征兵的对象,而且也把他们看作权利的拥有者……。"

〔24〕 索洛维约夫,《俄国史》,第十八卷,第289—291页;第二十三卷,第209页。

〔25〕 斯特罗耶夫,第107—110页。

〔26〕 索洛维约夫,《俄国史》,第十九卷,第277页;《科学院俄罗斯语言文学部文集》,第九卷,圣彼得堡,1872年,第89页。

〔27〕 《法典全书》,第八卷,No. 5789。

〔28〕 在草稿笔记里还有一段被作者付印《教程》第四卷时删去了的话:"它在不涉及农奴制的本质的情况下,给农奴主的管理权增加了并非其所特有的法院和警察的功能,从而使农奴制本身从公民的个人机制演变成为国家的管理方式。这样一来,农奴的人身和劳动就已不再属于农奴制财产的范围,而由地主作为政府的代理人加以管理,因而在废除农奴制时,农奴的人身和劳动不能购买。这样,农奴问题的解决预先就简易化了。18

世纪的立法者本想尽力把农奴的套索勒得紧些，结果却以此帮助了套索的解开。生活的智慧把愚蠢的统治者的短视变成了进步（自由）的手段。"

〔29〕 索洛维约夫，《俄国史》，第二十卷，第 203 页。

〔30〕 索洛维约夫，《俄国史》，第十八卷，第 291 页。

〔31〕 索洛维约夫，《俄国史》，第十九卷，第 269、270 页；第二十卷，第 174、175 页；罗曼诺维奇-斯洛瓦金斯基，第 189—191 页。

〔32〕 曼施泰因，第 186 页。

〔33〕《法典全书》，第八卷，No. 5653、5717；索洛维约夫，《俄国史》，第十九卷，第 269、272 页；罗曼诺维奇-斯洛瓦金斯基，第 253 页；涅沃林，第四卷，圣彼得堡，1857 年，第 259 页。

〔34〕 谢尔巴托夫，第 210 栏；索洛维约夫，《俄国史》，第二十三卷，第 207、208、234 页；第二十四卷，第 166、167 页。

〔35〕 涅沃林，第六卷，第 506 页。

〔36〕 索洛维约夫，《俄国史》，第二十三卷，第 232—234 页。

〔37〕 历史学会，第十五卷，第 203、204 页。

〔38〕《法典全书》，第十一卷，No. 8577；第九卷，No. 6951；第十五卷，No. 10832、11166。

〔39〕《法典全书》，第十卷，No. 7171、7250。

〔40〕 罗曼诺维奇—斯洛瓦金斯基，第 280 页。

〔41〕 波别道诺斯采夫，第一卷，第 6 页。

〔42〕《法典全书》，第十五卷，No. 11444。

〔43〕 在草稿笔记里接着还有一段被作者付印《教程》第四卷时删去了的话："宣言的起草者，秘书官沃尔科夫事后讲道，彼得三世为了向情妇沃龙佐娃隐瞒自己夜里的风流艳事，当着她的面对沃尔科夫宣称，将和他一道工作一夜，完成一件要事，而实际上把他锁在一间空房间里，命令他在早晨之前随便准备份重要的上谕，给他留下一条丹麦猎狗做伴。沃尔科夫思索再三，究竟该写什么。他想起了有人曾反复向彼得建议过有关贵族的自由之事，而且彼得本人一个月前也在参政院宣布过，但事后彼得已经忘记了。于是，沃尔科夫起草了这份宣言。他本人为此感到羞愧：这份宣言写得很蹩脚，说明其来历不光彩。

"俄罗斯国，1762 年 2 月 18 日。

"1762 年 2 月 18 日宣言是当代的完整文件，它非常准确地表明了时代的意义和性质。"

〔44—44〕 在草稿笔记里没有这段文字,它是作者付印《教程》第四卷时加入的。《安德烈·博洛托夫的生平和经历》(下文简称博洛托夫),第二卷,圣彼得堡,1871年,第131、132栏。

〔45〕 历史学会,第十五卷,第638、639页。

第七十三讲

〔1*—1*〕 作者付印《教程》第四卷时加入的这段文字是以草稿笔记为依据的。

〔1ª〕 索洛维约夫,《俄国史》,第二十二卷,附录;第二十四卷,第404和以后几页;第二十五卷,第15页。

〔1ᵇ〕 索洛维约夫,《俄国史》,第二十三卷,第232—234页。

〔1ᵛ〕 斯特罗耶夫,第113页;索洛维约夫,《俄国史》,第十八卷,第277页。

〔1ᴦ〕 福克罗特,第113页。

〔2*—2*〕 作者付印《教程》第四卷时加入的这段文字是以草稿笔记为依据的。

〔2ª〕 在草稿笔记里接着还有一段被作者删去了的话:"……100个纳税人需负担4.5个男女军人、同样数量的神职人员和3个官吏。"

〔2ᵇ〕 索洛维约夫,《俄国史》,第二十四卷,第232页。

〔2ᴃ〕 索洛维约夫,《俄国史》,第二十四卷,第412、413页。

〔2ᴦ〕 《方案》(拉特金,第187页)。

〔2ᴅ〕 索洛维约夫,《俄国史》,第二十三卷,第244、248页。

〔2ᵉ〕 谢尔巴托夫,第196、197和以后几栏;索洛维约夫,《俄国史》,第二十一卷,第150、333页;第二十二卷,第118、119页;C. 波罗申,《札记》,圣彼得堡,1844年,第462页;《女皇叶卡捷琳娜二世日记》(下文简称《叶卡捷琳娜二世日记》),伦敦,1859年,第107、108页;科尔萨科夫,附录No3;亦见 Д. A. 科尔萨科夫,《18世纪俄国活动家生平摘记》,喀山,1891年,第200页。

〔3*—3*〕 作者付印《教程》第四卷时加入的这段文字是以瑟索耶夫笔记和大量对其所加的插语为依据的。与《彼得三世》有关的下一段插语

为作者对瑟索耶夫笔记所加，但后来被他删去了："无论用先天带来，还是用后天教育都无法解释他身上积聚的如此之多的顽劣痼疾，而且通常这些痼疾不可能同时出现在一个人身上。这是胆怯懦弱和轻率自负、易于钟情和无情无义、肆意夸口和对自己的谎言深信不疑的混合。这个人从里到外永远不能把自己的感情集中成一种固定的情绪，把自己的思想凝聚成一个明确的决定。他丧失了任何现实感，自然规律感，不明白可能与荒谬的界限。"

〔3ª〕 索洛维约夫，《俄国史》，第二十一卷，第159页；第二十二卷，第86、87页；B. A. 比利巴索夫，《叶卡捷琳娜二世史》（下文简称比利巴索夫），第一卷，柏林，1900年，第81、82、84和以后几页。

3⁶〕《叶卡捷琳娜二世日记》，第140、175页。

3ᴮ〕《叶卡捷琳娜二世日记》，第196页。

3ᴦ〕《叶卡捷琳娜二世日记》，第197页；索洛维约夫，《俄国史》，第二十五卷，第84—86页；博洛托夫，第二卷，第204、205栏；《达什科娃公爵夫人日记》，第19页。

〔3ᴰ〕 索洛维约夫，《俄国史》，第二十五卷，第83页。

〔3ᵉ〕 索洛维约夫，《俄国史》，第二十五卷，第81页；博洛托夫，第二卷，第172栏。

〔3ˣ〕 索洛维约夫，《俄国史》，第二十五卷，第20页。

〔3ᴶ〕 比利巴索夫，第一卷，第425页；博洛托夫，第二卷，第178、179栏。杰尔查文，第19页及其后几页；索洛维约夫，《俄国史》，第二十五卷，第87页。

第七十四讲

〔1*—1*〕 作者付印《教程》第四卷时加入的这段文字是以经重新校勘作了重大修改的瑟索耶夫笔记为依据的。

〔1ª〕 博洛托夫，第二卷，第174栏；比利巴索夫，第一卷，第431页。

〔1⁶〕 诺维科夫，第11页。

〔2—2〕 作者付印《教程》第四卷时加入的这段文字是以他对瑟索耶夫笔记所加的插语为依据的；比利巴索夫，第一卷，第445页。

〔3*—3*〕 作者付印,《教程》第四卷时加入的这段文字是以经重新校勘作了重大修改的瑟索耶夫笔记为依据的。

〔3ª〕 索洛维约夫,《俄国史》,第二十五卷,第 89、92—94、112 页;比利巴索夫,第二卷,第 16、17 页。

〔3⁶〕 索洛维约夫,《俄国史》,第二十五卷,第 114 页;比利巴索夫,第二卷,第 27 页。

〔4—4〕 作者付印《教程》第四卷时加入的这段文字是以对瑟索耶夫笔记所加的插语为依据的。

〔5*—5*〕 作者付印《教程》第四卷时加入的这段文字是以经重新校勘作了重大修改的瑟索耶夫笔记为依据的。

〔5ª〕 索洛维约夫,《俄国史》,第二十五卷,第 122 页;比利巴索夫,第二卷,第 66 和以后几页。

〔6*—6*〕 作者付印《教程》第四卷时加入的文字。

〔6ª〕 在草稿笔记里接着还有一段被作者删去了的文字:"……这一转折会给今后带来什么新鲜的和更好的事物。我们观察我们的大俄罗斯国在 300 年的过程中的成长,努力看清如何把我国人民从人种学意义的群众培养成一个国家的联合体,这一工作在人民生活的地理和国际环境里遇到过什么协助,什么障碍,人民中间日益增长的利益和理解融汇成了什么样的法制结构和社会制度——总而言之,在哪些现象中表现出了人民的生命力和性格,勾勒出了人民的历史个性。众所周知,通过拜占庭的希腊人、衰老不堪的遗嘱执行人、古希腊罗马文明和福音使徒的基督教,我们得到了一份多么贫瘠的文化遗产。众所周知,同莫尔多瓦人合作,与蒙古人为邻,对于人民的自我教育很少能催生累累成果——我们知道所有这一切,因此除了历史命运以外,很难责备任何人,指责说在 15 世纪政治上形成的[1]大俄罗斯成为世袭领地的国家,仍保持着采邑时代各个俄罗斯大公国的公民联合的形式。这些大公国就是按照大贵族世袭领地的类型,即古罗斯大贵族世袭领地的类型建立的。在世袭领地里大贵族是土地私有者,也是家仆的君主,而自由民则是按与大贵族签订的自由契约的临时土地租赁者。大贵

---

1 (已被删去):"大俄罗斯的公民联合形成于采邑时代,这种联合采取了质朴的形式,世袭领地国家的形式,其中包括:世袭领地的主人——君主、农奴、家仆以及交纳土地税赋者。"

族通过家仆管理自己的世袭领地，经营其经济项目：这是大贵族的行政官员。在社会和采邑大公国的组成中还有一些与大公约定的其他大贵族和自由奴仆，他们同样起着行政机关的作用，不仅如此，他们还是大贵族的武装民军。莫斯科大公成为整个大俄罗斯的君主之后，仍旧是先前那样的世袭领地主，只不过领地的面积扩大了。但是，他已经是大俄罗斯国唯一的独立领主，仅凭这一事实就足以改变他对于大俄罗斯社会各个部分的关系。城乡的自由民，由于其他俄罗斯大公国的消失，失去了迁居那里的可能，结果被固定在莫斯科的领地上；他们的自由租赁变成了纳租交税，担负徭役。由于同样原因，大贵族和自由奴仆们也失去了自己的自由，被归入了'相当于宫廷内的仆人'的分封级别，正式的称呼就是宫廷奴仆。然而这些变化并没有排除、相反却巩固了两个采邑世袭领地的传统。这些传统深深植根于莫斯科君主的政治意识之中，体现在莫斯科国的施政实践之中：国家的推动力量是王朝的利益，而不是人民的福祉；统治阶级不是自由的地方官吏，而是君主的家仆，即贵族。这样，由联合的大俄罗斯形成的民族国家仍囿于旧的世袭领地的形式；拜占庭的徽号、罗马恺撒的传说、君权天授和东正教的宇宙代表等理论——这一切都以华丽的绣饰装点着莫斯科大公祖传的破旧无领上衣。伊凡雷帝本人曾为当一位人民沙皇花费了很多心思，可是他用分割的和从非名门出身的贵族手中征集来的土地建立起沙皇直辖区，这显示出他并不懂得什么是人民国家，而是顽固地想继续当一个采邑世袭领地的、以贵族为自己奴仆的等级制君主。为此莫斯科罗斯付出了经受混乱时期灾难的代价。这一动荡年代震动了莫斯科的萎靡不振的思想，使其深入思索国家的本质，把国家同作为偶然性的君主个人分离开来，弄清了人民作为自觉的国家力量的意义。在没有君主的时期，全民大会，全地区的会议是国家事务的最高决策者；在这段严峻的考验时期，在人民头脑里形成并巩固了推选产生全俄缙绅会议的想法，用以代替从前的按职位召集的会议或由政府指派的会议。国家从混乱时期摆脱出来，似乎被清洗掉了世袭领地的残余，踏上了纯国家的基础：以地方的意志建立的新王朝不能把地方看作是自己的世袭领地；地方选派代表的制度巩固了人民对管理的参与，于是国家成了人民的联合体，不再是宫廷特权阶级统治人民的军事警察工具。然而，自从新王朝诞生起就重新显现出似乎被混乱时期消除了的旧世袭领地国家的特点。对于米哈伊尔的当选最为有利的是他与没落了的莫斯科世袭领地主家族的亲属关系；在选举文件里着重指出的是会议一致决定推选公正的沙皇费奥多尔·伊凡诺维奇的'后裔'登上宝座(《宫廷级别》,第一卷,圣彼得堡,1850年,第48栏)。随着国家从混乱时期后安定下来,地方选派代表的制度就日益解体。唯有1613年的选举会议才能算包含所有阶层的;在以后的历次会议上都没有了外省宗教界、城乡纳税阶层甚至军役界的选举人,全俄晋绅会议也恢复到了16世纪的会议组成,恢复成按职位的首都官员的会议,最后,竟堕落为阶层咨议委员会或被从首都街头随意找来的人的偶然聚会所取代。与此同时,在中央集权的压力下,外省的地方自治机构也衰落了,让位于或服从于各衙门所属的管理机关,这种管理机关以其司法行政的实践使旧的采邑贵族、地方官、州长,连同他们的管事恢复了对采邑的记忆。随着地方自治机构在中央和在各个外省被排挤,这种管理机关已由军役人员,贵族官吏组成。这两类社会阶层的人员越来越多,他们按宗谱来源是亲属,按利益和思想意识更为接近,他们像一堵厚墙横亘在地方和宝座之间,当大贵族[1]在政治上衰落[2]之际,这种机关成了行动最积极的工具。国家对建立了军功政绩的官吏和贵族,尤其是首都的官吏和贵族,毫不吝惜奖赏[3]。统治阶级是那样热衷于利用自己的优势,以至于使17世纪成为我国历史上人民起来反对贵族衙门行政的起义时代,就如同18世纪发生过一系列人民反对农奴制的起义一样。新王朝在统治阶级里找到的是那样一些不可靠的人,以至于动荡的17世纪虽然在开始时就非常关心建立基本的法律,以便整顿最高政权和最高管理机关,但结果却是在这一世纪结束时国家仍旧没有任何基本法律,甚至没有王位继承法,最高管理机关仍旧处于完全的采邑式的杂乱无章状态。彼得一世正是在这种政治气氛中成长起来的。

"确立了比较正确的国家概念之后,他的改革究竟在多大的程度上纠正了如此可悲的状况?

"他从在国外的观察,同聪明的外国人的交往,从自己的经验教训,从

---

1 (已被删去):"形成了真正的统治阶级,尽管在大贵族的名单上还有'伟大的'旧姓氏。"

2 (已被删去):"和经济上贫瘠。"

3 (已被删去):"这对他们有利,因为在16世纪地方自治机构用薪金取代采邑,但须征收国家税;贵族以赏赐的庄园和服役所得的世袭领地的形式分得国家的大量土地,而在17世纪除了这些土地以外,新王朝又增加了固定在这些土地上的劳动力,并把已在个别庄园契约上出现的农奴制合法化,以支持贵族服军役。"

健康理智的思索，从善良诚实的天性的启示，掌握了莫斯科沙皇和人民都不熟悉的大量概念和思想，他以大量的谕旨和章程，甚至利用学校、书籍和死刑尽力把这些概念和思想灌输到社会意识中去，其中包括关于国家和法律，关于臣民对待君主的态度和君主对人民的义务，关于大众的利益或福祉以及关于为祖国服务等思想。彼得广泛而直接地熟知自己国家的情况，靠着这些思想本可建立起完整、基本的和有机的立法机制，由于缺少这种立法机制，越来越迫切感到已经过时的阿列克谢沙皇的法典的缺陷。但是，环境对彼得极为不利，他的执政时期几乎全是在战争中度过的。

"从另一方面而言，战争把彼得本人的注意力和精力主要集中在料理国家的军事力量和经济手段上。活动受到的这种限制影响到了改革的观点和视野。军事的技术和财政的技巧使他看待事物从政治角度多于从法律角度，解决国务难题时，寻找和创造实际可行的办法，比思考这些办法的法律本质要好，可是，无论莫斯科往日的传统，还是他个人的爱好，都无助于纠正这种片面性，无助于在他身上培养起与他格格不入的法律观念。然而，这些传统和爱好却使他滋生了两种政治迷信，两种夸大了的观念，认为政权具有无比强大的创造力，认为人民的力量和人民的耐性是取之不尽、用之不竭的。无论什么人的权利，也无论有什么牺牲，都不会使他裹足不前。他希望仅靠意志的冲动和政权的高压使那些只能接受缓慢而持久的改变的人们和人际关系发生立竿见影的转变。他轻易地改变旧习惯，想出新概念、新法律，就像改变衣服式样和工厂布料的幅宽一样。在关于丁籍调查的谕旨中他对土地所有权的一子继承制和农奴受奴役的形式就是如此处理的。他成为模仿西欧的改革家，却保留了过多的彼得之前莫斯科沙皇的特点，例如，无论人民的法制意识，还是人民生活的细节，他都不管不顾。彼得在先前的世袭领地国家和自己经过改造的国家之间划出的一道最深的鸿沟就是这样的思想：国家政权不是沙皇的私产，而是沙皇的义务，用《法典》的用语，就是君主意志的'职责'。但是，就连这一光辉思想也被任命制王位继承法遮挡得暗淡无光了。彼得使用旧手段创造了新型的法治国家，专横和告密遮挡了法制。因此，人民从他的活动中得出了一个错误的和不公正的印象，认为改革只不过是旧君主的新怪癖而已。

"……然而，我们再一次回忆已研究过的现象，其目的在于能更清晰地明了在人民意识中和国务关系实践里国家思想发展的过程。由于社会的主动精神不足，在这一过程中暴露出了我国历史上的一些起重大作用的事实"。

人名索引

（索引中的页码为原书页码，即本书边码）

A

Аввакум 阿瓦库姆（大司祭） 7, 369

Август Ⅱ 奥古斯特二世（波兰国王） 52, 53, 55—59, 155, 297, 298, 375

Адриан 阿德里安（牧首） 41

Акиншин 阿金申（聚敛官） 130

Александр Невский 亚历山大·涅夫斯基（弗拉基米尔和诺夫哥罗德大公） 9

Александров, В. А. В. А. 亚历山德罗夫 368

Алексей 阿列克谢（皇太子，沙皇阿列克谢·米哈伊洛维奇之子） 369

Алексей Михайлович 阿列克谢·米哈伊洛维奇（沙皇） 5—8, 10, 12, 14, 15, 29, 44, 46, 50, 73, 120, 134, 211, 230, 232, 235, 239, 331, 360, 369—371, 389, 407

Алексей Петрович 阿列克谢·彼得罗维奇（皇太子，彼得一世之子） 35, 257, 259

Анна Ивановна（Иоанновна） 安娜·伊凡诺夫娜（约翰诺夫娜）(女皇) 121, 257, 259, 264, 266, 276, 278, 280, 281, 283, 286, 287, 291, 292, 294—296, 300, 302, 303, 309, 313, 314, 317, 332, 333, 337, 339, 365, 367, 394, 395, 398

Анна Леопольдовна 安娜·利奥波尔多夫娜（俄国女摄政王） 253, 257, 263—265, 355

Анна Петровна 安娜·彼得罗夫娜（荷尔斯泰因公爵夫人，彼得一世之女） 257, 259, 275, 394

Антон Ульрих 安东·乌尔里希（不伦瑞克王子，安娜·利奥波尔多夫娜之夫） 265

Апраксин 阿普拉克辛（喀山首首长） 161

Апраксин, Федор Матвеевич 阿普拉克辛，费奥多尔·马特维耶维奇（伯爵，海军元帅） 19, 39, 80, 117, 124, 157, 164, 217, 253, 271, 392

人名索引 423

Апраксины 阿普拉克辛家族（伯爵） 270

Апухтин（Опухтин）, В. А. В. А. 阿普赫金（公爵，参政员） 165, 197

Аракчеев, Алексей Андреевич 阿拉克切耶夫，阿列克谢·安德烈耶维奇（伯爵） 380

Афанасьев, А. А. 阿法纳西耶夫 366

Б

Баженины, Осип И Федор Андреевичи 巴热宁，奥西普和费奥多尔·安德烈耶维奇（商人） 115

Барсков, Я. Л. Я. Л. 巴尔斯科夫 366, 367, 370—374, 376—381, 385, 387, 388, 390, 393, 395, 399

Барятинский 巴里亚京斯基（公爵） 246

Бассевич, Геннинг-Фридрих 巴塞维茨，亨宁-弗里德里希（荷尔斯泰因驻俄国大使） 263

Баташов, Родион 巴塔绍夫，罗季翁（工厂主） 120

Батый 拔都（汗） 98

Бернет 伯内特（英国主教） 26, 47

Бестужев-Рюмин, А. П. А. П. 别斯图热夫-留明（伯爵，一等文官） 339, 340

Бестужев-Рюмин, П. М. П. М. 别斯图热夫-留明（伯爵，内阁大臣） 300

Бестужевы 别斯图热夫家族（贵族） 235.

Бецкой, И. И. И. И. 别茨科伊（叶卡捷琳娜二世在位时的国务活动家） 113

Бидлоо 比德洛（医生） 247

Бидлоо 比德洛（教授） 236

Бильбасов, В. А. В. А. 比利巴索夫 236

Бирон, Эрнст-Иоганн 比伦，恩斯特-约翰（宠臣） 264—267, 294, 296, 297, 300—302, 313, 347

Богословский, М. М. М. М. 博戈斯洛夫斯基 152, 184

Боккалини 博卡利尼（意大利作家） 269

Болотов, Андрей 博洛托夫，安德烈（作家） 324, 345, 347, 348

Борятинские 博里亚京斯基家族（公爵） 289

Боэргав 博埃尔加夫（医生） 24

Бредихин 布列季欣（军官） 349

Бровцын 布罗夫岑（大尉） 300

Брюс, Яков Вилимович 布留斯，雅科夫·维利莫维奇（伯爵） 60, 172, 235, 236

Буженинов 布热尼诺夫（军士） 20

Бутлер 布特勒（造船技师） 370

Бутурлин, Иван Иванович 布图尔林，伊万·伊万诺维奇（陆军元帅） 13, 19, 42, 235, 261, 266

Бутурлины 布图尔林家族（伯爵） 246, 289

В

Вараксин 瓦拉克辛（聚敛官）130

Вебер, Христиан Фридрих 韦贝尔，赫里斯季安·弗里德里希（不伦瑞克驻俄国驻办公使，《革新的俄国》的作者）66, 68, 141, 144, 247, 366

Вейде, Адам Адамович 魏德，亚当·阿达莫维奇（将军）172

Вернер, Паус 韦尔纳，保斯（格柳克学校的教师）245

Вильгельм III Оранский（奥伦治的）威廉三世（英国国王，荷兰总督）24, 30

Вильнев 维尔涅夫（法国驻君士坦丁堡大使）299

Витзеи（Вицын）, Николай 维特泽伊（维岑），尼古拉（阿姆斯特丹市市长）24

Владимир Святославич 弗拉基米尔·斯维亚托斯拉维奇（基辅大公）9

Воейковы 沃耶伊科夫家族（贵族）235

Возницын, Прокофий Богданович 沃兹尼岑，普罗科菲·波格丹诺维奇（杜马秘书官）22, 52

Волков 沃尔科夫（彼得三世的秘书）403

Волков 沃尔科夫（尉官）198

Волконский, Г. И. Г. И. 沃尔孔斯基（公爵，参政员）165, 197

Волынские 沃伦斯基家族（贵族）235

Волынский, Артемий Петрович 沃伦斯基，阿尔捷米·彼得罗维奇（内阁大臣）254, 396

Вольтер, Франсуа-Мари 伏尔泰，弗朗索瓦-马里（法国学者，哲学家）327

Вольф, Христиан 沃尔夫，克里斯蒂安（德国学者）283

Воронцов, Михаил Нлларионович 沃龙佐夫，米哈伊尔·伊拉里奥诺维奇（伯爵，一等文官）348, 352

Воронцов, Роман 沃龙佐夫，罗曼（伯爵，参政员）323

Воронцова（урожд. Скавронская）, Анна Карловна 沃龙佐娃（娘家姓斯卡夫龙斯卡娅），安娜·卡尔洛夫娜 340

Воронцова, Елизавета 沃龙佐娃，伊丽莎白（彼得三世的情妇）350, 353, 403

Воронцовы 沃龙佐夫家族（伯爵）345

Вяземский, А. А. 维亚泽姆斯基（公爵）244

Г

Гагарин, Матвей 加加林，马特维（公爵，西伯利亚省省长）166, 181, 386

Гагарины 加加林家族（公爵）80

Гендриковы 根德里科夫家族（伯爵）236

Геннинг, Вилим Иванович 亨宁，威廉·伊万诺维奇（将军，乌拉尔采矿工厂管理者）121, 235

Герман 格尔曼（修士辅祭）242

Герц, Георг-Генрих 赫兹，格奥尔格-亨里希（瑞典大臣）59

Глюк, Эрнест 格柳克，埃内斯特（牧师）223, 244, 247

Гоббес, Томас 霍布斯，托马斯（英国哲学家）269, 274

Годунов, Борис Федорович 戈杜诺夫，鲍里斯·费奥多罗维奇（沙皇）71, 293, 377

Голиков, Иван Иванович 戈利科夫，伊万·伊万诺维奇（库尔斯克商人，历史学家）201

Голицын, Борис Алексеевич 戈利岑，鲍里斯·阿列克谢耶维奇（公爵，喀山宫廷衙门长官）17, 148

Голицын, Василий Васильевич 戈利岑，瓦西里·瓦西里耶维奇（公爵，索菲娅公主的宠臣）65, 136, 327, 396

Голицын, Дмитрий Алексеевч 戈利岑，德米特里·阿列克谢耶维奇（公爵）327, 369

Голицын, Дмитрий Михайлович 戈利岑，德米特里·米哈伊洛维奇（公爵，参政员，最高枢密大臣）172, 177, 196, 256, 271, 273—276, 278, 281, 282, 284, 285, 290—292, 323, 364, 365, 394—397

Голицын, М. М. М. М. 戈利岑（公爵，陆军元帅，最高枢密院大臣）13, 275, 395

Голицыны 戈利岑家族（公爵）77, 80, 235, 359, 270, 289, 294, 295, 303, 392, 396

Головин, Автоном Михайлович 戈洛温，阿夫托诺姆[1]·米哈伊洛维奇（将军）14, 22, 72, 235

Головин, В. В.戈洛温 77

Головина 戈洛温娜（尤·尤·特鲁别茨科伊公爵的妻子）38

Головкин, Гавриил Иванович 戈洛夫金，加夫里尔·伊万诺维奇（伯爵，一等文官，最高枢密大臣）164, 196, 206, 271, 276, 295, 395

Гордон, Патрик 戈尔东，帕特里克（将军）18—21

Гроций, Гуго 格劳秀斯，胡果（荷兰法学家）269, 273

Гудович 古多维奇（彼得三世的侍从将军）349

Густав Ⅱ, Адольф 古斯塔夫二世，阿道夫（瑞典国王）224

---

1 正文中第14页为 Автамон（阿夫塔蒙）。——译者

Д

Дарья Михайловна（урожд. Арсеньевна） 达里娅·米哈伊洛夫娜（娘家姓阿尔谢尼耶夫娜）（公爵夫人，亚·丹·缅希科夫之妻） 39

Даша 达莎（见 Дарья Михайловна）

Дашкова, Екатерина Романовна 达什科娃，叶卡捷琳娜·罗曼诺夫娜（公爵夫人） 114, 202, 345, 349, 352

Девиер, Антон Михайлович 杰维耶尔，安东·米哈伊洛维奇（彼得堡警察局局长） 235, 250

Демидов, Никита Демидович 杰米多夫，尼基塔·杰米多维奇（工厂主） 120, 121

Державин, Гавриил Романович 杰尔查文，加夫里尔·罗曼诺维奇（诗人） 80, 202, 366

Димитрий 季米特里（罗斯托夫都主教） 231

Димитрий Иванович Донской 季米特里·伊万诺维奇·顿斯科伊（莫斯科大公） 9

Долгорукая, Екатерина Алексеевна 多尔戈鲁卡娅，叶卡捷琳娜·阿列克谢耶夫娜（公爵小姐，彼得二世的未婚妻） 264, 278

Долгорукие 多尔戈鲁基家族（公爵） 235, 259, 270, 275, 276, 280, 283, 289, 295, 302, 303, 392, 394—396

Долгорукий, Алексей Грнгорьевич 多尔戈鲁基，阿列克谢·格里戈里耶维奇（公爵，最高枢密大臣） 263, 264, 275

Долгорукий, Василий Владимирович 多尔戈рук基，瓦西里·弗拉基米罗维奇（公爵，陆军元帅） 264

Долгорукий, Василий Лукич 多尔戈鲁基，瓦西里·卢基奇（公爵，最高枢密大臣） 286, 287

Долгорукий, В. М. В. М. 多尔戈鲁基（公爵） 399

Долгорукий, Иван Алексеевич 多尔戈鲁基，伊万·阿列克谢耶维奇（公爵） 263, 264

Долгорукий, Михаил Владимирович 多尔戈鲁基，米哈伊尔·弗拉基米罗维奇（公爵，参政员） 165

Долгорукий, Яков Федорович 多尔戈鲁基，雅科夫·费奥多罗维奇（公爵，参政员） 14, 44, 45, 65, 166, 167, 190, 196, 197, 360, 377

Дубянский 杜比扬斯基（伊丽莎白·彼得罗夫娜的神甫） 339

Е

Екатерина I Алексеевна 叶卡捷琳娜一世·阿列克谢耶夫娜（女皇，彼得一世之妻） 37, 39, 98, 121, 197, 224, 236, 245, 251, 256, 257, 259—263, 270, 273, 276, 310, 311, 314, 332, 336, 391—394

Екатерина II 叶卡捷琳娜二世（女

皇) 29, 114, 202, 257, 258, 266, 303, 319, 335, 341, 343, 344, 348—355, 358, 369, 363, 366—368, 380, 396

Екатерина Ивановна 叶卡捷琳娜·伊凡诺夫娜（梅克伦堡公爵夫人，沙皇伊凡·阿列克谢耶维奇之女）257, 276, 395

Елизавета Ивановна 伊丽莎白·伊万诺夫娜（伊丽莎白·彼得罗夫娜女皇的亲信）340

Елизавета Петровна 伊丽莎白·彼得罗夫娜（女皇，彼得一世之女）30, 59, 224, 257, 259, 262, 263, 265, 266, 275, 300, 301, 303, 306, 310—312, 323, 330, 331, 335, 336, 338—344, 348, 353, 365, 367, 394

Ершов, Василий Семенович 叶尔绍夫，瓦西里·谢苗诺维奇（聚敛官，莫斯科副省长）130, 235

Ефимовские 叶菲莫夫斯基家族（伯爵）236

Ж

Желябужский, Иван Афанасьевич 热利亚布日斯基，伊万·阿法纳西耶维奇（彼得一世同时代人，《记事录》作者）18, 366

З

Заруцкий, Иван 扎鲁茨基, 伊万（莫斯科近郊第一民军首领）85

Зимин, А. А. А. А. 济明 368

Золотарев 佐洛塔廖夫（贵族）78

Зоммер 佐梅尔（外国人）14

Зотов, Конон Никитич 佐托夫, 科农·尼基季奇（参政院总监督官, 尼·莫·佐托夫之子）178, 235

Зотов, Никита Моисеевич 佐托夫, 尼基塔·莫伊谢耶维奇（彼得一世的宫廷教师）7—9, 11, 16, 40, 42, 129, 177, 371

И

Иван III Васильевич 伊凡三世·瓦西里耶维奇（莫斯科大公）109, 211

Иван IV Васильевич Грозный 伊凡四世雷帝·瓦西里耶维奇（沙皇）9, 151, 357, 396, 405

Иван V Алексеевич 伊凡五世·阿列克谢耶维奇（沙皇）9, 12, 17, 29, 211, 257, 264, 275, 276, 369

Иван VI Антонович 伊凡六世·安东诺维奇（皇帝，安娜·利奥波多夫娜之子）257, 301

Иванов, Андрей 伊万诺夫, 安德烈（城镇居民）230, 231

Ирина 伊琳娜（公主，沙皇阿列克谢·米哈伊洛维奇之女）369

К

Кампредон 坎普列顿（法国驻莫

斯科大使）270

Карамзин, Николай Михайлович 卡拉姆津，尼古拉·米哈伊洛维奇 203, 362

Карл XII 查理十二世（瑞典国王） 28, 54—59, 155, 162, 163, 209, 224, 229, 292, 342, 375, 376

Кауниц-Ритберг, Венцель Антон 考尼茨-里特贝格，文采尔·安东（公爵，奥地利国务活动家） 202

Кейт, Джемс 凯特，詹姆斯（俄国陆军将官） 301

Кириллов, Иван Кириллович 基里洛夫，伊万·基里洛维奇（参政院总秘书官，地理学家和统计学家） 195

Кнеллер, Готфрид 克涅列尔，戈特弗里德（写生画家） 30, 31

Кольбер, Жан Бетист 柯尔伯，让·巴蒂斯特（法国国务活动家） 110

Коменский, Ян Амос 考门斯基，扬·阿莫斯（伟大的捷克教育家） 245

Кондыревы 孔德列夫家族（贵族） 235

Корб, Иоганн 科尔布，约翰（奥地利驻莫斯科大使馆秘书，《旅行日记》的作者） 66

Корсаков, Яков Никитич 科尔萨科夫，雅科夫·尼基季奇（彼得堡省副省长） 197

Корф 科尔夫（少校） 342

Котошихин, Григорий Карпович 科托希欣，格里戈里·卡尔波维奇（书吏） 8, 65, 73, 377, 393

Крекшин, Петр Никифорович 克列克申，彼得·尼基福罗维奇（《记彼得一世》的作者） 6, 7, 9

Куншт（Кунст）, Иоганн 昆施特（昆斯特），约翰（演员和剧作家） 239, 240

Куракин, Борис Иванович 库拉金，鲍里斯·伊万诺维奇（公爵，外交家） 10, 13, 14, 17, 19—21, 23, 68, 71, 77, 94, 111, 130, 132—134, 145, 148, 149, 163, 236, 239, 240, 247, 249, 366, 382

Куракины 库拉金家族（公爵） 289

Курбатов, Алексей Александрович 库尔巴托夫，阿列克谢·亚历山德罗维奇（市政局总监，阿尔汉格尔斯克省副省长） 60, 61, 130, 147, 149, 153—156, 235, 241, 249, 252

Л

Ласунский 拉孙斯基（军官） 349

Леблон, Жан Батист 勒布隆，让·巴季斯特（法国建筑师） 43, 111

Левенвольд, Гергард-Иоганн 列文沃利德，格哈德-约翰（伯爵，宫廷总管大臣） 295, 302

Левенвольд, Рейнгольд 列文沃利德，赖因霍尔德（总御马监，女皇安娜·伊凡诺夫娜的宠臣） 294, 296,

302

Левенгаупт, Адам Людвиг 莱文豪普特，亚当·路德维奇（瑞典将军） 56

Лейбниц 莱布尼茨（学者） 47

Ленин, В. И. В. И. 列宁 364

Лесси (Ласси), Петр Петрович 列西（拉西），彼得·彼得罗维奇（陆军元帅） 298, 309

Лефорт (Лаферт), Франц Яковлевич 列福尔特（拉费尔特），弗朗茨·雅科夫列维奇（海军元帅） 18—22, 24, 31, 228

Лещинский Станислав 列辛斯基·斯坦尼斯拉夫（波兰国王） 297, 298

Лжедмитрий I 伪德米特里一世（僭称王者） 297

Лириа, де Яков 利里阿，德·雅科夫（公爵，西班牙驻俄国大使） 279

Лихачевы 利哈乔夫家族（贵族） 377

Ло (Лоо), Джон 洛（洛奥），约翰 146

Лобанов-Ровтовский, Иван Иванович 洛巴诺夫-罗斯托夫斯基，伊万·伊万诺维奇（公爵） 18

Лобановы-Ростовские 洛巴诺夫-罗斯托夫斯基家族（公爵） 77

Локателли, Джованни Баттиста 洛卡吉利，焦伐尼·巴蒂斯塔（意大利喜歌剧老板） 341

Локк, Джон 洛克，约翰（英国哲学家） 269, 274

Ломоносов, Михаил Васильевич 罗蒙诺索夫，米哈伊尔·瓦西里耶维奇（俄国学者） 202

Лопухина, Евдокия (Авдотья) Федоровна 洛普欣娜，叶夫多基娅（阿夫多季娅）·费奥多罗夫娜（彼得一世之妻） 19, 20, 229, 257

Лопухины 洛普欣家族（贵族） 17, 65, 235.

Люберас, Иоганн-Людвиг 柳别拉斯，约翰-路德维希（男爵） 169, 172, 194

Людовик XV 路易十五（法国国王） 30, 59

Лямкин 利亚姆金（上校工程师） 241

Ляпунов, Прокофий 利亚普诺夫，普罗科菲（莫斯科近郊第一民军首领） 85

M

Мазепа, Иван Степанович 马泽帕，伊万·斯捷潘诺维奇（盖特曼） 55, 56

Макаров, Алексей Васильевич 马卡罗夫，阿列克谢·瓦西里耶维奇（彼得一世办公厅秘书） 217, 260

Макиавелли, николло ди бернардо 马基雅维里，尼科洛·迪·伯尔

纳多（意大利作家）273

Манштейн Христофор Герман 曼施泰因·赫里斯托福尔·格尔曼（将军，《回忆录》作者）139，366，377

Маньян 马尼扬（法国驻莫斯科大使馆秘书）279，297

Мардефельд 马尔杰费尔德（普鲁士驻俄国大使）279，291

Маслов, Анисим 马斯洛夫，阿尼西姆（参政院总监）302，313，314，332

Матвеев, Андрей Артамонович 马特维耶夫，安德烈·阿尔塔莫诺维奇（伯爵，参政员，外交家）242，269

Матвеев, Артамон Сергеевич 马特维耶夫，阿尔塔蒙·谢尔盖耶维奇（大贵族，外交衙门长官）5，6，9，369

Меншиков, Александр Данилович （Алексашка）缅希科夫，亚历山大·丹尼洛维奇（亚历克萨什卡）（公爵，陆军元帅）13，18，19，24，37，39，45，57，69，117，119，123，129，154，157，163—165，172，177，196—198，235，238，253—255，258—260，262，263，266，271，302，311，392，394，402

Микулин, Максим 米库林，马克西姆（制绳技师）129

Милославская Марья Ильинична 米洛斯拉夫斯卡娅·玛丽娅·伊利尼奇娜（沙皇阿列克谢·米哈伊洛维奇之妻）6，369.

Милославские 米洛斯拉夫斯基家族（大贵族）6，9，16，27，206

Милюков, П. Н. П. Н. 米柳可夫 128，136，149，366

Милютины 米柳金家族（国务活动家）314

Миних, Бурхард-Христофор Антонович 米尼希，布尔哈德-赫里斯托福尔·安东维奇（陆军元帅）124，235，264，265，267，271，296—301，352，396，402

Митро Фан 米特罗凡（主教）219

Михаил Федорович 米哈伊尔·费奥多罗维奇（沙皇）86，203，211，406

Михайлов Петр 米哈伊尔·彼得（见 Петр I）

Мишуков 米舒科夫（海军中尉）35

Мольер, Жан-Батист 莫里哀，让·巴蒂斯特（法国喜剧作家）240

Монс, Анна 蒙斯，安娜（彼得一世的宠姬）229

Моор, Карл 莫尔，卡尔（荷兰画家）30，31

Морозов, Борис Иванович 莫罗佐夫，鲍里斯·伊万诺维奇（沙皇阿列克谢·米哈伊洛维奇在位时的政府首脑）8，44

Морозова, Феодосья 莫罗佐娃，

费奥多西娅（Ф. П. 索科夫宁之妹）6, 369

Муромцев 穆罗姆采夫（城镇居民）129

Мусин-Пушкин, Иван Алексеевич 穆辛-普希金, 伊凡·阿列克谢耶维奇（大贵族, 阿斯特拉罕军政长官, 参政员）44, 162

Мякинин 米亚基宁（总监察官）197

Н

Наполеон I Бонапарт 拿破仑一世, 拿破仑·波拿巴（法国皇帝）57

Нартов, Андрей Констатинович 纳尔托夫, 安德烈·康斯坦丁诺维奇（《记彼得一世》的作者）201, 219, 366

Нарышкин, Лев Кириллович 纳雷什金, 列夫·基里洛维奇（外交衙门长官, 皇后纳塔利娅·基里洛夫娜之兄）17, 148, 154

Нарышкина, Наталья Кирилловна 纳雷什金娜, 纳塔利娅·基里洛夫娜（皇后, 彼得一世之母）5, 6, 17, 29, 71, 148, 229, 268, 369

Нарышкины 纳雷什金家族（大贵族）6, 9, 17, 19, 29, 65, 71, 235

Наталья Алексеевна 纳塔利娅·阿列克谢耶夫娜（郡主, 彼得二世之姐）263

Наталья 纳塔利娅（见 Нарышкина, Наталья Кирилловна）

Неплюев, Иван Иванович 涅普柳耶夫, 伊万·伊万诺维奇（驻君士坦丁堡驻办公使,《札记》作者）36, 205, 219, 235, 237, 255, 366

Нестеров, Алексей 涅斯捷罗夫, 阿列克谢（总监察官）130, 136, 166

Никон 尼孔（莫斯科牧首）44, 230

Нирот 尼罗特（男爵, 度支院副院长）172

Новосильцевы 诺沃西利采夫家族（贵族）235

О

Одоевские 奥多耶夫斯基家族（公爵）289

Окулов, Иван 奥库洛夫, 伊万（奥洛涅茨的神甫）239

Ордин-Нащокин, Афанасий Лаврентьевич 奥尔金-纳肖金, 阿法纳西·拉夫连季耶维奇（外交衙门长官）51, 75, 115, 235, 369, 375

Орлов, Алексей 奥尔洛夫, 阿列克谢（伯爵）349, 351, 355

Орлов, Григорий 奥尔洛夫, 格里戈里（伯爵, 叶卡捷琳娜二世的宠臣）349

Орловы 奥尔洛夫家族（伯爵）349

Остерман, Андрей Иванович 奥斯捷尔曼，安德烈·伊万诺维奇（伯爵，最高枢密院大臣，副一等文官） 214, 235, 236, 253, 254, 262, 264, 265, 271, 286, 295, 297—299, 301, 308, 331, 395

П

Павел 保罗（皇子，彼得一世之子） 257

Павел Петрович 保罗·彼得罗维奇（皇帝） 244, 349

Панин, Никита Иванович 帕宁，尼基塔·伊万诺维奇（伯爵，国务活动家和外交家） 349, 350, 353

Пассек 帕谢克（军官） 349—351

Паткуль, Иоганн Рейнгольд 帕特库利，约翰·赖因霍尔德（利夫兰贵族，政治活动家） 53, 59

Пафнутий 帕夫努季（修士司祭） 167

Петр 彼得（皇子，彼得一世之子） 257

Петр I Великий 彼得一世，彼得大帝（皇帝） 5—31, 33—72, 74—85, 87—92, 94—99, 101, 103—111, 113—130, 33—72, 74—85, 87—92, 94—99, 101, 103—111, 113—130, 133—139, 142, 143, 145—150, 154—158, 160—162, 164—169, 171—178, 180, 181, 184—187, 189—195, 197, 198, 200—232, 234—242, 244, 247—263, 265—271, 273—276, 281, 285, 289, 295—298, 300—306, 308, 309, 311—313, 315, 316, 319, 321, 327, 330, 332, 333, 335—339, 342, 347, 356—363, 365, 367—372, 374—377, 380, 383, 385, 387, 389—395, 399—401, 407

Петр II Алексеевич 彼得二世，阿列克谢耶维奇（皇太子阿列克谢·彼得罗维奇之子） 254, 256, 257, 259, 262—264, 270, 271, 273, 275, 280, 295, 303, 392, 394—396

Петр III (Карл-Петр-Ульрих) Федорович 彼得三世（卡尔-彼得-乌尔里希），费奥多罗维奇（皇帝） 81, 257, 266, 323, 330, 342—350, 352, 353, 355, 365, 367, 368, 403

Платон 普拉东（莫斯科都主教） 338

Племянников, Григорий Андреевич 普列米扬尼科夫，格里戈里·安德烈耶维奇（参政员） 162

Плещеевы 普列谢耶夫家族（贵族） 235

Полоцкий, Симеон 波洛茨基，西梅翁（诗人，学者） 7, 16

Полянский 波利扬斯基（伊丽莎白·沃龙佐娃之夫） 353

Попов, Аника Акимыч 波波夫，阿尼卡·阿基梅奇（别尔哥罗德

团退役准尉) 233

Порошин, Семен Андреевич 波罗申，谢苗·安德烈耶维奇(《回忆录》作者) 366

Посошков, Иван Тихонович 波索什科夫，伊万·吉洪诺维奇(政论家) 72, 77—79, 90, 103, 106, 109, 112—114, 117, 129, 133, 134, 138, 139, 141, 144, 145, 184, 215, 219, 248, 261, 285, 312, 313, 332, 379, 382, 392

Потемкин(Таврический), Грнгорий Александрович 波将金(塔夫里切斯基)，格里戈里·亚历山德罗维奇(公爵) 349

Прокопович, Феофан 普罗科波维奇，费奥凡(诺夫哥罗德大主教，政论家) 57, 167, 255, 269, 275, 278—282, 286, 288

Пугачев, Емельян Иванович 普加乔夫，叶梅利扬·伊万诺维奇(农民战争的领袖) 398

Пустошкин 普斯托什金(陆军中校) 300

Пуффендорф, Самуил 普芬道夫，萨穆伊尔(法学家，历史学家，政论家) 269, 273, 283, 390

Пушкины 普希金家族(贵族) 235

Р

Разумовский, Кирилл Григорьевич 拉祖莫夫斯基，基里尔·格里戈

里耶维奇(伯爵，小俄罗斯统领，科学院院长) 338, 349, 351

Рамбур 朗博尔(法国舞蹈教师) 246, 339

Растрелли Варфоломей 拉斯特列利·瓦尔福洛梅(建筑师) 341

Репнин, Никита Иванович 列普宁，尼基塔·伊万诺维奇(公爵，陆军元帅) 235, 261, 392

Ржевский, Алексей Андреевич 勒热夫斯基，阿列克谢·安德烈耶维奇(贵族) 325

Романов, Никита Иванович 罗曼诺夫，尼基塔·伊万诺维奇(大贵族，沙皇阿列克谢·米哈伊洛维奇之堂伯，彼得一世祖父之堂兄) 15, 370

Ромодановский, Фёдор Юрьевич 罗莫达诺夫斯基，费奥多尔·尤里耶维奇(公爵，彼得一世"少年军团"的大元帅，普列奥布拉任斯科耶衙门长官) 19, 41, 149, 154

Рославлевы 罗斯拉夫列夫兄弟(军官) 349

Ртищев, Федор Михайлович 勒季谢夫，费奥多尔·米哈伊洛维奇(公爵) 16, 75

Рюйш 留伊什(教授) 24

Рюриковичи 留里克王朝(罗斯公的王朝) 293

С

Салтыков 萨尔特科夫（大臣） 129

Салтыков 萨尔特科夫（将军） 198

Самарин, Михаил Михайлович 萨马林，米哈伊尔·米哈伊洛维奇（参政员） 165

Сент-Илер 圣伊列尔（男爵，海洋学院院长） 242

Сердюков 谢尔久科夫（农民） 123

Сеченов, Димитрий 谢切诺夫，季米特里（诺夫哥罗德大主教） 346, 349

Скавронские 斯卡夫龙斯基家族（伯爵） 236

Скорняков-Писарев, Григорий Григ-орьевич 斯科尔尼亚科夫-皮萨列夫，格里戈里·格里戈里耶维奇（参政院厅务总监） 196

Соковнин, Алексей 索科夫宁，阿列克谢（大贵族） 7

Соковнин, Федор Прокофьевич 索科夫宁，费奥多尔·普鲁科菲耶维奇（大贵族） 6, 7

Соловьев, С. М. С. М. 索洛维约夫 200, 201, 204—206, 208, 360, 366

Софья Алексеевна 索菲娅·阿列克谢耶夫娜（公主，沙皇阿列克谢·米哈伊洛维奇之女，彼得一世之姐） 9—11, 17, 18, 50, 65, 71, 148, 206, 208, 327, 340, 369, 376, 396

Сперанский, М. М. М. М. 斯佩兰斯基（伯爵，国务活动家） 314

Старцов, Парамон 斯塔尔佐夫，帕拉蒙（聚敛官） 130, 132

Стефан Яворский 斯特凡·亚沃尔斯基（都主教） 166

Страус фон 冯·斯特劳斯（中校） 241

Стрешнев Тихон Никитич 斯特列什涅夫·吉洪·尼基季奇（大贵族，参政员） 17, 18, 20, 148, 149, 157, 162

Стрешнева, Евдокия Лукьяновна 斯特列什涅娃，叶夫多基娅·卢基扬诺夫娜（皇后，沙皇米哈伊尔·费奥多罗维奇之妻） 30

Стрешневы 斯特列什涅夫家族（大贵族） 17, 65, 71

Строганов, Григорий Дмитриевич 斯特罗甘诺夫，格里戈里·德米特里耶维奇（工厂主） 235

Строгановы 斯特罗甘诺夫兄弟（盐商） 115

Стюарты 斯图亚特王朝（英格兰王朝） 59

Сысоев, В. В. 瑟索耶夫 366—375, 378, 388, 389, 392, 393, 399, 403, 404

Т

Талицкий, Григорий 塔利茨基，格里戈里（写书人） 231

Татищев, Василий Никитич 塔基谢夫，瓦西里·尼基季奇 44, 45, 150, 269, 282, 283

Тиммерман, Франц 基梅尔曼，弗朗茨（荷兰技师）14, 15, 370—372

Толстой, Петр Андреевич 托尔斯泰，彼得·安德烈耶维奇（伯爵，最高枢密大臣）117, 253, 259, 260, 269, 271, 392, 394

Тогстые 托尔斯泰家族（贵族）235

Трубецкие 特鲁别茨科伊家族（公爵）270, 289

Трубецкой, дмитрий 特鲁别茨科伊，德米特里（公爵，莫斯科城郊民军首领）85

Трубецкой, Никита Юрьевич 特鲁别茨科伊，尼基塔·尤里耶维奇（公爵，参政院总监）187, 286, 347, 398

Трубецкой, Юрий Юрьевич 特鲁别茨科伊，尤里·尤里耶维奇（公爵，参政员）38

У

Украинцев, Емельян Игнатьевич 乌克兰采夫，叶梅利扬·伊格纳季耶维奇（杜马秘书官，驻君士坦丁堡大使）52

Ульрика-Элеонора 乌尔里卡·埃列奥诺拉（瑞典女王，查理十二世之妹）229, 292

Урусова, Авдотья（Евдокия）乌鲁索娃，阿夫多季娅（叶夫多基娅）（公爵夫人，Ф.П.索科夫宁之妹）6

Устрялов, Н. Г. Н. Г. 乌斯特里亚洛夫 366, 371

Ф

Фамендин 法缅金（上校）84

Фарварсон, Андрей Данилович 法尔瓦松，安德烈·丹尼洛维奇（数学家，天文学家，教授）241, 248

Федор 费奥多尔（皇后纳塔利娅·基里洛夫娜·纳雷什金娜之兄）29

Федор Алексеевич 费奥多尔·阿烈克谢耶维奇（沙皇，彼得一世之兄）6, 9, 12, 65, 134, 150, 156, 208, 211, 268, 356, 376

Федор Иванович 费奥多尔·伊凡诺维奇（沙皇）406

Феодосия 费奥多西娅（公主，沙皇阿烈克谢·米哈伊洛维奇之女）369

Фик, Г. Г. 菲克 169, 182, 187, 194, 195, 274, 288

Филарет 菲拉列特（牧首）29

Филиппов, Иван 菲利波夫，伊万（聚敛官）234, 289

Фоккеродт 福克罗特（普鲁士驻俄国宫廷使团秘书，俄国札记的作者）83, 197, 333, 366

Фридрих Вильгельм I 弗里德里希·威廉一世（普鲁士国王）34

Фридрих II 弗里德里希二世（普鲁士国王）23, 209, 340, 343, 345—348

X

Хворостинин, Иван Андреевич 赫沃罗斯季宁，伊万·安德烈耶维奇（公爵）75

Херасков, Михаил Матвеевич 赫拉斯科夫，米哈伊尔·马特维耶维奇（诗人，剧作家）202

Хитров 希特罗夫（大贵族）235

Хитрово 希特罗沃（军官）349

Хованские 霍万斯基家族（公爵）77

Хованский, Иван Иванович 霍万斯基，伊万·伊万诺维奇（大贵族，公爵）231

Хомяков, Алексей Степанович 霍米亚科夫，阿列克谢·斯捷潘诺维奇（作家，斯拉夫主义者）203

Храповицкий, Александр Васильевич 赫拉波维茨基，亚历山大·瓦西里耶维奇（参政员，叶卡捷琳娜二世的御前大臣，《回忆录》作者）303

Ч

Чаадаев 恰达耶夫（维亚特卡军政长官）248

Черкасская 切尔卡斯卡娅（公爵小姐）38

Черкасский, Алексей Михайлович 切尔卡斯基，阿列克谢·米哈伊洛维奇（公爵，一等文官）286, 295, 300, 398

Червасские 切尔卡斯基家族（公爵）77, 289

Ш

Шакловитые 沙克洛维特家族（索菲娅·阿列克谢耶夫娜公主的亲信）27

Шакловитый, Федор Леонтьевич 沙克洛维特，费奥多尔·列昂季耶维奇（杜马秘书官，索菲娅·阿列克谢耶夫娜公主的宠臣）17, 71

Шафиров, Петр Павлович 沙菲罗夫，彼得·帕夫洛维奇（男爵，副一等文官）117, 196, 235, 236

Шварц 施瓦茨（伊丽莎白女皇的音乐教师）265

Швиммер, Николай 什维梅尔，尼古拉（外务衙门翻译）244

Шереметев, Борис Петрович 舍列梅捷夫，鲍里斯·彼得罗维奇（伯爵，陆军元帅）54, 57, 69, 74, 130, 164, 235, 252, 375

Шереметевы 舍列梅捷夫家族（伯爵）289

Шувалов, Иван Иванович 舒瓦洛夫，伊万·伊万诺维奇（伯爵） 331

Шувалов, Петр Иванович 舒瓦洛夫，彼得·伊万诺维奇（伯爵，参政员） 307, 308, 312, 313, 331, 337

Шувалова, Мавра Егоровна 舒瓦洛娃，马夫拉·叶戈罗夫娜（彼得·伊万诺维奇·舒瓦洛夫之妻） 340

Шуваловы 舒瓦洛夫家族（伯爵） 345

Щуйский, Василий Иванович 叔伊斯基，瓦西里·伊凡诺维奇（沙皇） 71, 377

Шустовы 舒斯托夫兄弟（商人） 119

Щ

Щербатов, Михаил Михайлович 谢尔巴托夫，米哈伊尔·米哈伊罗维奇（公爵） 202, 203, 209, 222, 235, 280

Щукин 休金（参政院总秘书官） 178

Э

Эразм, Роттердамский （鹿特丹的）伊拉斯谟（文艺复兴时代的人文主义者） 236

Ю

Юрлов 尤尔洛夫（上校） 129

Я

Ягужинский, Сергей Павлович 亚古任斯基，谢尔盖·帕夫洛维奇（参政院总监） 33, 196, 197, 235, 259, 276, 277, 304, 305, 311, 332, 392

Языков, Иван Максимович 亚济科夫，伊万·马克西莫维奇（大贵族，沙皇费奥多尔·阿列克谢耶维奇的宠臣） 376

Яковлев 雅科夫列夫（聚敛官） 130

地名索引

（索引中的页码为原书页码，即本书边码）

А

Австрия 奥地利 51, 52, 224, 297, 298, 329, 399

Азов, г. 亚速（城） 21, 31, 47, 52, 53, 56, 65, 66, 122, 123, 155, 298, 299, 377

Азовская губ. 亚速省 156, 158

Азовское море 亚速海 51, 68

Амстердам, г. 阿姆斯特丹（城） 24, 26, 108, 110, 237

Англия 英格兰 24, 25, 306 88, 113, 241, 248, 279, 340

Архангельск, г. 阿尔汉格尔斯克（城） 15, 20, 31, 124, 125, 196, 249, 371

Архангельская（Архангелогородская）губ. 阿尔汉格尔斯克省 140, 156, 185

Архангельское, с. 阿尔汉格尔斯克村 273

Астраханская губ. 阿斯特拉罕省 140, 182, 185

Астрахань, г. 阿斯特拉罕（城） 31, 66, 75, 155, 375, 376

Афонская гора 圣山 237

Б

Балтийское море 波罗的海 50, 51, 57—59, 68, 122, 124, 169, 214

Белгородский уезд 别尔哥罗德县 233

Белград, г. 贝尔格莱德（城） 299

Белое море 白海 117, 124, 169, 371

Белоозеро 白湖 124

Берлин, г. 柏林（城） 340

Бессарабская обл. 比萨拉比亚州 333

Босфор 博斯普鲁斯海峡 299

Бранденбург 勃兰登堡 52, 58

Брест, г. 布列斯特（城） 56

Брянск, г. 布良斯克（城） 298

В

Вайт Уайт, о-в 怀特岛 25

Валахия 瓦拉几亚 299
Варшава, г. 华沙（城）55
Великороссия（见 россия） 大俄罗斯
Вена, г. 维也纳（城）27, 202
Венгрия 匈牙利 52
Венеция 威尼斯 22, 36, 51, 52, 88, 236, 237
Версаль, г. 凡尔赛（城）260
Верхотурский уезд 韦尔霍图里耶县 121
Вестфалия 威斯特伐利亚 254
Висмар, г. 维斯马（城）66
Владимирская губ. 弗拉基米尔省 158
Волга, р. 伏尔加河 53, 123, 124, 375
Вологда, г. 沃洛格达（城）79, 196
Волхов, р. 沃尔霍夫河 123
Волынь 沃伦 55, 56
Воробьево, с. 沃罗比耶沃村 11
Воронеж, г. 沃罗涅日（城）154—156
Воронеж, р. 沃罗涅日河 21
Воронежская губ. 沃罗涅日省 156
Ворскла, р. 沃尔斯克拉河 56
Восток, европейский 东欧 224
Восточная Европа 东欧 225
Всесвятское, с. 弗谢斯维亚特村 286
Вулич, г. 武利奇（城）25
Выборг, г. 维堡（城）57, 124, 239, 301
Вытегра, р. 维捷格拉河 124
Вятка, г. 维亚特卡（城）249

Г

Гангуд, мыс 甘古特（汉科半岛）28, 58
Ганновер 汉诺威 23, 58
Германия 德国 21, 34, 42, 58, 59, 110, 120, 168, 169
Германская Империя 德意志帝国 52, 53
Голландия 荷兰 23—26, 31, 52, 75, 77, 111, 235—237
Голштиния 荷尔斯泰因 342, 343, 350
Гродна, г. 格罗德纳（城）55, 56, 163, 376

Д

Дания 丹麦 51—53, 120, 323, 350
Данциг, г. 但泽（城）298
Дединово, с. 杰季诺沃村 119
Дептфорд, г. 杰普福尔德（城）25, 26
Дербент, г. 杰尔宾特（城）31, 196
Десна, р. 杰斯纳河 298
Днепр, р. 第聂伯河 298
Днестр, р. 德涅斯特河 299
Доброе, с. 多布罗耶村 210

地名索引 *439*

Дон, р. 顿河 53, 56, 123, 305, 311

Донской бассейн. 顿河流域 154

Дунай, р. 多瑙河 299

Е

Европа 欧洲 21, 23, 27, 33, 34, 38, 49, 52, 110, 111, 113, 169, 203—205, 214, 220, 224, 235—238, 245, 297, 327, 329, 340—262, 398, 399

Екатеринбург, г. 叶卡捷琳堡（城）121

Екатеринбургский округ 叶卡捷琳堡地区 121

Епифанский уезд 叶皮凡县 123

Ж

Женева, г. 日内瓦（城）18

З

Заволжье 伏尔加河左岸地区 56

Заонежье (заонежский Север) 外奥涅加（外奥涅加北部）231, 233

Запад 西方 21, 23, 26, 43, 47, 61, 190, 208, 213—217, 224, 273, 279, 283, 327, 335, 362, 370

Западная Европа 西欧 21, 24, 26, 27, 51, 52, 108, 124, 125, 200, 203, 205, 209, 210, 213, 215, 225, 269, 274, 316, 340, 362, 372, 375

И

Иванозеро 伊万奥泽罗 123

Иванский канал 伊万运河 123

Ижорская земля 伊若拉领地 253

Измайлово (Измайловское), с. 伊兹梅洛沃村（伊兹梅洛夫斯科耶村）15, 296, 370

Иловля, р. 伊洛夫利亚河 123

Ильмень, озеро 伊尔门湖 123

Ингерманландская губ. （见 Петербургская губ.）英格曼兰省

Ингрия 英格曼兰 51, 53, 57, 146, 155

Индия 印度 111

Исеть, р. 伊谢季河 121

Испания 西班牙 52

Италия 意大利 27, 42, 252, 273

К

Кадикс, г. 卡季克斯（城）237

Казанская губ. 喀山省 99, 129, 140, 156, 182

Казань, г. 喀山（城）375, 396

Калиш, г. 卡利什（城）66

Калужская губ. 卡卢加省 158

Камышинка, р. 卡梅申卡河 123

Карелия 卡累利阿 51, 53, 57

Карловиц, г. 卡尔洛维茨（城）52

地名索引 *441*

Канигсберг, г. 柯尼斯堡（城）23
Керчь, г. 刻赤（城）53
Киев, г. 基辅（城）56, 155, 156, 273
Киевская губ. 基辅省 140, 156
Киль, г. 基尔（城）342, 345
Ковжа, р. 科夫扎河 124
Кожухово, с. 科茹霍沃村 21
Козельск, г. 科泽利斯克（城）84
Коломенский уезд. 科洛姆纳县 318
Коломенское, с. 科洛姆纳村 11
Конотоп, г. 科诺托普（城）73
Констатинополь, г. 君士坦丁堡（城）52, 205, 299
Коппенбург, г. 科片堡（城）23, 25
Костромская губ. 科斯特罗马省 158
Котлни, о-в 科特林岛 64
Кронштадт, крепость 喀琅施塔得要塞 35, 124—126, 352
Крым 克里米亚 53, 57, 65, 298, 299
Кубань, р. 库班河 299
Кунерсдорф, г. 库纳斯多夫（城）340
Курляндия 库尔兰 287, 294, 395
Курская губ. 库尔斯克省 233

Л

Ладога, р. 拉多加河 123
Ладожский канал 拉多加运河 123, 174, 199, 271
Ладожское озеро 拉多加湖 120, 123
Лейден, г. 莱顿（城）24, 236
Ленинград, г. 列宁格勒（城）367
Лесная, деревня 列斯纳亚村 56, 57, 61
Ливония 立窝尼亚 56, 146
Литва 立陶宛 73, 235, 375
Лифляндия 利夫兰 51, 56—58, 95, 126, 244, 375
Ломбардия 伦巴第 298
Лондон, г. 伦敦（城）25, 26, 108, 119, 237
Лотарингия 洛林 298

М

Мадрид, г. 马德里（城）260
Малроссия（见 Украина）小俄罗斯
Мариенбург, г. 马林堡（城）244
Марсель, г. 马赛（城）237
Минск, г. 明斯克（城）55
Мир, г. 米尔（城）55
Митава, г. 米塔瓦（城）277, 285, 287, 294, 297, 397
Могилев, г. 莫吉廖夫（城）56, 57, 376
Молдавия（Молдавское княжество）摩尔达维亚（摩尔达维亚公国）298, 299, 311
Монастыри 修道院
 Данилов 丹尼洛夫修道院 167
 Саввы Сторожевского 萨瓦-斯托

罗日卡修道院　11

Троицкий（Троицы）圣三一修道院　10，11，17。

Морея　摩利亚　52

Москва, г.　莫斯科（城）　5，10，18，19，22，24，27，30，32，40，52，56，57，66，71，73，74，76，79，84，88，109，113，119，121，122，134，154—156，162—164，168，187，198，207，208，218，225，228，231，238，239，241，242，244，247，250，267，275，277—280，286，294，303，310，311，340，341，353，375，376，377，396，398，401

Москва, р.　莫斯科河　21，123

Московия（见 Московское государство）莫斯科维亚

Московская губ.　莫斯科省　156，158，159，163，318

Московское государство（Московия）莫斯科国（莫斯科维亚）　13，30，50—52，61，75，82，93，107，124，191，213，226，375，390，405

Мста, р.　姆斯塔河　123

Мстино, озеро　姆斯季诺湖　123

Н

Нарва, г.　纳尔瓦（城）　47，53—55，57，66，94，124，128，133，239

Нарова, р.　纳罗瓦河　53，54

Неаполь, г.　那波利（城）　298

Нева, р.　涅瓦河　31，39，53，66，83，123，124，239，265

Невья, р.　涅维亚河　121

Неман, р.　涅曼河　56

Немиров, г.　涅米罗夫（城）　299

Несвиж, г.　涅斯维日（城）　55

Ниеншанц, г.　宁尚茨堡（城）　239

Нижегородская губ.　下诺夫哥罗德省　182

Новгород, г.　诺夫哥罗德（城）　54，79，120，232

О

Ока, р.　奥卡河　15，119，123

Оксфорд, г.　牛津（城）　25

Олонец　奥洛涅茨　239

Олонецкий край　奥洛涅茨边区　121，231，234

Олонецкий уезд　奥洛涅茨县　232

Онежское, озеро　奥涅加湖　121，124

Ораниенбаум, г.　奥拉宁鲍姆（城）　350，352，353

Остзейский край　奥斯采边区　157。

Очаков, г.　奥恰科夫（城）　298，299

П

Париж, г.　巴黎（城）　30，31，108，110，237，339

Переяславское озеро　佩列亚斯拉夫尔湖　15，21，371

Переяславль, г. 佩列亚斯拉夫尔（城）20, 169

Пермская губ. 彼尔姆省 121

Пернов, г. 佩尔诺夫（城）124

Персия 波斯 50, 298

Петербург（С-Петербург）, г. 彼得堡（圣彼得堡）（城）10, 32, 34—36, 38, 40, 52, 64, 76, 79, 80, 110, 111, 113, 120, 122—126, 145, 160, 162, 163, 187, 196, 197, 208, 224, 236, 239, 241, 247, 253, 262, 263, 298, 311, 340—342, 350, 352—354

Петербургская（С.-Петербургская）, губ. 彼得堡（圣彼得堡）省 156, 182, 185, 334

Петергоф, г. 彼得戈夫（城）351—353

Петрозаводск, г. 彼得罗扎沃茨克（城）121

Плесбурх（Пресбург）, крепость 普廖斯堡 13, 370

Поволжье 伏尔加河沿岸地区 17, 148

Подолия 波多利耶 52

Полесье 波列西耶 56

Полтава, г. 波尔塔瓦（城）28, 57, 59—62, 66, 157, 376

Польша（Речь Посполитая） 波兰（波兰立陶宛王国）44, 50—53, 57, 155, 163, 224, 279, 288, 298, 305, 311, 375, 396, 399

Померания 波美拉尼亚 352

Портсмут, порт 朴次茅斯港 25

Преображенское, с. 普列奥布拉任斯科耶村 5, 10, 11, 13—17, 20, 34, 121, 228, 370, 372

Пруссия 普鲁士 52, 329, 343, 348

Прут, р. 普鲁特河 31, 47, 58, 68, 298

Псков, г. 普斯科夫（城）55, 79, 154

Пустозерск, г. 普斯托泽尔斯克（城）6

Р

Ревель, г. 雷瓦尔（城）76, 124, 126, 162, 352

Ревельская губ. 雷瓦尔省 182

Рейн, р. 莱茵河 298

Речь Посполитая（见 Польша） 波兰立陶宛王国

Рига, г. 里加（城）55, 57, 66, 94, 124, 229

Рижская губ. 里加省 185

Рим, г. 罗马（城）236

Рогервик, порт 罗格尔维克港 126, 132

Ропша, мыза 罗普沙庄园 353, 355

Российская империя（Российское государство—Русское го-сударство） 俄罗斯帝国（俄国）61, 109, 288, 300, 330, 366, 403, 404

Россия 俄罗斯 19, 27, 32, 47, 51, 53, 59, 66, 68—70, 83, 84, 98,

105, 109—113, 120, 125, 128, 130, 135, 141, 146, 169, 182, 200—206, 208—210, 213—215, 221—225, 235, 240, 241, 248, 252—255, 265, 266, 270, 274, 276, 279, 288, 294, 296, 297, 299, 301, 307, 309, 311, 316, 325, 329, 333, 334, 340, 341, 343—345, 350, 357, 359—360, 368, 377, 390, 394, 396, 399, 400, 405

Русь（Русская земля） 罗斯（俄罗斯国家） 9, 10, 31, 53, 68, 74, 105, 106, 200, 201, 204, 208—210, 213, 216, 224, 225, 228, 232, 233, 267, 308, 340, 362, 363, 372, 389

Русь Московская 莫斯科罗斯 73, 406

Русь юго-западная 西南罗斯 51

Роттедам, г. 鹿特丹（城） 236

С

Саардам, г. 萨尔达姆（城） 24, 238

Саратов, г. 萨拉托夫（城） 310

Север 北方 234

Север Заонежский（见 Заонежье） 外奥涅加北部

Север Олонецкий（见 Олонецкий край） 奥洛涅茨北部

Север Поморский（见 Северное Поморье） 北海沿岸

Северная Двина, р. 北德维纳河 115

Северное Поморье 北海沿岸 151, 184

Семеновское, с. 谢苗诺夫斯科耶村 14

Сена, р. 塞纳河 31

Сибирская губ. 西伯利亚省 140, 156, 185

Сибирь 西伯利亚 125, 254, 295, 319, 333

Силезия 西里西亚 169

Сицилия 西西里 298

Славония 斯拉沃尼亚 52

Слоним, г. 斯洛尼姆（城） 55

Смоленск, г. 斯摩棱斯克（城） 55—57, 155, 156

Смоленская губ. 斯摩棱斯克省 156

Сож, р. 索日河 56

Спа, г. 斯帕（城） 31

Ставучаны, селение 斯塔武恰内屯 299

Стамбул, г. 伊斯坦布尔（城） 299

Стекольное царство（见 Швеция） 斯捷科利内王国

Стокгольм, г. 斯德哥尔摩（城） 224, 229

Т

Таганрог, г. 塔甘罗格（城） 52, 126, 155

Тамбов, г. 坦波夫（城） 56

Тверца, р. 特韦尔察河 123

Торн, г. 托恩（城） 58

Травендаль, г. 特拉文达尔（城） 53
Трансильвания 特兰西瓦尼亚 52
Тула, г. 图拉（城） 120, 401
Тулон, г. 土伦（城） 237
Тульская губ. 图拉省 158
Турция（Турецкая Империя） 土耳其（土耳其帝国） 22, 50—52, 58, 111, 298, 375, 399

У

Украина 乌克兰 56—58, 233
Упа, р. 乌帕河 123
Урал 乌拉尔 121, 311
Утрехт, г. 乌得勒支（城） 24

Ф

Финляндия 芬兰 56, 58, 95, 333
Флоренция 佛罗伦萨 237
Франция 法国 14, 52, 59, 88, 117, 120, 136, 224, 269, 297, 298, 399
Фридрихсгалль, крепость 弗里德里希斯加尔堡 59

Х

Хотин, г. 霍京（城） 298

Ц

Цна, р. 茨纳河 123
Цорндорф, г. 措恩多夫（城） 340

Ч

Черное море 黑海 51, 53, 122, 298, 299, 399
Чехия 捷克 169
Чудново, местечко 丘德诺沃（小地方） 74

Ш

Шать, р. 沙季河 123
Швеция 瑞典 50—53, 59, 66, 95, 122, 125, 146, 168, 169, 175, 182, 206, 207, 224, 229, 230, 279, 288, 301, 335, 374, 375, 399
Шлезвиг 石勒苏益格 350
Шлюссельбург（Шлиссельбург）, г 施吕瑟尔堡（城） 94, 123, 264, 301

Э

Эрестфер, мыза 埃利斯特费尔庄园 94
Эстляндия 爱斯特兰 51, 57, 95, 126

Я

Ярославская губ. 雅罗斯拉夫尔省 158
Ярославль, г. 雅罗斯拉夫尔（城） 79, 154, 231
Яссы, г. 雅西（城） 298
Яуза, р. 亚乌扎河 13, 20, 247, 370